디지털 네이티브

그들은 어떻게 배우는가

디지털 네이티브

그들은 어떻게 배우는가

마크 프렌스키 지음 │ 정현선 · 이원미 옮김

사회평론아카데미

디지털 네이티브
그들은 어떻게 배우는가

2019년 9월 30일 초판 1쇄 펴냄
2023년 7월 30일 초판 4쇄 펴냄

지은이 마크 프렌스키
옮긴이 정현선·이원미

펴낸이 권현준
책임편집 정세민
편집 이소영·김혜림·조유리
디자인 김진운
본문조판 토비트
마케팅 김현주

펴낸곳 ㈜사회평론아카데미
등록번호 2013-000247(2013년 8월 23일)
전화 02-326-1545
팩스 02-326-1626
주소 03993 서울특별시 마포구 월드컵북로6길 56
이메일 academy@sapyoung.com
홈페이지 www.sapyoung.com

ISBN 979-11-89946-21-0 93370

* 일러두기
본문의 각주(*)는 모두 한국 독자의 이해를 돕기 위해 역자가 달아 놓은 설명주이다. 원서의 주석은 책의 뒷부분에 미주로 제시하였다.

한국어판 서문

한국의 독자들에게 안부를 전합니다! 책을 통해 여러분에게 이렇게 이야기를 전할 수 있게 되어서 매우 기쁩니다. 여러분이 교사든, 학부모든, 혹은 교육행정가든, 이 책이 여러분의 일과 삶의 여정에 도움이 되었으면 합니다. 무엇보다도 이 책이 여러분의 학생들에게 도움이 되기를 가장 바랍니다.

저는 살아오는 동안 한국이 엄청난 성장을 하는 것을 보았습니다. 특히 한국이 생산한 자동차는 세계에서 가장 높은 품질을 자랑하죠. 여러분이 한국의 학생들이 똑같은 일을 해낼 수 있도록 돕기를 바랍니다.

교육은 모든 문화의 발전에 중요한 역할을 합니다. 특히 한국의 교육자들과 학생들은 교육에 매우 힘을 쏟는 것으로 전 세계에 알려져 있습니다. 하지만 매우 빠르게 변화하는 현 시대에 그저 열심히 하는 것만으로는 충분하지 않습니다. 학생과 교사는 과거에 유효했던 방식에서 벗어나 미래를 대비할 수 있는 올바른 방법으로 노력해야 합니다. 『디지털 네이티브 그들은 어떻게 배우는가』는 이를 도와줄 것입니다. 이 책은 아이들에 대한 새로운 이해와 그들이 미래에 필요로 하는 것, 제가 전 세계, 40개가 넘는 나라에서 강연하며 관찰한 것에 바탕을 두고 있습니다. 또한 제가 보았던 모든 나라에서 성공적이었던 실천 사례에 바탕을 두고 있습니다.

어느 나라든 자기 나라의 학생들이 최고가 되기를 원합니다. 지금까지 '최고'는 오늘날 아이들의 새로운 잠재력을 충분히 고려하지 않은 협소한 잣대로 평가되어 왔습니다. 저는 우리 모두가 아이들이 훌륭하고, 효과적이고, 기술 융합적이고, 세상을 발전시킬 수 있는 사람, 자신이 속한 프로젝트 팀과 세상에 독특한 공헌을 할 수 있는 사람이 되기를 바란다고 믿습니다. 미래를 준비해야 하는 우리의 가장 큰 도전 과제는 젊은이들과 새롭고 빠르게 변화하는 기술을 통합하는 것, 그래서 그들이 기술을 마치 자신의 한쪽 팔인 듯이 편안한 일부로 여길 수 있도록 하는 것입니다. 이와 더불어 과거로부터 전해져 온 문화의 중요한 부분을 지키면서 말입니다. 이것은 우리가 아이들이 미래에 대비할 수 있게 하기 위한 새로운 방법으로 새로운 교육이 필요함을 의미합니다.

저는 한국 문화가 깊고 풍부하다는 것을 알고 있습니다. 다른 문화도 그렇겠지만, 한국의 문화도 다른 나라의 문화와 마찬가지로 아이들을 키우는 가장 좋은 방법이 무엇인지, 아이들이 무엇을 해야 하고 하지 말아야 하는지, 어떻게 행동할 수 있고 어떻게 행동하면 안 되는지에 대한 깊은 이해를 포함하고 있습니다. 이러한 신념과 관점들은 해당 문화의 교육 시스템에 큰 영향을 미치며, 많은 경우 교사와 학생의 역할과 그들이 상호작용하는 방식을 결정합니다.

오늘날 우리는 교육이 국경을 초월해야 하는 세계에 살고 있습니다. 기업은 국제적이고, 커뮤니케이션은 세계적이며, 각국은 긴밀하게 연결되어 있습니다. 학생들은 전 세계 어디에서든지 일할 수 있도록 준비되어 있어야 합니다. 그들이 미래에 살게 될 세상은 기술, 프라이버시, 재산, 대인 관계, 가족, 의상, 보안, 성별, 권력, 아이들, 폭력, 신, 정의, 돈, 사랑, 정부 그리고 심지어 시간과 공간 등 여러 가지 중요한 것들에 대한 젊은이들의 태도가 전 세계적으로 끊임없이 변화하는 곳이 될 것입니다.

오늘날 우리 젊은이들의 변화는 상당 부분 새로운 기술에 의해 야기되었습니다. 새로운 기술에 있어 정말로 새로운 점은 젊은이들이 아주 어릴 때부터 매우 긍정적인 방식으로 자신의 세상에 참여하고 이를 개선시켜 나갈 수 있도록 해주는 새로운 힘을 갖게 된 점입니다. 저는 거의 20년 전에 이 젊은이들을 '디지털 네이티브'라고 명명했는데, 이 용어는 오늘날에도 널리 사용되고 있습니다. 아이들이 각자 다른 속도로 모두 디지털 네이티브가 되어 가고 있다는 사실, (특히 한국과 같은 곳에서) 그들이 "모두 함께 네트워크로 확장된 마음"을 갖게 되었다는 사실은 전 세계적으로 많은 변화들이 매우 빠르게 일어나고 있다는 것을 의미합니다. 이러한 변화에 가장 빨리 적응하고 준비하는 나라가 가장 성공할 것입니다. 이 책은 어떻게 그것을 해낼 수 있는지를 알려 주는 책입니다.

오늘날 교육은 모든 부분에서 진화할 필요가 있습니다. 교육이 어떻게 진화해야 하는지, 그리고 현재와 미래의 학생들을 교육하는 데서 무엇이 가장 중요한지에 대한 저의 견해는 지난 20년 동안 다양한 여정을 거쳐 성숙해져 왔습니다. 저자로서의 제 커리어가 시작된 '디지털 네이티브'에 대한 에세이를 쓴 때는 21세기에 진입할 무렵이었는데, 그 이후 제가 쓴 7권의 책은 제 교육적 견해가 어떻게 발전해 왔는지를 전체적으로 보여줍니다. 저는 다가올 새로운 시대에 교사와 학생들이 더 잘 대비할 수 있도록 돕기 위해 관여의 부족이라는 문제를 다루는 것으로 시작했습니다. 다음으로는 바로 이 책을 통해 교수법의 문제로 옮겨 갔고, 다음 저서를 통해서는 학생들을 새롭게 향상된 존재로 보게 되었으며, 교육 내용에 대한 문제를 다루기도 했습니다. 마지막 책에서는 미래의 교육에 있어 더 새롭고 적절한 목표가 무엇인지에 대해 논의했습니다.

베스트셀러이기도 한 이 책은 교수법에서 아주 중요한 문제, 즉 오늘날의 아이들이 최대의 성과를 낼 수 있도록 가르치는 방법을 제시하고 있습니다. 이 책은 매우 실용적이고 모든 교사들이 알아야 하는 문제와 변화에 대해 다루고 있기 때문에 세계 여러 나라에서 다양한 언어로 번역 출간되었습니다. 이 책이 한국어로도 출간된 것을 환영합니다.

이 책이 여러분이 가르치는 학생들에 대해 새로운 사고방식을 가질 수 있도록 마음을 열어 주고, 그들이 새로운 세계에서 성공할 수 있도록 하는 데 도움을 주기를 바랍니다. 새롭고 더 나은 방식으로 교육받은 한국의 학생들이 전 세계에서 각광받는 인재가 되기를 진심으로 기원합니다!

옮긴이의 글

마크 프렌스키는 '디지털 네이티브'라는 말을 처음 사용해 전 세계가 새로운 기술에 친숙한 어린 세대의 등장에 주목하게 한 사람이다. 최근에 자주 사용되는 '밀레니얼세대', 'Z세대'라는 말도 새로운 기술 환경에서 태어나 자라나는 디지털 네이티브를 지칭하는 말이다. 그런데 디지털 네이티브에 대한 사회적 관심은 확대된 반면, 정작 이들을 가르치는 교육자들이 느끼는 당황스러움과 혼란은 여전히 잘 해소되지 않고 있다. '디지털 네이티브를 어떻게 가르칠까'라는 화두를 제시한 마크 프렌스키의 책이 반가웠던 이유가 여기에 있다.

프렌스키는 오랜 기간의 경험과 지혜를 바탕으로 흥미롭고 쉬운 비유를 통해 디지털 네이티브를 가르치는 방법을 제안한다. 그 방법의 핵심은 학생들과 파트너가 되라는 것이다. 초·중·고등학교는 물론 대학에서 학생들을 가르치는 사람들에 이르기까지 교육자들은 21세기 학습자를 가르치기 위한 방법에 대해 귀에 못이 박히도록 들어 왔다. 지식을 일방적으로 주입하는 강의자가 아니라, 학생들의 학습에 대한 안내자, 조력자, 촉진자, 코치가 되어야 한다는 것이다. 사실 학생들과 파트너가 되라는 말도 기존에 들어온 교사의 역할에 대한 논의와 근본적으로 다르지는 않다. 이 책의 미덕은 학생들의 파트너, 안내자, 조력자, 촉진자, 코치가 될 수 있는 방법을 매우 구체적인 실행 지침과 사례로 풀어내고 있다는 점이다. 프렌스키는 이를 실행하기 위해서는 무엇보다도 가르치는 사람이 무대에서 내려오는 '용기'를 가져야 한다고 강조한다.

프렌스키는 오늘날의 어린이와 21세기 학습자들을 '로켓'에, 그리고 그들을 가르치는 사람들을 '로켓 과학자'에 비유한다. 오늘날의 학습자들을 로켓으로 보는 이유는 그들이 앞선 그 어떤 세대보다도 훨씬 빠른 속도로 움직인다는 점, 출발 지점에서는 보이지도 않는 멀고 먼 곳을 향해 나아간다는 점, 그리고 로켓이 지상에서가 아니라 우주에서 쓸모가 있는 것처럼 학습자들 역시 교실보다는 교실 밖 세상에서 자신의 의미를 찾아야 한다는 점 때문이다. 프렌스키는 디지털 네이티브 학생들을 가르치는 사람이 로켓 과학자가 되어야 한다고 말한다. 따라서 과거의 교육적 연료를 주입해서는 안 되며, 로켓이 외부적 도움을 최소한으로 하여 임무를 달성할 수 있도록 충분한 지능을 부여하기 위해 노력해야 한다.

아무리 최첨단 기술의 시대라지만 학생들을 로켓에, 가르치는 사람을 로켓 과학자에 비유한 프렌스키의 생각은 다소 논란을 불러일으킬 수 있다. 그러나 그의 말을 조금 더 들어 보면 그가 이 비유를 통해 제시하고자 한 생각의 핵심에 다가갈 수 있다. 로켓은 매 순간 통제될 수는 없으며 스스로 비행해 나가야 한다. 다만 처음에는 가능한 한 올바른 방향을 향해 나아가도록 하기 위한 설정이 필요하다. 로켓과 마찬가지로 학생들도 일단 자기 삶의 비행을 시작하면 전체적인 '수리'는 어려워지므로, 가능하면 스스로 문제 해결이 가능하도록 초기부터 '설계'되어야 한다. 인터넷과 같이 주변에 있는 다양한 자원을 통해 자신의 문제 해결에 효과적인 것이 무엇인지 스스로 탐구하고 찾아내야 하는 것이다. 그러니 학생을 과거의 지식으로 채워야 하는 텅 빈 선체가 아니라, 교사로부터 적절한 연료와 스스로 방향을 찾을 수 있는 능력을 얻어 새롭고 먼 곳으로 쏘아 올려질 로켓으로 바라볼 필요가 있다.

이러한 교사와 학생의 관계는 서로를 존중하는 파트너 관계 맺기를 바탕으로 해야 한다. 이 책에서 반복되는 파트너 관계 맺기, 파트너 관계 속에서 가르치고 배우기, 파트너 관계 기반 교수법이라는 말은 바로 이와 같은 상호 존중을 바탕으로 교사는 교사의 역할을, 학생은 학생의 역할을 다해야 한다는 것을 나타내는 말이다. 특히 이 책에서 강조하는 것은 디지털 네이티브인 학생과 교사가 파트너 관계를 맺기 위해 다양한 기술을 활용할 필요가 있다는 것이다. 이제는 '강의 후 시험' 방식의 교수법이 효과를 거두기 어려운 시대가 되었다. 가르칠 양을 줄이는 대신 학습의 깊이와 의미를 더하는 수업이 필요해졌으며, 이를 위해 핵심 개념을 이해하도록 돕는 질문과 학습을 안내하는 질문을 만들고 제시하는 것이 중요한 시대가 되었다.

프렌스키는 수업을 계획하는 방식도 과거와는 달라져야 한다고 말하면서, '명사'와 '동사'의 비유를 제시한다. 명사는 학생들이 사용하는 기술 도구를 뜻하고, 동사는 학생들이 배워야 할 사고 기능을 뜻한다. 파트너 관계 맺기에서 기술은 어려움을 해결하고 개별화 학습을 가능하게 하는 수단이다. 따라서 교사는 학생과 파트너 관계를 맺는 동시에, 기술과도 파트너 관계를 맺어야 한다. 교사에게 기술은 적절한 사고를 가르치기 위한 도구이자 언어가 되어야 한다. 프렌스키는 학생들이 적절한 학습만이 아니라 실제적인 학습을 하기 위해서는, 그리고 전 세계 실제 청중을 대상으로 의미 있는 무언가를 창조하는 학습을 하기 위해서는, 가르치는 사람이 학생의 성취에 대한 목표와 기준을 높여야 한다고 말한다. 또한 학생들의 이해를 돕고 학습을 안내하는 질문을 만드는 것이 중요하다고 말한다. 나아가 기술 활용에 있어서는 '동사'(기능)를 근간으로 삼아야 하며, '명사'(도구)는 살아가는 동안 계속해서 진화한다는 점을 이해해야 한다고 강조한다.

파트너 관계의 학생과 교사는 각자의 책임을 중시해야 한다. 디지털 네이티브인 학생들에게 부여되는 책임은 자신의 열정을 찾고 좇기, 사용할 수 있는 기술은 무엇이든 활용하기, 정보를 조사하고 찾기, 질문에 답하고 생각과 의견을 공유하기, 적절히 동기부여가 되었을 때 실행하기, 글과 멀티미디어를 이용하여 발표하기이다. 그리고 교사에게 부여되는 책임은 적절한 질문을 만들고 제시하기, 학생들에게 안내를 제공하기, 학습 자료에 맥락을 부여하기, 1:1로 설명하기, 엄격한 분위기를 창조하기, 교육의 질을 확보하기이다.

디지털 네이티브인 대학생을 가르치는 입장에서, 나 역시 이 책을 번역하며 마음에 와닿은 내용들을 수업에 적용해 보고 있다. 학습을 안내하는 질문을 만들기, 학생들이 적절한 기술을 활용하여 사고하고 행동하도록 하기, 학생들의 열정을 참작하고 동기부여하기 등이 그 핵심이다. 이 책에서 언급된 기술 도구 중에는 이미 새로운 기술 도구로 대체된 것들도 있다. 그러나 그렇기 때문에 교사들이 '동사'를 중심으로 다양한 '명사'를 적절히 활용하는 방식으로 기술 변화에 대처해야 한다는 프렌스키의 주장은 현재의 시점에서도 매우 큰 울림을 지닌다.

이 책의 내용은 초·중·고등학교에서, 그리고 대학에서 디지털 네이티브를 가르치는 모든 교육자에게 도움이 될 것이라 확신한다. 이미 학생들과 파트너 관계를 맺고 수업을 잘하고 있는 분들이라면, 그렇게 하는 것이 필요한 이유에 대해 스스로에게 혹은 학부모나 주변에 의미 있게 설명할 수 있을 것이다. 프렌스키가 말했던 것처럼, 디지털 네이티브를 가르치는 모든 교육자들에게 이 책이 용기를 주는 유용한 지침서가 될 수 있기를 바란다.

2019년 9월

역자를 대표하여 정현선

추천의 글

　　현재 우리는 학습에서 매우 획기적인 전환이 이루어지고 있는 시대를 살고 있다. 전 세계적으로 교사와 학교, 가족, 나아가 정책 입안자들까지 20세기식 학습 구조나 한계를 그대로 둔 채 21세기식 학습을 구축하려는 것은 거의 승산이 없는 무모한 도전이라는 시각을 받아들이기 시작했다. 그러나 안타깝게도 그들 중 많은 이들은 자신이 놓인 상황에서 새로운 아이디어를 탐구하고 시험해 보는 데 외로움과 두려움을 느끼며 심지어 위험하다고까지 여기고 있다. 흥미롭고 다행스러운 사실은 많은 곳에서 개별적으로 실행되었던 효과적인 21세기 학습 전략과 실행 방식에 대해 많은 이들이 상당히 비슷해 보이는 결론에 도달했다는 점이다. 그들의 성과를 모두 합친다면 어떤 모습일지 상상해 보라!

　　마크 프렌스키는 이것들을 하나로 묶는 데 중추적인 역할을 했다. 앞선 저술과 기고문들을 통해 그는 전 세계가 새로운 하나의 공통된 용어를 향해 나아가도록 이끄는 놀라운 일을 해냈다. 이것은 우리로 하여금 현 시대가 아이들에게 주는 새로운 기회에 눈뜨게 했다. 이 공통된 하나의 용어는 외롭지만 용감하게 위험을 감수해 온 혁신가들에게 일종의 단결된 마음, 나아가 동지애를 부여했다. 갑자기 그들은 위대할 뿐 아니라 공감할 수 있는 무언가를 구성하게 되었다.

　　그리고 다시 한 번 마크는 딱 알맞은 시기에 딱 알맞은 글을 이 책에 담아냈다. 학습이 진보해야 할 필요성에 대해 견고하고도 반박할 수 없는 방식으로 옹호하는 그의 논리는 명확하고 쉽게 이해할 수 있도록 전개되어 있다. 이 책의 상당 부분은 학교나 정책 토론장에서 설득력 있는 주장으로 이용될 수 있다.

　　친절하게도 마크는 여기에 효과적인 실습 사례를 담은 보물 상자를 추가했다. 배움이 정말로 중요한 어린이들, 교사들, 지역사회의 손에서 탄생한 이 풀뿌리 학습 혁명이라는 개념은 크고 뚜렷하며 편안하게 다가온다. 교사라면 누구나 이 책에 담긴 검증되고 효율적이고 실효성 있는 아이디어들을 빠르게 읽어 나가게 될 것이고, 두고두고 다시 읽게 될 것이다.

오바마 전 미국 대통령은 젊고 무관심한 유권자들이 적극적으로 사회와 정치에 참여하도록 독려했다. "그렇습니다. 우리는 할 수 있습니다."라는 말은 젊은 세대에 울림을 주면서, 미국의 국경을 넘어서까지 새로운 긍정주의를 전파하는 힘이 되었다. 교육자들은 이 긍정주의를 교육에 확실히 뿌리내릴 수 있게 해야 한다. 현대의학은 잠재적 삶의 가능성을 획기적으로 변화시킨 혁명을 일으켰다. 의학자들은 선조들이 물려준 확실성에 안주하는 대신 현대의학 혁명을 추구했고, 그렇게 함으로써 세상을 바꿨다.

오늘날 세계는 상당히 혼란스럽다. 우리 중 많은 이들은 교육이 이 혼란을 수습하는 데 끼치는 영향력을 알고 있다. 우리는 어린이들이 훌륭한 교육을 통해 가난에서 벗어나는 모습을 보았다. 교육을 통해 사회에서 유리된 이들이 사회에 참여하고, 공동체의 균열이 메워지고, 풀리지 않을 것 같던 문제들이 기가 막히게 해소되는 것도 보았다. 더불어 즐겁게 배운 아이들은 다른 사람을 해칠 가능성도 낮다는 것을 우리는 알고 있다. 우리 역시 배움을 통해 놀랍고도 영속적인 영향력을 남길 수 있다. 우리가 기울이는 노력은 현대의 학습 혁명이 될 수 있다.

"그렇다. 우리는 할 수 있다." 마크 프렌스키는 이 책에서 우리 교육자들이 왜 그리고 어떻게 학습을 혁명적으로 변화시킬 수 있는지를 분명히 짚어 준다. 나는 마지막으로 이 말을 덧붙이고 싶다. 지역사회와 세계에 변화를 일으키기 위해 우리 앞에 놓인 기회와 세상이 요구하는 것을 생각할 때, "우리는 마땅히 이 혁명을 도모해야만 한다."

이 책은 우리가 서로를 도울 수 있도록 우리를 도울 것이다.

본머스대학교 미디어실천탁월성센터

스티븐 헤펠Stephen Heppell 교수

내용 요약

이 책은 좀처럼 함께 고려되지 않았던 현재 세 갈래의 교육적 논의를 하나로 통합한다.

첫째, 우리 교실의 학생들은 변화하고 있고, 이 변화는 대체로 학교 밖에서 경험하는 기술에 의한 것이며, 그들은 자신들이 살아가는 현실 세계를 직접적으로 다루지 않는 교육에 더 이상 만족하지 못한다는 것이다.

둘째, 오랜 시간 우리가 학교에서 적용해 왔던 '강의 후 시험' 방식의 교수법은 오늘날 학생들에게 점점 효과가 떨어지고 있다는 점이다. 이제는 더 나은 교수법이 필요하며, 다행히도 그러한 교수법은 오늘날 존재하고 이용 가능하다.

셋째, 디지털 기술이 더욱 급속히 교실로 파고들고 있으며, 만약 이것을 적절하게 이용한다면 학생들은 보다 실제적이고 참여적이며 자신의 미래에 유용한 학습을 할 수 있다는 점이다.

아이러니하게도 상호작용을 기대하며 자란 현재의 학생 세대야말로, 과거 전문가들이 최고의 학습법으로 추천했지만 실현하기 너무 어렵다는 이유로 교육 기득권층들이 거부했던 기능 기반 교수법과 '실천 기반' 교수법에 가장 최적화된 세대라 할 수 있다.

위의 세 가지 논의를 하나로 묶는 행복한 끈은 학생들에게 변화를 가져온 바로 그 디지털 기술이다. 디지털 기술은 학생들에게 가장 효과적이고 실제적인 학습을 마침내 실현할 수 있는 도구를 제공한다.

감사의 말

나의 생각을 체계화하고 특히 이 책을 구성하는 데 수많은 분이 도움을 주었다. (알파벳 순으로, 빠진 분들께는 사과를 구하며) 마크 앤더슨Mark Anderson, 제시카 브레이스웨이트Jessica Braithwait, 밀턴 첸Milton Chen, 크리스 데데Chris Dede, 데이비드 엥글David Engle, 하워드 가드너Howard Gardner, 제임스 폴 지James Paul Gee, 리네트 구아스타페로Lynnette Guastaferro, 스티븐 헤펠Stephen Heppell, 이안 주크스Ian Jukes, 리즈 콜브Liz Kolb, 줄리엣 라몽타뉴Juliette LaMontagne, 킵 릴런드Kip Leland, 니콜라스 네그로폰테Nicholas Negroponte, 리사 닐슨Lisa Nielsen, 앨런 노벰버Alan November, 윌 리처드슨Will Richardson, 필 슐레히티Phil Schlechty, 데이비드 월릭David Warlick, 톰 웰치Tom Welch와 나의 강연에 참석한 수많은 청중, 이메일을 통해 기꺼이 피드백을 주신 많은 분들에게 감사를 전한다.

이 책을 쓰게 된 것은 이 책의 편집자 데브 슈톨렌베르크Deb Stollenwerk 덕분이었다. 그는 이 책이 모습을 갖출 수 있도록 친절하게 제안하고 부드럽게 자극하고 형태를 잡아 주었다. 그 밖에도 코윈 출판사의 댄 리치크릭Dan Richcreek이 글을 다듬는 데 큰 도움을 주었다.

제시카 브레이스웨이트, 크리스 데데, 제임스 폴 지, 리네트 구아스타페로, 스티븐 헤펠은 책의 초기본을 읽고 의견을 내주었다.

물론 최종본에 대한 책임은 오롯이 내게 있다. 다만 내가 옹호하는 많은 생각들이 점점 더 많은 선구적인 교사, 감독자, 이사회, 강연자, 컨설턴트들 사이에서 공유되고 있다는 사실을 독자들이 알아주었으면 한다. 사실 이 책을 쓸 수 있게 만든 것은 이처럼 공감대가 커진 덕이다.

모든 이들에게 감사한다. 여러분의 좋은 아이디어가 더 인정받길 바란다!

차례

한국어판 서문 5

옮긴이의 글 8

추천의 글 12

내용 요약 14

감사의 말 15

서문 **변화하는 우리의 세계**
기술과 전 지구적 사회 19

1장 **파트너 관계 맺기**
새로운 교육적 지평을 열기 위한 교수법 33

　　1　 앞으로 나아가기 35

　　2　 파트너 관계 맺기는 어떻게 작동할까 41

　　3　 역할과 상호 존중 확립하기 48

　　4　 학생과 파트너가 되고자 하는 교사에게 동기를 부여하는 법 67

2장 **파트너 관계 기반 교수법으로 옮겨 가기** 71

　　1　 다른 시각으로 학생들을 바라보기 74

　　2　 파트너 관계의 수준 결정하기 83

　　3　 기술과 파트너 관계 맺기 93

　　4　 파트너 관계 맺기와 필수 교육과정 99

　　5　 파트너 관계 맺기를 향한 첫걸음과 그 다음 단계 101

3장 학급과 학습 내용보다는 사람과 열정에 대해 생각하라 107

1 학생들의 흥미와 열정에 대해 파악하라 110
2 파트너로서 역할을 수행하라 118
3 그 밖의 아이디어들 133

4장 항상 실제적인 학습을 하라
적절한 것만으로는 부족하다 139

1 새로운 관점 142
2 실제적인 교과 수업 만들기 143
3 실제적인 학습을 위한 더 많은 방법 153
4 항상 미래에 대해 생각하라 160

5장 수업 계획
내용에서 질문으로, 질문에서 기능으로 초점 바꾸기 163

1 학습을 안내하는 더 좋은 질문 만들기 165
2 동사에 중점을 두기 179

6장 파트너 관계를 맺기 위해 기술 사용하기 187

1 명사: 학생들이 사용하는 도구 189
2 기술은 어려운 것을 쉽게 배울 수 있게 도와준다 190
3 기술은 교육 기회를 공평하게 만든다 191
4 학생들이 어떤 기술이든 사용할 수 있도록 허용하라 192
5 학습을 안내하는 질문과 기능에 적합한 도구 사용하기 207

7장 기술 도구 이해하기 211

8장 학생들이 창조하게 하라 277

1 전 세계의 실제 청중을 대상으로 창조하게 하라 282
2 목표와 기준을 높여라 285

9장　연습과 공유를 통한 지속적인 향상 297

1　반복을 통한 향상　299

2　연습을 통한 향상　302

3　공유를 통한 향상　308

4　전문적인 '파트너'로서의 성장 5단계　314

5　스스로 향상하기 위한 더 많은 방법　318

10장　파트너 관계 기반 교육에서의 평가 323

1　유용한 평가　325

2　학생들의 향상 정도를 평가하기　330

3　교사의 진척 정도 평가하기　332

4　학교 당국의 진척 정도 평가하기　334

5　부모의 진척 정도 평가하기　335

6　학교의 진척 정도 평가하기　338

7　국가와 세계의 진척 정도 평가하기　339

결론　머지않은 미래의 교육 341

1　새로운 교육과정은 어떠해야 하는가　343

2　새로운 교육과정으로 파트너 관계 기반 교수법 활용하기　345

3　파트너 관계에 기반한 학교 세우기　347

4　모두를 위한 21세기 교육을 향해　350

미주　352

찾아보기　354

저자 소개　358

변화하는 우리의 세계

기술과 전 지구적 사회

1 오늘날 학생들은 과거의 학생들과 다른가? 그들은 집중력이 모자라는가?
  그들이 원하는 것은 무엇인가?

2 오늘날 학생들에게 어떻게 동기를 부여하고 학습에 참여시킬 수 있을까?

3 오늘날 학생들이 학습을 하는 데 도움이 되는 더 좋은 방법이 있는가?
  우리는 어떻게 그러한 방법을 어떻게 활용할 수 있을까?

21세기에 접어들면서 오랫동안 믿어 왔던 생각이나 굳건하게 지켜지던 개념들이 뒤집어졌다. 그리고 더 많은 격변이 현재진행형이다. 우리 아이들이 자라나고 있는 세계는 완전히 다른 세상이 되어 버렸다. 인구의 3분의 2는 휴대폰을 가지고 있다. 새로운 가상 세계인 온라인 세계가 순식간에 부상하더니 수많은 아이들의 관심을 빼앗아 버렸다. 공학자들은 하나의 컴퓨터 칩에 1조 개의 트랜지스터를 심는다. 과학자들은 우리 눈에는 보이지도 않는 나노 사이즈의 기계를 만들기 위해 개별 원자를 조작한다. 전 세계 정보의 양은 몇 시간도 안 돼 두 배씩 늘어난다. 텔레비전에서 방영되는 퀴즈 프로그램에서는 더 이상 누구의 도움도 받을 수 없는 고립된 상태에서 퀴즈를 풀라고 하지 않는다. 오히려 친구에게 전화를 하거나 청중들이 투표에 참여하도록 독려한다.

　이러한 환경에서 아이들의 교육에 변화가 일어나는 것은 불가피해졌고, 변화는 이미 진행되고 있다. 그러나 거대한 역설이 교육자들에게 존재한다. 그 역설은 가장 큰 교육적 변화가 도달하는 곳이 학교가 아니라는 사실이다. 모든 곳이 변화를 맞이했다. 그러나 학교만은 제외됐다. 학교를 지루해하고 벗어나고 싶어 하는 아이들은 '학교 밖 학습'에서도 똑같이 어려움을 느낀다. '학교 밖 학습'은 또래, 인터넷, 유튜브, 텔레비전, 게임, 휴대폰과 기타 수많은 새로운 기회 및 퍼스트 로봇공학FIRST Robotics*과 같은 체계화된 프로그램을 통해 이루어지는 비정규 학습을 아우르기 위해 내가 사용하는 용어이다. 우리 아이들은 학교 안이 아니라 학교 밖 세상에서 자신들의 현재와 미래에 가장 중요하고 유용한 것들을 스스로 익히고 서로에게 가르치고 있다. 학교 밖에는 아이들이 원하는 목적을 성취할 수 있는 강력한 도구들이 다양하게 존재하며, 아이들은 이 도구들을 이용해 하루가 다르게 강력한 존재로 성장해 간다. 학교 밖에서는 아무도 아이들에게 무엇을 배우거나 하라고 시키지 않는다. 아이들은 관심과 열정을 좇고 종종 그러한 과정에서 제법 전문가의 모습을 갖추기도 한다.

집중력이 문제라고?

여러분이 어떤 이야기를 보고 들었든 간에, 오늘날 아이들은 그들이 일반적으로 받는 평가와 달리 집중하는 시간이나 능력이 부족하지 않다. 예를 들어, 학교에서 집중하지 못하던 바로 그 아이들이 집에 가면 영화나 비디오 게임에 몇 시간씩 몰입한다. 변한 것은 아이들의 집중력이 아니라 그들의 인내심과 요구이다. 오늘날 아이들은 음악, 영화, 광고, 텔레비전, 인터넷 등과 같이 그들의 관심을 끌기 위해 거대 자본이 생산한 다양한 선택지들의 홍수 속에서 끊임없는 선택을 하고 있다. 그들은 오로지 그들을 흥미롭게 하는 것에, 그리고 학교에서와는 달리 그들을 어떤 단체나 교실의 일원이 아니라 독립적인 개인으로 대우하는

....

* 유치원부터 고등학생에 이르기까지 다양한 연령층의 학생들을 대상으로 로봇공학 관련 대회와 교육을 제공하는 비영리 기관이다. 퍼스트 재단에서 개최하는 퍼스트 로봇공학 경진 대회는 과학, 기술, 공학 및 수학에 대한 학생들의 관심을 끌기 위해 고안된 것으로, 학생들은 주어진 미션을 수행하기 위해 스스로 팀을 만들어 로봇을 제작하고 프로그래밍한다.

것에 집중하는 법을 익혀 왔다. 점점 더 인구가 늘어나고 혼잡한 세상에서, 선택, 맞춤형, 개인화, 개별화는 오늘날 아이들에게 단지 실제적인 것을 넘어서 필수적인 것이 되었다.

점점 더 많은 아이들의 기술적인 면이 상당한 수준으로 영구적으로 강화됐고, 그들은 어떤 세대도 경험해 보지 못한 방식으로 또래 및 세상과 연결되어 있다. 정보는 매 순간 끊임없이 그들에게 닿는다. 그들이 원하고 필요로 하는 것들은 언제라도 주머니에서 꺼낼 수 있게 됐다. 한 학생은 "휴대폰을 잃어버린다면 뇌를 반쪽 잃어버리는 것"이라고 말했다.

이런 아이들이 학교를 필요로 할까? 점점 더 많은 아이들, 미국에서는 전국적으로 3분의 1, 도시 지역에서는 절반 정도의 아이들이 학교가 필요 없다고 생각해 학교를 떠난다. 그러나 우리 어른들, 특히 교육자들은 자퇴가 인생의 큰 실수가 될 수 있음을 안다. 오늘날 아이들이 우리로부터 배울 수 있고 배워야 하는 것들은 여전히 많다. 그러나 다시 한 번 학생의 말을 빌리자면, 문제는 "학생들이 생각하는 것과 교사가 생각하는 것에는 큰 차이가 있다."는 것이다. 점점 더 우리는 학생들이 필요로 하는 방식으로 그들의 요구를 채워 주지 못하고 있다. 오늘날 아이들이 집중하지 못하는 것이 있다면, 그것은 바로 우리의 낡은 교육 방식일 뿐이다.

오늘날 학생들은 무엇을 원하는가?

그렇다면 이러한 학생들이 학교에 바라는 것은 무엇일까? 전 세계적으로 다양한 경제적·사회적·지적 배경과 연령대를 가진 학생 약 1,000명을 인터뷰한 결과, 나는 그들의 말에서 몇 가지 공통점을 찾을 수 있었다.

- 그들은 강의 듣는 것을 원하지 않는다.
- 그들은 존중받고 신뢰받고 싶어 하며, 자신의 의견이 소중하고 중요하게 여

겨지기를 바란다.

- 그들은 자신의 관심과 열정을 좇고 싶어 한다.
- 그들은 이 시대의 도구를 이용하여 창조하고 싶어 한다.
- 그들은 동료와 함께 그룹 작업과 프로젝트를 수행하고 싶어 하며, 무임승차 하는 게으른 학생을 피하고 싶어 한다.
- 그들은 결정을 내리고 통제권을 나눠 갖고 싶어 한다.
- 그들은 교실뿐 아니라 전 세계에서 동료들과 연결되어 의견을 표현하고 공유하고 싶어 한다.
- 그들은 서로 협업하고 경쟁하고 싶어 한다.
- 그들은 단순히 적절한 교육이 아니라 실제적인 교육을 받고 싶어 한다.

물론 이 같은 요구가 학생들의 입장만을 일방적으로 대변하는 비현실적인 생각이라고 볼 수도 있다. 그러나 그렇게 생각하는 것은 큰 실수이다. 이러한 학생들의 기대가 교육과정에서 요구되는 수업을 하는 것이나 표준화된 시험에서 더 높은 점수를 받는 것과는 양립할 수 없다고 생각하는 사람들도 있을 것이다. 그러나 이러한 결론 역시 틀린 생각이다.

오늘날 학생들은 과거와는 다른 방식으로 배우길 바란다. 그들은 자신에게 의미 있는 방식의 교육을 원한다. 그들이 원하는 것은 정규교육에 쓰는 시간이 소중하다는 점을 즉각적으로 확인할 수 있는 방식의 학습, 그리고 자신들이 태어나면서부터 적절하게 활용해 온 기술들을 잘 활용할 수 있는 방식의 학습이다.

우리 학생들은 다가오는 새로운 세계, 즉 그들의 세계는 자신들이 중요하다고 여기는 것들이 실제로 중요한 세계라는 점을 알고 있다. 학생들이 살아갈 세계는 지금과 다르고 그들에게 중요하며, 그들은 이미 우리보다 그 세계의 일면에 대해 더 잘 알고 있다. 우리는 아이들에게 과거를 존중하는 법뿐 아니라 미래에서 사는 법을 알려 줘야 한다.

그리고 그것이 우리가 그들의 파트너가 되어야 하는 이유이다. 21세기 교사들에게 가장 중요한 변화와 도전은 신기술의 세부 내용을 아는 게 아니라 과거와는 다른, 더 나은 교수법인 '파트너 관계 맺기partnering'에 익숙해지는 것이다.

파트너 관계 맺기와 21세기 기술

오늘날 모든 교사들은 디지털 기술이 학생들의 교육에 중요한 일부로 자리 잡았음을 알고 있다. 그러나 학교에서 디지털 기술을 어떻게 활용해야 하는지는 아직 명확하지 않아서, 대부분의 교육자들은 수업을 위해 기술을 어떻게 의미 있게 활용할지 파악하는 (그리고 걱정하는) 단계에 있다. 교사들은 기술이 어떻게 활용되는지에 따라 교육과정의 실행에 도움이 되기는커녕 방해만 될지도 모른다고 걱정한다.

걱정에 찬 교사들은 기술 활용에 대한 더 많은 훈련과 추가적인 계발 프로그램을 끊임없이 요구한다. 그러나 여기에서 다시 역설이 발생한다. 교실에서 기술을 가장 성공적으로 활용하기 위해 교사들이 직접 기술을 이용하는 방법을 배울 필요는 없기 때문이다(물론 원한다면 배울 수는 있겠지만). 교사들이 알아야 하는 것은 학생들이 스스로 학습을 향상시키기 위해 어떻게 기술을 이용할 수 있고 이용해야 하는지이다.

파트너 관계 기반 교수법에서 기술 활용은 학생의 몫이다. 교사의 몫은 효과적인 학습을 위해 기술 활용을 코치하고 안내하는 일이다. 이를 위해 교사들은 이미 하던 일에 집중하고 조금 더 전문가가 되면 된다. 좋은 질문을 던지거나 맥락을 제공하고 엄격함을 요구하고 학생들이 수행한 작업의 질을 평가하는 것이 그 예이다.

적절할 뿐만 아니라 실제적인 학습이 되어야 한다

아이들의 교육에 기술을 도입한 결과, 학습과 의미 있는 행동 사이의 거리가 무척 가까워졌다. 오늘날 학생들은 학교 밖에서 무언가를 배우면 그것을 즉각 실제에 적용할 수 있다. 예를 들어, 학생들이 게임하는 법을 배운다면 지구 반대편 다른 사람과 편을 맺을 수도 있고 경쟁을 할 수도 있다. 정보를 다운로드하거나 글을 쓰거나 트위터를 사용하는 방법을 배운다면, 음악 사업을 변화시키고 정부 정책에 영향을 주는 거대한 사회혁명의 물결에 즉시 참여할 수 있다. 인터넷에 자신의 창작물이나 생각을 게시하는 방법을 배운다면, 아무리 어린 나이라고 해도 세계에 진지한 영향을 미치고 변화를 야기할 수 있음을 알게 된다. 이러한 사실은 학생들이 늘 묻는 "이걸 왜 배워야 하나요?"라는 질문에 새롭고 절박한 의미를 부여하며, 우리가 늘 말하는 "언젠가 필요할 것이기 때문에요."보다 더 나은 대답을 할 것을 요구한다. 오늘날 학생이 정규교육에서 기대하는 것은 그들이 앞으로 살아갈 삶에서 필요한 것과 같다. 이제 학습은 적절할 뿐 아니라 실제적이어야 한다.

열정을 바탕으로 한 동기부여가 필요하다

교사들은 참여와 동기부여야말로 학생들이 제대로 된 학습을 위해 노력하게 만드는 원동력임을 잘 알고 있다. 그리고 그 노력은 결코 사소한 것이 아니다. 『미래를 위한 다섯 가지 마음가짐 Five Minds for the Future』을 쓴 하워드 가드너 Howard Gardner 같은 학자나 『아웃라이어 Outliers』를 쓴 말콤 글래드웰 Malcolm Gladwell 같은 저명한 저자들이 주목한 연구들은 어떤 분야에서라도 진정한 전문가가 되기 위해서는 약 1만 시간(일부는 10년을 말한다)이 필요하다고 한다. 물론, 오늘날 교사는 학생들에게 1시간 동안 숙제를 하게 만드는 데도 실패한다. 그것은 21세기에 참여를 끌어내는 방법이 달라졌기 때문이다.

전통적으로 교육에서 학생들에게 동기를 부여하는 방식은 매를 사용하는 것, 즉 훈육이었다. 매는 오랫동안 문자 그대로의 의미로 또는 상징적으로(벌점, 나머지 수업, 유급 등으로) 이용되어 왔다. 심지어 새로운 교육제도가 실패로 끝날 때마다 역시 훈육이 해결책이라고 여기는 사고로 되돌아가는 경향이 있다.

그러나 진심으로 아이들을 이해하는 교육 전문가들과 교사들은 단기적으로나 장기적으로나 훨씬 효과적인 교육 방법은 동기부여라는 점에 주목한다. 각각의 학생들이 스스로의 열정을 따라 배우도록 자극하는 것이 더 좋은 방법인 것이다. 열정은 사람들에게 자신과 다른 사람의 기대를 훨씬 넘는 수준까지 배우고 성과를 내도록 동력을 제공한다. 그리고 열정이라는 동기를 장착해 배운 것들은 잊히는 일이 거의 없다.

앞으로 언급하겠지만 오늘날 교사들은 학생들이 새로운 개념에 마음을 열게 하는 데 그치지 않고, 모든 학생들이 특정 주제나 생각을 향해 품고 있는, 혹은 아직 찾지 못했다면 앞으로 갖게 될 열정을 찾아내고 이해할 필요가 있다. 그 열정은 학생들이 거의 모든 것을 습득하도록 하는 열쇠가 될 것이다. 만약 교사가 모든 학생들로 하여금 스스로의 열정을 찾게 독려하고 진심으로 모든 학생들이 무엇에 열정을 가지고 있는지 이해한다면, 그 교사는 각각의 학생들에게 가장 이로운 배움의 길을 제공하고 개별 학생들이 각자 가진 능력보다 훨씬 많은 것을 성취할 수 있게 만들 것이다.

그리고 내가 생각하기에는, 그것이 바로 교육자로서 우리가 가져야 할 목표이다.

미래를 위해 가르쳐야 한다

우리가 경험한 세상과는 달리 오늘날 학생들이 경험하는 세상은 천천히 변화하지 않는다. 학생들은 급속도로 변화하는, 그러니까 매일매일 기하급수적으로 변하고 있는 세상에서 살고 있다. 그렇기 때문에 오늘날 교사들은 어떤 과목이건 반드시 미래를 염두에 두고 가르쳐야 한다. 비록 우리가 미래를 다 알지는 못하지만 충분히 알고 있는 것도 있다. 예컨대 오늘날 국어를 학습하는 학생들은 현재에도 그리고 미래에도 다양한 미디어를 통해 글을 게시하고 발표하며 세계와 소통해야 한다. 또한 오늘날 과학을 학습하는 학생들은 단순히 학문적 지식만이 아니라, 가장 흥미로운 일들이 진행되고 있는 학문 간 연구의 최전선에서 어떤 일이 벌어지고 있는지를 알아야 한다. 또한 오늘날 수학을 학습하는 학생들은 자릿수를 비교하고 미지수를 계산해야 할 뿐 아니라, 정치적 현실에서 우리에게 던져지는 모든 여론조사나 통계 뒤에 숨은 수학적 진실을 진정으로 이해해야 한다. 또한 오늘날 사회를 학습하는 학생들은 점점 더 복잡해지고 혼란스러워지고 위험해지는 세상에서 어떻게 변화를 다루고 만들어 낼지를 배워야 한다.

우리는 과거를 존중하고 과거에서 지혜를 얻어야 한다는 것을 알고 있다. 그러나 우리가 미래에 대해 배우는 시간을 과거에 대해 배우는 시간과 동등한 정도로 할애하지 않는다면, 우리는 학생들을 충분히 가르치고 있다고 말할 수 없다.

그렇다면 이 상황에 어떻게 대처해야 할까?

만약 여러분이 숙련된 교사라면 교실을 채우고 있는 학생들이 많은 면에서 과거와는 다르다는 사실을 알아챘을 것이다. 여러분은 아마 그들을 위해 뭔가 다른 것을 해야 할 필요와 부담을 느끼기 시작했을 것이다. 물론 여러분은 학생들의 시험 점수를 높이고 매 학년 진도를 적절히 마쳐야 한다는 압박도 느낄 것이다. 그러나 여러분이 과거에 성공을 거두었던 교육 방식은 오늘날 학생들에게 더 이상 통하지 않는 것 같다. 여러분은 과거에 가르치던 방식을 어떻게 바꿔야 하는지를 고민하고 있거나 이제 막 변화를 주기 시작했을 것이다.

만약 여러분이 얼마 전 학교에 발을 들인 신참 교사라면, 아마도 첫날에는 여러분의 나이와 제법 가까운 이 학생들을 어떻게 가르치고 다가갈지에 대한 수많은 생각들을 했을 것이다. 그러나 한편으로는 시험 점수를 올리고 학급 분위기를 어지럽히지 않으려면 예전의 전통적인 방식으로 처리해야 한다는 학교 측의 압박도 받아 보았을 것이다.

만약 여러분이 다른 일을 하다가 교사로 직업을 바꾼 사람이라면, 과거에 배웠던 방식이나 짧은 교사 훈련 과정에서 건진 내용을 빼면 가르치는 방식에 대해 잘 알지 못할 수도 있다. 이 때문에 여러분은 교수법에 관해 무척 전통적인 생각을 갖고 있을 수도 있다. 그러나 여러분은 새로운 세대를 가르치기 위한 훨씬 더 효과적인 방법을 찾고 있을 것이다. 특히 실제로 여러분이 가르칠 학생들을 만나 본 후라면 말이다.

그리고 만약 여러분이 학교를 다니면서 가르침에 대해 생각하고 준비하는 예비교사라면, 여러분이 앞으로 무엇을 해야 할지 궁금할 것이다. 새로운 방식으로 뭔가를 한다는 가능성에 들떠서일 수도 있고, 여러분이 들어 왔던 낡은 교수법과 21세기 학생으로서 직접 경험한 것이 상충하기 때문일 수도 있다.

여러분이 다른 직업에서 교사로 전직한 사람이든, 대학에서 교사 훈련을 받는 예비교사이든, 여러분만 이런 혼란을 겪고 있는 것은 아니다. 오늘날 수많은 교사들은 과거와 다르게 가르쳐야 한다고 느끼며, 그 변화를 만들어 낼 구체적인 지침을 필요로 한다.

이 책이 제시하는 새로운 접근법

이 책은 교사와 학교 운영자들을 위한 것으로, 이 책의 주된 초점은 교수법에 있다. 즉, 이 책은 21세기 학습자들이 필요로 하는 바를 다루기 위한 파트너 관계 기반 교수법에 초점을 맞추고 있다. 이 책은 21세기 기술에 대해 다루며, 파트너 관계 기반 교수법에서 교사가 담당해야 할 핵심 역할에 대해 다루고 있다. 많은 교사들이 수업에서 최신 기술을 이용하기 위해 무엇이 필요한지 걱정하고 있기 때문에, 이 책은 기술에 대한 구체적인 정보와 더불어 많은 교사들이 갖고 있는 기술에 대한 두려움을 해소할 방법도 제공한다. 이 책은 기술 수준의 고하를 막론하고 학교나 교실에서 기술을 다루는 방법을 제시하며, 교사가 기술을 이용해야 하는 때와 그렇지 않을 때를 구분하고 기술을 이용하는 방법에 대해 논의한다. 마지막으로 이 책은 학생이 기술을 사용하는 것을 극대화하는 것이 어떻게 학생들에게 이롭게 작용하는지를 설명하는 데 초점을 두고 있다.

그 밖에도 이 책은 교육자들이 자주 묻는 질문인 '일반적인 교육적 측면에서 어떻게 해야 과거로부터의 유산을 지키면서도 미래의 기술을 품을 수 있는가'를 다룬다. 나는 '동사'와 '명사'의 비유를 사용하고자 한다. 기술에 있어 '동사'란 학생들이 알아야 하는 기능, 즉 이해와 소통 능력을 뜻하는 것으로, 시간이 가도 변하지 않는 것이다. 이에 비해 '명사'란 우리가 이 기능을 익히고 연습하고 활용하기 위해 이용하는 도구로, 예를 들어 파워포인트, 이메일, 위키피디아, 유튜브 등을 뜻하는데, 이는 시시각각 급격히 변화한다. 나는 기술의 활용에 있어 교사들이 '동사'를 근간으로 삼고, '명사'는 살아가는 동안 계속해서 진화하는 것으로 바라보도록 권하고자 한다.

이 책에서 논하는 교수법의 변화는 이미 전 세계에서 진행되고 있다. 신참이건 고참이건 수천 명의 교사들은 이미 이런저런 형태로 파트너 관계 기반 교수법을 사용하고 있다. 이제 여러분에게도 자신과 학생 모두에게 이로울 긍정적인 변화의 물결에 올라탈 기회가 왔다. 이 책은 여러분이 훈육과 시험을 통해 학생들의 학습을 철저하게 통제하는 강사에서, 학생들이 자신들의 열정을 동력으로 삼아 스스로 학습하고 여러분의 도움을 받으면서 배우도록 지원하는 코치이자 파트너, 그리고 안내자로 변신하는 데 필요한 방법을 제시할 것이다.

대부분의 교사들은 자신이 가르치는 학생을 사랑하고 돕고 싶어 한다. 그렇기 때문에 교사들은 변화를 만들어 내는 데 두려움을 느끼더라도 기꺼이 용기를 낼 것이며, 결국엔 그것을 이루어 낼 것이다. 모든 변화는 용기를 요구한다. 그 용기는 시작을 위한 용기이자, 더 중요하게는 상황이 예상대로 흘러가지 않더라도 끝까지 밀어붙이는 용기이다. 그러한 용기의 근원이 학생을 돕고 싶은 교사의 마음이건, 교사의 자존심이자 자신의 일에서 최고가 되고 싶은 욕망이건—이 모든 것이 합쳐질 경우 더할 나위 없겠지만—, 용기는 성공의 결정적인 요소이다.

파트너 관계 기반 교수법으로 가는 길은 무엇일까?

이 책은 학생들이 21세기의 삶과 일에 대비할 수 있도록 협업을 시작하고 (또는 이어가고) 싶어 하는 교육자들에게 일종의 지도를 제시한다. 내가 지지하는 이 교수법은 다양한 이름으로 불린다. 나는 그것을 '파트너 관계 맺기'라고 부르려 한다. 이렇게 부르는 이유는 이 책에서 설명할 것이다. 그러나 중요한 것은 실천이지 이름 자체는 아니다.

이 책에서 여러분은 어떻게 학생들과의 관계를 파트너 관계로 전환해 나가야 하는지에 관한 전략, 단계, 아이디어, 예시를 찾을 수 있을 것이다. 가르침에 대한 개념을 어떻게 바꿔야 하는지에 대한 제안도 담겨 있다. 다양한 실천 사례와 여러분에게 도움이 될 예를 찾아볼 수 있는 정보도 있다. 훌륭한 사례를 만들고 공유하기 위해 동료 및 학생들과 파트너가 되는 방법에 관한 지침도 있다. 모든 사람이 파트너 관계 맺기의 초심자인 것은 아니기 때문에 이 새로운 교수법에서 여러분이 어느 단계에 있는지를 평가할 방법도 제공된다. 그리고 여러분이 앞으로 나아가는 데 도움을 줄 수 있는 내용도 있다.

나는 이 책이 여러분에게 유용하길 바란다. 이 책이 여러분에게 새로운 활력과 창의력을 불러일으켜, 비록 힘들지만 앞으로 무궁무진한 잠재력을 가진 여러분의 과업에까지 닿기를 바란다.

여러분의 성공 사례를 늘 기다리고 있겠다. 여러분의 성공 사례를 내 이메일 주소(marcprensky@gmail.com)로 보내 주기 바란다.

이 책의 구성

이 책은 '오늘날 왜 많은 학생들은 집중하지 못하는가?'라는 문제에 대한 깊은 이해에서 출발하여, 교실에서 매일 적용할 수 있는 해결책인 파트너 관계 맺기로 나아가는 논리로 구성되었다.

1장은 21세기 학생들을 바라보는 새롭고 보다 긍정적인 방법을 제시한다. 그리고 파트너 관계 기반 교수법이란 무엇인지, 파트너 관계에서 교사와 학생을 비롯한 여러 주체들은 어떤 역할을 맡는지에 대해 소개한다. 2장은 교실의 환경에 변화를 주고, 무대에서 내려오고, 여러분과 학생들을 위한 최적의 파트너 관계를 선택하며, 기술을 바라보는 동사/명사의 관점에 근거한 구분을 이해하고, 파트너 관계 맺기를 현행 교육과정과 연결시키는 등 파트너 관계 기반 교수법을 실현하기 위한 구체적인 방법을 제시한다. 3~6장은 파트너 관계 맺기에서 제기되는 주요 쟁점을 살펴본다. 3장은 학생의 열정을 동력으로 삼아 배움의 동기를 부여하는 방법을 다룬다. 4장은 학습을 적절할 뿐 아니라 실제적인 것으로 만드는 방법을 다룬다. 5장은 학습 내용을 학습을 안내하는 질문으로 전환하고 동사, 즉 기술을 강조하는 방법을 논의한다. 6장은 파트너 관계 맺기에서 기술을 활용하는 방법에 초점을 맞춘다. 7장에는 오늘날 학생들이 활용할 수 있는 130여 개의 기술 목록을 첨부하였다. 8장은 학생의 창작을 중점적으로 다룬다. 9장은 특히 공유를 통한 지속적인 개선에 대해 논의한다. 10장은 파트너 관계 맺기에서 평가의 쟁점사안을 살펴본다. 결론에서는 디지털 네이티브digital natives의 교육을 한 단계 더 끌어올릴 방법을 모색한다.

여기에 더해 책 전반에는 참고 자료로 활용될 수 있는 읽을거리들이 포함되어 있다. 그것은 아래와 같다. 나는 여러분이 이 도구와 재료들을 마음껏 활용하고 즐기고 다시 돌아보길 바란다.

- 다수의 실용적인 제안들은 '파트너 관계 맺기를 위한 조언'으로 표시한 칸 안에 제시하였다.
- 독자들이 처한 특수한 환경에서 파트너 관계 맺기를 더 성공적으로 이끌 수 있는 다양한 전략과 선택지를 제시하였다.
- 내가 인터뷰한 약 1,000명의 학생들이 밝힌 엄청나게 많은 의견들을 제시하였다.

- 50개 이상의 기능 및 이해 학습을 위한 '동사'를 나열한 목록을 제시하였다.
- 학생들이 파트너 관계 맺기 과정에서 이용할 수 있는 130개 이상의 '명사' (기술 도구)와 그에 적합한 '동사'(기능, 이해 능력)들로 구성된 목록을 제시하였다. 이러한 '명사'와 '동사'들을 쉽게 찾아볼 수 있도록 하기 위해서 7장의 페이지 옆쪽를 어둡게 표시하였다.

마지막으로 이 책이 학습 안내서로 손쉽게 이용될 수 있도록 하기 위해 '이해를 돕는 질문'을 각 장의 시작 부분에 배치하고, 이와 관련하여 내가 독자에게 조언하고 싶은 내용을 제시하는 방식으로 서술하였다. '이해를 돕는 질문'은 독자에게 맥락을 제공함과 동시에, 본문을 읽어가면서 각 장에서 제시한 주제를 곱씹는 데 도움이 될 것이다. 부디 이 질문들이 유용하게 활용되기를 바란다.

1장

파트너 관계 맺기

새로운 교육적 지평을 열기 위한 교수법

1 현재 교실에서 효과가 있는 방법은 무엇인가?
   그리고 변화가 필요한 부분은 무엇일까?
2 학생들을 다른 시각으로 바라볼 수 있을까?
   학생들과 교사가 서로 존중할 수 있을까?
3 파트너 관계 맺기란 무엇일까?
   파트너 관계에서 교사와 학생의 역할은 무엇일까?

의도했건 의도하지 않았건 오늘날 교사들은 학생들이 학교를 떠나 마주하게 될 세계(이것은 우리가 이미 알고 있는 세계이다)에 대해서만이 아니라, 학생들이 일을 하며 살아갈 미래에 대해서도 대비시키고 있다. 그런데 그러한 미래에 기술은 지금보다 1조 배 이상 강력해질 것이다(이것은 우리가 상상하기 어려운 세계이다). 학생들이 살아가는 동안 정보는 매년 폭발적으로 증가할 것이다. 기술 도구들은 점점 작아지고, 빨라지고, 성능이 좋아지고, 저렴해질 것이다. 사람들은 점점 더 많은 도구를 접하게 될 것이다. 결과적으로 사람들의 행동도 달라질 것이다. 학교와 교사들이 이 속도를 따라잡는 데 고전할 것은 분명하다. 이 같은 급격한 변화와 졸업 후 학생들이 만나게 될 새로운 현실을 감안할 때, 교사들은 어떻게 학생들을 당장 내일뿐 아니라 먼 미래에 대비시킬 수 있을까? 이와 동시에 중요한 과거의 유산을 지키는 방법은 무엇일까? 이는 결코 대답하기 쉬운 질문이 아니다.

그러나 전문가들 간에 이루어진 합의는 분명하다.[1] 우리가 이 같은 환경에서 성공할 수 있는 방법은 단순히 기술의 변화에 집중하기보다는 새로운 방식의 배움을 개념화하는 것이라는 점이다. 이러한 배움에서 어른과 아이는 과거와는 다른 새로운 역할 관계에 놓이게 된다.

아이(학생)들은 새로운 도구를 이용하고, 정보를 찾고, 의미를 부여하고, 창의력을 발휘하는 데 집중해야 한다. 어른(교사)들은 질문하고, 코치하고, 안내하며, 맥락을 제공하고, 원칙과 의미를 추구하며, 양질의 결과를 끌어내는 데 주력해야 한다.

학습을 끌어내고 추구하기 위해 함께 노력하는 21세기식 방식을 나는 '파트너 관계 맺기'라 부르겠다. 이것을 배우는 것이 바로 이 책의 주제다.

1 앞으로 나아가기

교사와 학생 사이의 교육적인 분업은 강력하고 구시대적이다. 교사는 강의를 하고 말을 하고 설명을 하는 반면, 학생은 듣고 필기하고 교과서를 읽고 외운다. 이는 종종 '직접 교수법direct instruction'이라고 불린다. 불행하게도 직접 교수법은 그 효과에 대한 의문이 점차 커지고 있다. 실제로 수많은 학생들은 교사가 혼자 말하고 이야기하는 것을 가장 큰 불만으로 꼽는다. 안타깝게도 학생들이 이 문제를 해결하는 거의 유일한 방식은 한 귀로 듣고 한 귀로 흘리는 것이다.

이제 가르치고 보여 주고 일일이 말하고 설명하는 교수법이 통하던 시대는 저물었다고 해도 과언이 아니다. 교사도 학습 도구 중 하나라고 본다면, 주로 일방적인 말하기를 통해 가르치는 교사들은 21세기에 쓸모가 없어지고 있다.

그러나 교사 대부분은 말하기를 하도록 훈련되었다. 교사 대부분은 강의를 받으며 배웠고, 게다가 제대로 배웠다. 많은 교사들은 설명하는 것을 좋아하고, 설명에 소질이 있다고 생각한다. 진짜 소질이 있는지도 모른다. 그러나 이 같은 방식은 더 이상 의미가 없다. 학생들이 더 이상 설명을 듣지 않기 때문이다. 나는 종종 이 같은 상황을 택배 회사 '페덱스FedEx'의 배송에 비유한다. 여러분이 세상에서 가장 훌륭한 배송 체계를 가지고 있다 한들, 물건이 도착하는 곳에 아무도 없다면 그 훌륭한 배송 체계는 쓸모가 없을 것이다. 오늘날에는 교사가 전달하는 내용이 도달하는 지점에 학생들이 머물러 있는 모습을 찾아보기 힘들다. 학생들은 다른 어딘가로, 종종 21세기식 음악, 만남, 정보 탐색이 이루어지는 온라인 세계 어딘가로 가 버린다. 이 책의 목표는 교사들이 학생들을 학습의 도달 지점으로 다시 데려올 수 있도록 돕는 것이다.

무엇이 효과가 있을까?

대부분의 학생들은 창의적이고 열정이 넘치는 교사들을 알아보고 박수를 보낸다. 특히 학생들을 존중하고 학생들의 의견을 경청하는 교사에 열광한다. 그러나 내가 학생들에게 "학교 활동 중에서 가장 열심히 참여하는 것이 무엇인 가요?"라고 물어보면, 가장 자주 돌아오는 대답은 "수학여행"이다. 물론 여행은 늘 인기가 있는 활동이지만, 이 대답은 학생들이 절박하게 실제 세상과 연결되고 싶어 한다는 사실을 반영하는 것 같다. 왜일까? 학생들이 자주 하는 또 다른 대답이 '이팔스ePals'와 같이 안전한 이메일 서비스를 통해 "온라인으로 다른 곳에 사는 또래 친구들과 만나는 것"이기 때문이다.

교실 활동 중에서 학생들이 가장 열심히 참여한다고 말하는 것으로는 그룹 활동(게으른 학생이 물을 흐리지만 않는다면!), 토론, 생각 공유하기, 학급 친구들의 이야기 듣기 또는 동등한 위치에서 교사의 이야기 듣기 등이 있다.

학생들은 기술을 이용하는 것이 좋다고 말하곤 하지만, 사실 학생들이 가장 중요하게 여기는 것은 같은 인격체로서 교사에게 존중받는 것이다. 학생들은 모르는 것이 많아 알려 줘야 하는 아이로 취급되는 것을 원하지 않는다. "우리는 바보가 아니에요."라는 말은 학생들이 하는 공통된 푸념이다.

학생들을 다르게 바라보자

일부 교사들은 과거와 비교해 현재 학생들의 능력이 뒤처진다고 한숨을 내쉰다. 그러나 학생들을 보다 잘, 보다 긍정적으로 바라보는 방법이 있다. 오늘날 아이들은 21세기를 살고 있는 존재로서, 비유컨대 로켓에 훨씬 가깝다. 그러나 우리는 너무 자주 아이들을 선로 위의 기차, 즉 19세기를 살아가는 사람인 양 대하고 있다.

오늘날의 학생들을 로켓과 같은 존재로 보는 이 비유를 받아들인다면, 오늘날의 교육자들은 로켓 과학자가 되어야 한다!

왜 우리는 오늘날 아이들을 로켓으로 생각해야 할까? 우선, 그 속도 때문이다. 그들은 앞선 그 어떤 세대보다 훨씬 빠르게 움직인다. 아이들의 감정적인 성장 속도는 달라지지 않았을지 모르지만 오늘날 아이들이 이른 나이에 배우고 알게 되는 내용은 급격하게 변했고, 그 때문에 많은 사람들은 아이들이 지적으로 성숙하는 속도 역시 변하고 있다고 말한다.[2] 많은 아이들은 보통 두세 살경에 인터넷을 접한다. 나는 달에 대한 나사NASA의 시뮬레이션을 대학원에서 접했지만 최근에는 초등학교 4학년 학생들이 이것을 접하고 있다. 오늘날 부모와 교육자들은 아이들에게 옛날식 가르침을 주기 위해 분투하지만 이들이 아이들에게 공급하는 연료, 예를 들어 교육과정과 학습 자료는 오늘날 아이들이 요구하는 것에 비해 훨씬 뒤처져 있다. '연령 적합성'이라는 기준은 우리를 훨씬 앞서 나간다. 피아제Piaget의 이론 속 학생들도 이제는 새로운 모습으로 바라보아야 한다.[3] 사람들은 아이들이 천천히 자라고 예전처럼 '그저 아이이기'를 바라지만, 21세기 아이들에게 이 엄청난 속도는 분명한 현실이다.

잠깐… 아직 끝난 게 아니다

오늘날 아이들을 로켓으로 비유하는 것은 단순히 속도 때문은 아니다. 그들은 출발 지점에서는 보이지도 않는 멀고 먼 곳을 향한다. 인터넷이나 많은 사람들이 즐기는 복잡한 게임 등 아이들이 자라나는 21세기의 환경은 어떤 것이 효과적인지를 아이들이 스스로 탐구하고 찾아내도록 설계되어 있다. 로켓과 마찬가지로 아이들은 매 순간 통제될 수는 없지만, 처음에는 가능한 한 올바른 방향을 향해 조준되고 필요할 경우 처음의 방향 설정을 중간에 수정할 수 있다. 그리고 아이들과 로켓 모두 일단 비행을 시작하면 수리하기가 어렵기 때문에 가능하면 스스로 문제 해결이 가능하도록 초기에 설계되어야 한다.

모든 로켓처럼 아이들이 가진 연료는 불안정하다. 일부는 남보다 빠르고 멀리 간다. 일부는 방향을 잃거나 지시대로 따르는 능력을 상실한다. 일부는 궤도를 벗어나거나 예상치 못하게 기능을 멈추기도 한다. 심지어 일부는 폭발한다. 그러나 우리의 로켓 제작 기술은 발전하고 있으며 점점 더 많은 로켓이 임무 달성에 성공한다. 이제 우리는 로켓 과학자가 되어 아이들을 도와야 한다.

어마어마한 잠재력

아마도 가장 중요한 것은 오늘날의 로켓, 다시 말해 아이들은 과거 그 어떤 항해사보다 훨씬 더 멀리 나아가고 더 많은 것을 이룰 수 있는 잠재력이 있다는 점이다. 널리 보급되고 사용하기 쉬운 디지털 기기들이 출현하면서, 아이들은 이미 우리 어른들이 과거에 공상과학 소설을 통해 상상만 하던 것을 매일 성취하고 있다. 아이들은 전 세계 또래들과 소통하는 동시에 함께 복잡한 게임을 하고 그들로부터 배운다. 아이들은 안전한 메일 교환 사이트인 이팔스 등을 통해 세계 여러 나라의 사람들과 교류하고 있다. 아이들은 주기적으로 동영상을 만들어 전 세계의 사람들이 보고 의견을 줄 수 있도록 게재한다. 아이들은 자신이 살고 있는 지역에 한정되지 않고, 전 지구적으로, 사회적으로, 정치적으로 조직되고 있다.

로켓 과학자로서의 교육자

그렇다면 이 같은 비유가 오늘날의 아이들을 가르치는 임무를 맡은 사람들에게 시사하는 점은 무엇인가? 이 비유는 우리가 새로운 관점에서, 그러니까 가르치는 교사일 뿐 아니라 최선을 다해 최고의 로켓을 만들어 쏘아 올리는 로켓 설계자로서 교육자의 임무를 구상해야 한다는 것을 말해 준다. 여기에는 학생들에게 과거의 교육적 연료를 주입하지 않는 것이 포함된다. 왜냐하면 그 연료는 더 이상 학생들을 앞으로 나아가게 하지 못하기 때문이다. 우리에게는 새로운 연료, 새로운 설계, 새로운 추진체, 새로운 내용물이 필요하다. 로켓 과학자들은 로켓이 예측할 수 없는 수많은 상황과 과제에 부딪히게 될 것임을 알기 때문에, 로켓이 최소한의 외부적 도움으로 임무를 달성할 수 있도록 충분한 지능을 부여하기 위해 노력한다. 로켓 과학자들은 로켓에 가능한 한 스스로 모니터링하고 평가하고 조정할 수 있는 능력을 부여한다. 로켓 과학자들은 로켓이 가속 비행 중에도 자료를 수집하고 분석하는 데 이용할 수 있는 장치와 도구를 활용하는 능력을 부여한다. 그들은 로켓의 두뇌가 비행 중에 새로운 버전으로 업데이트되도록 하는 것이 아니라, 그때그때 마주하는 정보를 스스로 처리할 수 있도록 엄격하게 품질 관리를 한다. 또한 로켓 과학자들은 로켓의 목표를 미리 설정할 수는 있지만 그 목표가 중간에 바뀔 수 있으며, 로켓이 수명을 다할 때까지 수많은 변화를 겪을 수 있음을 알고, 이에 대처하도록 로켓을 설계한다.

유용한 관점

학생들과 우리 자신에 대한 이 같은 새로운 시각은 현재 적용되는 전형적인 기준보다 훨씬 높은 성취기준을 학생들에게 제시하도록 교육자들을 독려한다. 나는 교육자들이 학생들의 성취 결과에 "한 방 먹었다."고 말하는 것을 자주 듣는다. 우리는 학생들에 의해 한 방을 먹어서는 안 되고 훨씬 더 많은 것을 그들에게 기대해야 한다.

물론, 로켓은 세심한 관리가 필요하며, 제작과 유지에 설계자들의 더 많은 노력과 기술이 들어간다. 또한 로켓은 지상에서는 쓸모가 없기 때문에 로켓이 지상에 머무는 것을 준비시킬 필요는 없다. 이미 수많은 지상의 기술은 기계가 대체하고 있으며, 더 이상 유용하지 않은 기술들이 많아졌다.

탐험할 것인가, 파괴할 것인가?

여정의 시작점에서 안에 어떤 내용물이 실리느냐에 따라, 학생들은 실제 로켓처럼 강력한 힘으로 탐험과 변화를 향해 나아갈 수도 있고, 잠재적인 파괴 무기가 될 수도 있다. 교육자들은 부모 및 또래와 함께 학생들의 내면을 채운다. 그런 다음 우리는 학생들이 앞으로 직면할 상황에 충분히 대비되었기를 바라면서 그들을 미래로 쏘아 올린다. 학생의 내면을 긍정적으로 채우기 위해서는 올바른 일을 구분하고 그것을 어떻게 해야 하는지 터득하는 능력인 윤리적 행동을 가장 우선해야 한다. 우리는 학생들의 두뇌 환경을 최고의 상태로 설정할 필요가 있다. 그래야 학생들은 어떤 사람이나 상황을 어떤 방식으로 마주치든(아마도 점점 더 기술을 통한 방식이 되겠지만), 끊임없이 배우고, 만들고, 계획을 세우고, 채택하고, 적용하고, 긍정적인 관계를 맺을 수 있다.

교육자들에게는 기술적 변화가 아니라 개념의 변화가 필요하다

21세기 학생들이 마음속에 긍정적 관점을 가졌을 때 비로소 우리는 파트너 관계에 기대를 걸 수 있다. 우리는 아이들이 로켓처럼 '아무도 가 본 적 없는 곳에 용감히 나아가길'[4] 바라고 있으며, 파트너 관계 맺기는 아이들을 그곳으로 이끄는 가장 유망한 방법이다. 놀랍게도 교육자들에게 요구되는 가장 큰 변화는 기술적 변화가 아니라 개념의 변화이다. 교육자는 스스로를 학생의 보호자라기보다는 그들의 삶을 안내하고 로켓을 미래로 밀어 올리는 파트너라고 생각해야 한다. 과거의 방식이 완전히 틀렸으니 버려야 한다고 주장하는 것은 아니다. 그러나 학생들이 과거에 비해 더 멀리 날아가고 안전하게 착륙할 수 있도록 돕는 일을 시작하지 않는다면, 우리는 교육자로서의 역할을 해낼 수 없을 것이다. 만약 우리가 조만간 로켓에 과거와 다른 새로운 연료와 내용물을 채우는 과업을 시작하지 않는다면, 로켓은 결코 지상에서 날아오르지 못할 것이다.

2 파트너 관계 맺기는 어떻게 작동할까

파트너 관계라는 용어는 듣는 이에 따라 다른 의미를 가질 수 있다. 교사가 말하고 학생들이 받아 적는 것도 일종의 파트너 관계이다. 그러나 이것이 내가 말하는 파트너 관계의 전부를 의미하지는 않는다. 좀 더 상세히 설명하자면 이 책에서 내가 의미하는 파트너 관계란 학생들은 학생으로서 가장 잘할 수 있는 학습 과정에 초점을 맞추고, 교사는 교사로서 가장 잘할 수 있는 학습 과정에 초점을 맞추는 교육 방식이다.

학생들이 가장 잘할 수 있는 일을 하게 한다는 것은 학생들에게 다음과 같은 사항에 대해 중요한 책임을 부여함을 의미한다.

- 열정을 찾고 좇기
- 사용할 수 있는 기술은 무엇이든 활용하기
- 정보를 조사하고 찾기
- 질문에 답하고 생각과 의견을 공유하기
- 적절히 동기부여가 되었을 때 실행하기(예를 들어, 게임을 통해 동기부여 하기)
- 글과 멀티미디어를 이용하여 발표하기

한편 교사가 가장 잘할 수 있는 것을 하게 한다는 것은 교사에게 다음과 같은 사항에 대해 중요한 책임을 부여함을 의미한다.

- 적절한 질문을 만들고 던지기
- 학생들에게 안내를 제공하기
- 학습 자료에 맥락을 부여하기
- 1:1로 설명하기

- 엄격한 분위기를 창조하기
- 교육의 질을 확보하기

파트너 관계 맺기는 일방적인 말하기로서의 교육과 정반대에 있다. 사실, 파트너 관계 기반 교수법에서 교사의 목표는 (적어도 학급 전체를 대상으로는) 아예 말하지 않는 것이다. 교사는 강의나 설명보다는 다양하고 흥미로운 방식으로 학생들이 대답할 질문을 던지고, 특정한 경우에는 학생들이 나아갈 수 있도록 도구나 장소를 제시해야 한다. 파트너 관계 기반 수업을 할 때, 혼자서 하든 그룹으로 하든, 정보를 검색하고 가설을 만들고 답을 찾으며 결과를 발표하는 것은 전적으로 학생들의 임무이다. 학생들의 결과는 정확성, 맥락, 엄격성, 질적 향상을 위해 교사와 학급에 의해 검토와 평가를 거친다. 주어진 교육과정이 실현되는 것은 학생들이 답을 구한 바로 그 질문이 그들이 알 필요가 있는 것일 때이다. 앞으로 살펴보겠지만 다양한 학생, 다양한 상황, 다양한 배경에 따라 적절하게 적용할 수 있는 각각 다른 수준의 파트너 관계 기반 수업이 존재한다.

파트너 관계 맺기를 위한 조언

여러분이 어떻게 일방적 말하기와 직접적 지시를 중단할지(그리고 그것을 무엇으로 대체할지)는 학생들과 함께 토론할 만한 훌륭한 주제이다. 이를 위해 따로 시간을 마련하는 것이 좋다. 학생들에게 여러분이 너무 많이, 즉 필요 이상으로 말을 한다고 느끼는지 물어보라. 그 후 여러분이 일방적으로 말하는 시간을 어떻게 줄일 수 있을지 제안해 주기를 요청하라. 여러분은 학생들의 대답에 놀라게 될 것이다.

교수법의 중대한 변화, 즉 일방적 말하기에서 파트너 관계로의 전환은 교사도 학생도 하룻밤에 이루어 낼 수 있는 것이 아니다. 실제 상황에서 이 같은 변화가 점진적으로 이뤄져 완성되기까지는 수년이 걸릴 수 있다. 그러나 수천 명의 교사들이 장담하듯 변화는 가능하다. 또한 21세기 학생들은 그들이 필요로 하고 충분히 받을 자격이 있는 교육을 누려야만 한다. 다행인 것은 과목과 학년에 상관없이 엄청나게 많은 교사들이 즐겁게, 그러면서도 효과적으로 매일 학생들과 파트너 관계를 맺고 있으며 여러분이 그들을 모델로 삼을 수 있다는 사실이다.

파트너 관계 맺기의 기초: 간단한 예시

이제껏 내가 들어 본 파트너 관계 맺기의 가장 훌륭한 예시는 학생 좌담회에 참여한 한 교사로부터 나왔다. 그 교사는 토론자로 나선 학생들에게 이런 질문을 던졌다.

학생 여러분이 배우는 무언가에 세 가지 원인이 있다고 생각해 보세요. 제가 "여기에는 세 가지 원인이 있습니다. 그 세 가지 원인을 설명할 테니 필기하세요."라고 말하는 것과 "여기에는 세 가지 원인이 있습니다. 15분을 줄 테니 그 원인이 무엇인지 찾아보고 결과를 토론하세요."라고 말하는 것 중 어떤 방식을 선호하나요?

당연히 이 질문을 받은 학생들은 거의 모두가 후자를 택했다. 오늘날 학생들 대부분은 나이나 학년에 상관없이 교사에게 일방적으로 듣기만 하는 것보다는 적극적인 역할을 맡아 스스로 답을 찾아내고 싶어 한다.

강의가 꼭 필요할까

내가 "강의는 없습니다."라고 말할 때면 언제나 누군가 "어떤 것은 강의가 필요해요."라고 반박한다. 그렇다면 잠시 이 점에 대해 생각할 시간을 가져 보자. 여러분의 담당 과목이 무엇이건 학생들 앞에서 강의, 전달, 설명이 없으면 안

되는 것이 무엇이 있는지 생각해 보라. 스스로 이런 질문을 해 보라. "학생들이 어떤 주제나 자료를 이해했는지 확인하기 위해서, 내가 던지고자 하는 질문에 대한 대답으로 강의를 하는 대신 그 주제나 자료를 재구성할 수는 없을까?"

가장 단순하게 말하자면 파트너 관계 맺기는 학생들에게 스스로 연구하고 탐구하고 답을 찾을 질문을 제시하는 것이다. 그런 다음 학생들은 그 결과를 두고 토론하고 검토한다. 나는 모든 과목에서 어떠한 자료로도 파트너 관계 맺기가 가능하다고 믿는다. 그러나 여기에는 새로운 관점이 요구된다.

파트너 관계 맺기는 새로운 개념일까

이 시점에서 여러분은 이렇게 말하고 있을지도 모르겠다. "파트너 관계 맺기는 전혀 새로운 게 아니에요. 그것은 한때 [여기에 자신의 답을 적어 보세요]라고 부르던 거예요." 그렇다면 정확하게 파악한 것이다. 넓게 볼 때 파트너 관계 맺기는 아래와 같이 알려진 훌륭한 전통적인 교수법에 속한다.

- 학생 중심의 학습
- 문제 기반의 학습
- 프로젝트 기반의 학습
- 사례 기반의 학습
- 탐구 기반의 학습
- 능동적 학습
- 구성주의
- 실천을 통한 학습

존 듀이John Dewey는 20세기 초에 이 같은 형태의 교수법을 옹호한 것으로 유명하며,[5] 이는 소크라테스Socrates 이후 이름을 바꿔 가며 사용되어 왔다. (이 글을 먼저 읽은 사람은 페스탈로치Pestalozzi, 프랜시스 파커Frances Parker에서부터 듀이, 브루너Bruner까지 이어지는 일종의 계보를 멋지게 지적하기도 했다.) 이런 교수법은 다양한 이름으로 존재한다. 매사추세츠 공과대학MIT은 이것을 나름대로 기술 지원의 능동 학습TEAL이라 부른다. 최근 한 교사가 내게 보낸 글에서는 과정 중심의 안내된 탐구 학습POGIL으로 언급됐다. 도전 기반의 학습은 뉴미디어 컨소시엄의 보고서에서 묘사된 애플Apple 교수법의 변형된 형태이기도 하다.[6] 탐구 기반의 학습은 뉴욕시 부속학교에서 실험 중에 있다. 이 모든 방식은 계속해서 수정되고 발전된다.[7]

이들 각각의 교수법은 나름의 지지자와 원칙과 세부적 특징들이 있지만, 그 핵심은 무척이나 닮아 있다. 어떻게 보면 이것은 동일하게 일반화할 수 있는 학습 방식에 붙은 브랜드에 불과하다. 이들을 관통하는 핵심은 학생들이 교사의 도움과 안내를 받아 혼자서 또는 그룹을 이루어 질문에 대답하고 문제를 해결함으로써 스스로 배움을 터득한다는 점이다.

나는 다른 어떤 것보다 파트너 관계 맺기라는 용어를 선호한다. 왜냐하면 이 용어는 교사와 학생 각각의 역할이 서로 다르면서도 동등하다는 사실을 강조하기 때문이다. 파트너 관계 맺기는 교사와 학생이 학습 과정을 향상시키기 위하여 제각기 가진 강점을 활용해야 한다는 점을 강조한다. 파트너 관계 맺기의 강점에는 기술의 역할에 관한 부분도 포함된다. 기술을 활용하는 주체는 교사가 아니라 학생이며, 교사의 임무는 기술이 제대로 사용되는지 평가하는 것이라는 점이다. 아마 이 마지막 조건은 일부 교수법의 브랜드가 탄생하던 시기에는 디지털 기술이 존재하지 않았다는 사실을 방증하는지도 모른다. 그러나 이 조건은 이러한 브랜드 전부에 적용될 수 있을 것이다.

다시 한 번 말하지만 중요한 것은 여러분이 선택하는 파트너 관계 맺기의 이름이나 브랜드가 아니다. 그 이름은 여러분, 여러분들의 학생, 여러분이 속한 학교나 지역사회와 같은 주변 환경에 따라 달라질 수 있다. 진짜 중요한 것은 여러분이 파트너 관계 맺기를 향해 움직인다는 사실이다. [표 1-1]은 파트너 관계 기반 교수법에서 학생들과 교사들이 맡는 역할을 비교한 것이다.

[표 1-1] 파트너 관계에서 작업은 어떻게 공유되는가

교사	학생
말하지 마라. 질문을 던져라!	받아 적지 마라. 찾아내라!
주제와 도구를 제시하라.	연구하고 결과를 도출하라.
학생들로부터 기술에 관해 배우라.	교사로부터 학습의 질과 엄격성에 관해 배우라.
학습의 질과 엄격성을 위하여 학생들의 결과를 평가하고 맥락을 제공하라.	학습의 엄격성, 맥락, 질을 추가함으로써 결과를 다듬고 개선하라.

파트너 관계 맺기와 교육과정

교사들이 자주 제기하는 우려 중 하나는 반드시 행해야 하는 의무적인 교육과정이 있는데, 이 중 일부가 파트너 관계 맺기와 상충된다는 점이다. 당연히 적어도 모든 공립학교에서는 전 과목과 학년의 학습 과정에서 반드시 배워야 하는 일련의 (점점 더 기술을 기반으로 하는) 성취기준이 있다. 그러나 이러한 성취기준은 무엇을 가르쳐야 하는지를 특정하는 것이지 어떻게 가르쳐야 하는지를 특정하지 않는다는 사실을 기억해야 한다.

파트너 관계 맺기는 오늘날의 필수 교육과정과 양립할 수 있으며, 실제로 양립하고 있다. 그러나 파트너 관계 맺기는 교사에게 교과서에 있는 "이것은 배워야 하는 부분이다." 또는 "대답을 찾을 수 있게 학생에게 유도 질문을 한다." 와 같은 접근 방식에 관해 다시 생각해 볼 것을 요구한다. 흥미롭게도 교과서는 파트너 관계 맺기의 시각에서, 그리고 일반적으로 학생들의 관심에서 완전히 뒤처져 있다. 대부분의 교과서는 일방적인 말하기 방식의 구식 교수법을 반영한다. 교과서는 정답, 즉 배울 내용을 먼저 제시하고 그 뒤에 질문을 넣는다. 그런데 파트너 관계 맺기는 이것을 뒤집는다. 파트너 관계에서는 질문이 우선이

며, 이 경우에 학생들의 동기부여가 훨씬 확실하다는 것이 증명되고 있다. 우선 "왜?"로 시작하는 질문(예를 들어, 왜 계절이 존재하는가? 왜 극과 극은 통하는가? 왜 영어에는 규칙적이지 않은 과거형이 그토록 많은가? 왜 우리는 과거를 잊거나 잘못된 결정을 내리는가? 왜 유럽 사람들은 미국에 왔는가? 등)은 계절성이나 극성, 불규칙 동사, 심리학, 또는 발견이나 이민에 관한 강의보다 학생들의 사고를 훨씬 자극할 수 있다.

그러나 학생들이 알아야 하는 것(그리고 당연히 그들이 표준화된 시험에서 풀게 될 문제들)은 교수법과 관계없이 여전히 같다. 파트너 관계 기반 수업을 하는 교사들은 질문에 대한 학생들의 적극적인 대답 활동이 거의 대부분 높은 참여도로 이어진다는 사실을 깨닫는다. 나는 한 번도 파트너 관계 기반 수업을 하는 교사들한테 학생들의 참여도가 줄었다는 얘기를 들어 본 적이 없다. 참여도가 높으면 결과적으로 자료를 기억하는 기간이 길어지고 시험 점수도 높아진다. 실제로 초등학교 교사들은 학생들의 서술 점수가 전체 시험 점수를 올리는 것을 목격했다.[8] 많은 교사들이 유사한 경험에 대해 말한다.

파트너 관계 맺기에서의 기술
: 기술은 어려움을 해결하고 개별화 학습을 가능하게 하는 수단이다

그렇다면 파트너 관계 기반 교수법에서 기술의 역할은 무엇일까? 기술은 파트너 관계 기반 교수법을 뒷받침하고 학생들이 나름의 학습 과정을 발전시킬 수 있도록 도와주는 역할을 맡는다. 모든 학생들과 교사들은 학습 상황이 각각의 학생에 맞춰 개별화되고 맞춤화될 때 좋은 성과가 따른다는 사실을 알고 있다. 교실에서 항상 필요한 것은 학생들을 개별적으로, 또는 적어도 극히 작은 규모의 그룹을 확실히 실행 가능하고 효과적인 방식으로 다루는 것이다. 그러나 지금까지는 학급의 규모가 크고, 교과서 외의 자료가 부실하고, 구식 참고서가 이용되고, 도서관이나 교사가 활용할 수 있는 시간이 제한적이다 보니, 교사 대부분이 학생 개인의 개별화 또는 차별화 교육을 도모하기가 어렵거나 심지어 불가능했다.

디지털 기술이 도입되는 속도가 느리고 고르지 못하더라도, 디지털 기술이 학교에 도입됨으로써 가장 좋은 점은 장기적으로 이를 통해 교사와 학생들이 훨씬 개인화, 개별화된 방식으로 파트너 관계를 맺을 수 있다는 점이다. 즉, 학생들은 교사의 코치와 안내를 받아 나름의 방식으로 배움을 얻을 수 있다. 학생들은 자신에게 필요한 것과 요구되는 목표를 추구하는 한, 자주 언급되듯 '나름의 속도'로 그리고 어느 정도 자신이 선호하는 방식으로 배울 수 있다.

그러나 기술을 추가한다고 이러한 효과가 보장되는 것은 아니다. 사실 노트북 컴퓨터를 이용하다가 '실패'[9]하여 회수한 사례도 있다. 그러나 이 경우는 학생이나 기술의 실패가 아니라 교수법의 실패였다. 기술이 교실에서 성공적으로 이용되기 위해서는 새로운 형태의 교수법인 파트너 관계와 반드시 결합되어야 한다. 파트너 관계는 학생들의 기술 활용을 최대로 증폭시키기 때문에 기술과 함께 효과를 발휘한다.

교사가 강의 중간에 기술 '연습'을 끼워 넣는 것이 아니라, 수업을 시작할 때부터 파트너 관계 맺기를 할 때야말로, 학생들은 학습 자료가 무엇이고 어떻게 작동하는지를 스스로 발견하고(그리고 함께 공유하고), 다양한 미디어에서 사례를 찾아보고, 나름의 사례를 만들어 공유하고, 전 세계 또래 친구들이나 글쓴이들과 소통할 수 있다.

3 역할과 상호 존중 확립하기

어떤 형태의 파트너 관계에서든 성공으로 가는 열쇠는 학생과 교사 간 상호 존중이 확립되는 것이다. 독자들에게 이 말은 당연한 소리처럼 들리거나 어쩌면 이미 확립되어 있다고 느껴질지 모르겠다. 그러나 늘 그렇지는 않다. 학생, 교사들과 함께한 토론에서 나는 우리의 학교나 수업에서 충분한 존중이 존재하지 않는다는 사실을 알게 됐다. 존중은 양방향으로 흐른다. 학생은 교사를 존중하고 교사는 학생을 존중한다. 물론, 존중은 모든 가르침이나 배움에서 핵심 요소이지만 파트너 관계를 바탕으로 한 가르침과 배움에서는 특히 더 중요하다.

파트너 관계의 맥락에서 존중을 위한 핵심 전제 조건은 이것이 상호적이어야 한다는 것이다. 각각의 파트너들은 진심으로 상대를 존중해야 한다. 당연히 모든 교사들은 학생들로부터 존중을 바라고 기대한다. 그리고 모든 교사들에게 학생을 존중하냐고 묻는다면 당연히 그렇다고 대답할 것이다. 그러나 실제 상황에서는 사뭇 다른 이야기일 수 있다. 불만에 찬 교사들은 "학생들은 집중을 못해요."라거나 "우리 애들은 한시도 가만히 있지를 않아요."라고 말한다(또는 그렇게 생각한다). 그러나 이는 대부분 사실이 아니다. 물론, 이런 상황은 학교라는 맥락에서 사실일지 모르겠지만, 대부분의 학생들은 흥미를 느끼는 주제와 활동에 상당히 높은 집중력을 보여 준다.

나는 교사들이, 주로 학생들이 주변에 없을 때 학생들의 관심 부족, 흥미 부족, 동기 부족, 심지어 능력 부족에 대해 이야기하는 경우를 많이 보았다. 학생들은 이런 말, 그리고 학교 밖의 맥락에서는 사실이 아닌 말들을 우연히 듣게 됐을 때 자신이 무시당했다는 기분을 느낀다. 마땅히 그럴 만하다. 그 반발로 학생들은 교사에게 등을 돌리고 무시한다. 이때 학생들은 대개 교사의 기술적 무지를 지적하는 방식을 취한다.

이 같은 상호 무시는 효과적인 학습과 파트너 관계 맺기를 불가능하게 만든다. 학습이 일어나기 위해서는 교탁을 마주한 쌍방 간 무시가 반드시 뿌리 뽑혀야 한다. 성공적인 파트너 관계를 위해서는 교사와 학생들이 학습 과정에 기여하는 데 동등한 중요성을 지니는 시대로 들어섰다는 사실을 깨닫고 받아들여야 한다. 각 주체는 서로를 존중하고 상대가 제공하는 것으로부터 배움을 얻어야 한다.

일부 교사들은 "우리 모두는 배우는 사람인 동시에 가르치는 사람이다."라는 문구를 커다랗게 급훈으로 걸어 놓거나, 일부 학교는 한발 더 나아가 이를 교훈으로 삼기도 한다. 적절할 때마다 학생들에게 (이를 테면 기술에 관해) 교사를 가르칠 기회를 줌으로써 그리고 교사가 기꺼이 열정적인 배움의 주체가 됨으로써 이 덕목은 한층 강화되고 내재화될 수 있다.

파트너 관계에서 학생의 역할

앞서 내가 소개한 비유, 즉 학생은 교사로부터 적절한 연료와 스스로 방향을 찾는 능력을 얻어 새롭고 먼 곳으로 쏘아 올려질 로켓이라는 시각은 학생들을 지식으로 채워야 하는 텅 빈 선체 또는 글씨로 채워질 하얀 도화지로 간주하는 구식 교수법에 비해 학생을 훨씬 더 존중하는 시각이다. 학생들을 학습 과정에서 좀 더 적극적이고 동등한 참여자로 만드는 것은 학생 누구나가 바라는 존중의 신호이다. 그렇다면 파트너 관계에서 구체적으로 학생은 어떤 역할을 맡게 될까?

학생은 연구자이다

학생들이 맡는 첫 번째 핵심 역할은 연구자 역할이다. 우리가 학생들에게 무엇을 배워야 한다고 강요하지 않고, 배워야 할 것을 스스로 탐구하고 평가를 위해 이를 또래 친구들 및 교사와 공유할 것을 요구하는 파트너 관계 기반 교수법을 채택할 경우, 학생들은 이전과는 무척 다른 새로운 역할을 즉각 부여받는다. 여기에서 이점은 학생들에게 부여되는 전문가다운 연구자라는 역할에는 단순한 '학생'에는 없던 높은 수준의 존중이 동반된다는 점이다. 이 같은 이유로 일부 학교는 학생들을 '연구자'라고 부르라는 교칙을 만들기도 했다. 일례로 학교를 그만뒀다가 새로운 학교를 다니던 텍사스의 한 학생은 "그게 늘 내가 하는 일이에요. 컴퓨터로 뭔가를 찾아보는 것 말이죠."라고 말했다. 이 학생은 새로운 학교에서 이런 식으로 시간을 보내는 것에 무척 만족해했다.

잠깐 동안 여러분이 이런 학교에서 일을 한다고 상상해 보라. 그 학교는 잡지사나 도서관과 비슷하다. 그곳에서는 파트너나 동료에게 무척 전문적인 업무를 기대할 것이다. 만약 기대한 것에 못 미치는 결과를 얻었다면 파트너나 동료에게 피드백을 주겠지만, 가급적이면 다음번엔 그가 더 잘할 수 있는 방식을 취할 것이다. 그곳의 분위기는 훨씬 동등하고 협조적일 것이다. 이것이야말로 바로 파트너 관계 기반 교수법의 목표이다.

학생은 기술 이용자이자 전문가이다

파트너 관계 기반 교수법에서 학생들이 맡는 두 번째 핵심 역할은 기술 이용자와 전문가로서의 역할이다. 학생들은 일반적으로 이 역할을 사랑하며 접근 가능한 기술을 전부 이용한다. 나는 한 교실에서 각각의 그룹이 비디오, 오디오 팟캐스트, 게임, 블로그, 여타 SNS를 사용하여 교사가 제시한 동일한 학습 안내 질문에 대답을 찾도록 하는 수업에 참관한 적이 있다. (5장에서 더 자세히 논의하겠지만) 당시 질문은 "교실에서 교사가 기술을 어떻게 이용하길 바라는가?"에서부터 "사람들은 서로를 어떻게 설득하는가?", "진화의 증거는 무엇인가?"까지 광범위했다.

분명 기술에 대해 알아야 할 모든 것을 아는 학생들은 없다. 어떤 학생은 기술에 도통하고 어떤 학생은 거의 모른다. 그렇다고 이들이 덜 발전된 디지털 네이티브라는 건 아니다. 디지털 네이티브는 지식보다는 태도에 관한 것이다. 물론 많은 교사들은 기술에 무척 해박하다. 그러나 교사나 학생이 기술에 대해 얼마나 알건 상관없이, 파트너 관계 맺기에서 핵심은 교사들이 학생들을 위해 기술을 이용하는 역할을 남겨 놓아야 한다는 점이다. 교실에서 일부 (또는 대부분의) 학생들이 기술에 대해 알지 못하더라도 교사는 결코 학생을 대신해서 기술을 이용해서는 안 된다. 그보다 교사들은 학생들이 어떤 기술을 이용할지 제안하고 (또는 학생들에게 제안할 것을 요청하고) 그 다음 학생들이 스스로 기술을 이용하고 서로에게 가르쳐 줄 수 있게, 이를테면 눈앞에서 효과적인 이용 사례의 모범을 제시하도록 해야 한다. 전자 화이트보드, 컴퓨터, 팟캐스트, 블로그 등 그 어떤 기술을 이용하건 이 원칙은 고수되어야 한다.

파트너 관계 맺기의 관점에서는 교사들이 기술에 해박하고 기술을 좋아하더라도 학생들을 대신해서는 안 된다. 교사는 학생들의 기술 이용을 돕고 모니터링함으로써 학생이 스스로 답을 얻을 수 있도록, 그리고 어떨 땐 학생이 교사의 기술 사용을 도울 수 있도록 해야 한다. 실제로 파트너 관계 기반 교수법을 이용하는 많은 교사들은 기술에 해박한 학생들을 기술 조수로 지정하여 필요한 것을 만들고 장비와 관련한 문제나 교사 또는 학생들의 부족한 지식을 즉각 해결할 수 있도록 하고 있다.

학생은 생각하고 논리를 만드는 사람이다

파트너 관계 기반 교수법에서 학생들이 맡는 세 번째 핵심 역할은 생각하고 논리를 만드는 사람으로서의 역할이다. 대부분의 교사들은 오늘날 학생들은 원래부터 이런 역할을 갖는다고 말할지도 모른다. 그러나 학생들로서는 자신이 그런 역할을 하는지, 그 역할에 무엇이 수반되는지 잘 알지 못한다. 파트너 관계 기반 수업을 할 때에는 생각하는 사람과 논리 창조자라는 역할이 훨씬 명확하게 정리될 필요가 있다.

당연히 모든 학생들은 생각을 한다. 학생들이 생각하지 않는다고 또는 생각을 할 줄 모른다고 말하는 것은 그들을 무시하는 행위이다. 그러나 학생들이 생각하는 방식이나 주제는 교사가 바라는 것과 종종 동떨어져 있다. 모든 수업, 특히 파트너 관계 기반 수업에서는 학생들에게 논리적이고 비판적인 사고가 학생의 주된 역할임을 알려주는 것이 중요하다. 이는 파트너 관계 기반 교수법에서 말이건 글이건 또래 간 소통을 강조하는 이유이기도 하다. 또래 간 소통을 통해 학생들은 자신과 또래 친구들이 얼마나 논리적이고 비판적으로 사고하는지 관찰하고 평가할 수 있기 때문이다. 교사들은 공개 블로그에 글을 쓰는 학생들이 자신의 작업이 타인의 평가를 받는다는 사실을 알게 됐을 때 글쓰기나 사고의 질이 즉각적으로 개선됐다는 사례를 보고한 바 있다.[10] '뉴욕시 올해의 교사'로 선정된 테드 넬렌Ted Nellen은 이 같은 사고의 역할을 강조하기 위해서 모든 학생들을 '철학자'라고 부른다.

학생은 세상을 변화시키는 사람이다

학생들의 네 번째 역할은 단순히 적절한 것이 아니라 실제적인 것을 배우는 것과 관련이 있다. 실제적인 학습(앞서 서문에서 언급했고, 4장에서 더 깊게 다룰 예정이다)에서 학생들은 배운 것을 생활에서 실현하거나 변화를 주는 데 활용한다. 크건 작건 세상에 긍정적인 변화를 만들어 내기 위해 배운 것을 활용하는 것이 학생의 중요한 역할임을 깨닫게 하는 것은 반드시 필요하다. 예를 들어, 조지아주 애틀랜타 외곽의 일부 중학교 학생들은 유전자 변형 식품에 관한 동영상을 제작해 부모의 쇼핑 습관을 변화시켰다. 같은 학교의 또 다른 학생들은 배운 것을 활용해 아프리카의 말라리아 치료를 위한 모금을 했다.[11] 다른 많은 학교에서도 학생들이 배운 것을 지역사회를 돕는 데 이용한다.

학생은 스스로를 가르치는 사람이다

학생들의 다섯 번째 역할, 그리고 각종 형태의 파트너 관계 기반 교수법에서 가장 많은 차이를 보이는 역할은 스스로를 가르치는 교사로서의 역할이다. 언뜻 학생이 스스로를 가르친다는 개념은 낯설게 느껴질 수도 있다. 그러나 여러분이 새로운 것, 이를테면 여러분의 가족이 갑자기 걸린 질병에 관해 어떻게 알게 되는지 생각해 보라. 어떤 사람은 수업을 등록해서 다른 사람을 통해 배울지도 모르지만 대부분은 스스로 찾아서 배우기를 선택할 것이다. 여러분은 책이나 인터넷으로 조사하거나, 친구나 동료에게 정보나 지침을 묻고, 가능할 경우 전문가와 상담할 것이다. 학생들이 무언가를 배우고자 할 때 이러한 기능을 활용하면서 교사나 타인에게 의존하기보다 자립적으로 되는 것이 무척 중요하다. 이들이 자립적으로 되는 최고의 방법은 능숙해질 때까지 피드백을 통해 스스로 깨우칠 기회를 갖는 것이다. 이러한 이유로, 자신을 가르치는 교사라는 역할은 학생들에게 다른 어떤 역할보다 더 중요할지 모른다. 한 학생은 할머니가 암에 걸렸다는 사실을 알게 된 뒤, 과거에 배웠던 기능을 활용하여 인터넷을 통해 할머니가 어느 병원에 가는 것이 좋을지, 할머니가 걸린 암의 치료 성공률이 가장 높은 의사가 누구인지를 스스로 찾아낼 수 있었다.

그러나 여러분은 학생들이 자신을 가르치는 방법을 배운다고 해서 교사의 역할이 사라지거나 평가절하되는 것은 아니라는 사실을 명심해야 한다. 오히려 그 반대이다. 파트너 관계 기반 교수법에서 교사의 중요성은 온전히 남고, 다만 교사의 역할만 급격하게 변화한다. 곧이어 우리는 파트너 관계 기반 교수법에서 교사에게 부여되는 다양한 역할을 살펴볼 것이다. 이와 같은 교사의 새로운 역할은 말하는 사람이라는 기존의 역할에 비해 학생들에게 훨씬 중요하고 유용하다는 사실을 발견하게 될 것이다.

그 밖의 학생들의 역할

이 외에도 파트너 관계에서 학생들이 맡는 역할에는 이따금 저널리스트, 작가, 과학자, 공학자, 정치인 등이 포함될 수 있다. 또한 다양한 동사로 표현되는 '실천가'로서의 역할도 있다. 이 역할에 관한 구체적인 내용은 3장에서 다루기로 한다.

파트너 관계에서 교사의 역할

파트너 관계에서 교사가 맡는 다양한 역할 중 일부는 대부분의 교사에게 이미 편하고 익숙할 것이다. 그러나 일부 역할들은 새롭거나 배움과 연습을 요구할 수도 있다.

교사는 코치와 안내자이다

파트너 관계를 맺는 교사는 코치와 안내자로서 학급 전체를 위해 매일의, 그리고 장기적인 목표를 세우고, 각각의 학생들이 적절한 범위 내에서 나름의 방법으로 목표를 달성할 수 있도록 자유를 부여하며, 학생들이 요구하거나 반드시 필요한 경우 도움을 제공한다. 안내자의 역할은 학생들을 여정으로 이끈다는 의미를, 코치의 역할은 모든 학생이 각자 조력자를 얻는다는 의미를 갖는다. 코치나 안내자가 교사에게 새로운 역할은 아니지만 파트너 관계 기반 교수법에서는 각각의 역할에 교사들이 훨씬 더 많은 시간을 할애할 수 있다. 또한 이러한 역할을 통해 교사들은 학생들에게 더욱 맞춤화, 즉 차별화된 교육을 제공할 수 있다.

일반적으로 오늘날 학생들은 세부적으로 관리받기보다 자기 힘으로 달성하기를 원한다. 그러나 모든 학생들이 쉽게 나름의 방법을 찾을 수 있는 것은 아니다. 일부 학생들은 다른 학생들보다 방법을 찾는 데 훨씬 어려움을 느낀다. 맨처음 파트너 관계 맺기를 접할 때 특히 그렇다. 파트너 관계 맺기는 교사뿐 아니라 학생에게도 새롭다. 코치 역할 중 일부는 모든 학생들의 학습과 진행 상황을 감독하고, 필요하면 도움을 주는 것이다. 옛날처럼 지시하는 방법으로 되돌아가는 것이 아니라 어떻게 나아갈지에 관한 유용한 질문과 제안을 통해 학생들이 올바른 궤도로 오를 수 있게 부드러운 자극을 주는 것이다. 절대 학생을 대신하면 안 된다. 예를 들어, 코치는 문제에 부딪힌 학생에게 웹사이트나 유튜브 동영상, 온라인 애니메이션, 가능하다면 게임까지도 추천해 줄 수 있다.

일부 교육자들, 특히 어려운 환경의 도심 학교에서 일하는 교사들은 "이게 교외 지역에서는 통할지 모르지만 우리 아이들에게 필요한 것은 더 많은 체계예요."라고 말한다. 물론 그럴 것이다. 그리고 교사들은 모든 학생들의 새로운 배움을 위해 비계scaffold를 설정할 필요가 있을 것이다. 그러나 (대부분 자율형 공립학교charter school의) 많은 교사들이 증명했듯이, 모든 아이들이 파트너가 되어 학습 과정에 관련된 책임을 지는 방법을 배우는 것은 충분히 가능하다. 학생들이 어디에서 시작하느냐에 따라 학생들을 파트너 관계로 안내하는 과정은 길고 복잡할 수 있다. 그러나 파트너 관계 맺기의 모든 것이 그렇듯, 파트너 관계는 학급 전체보다는 학생에 따라 다르게 이뤄진다.

교사는 목표를 설정하고 질문하는 사람이다

일방적으로 말하고 강의를 준비하고 전달하는 것으로부터 자유로운 파트너 관계 기반 교수법에서 교사는 수많은 중요한 역할을 갖는데, 그중 하나가 학생들의 학습을 위한 목표를 설정하는 것이다. 이 목표는 학생들이 대답할 안내 질문으로 가장 잘 표현될 수 있다. 안내 질문은 답이 열려 있는 개방형 질문이며 포괄적이고 보다 세부적인 질문들을 포함한다. 큰 질문에는 학생들이 시험에서 풀게 될 훨씬 구체적이며 다양한 형태의 질문이 뒤따른다. 현재 많은 교사들은 한 학기나 단원을 시작할 때 안내 질문을 뽑아 나눠 주거나 게시한다. 만약 학생들이 이 모든 질문에 대답할 수 있다면 어떤 시험도 잘 치를 수 있어야 한다.

파트너 관계 기반 교수법에서 질문자로서 교사의 역할은 무척 핵심적이다. ETSEducational Testing Service를 비롯한 각종 기관에서 교사 연수를 제공하고 표준화된 시험을 위해 전문적으로 질문을 개발하고 있음에도 불구하고, 좋은 질문을 하는 기술은 학교에서 거의 무용한 것으로 폄하됐다. 파트너 관계를 기반으로 배우는 학생들은 사지선다형 문제가 세상에서 제기되는 현실적인 질문을 반영하지 않는다는 사실을 알아야 한다. 소크라테스식 문답 기술(즉, 사람들이 자신의 관점을 반영하고 재고할 수 있게 고안된 어려운 질문을 하는 것)이야말로 파트너 관계를 맺는 교사들이 다시 배우고 연습해야 하는 중요한 기능이다.

파트너 관계 기반 교수법에서 문제 기반 학습은 대체로 광범위한 연구과제의 기초가 될 풍부한 질문을 개발하는 것에 초점을 맞췄다. 일부 학군이나 주(이를테면 웨스트버지니아)는 풍부한 질문을 수집하고 이를 성취기준과 연결하는 데 선도적 역할을 했다. 이미 고안된 많은 질문들이 온라인이나 책으로 이용 가능하긴 하지만, 어떤 내용을 훌륭한 안내 질문으로 만드는 능력은 파트너 관계를 기반으로 가르치는 모든 교사들이 시간을 들여 갖추어야 하는 기능이다. 이 기능은 5장에서 추가적으로 다루기로 한다.

교사는 학습 설계자이다

파트너 관계 기반 교수법에서 교사들이 맡는 또 다른 중요한 역할은 독창적인 학습 창작 경험의 설계자라는 역할이다. 아무도 매일의 수업이 똑같이 반복되길 바라지 않는다. 교사와 학생 모두 다양성과 빈번하고 긍정적인 변화에 목말라한다. 설계자로서 교사는 학생들이 어느 지점에서 배운 바를 정리했으면 좋겠는지를 생각해 학생들을 이해로 이끌 만한 질문과 문제, 활동 계획을 빚어 낸다.

설계는 대부분의 교사에게 낯선 개념이 아니다. 설계는 학습 계획과 어느 정도 비슷하기 때문이다. 그러나 파트너 관계 기반 교수법에서 설계는 무척 다른 형태를 취한다. 예를 들어, 설계해야 하는 발표나 연습 문제가 없다. 모든 학생들이 동일하게 설계된 길을 교사를 따라 걷는 대신, 파트너 관계를 맺은 학생들은 서로 다른 각자의 길을 따라 목표를 향해 코치나 안내를 받는다. 이 때문에 파트너 관계 기반의 수업에서 학습 설계자라는 교사의 역할은 훨씬 복잡하고 중요해진다. 계획을 할 때 교사는 학생들이 배운 내용을 이해할 수 있도록 하는 다양한 방법, 특히 학생 개개인의 열정을 고려한 방법을 준비할 필요가 있다. 예를 들어, 게티즈버그 연설에 관해 계획을 할 경우 교사는 간결함(트위터와 비교), 정치(최근 연설과 비교), 예술(오스카 수상 연설과 비교), 음악(인상적인 가사와 비교), 시각 이미지(그림은 어떤 의미를 자아내는가?), 구두 해석이나 읽기 자료 등과 같이 학생들의 다양한 관점으로부터 주제에 접근하는 방법을 고안해야 한다. 심지어 인터넷에는 게티즈버그 연설을 파워포인트로 만들면 어떻게 생겼을지까지 보여 주는 사이트가 있다(http://norvig.com/Gettysburg/).

통제된 활동을 위해 학생들을 완벽하게 통제해야 한다는 생각을 버려야 한다

교사들이 파트너 관계 맺기를 알고 이해하기 위해서는 파트너 관계 맺기가 일반적으로 학생의 활동과 움직임을 중심에 둔다는 점을 유념해야 한다. 누군가 언뜻 파트너 관계 기반 수업을 본다면 전통적인 관점에서의 통제나 규율에서 벗어난 것처럼 보일지 모른다. 파트너 관계 기반 수업은 전통적 수업과 다르게 보이고 다르게 느껴진다. 예를 들어, 학생들은 열을 맞춰 자리에 앉아서 강의를 듣거나 연습 문제지를 풀지 않는다. 그보다는 교실의 책상이나 의자가 다양한 형태로 배열되고, 학생들은 서로 다른 크기의 그룹을 구성하며, 그룹이나 개별 학생들이 이용 가능한 모든 기술을 이용하는 모습을 보게 될 것이다.

파트너 관계 기반 수업에서 학생들의 움직임이나 소통 활동이 훨씬 커진다는 점은 맞지만, 파트너 관계가 교실에서의 혼란을 의미하는 것이 아니라는 사실을 특히 강조할 필요가 있다. 혼란은 절대 허용되어서는 안 된다. 오히려 교실에서 학생들 각각의 움직임은 학습 목표를 가진 통제된 활동이어야 한다. 파트너 관계 기반 수업에서 학생들은 어디에든 있을 수 있다. 누군가는 자신의 책상이나 컴퓨터에 앉아 있고, 누군가는 그룹을 만들어 토론을 하며, 누군가는 도서관에 있거나 동영상을 찍을 수도 있다. 이것이 가능하려면 학교 당국 역시 파트너 관계를 편안하게 받아들여야 하는데, 실제로 점점 많은 학교들이 그렇게 하고 있다. 나는 학생들의 활동이 학습과 확실히 관련이 있는 한 학생들이 강당이나 야외로 나가 동영상을 촬영하는 것을 기꺼이 환영한다는 교장들의 이야기를 듣기도 했다.

파트너 관계가 낯설게 여겨지는 교사들은 수업에서 통제는 필수적이며 질서의 붕괴는 학생들이 수업에 참여하지 않는 신호라고 배웠다. 따라서 학생들의 활동 증가에 익숙해지는 데 시간이 좀 걸릴 것이다. 그러나 제대로만 된다면 학생의 활동 증가는 학생들이 긍정적인 배움의 방향으로 많은 에너지를 쏟고 있다는 신호로 해석할 수 있다. 처음에는 교사(또는 학교 당국)가 이를 지켜보기 힘들 수 있지만 나는 믿음과 인내심을 가지길 권고한다. 최종 결과는 인내의 가치를 증명할 것이기 때문이다.

한 고등학교 교사는 내게 자신의 경험을 생생하게 들려준 적이 있다. 그녀는 자신이 맡은 여학생들에게 '방과 후' 시간에 교실을 마음껏 이용해 졸업 프로젝트를 설계하도록 하고 자신은 책상에 앉아 일을 했다고 말했다.

학생들은 한시도 가만있지를 못했어요. 소리를 지르고 이야기를 나누고 교실을 들락날락거렸지요. 그러나 그 시간이 끝나자 학생들은 환상적인 졸업 프로젝트를 설계해 냈어요. 하지만 되돌아보면 그게 내 수업 중이었다면 그 혼란을 참아내지 못했을 거라는 생각이 들어요. 물론 그 결과는 분명 훌륭했을 테지만 말이에요.

이러한 통찰로 인해 그 교사는 교실에서 자신이 인내할 수 있는 한계에 변화를 주기 시작했다.

어떤 학년이건 요즘 아이들은 가지런한 줄에 조용히 앉아 있기 싫어하고, 많은 경우 그것이 가능하지도 않다. 학생들은 훨씬 자유로워질 필요가 있으며, 과거에 비해 훨씬 '거친' 방식으로 자유로워질 때 가장 좋은 성과를 내곤 한다. 점점 많은 교사와 부모들은 이러한 학생들을 인내할 때 좋은 결과를 얻는다는 사실을 체감하고 있다. 교사들은 종종 통제에 관해 훨씬 유연한 관점을 가질 때, 이와 동시에 학생들이 궤도를 벗어나지 않고 배우고 있으며 교실이 실제 혼란에 휩싸인 것이 아니라고 확신할 때, 좋은 결과를 얻는다.

실제 교실 활동의 유연성을 늘리면서도 혼란을 수반하지 않도록 하는 열쇠는 상호 간의 존중이다. 교사는 학생이 작업하는 방법에 더 많은 자유를 필요로 한다는 사실을 존중하고, 학생들은 실질적인 학습이 이루어지도록 하려는 교사를 존중하는 것이다. 파트너 관계 기반 수업에서 이 같은 이상적인 상태와 균형이 자동으로 달성될 수는 없다. 그것은 배우고 연습해야 하는 수업 방법이다. 그러나 활동적이고 심지어 시끄러운 수업이라도 여전히 통제는 가능하다는 사실을 기억하라.

교사는 교육의 맥락을 제공하는 사람이다

파트너 관계를 기반으로 수업을 하는 교사의 또 다른 중요한 역할은 맥락 제공자라는 역할이다. 연구자로서의 역할을 맡은 학생들은 내용을 찾는 데는 능숙하지만 내용을 적절한 맥락 안에 배치하는 능력이 부족할 때가 종종 있다. 나는 맥락의 중요성을 강조하기 위한 예로 한 학생의 시험 답안을 자주 인용한다.

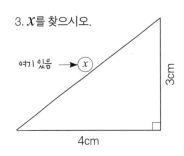

3. x를 찾으시오.

여기 있음 → x

3cm

4cm

우리 대다수는 이 학생의 답에 웃음이 터지겠지만 발견이라는 맥락 속에서 이 답은 완벽한 정답임에 틀림없다. 이 답이 오답인 (그리고 웃긴) 이유는 우리가 이것이 수학이라는 맥락에 있다는 것을 알기 때문이다. 모든 대상은 각각의 사실과 개념으로부터 올바른 의미를 뽑아낼 수 있는 맥락을 가진다. 학생들에게 이해시키고자 하는 것이 연구라는 맥락에서 위키피디아의 역할이든, 언론의 자유라는 맥락에서 혐오 선동이 존재한다는 사실이든, 맥락을 제공하는 것은 파트너 관계 기반 수업을 하는 교사의 핵심 역할이다. 파트너 관계 기반 수업에서 대체로 그렇듯 이 역할은 설명이나 전달이 아니라 질문(예를 들어, 소크라테스식 문답)을 통해 가장 잘 완성될 수 있다. 학생들은 어떤 맥락에서는 무엇이 옳고 허용 가능한지, 다른 어떤 맥락에서는 그렇지 않은지를 질문받을 수 있다. 예를 들어 이러한 질문은 국어 시간에 쓰기와 말하기의 유형 및 그 유형들이 어떤 맥락에 적합한지에 관한 토론으로 들어가는 훌륭한 첫 단추가 될 것이다.

교사는 엄격한 교육을 제공하고 교육의 품질을 보증하는 사람이다

파트너 관계 기반 교수법에서 마지막으로 남은 교사의 역할 두 가지는 교육적 엄격성의 제공자이자 품질 보증자로서의 역할로, 이는 완전히 같지는 않지만 깊이 연관되어 있다. 두 역할의 공통점은 학생들의 성취에 대한 기준을 높게 세운다는 점이다. 나는 일반적으로 우리가 학생들에게 지나치게 낮은 기준을 제시하고 있다고 본다. 그러나 나는 학생들이 우리가 요구하는 것보다 훨씬 더 많은 것을 성취할 능력이 있다고 (그리고 성취하고 싶어 한다고) 믿는다.

내가 처음으로 엄격성의 의미를 깊이 깨닫게 된 것은 대학교 1학년 문학 수업에서였다. 나는 공립고등학교를 다니면서 문학 분야의 소논문 작성을 많이 해본 적이 없었기 때문에 첫 소논문 과제를 쓸 때 바다 한가운데에 떨어진 기분이었다. 나는 결국 가까스로 완성한 한 장짜리 과제를 제출할 수밖에 없었다. 다음 주가 되자 교수님은 과제를 돌려주셨다. 나는 당연히 F 학점을 받았을 것이라고 예상해서 눈도 들지 못했다. 그런데 교수님은 내 책상 앞에 멈춰서 "프렌스키"라고 이름을 불렀다. 나는 그때 교수님이 했던 말을 여전히 기억한다. "나는 이 과제엔 채점하지 않겠네. 문학 소논문 작성을 어떻게 하는지 알아본 뒤 다시 제출하게. 그런 다음에 채점하겠네." 어찌어찌 나는 다시 과제를 제출했고 받아들일 만하다는 평가를 받기 위해서는 넘어야 할 최소한의 기준이 있다는 사실을 깨닫게 됐다.

엄격성이란 그 기준을 말한다. 파트너 관계 기반 수업에서 학생들에게 과제를 내줄 때, 교사는 허용 가능한 수준이 아닌 과제에 F 학점을 주지 않는다. 그 기준을 넘지 못한 학생의 과제는 받지 않는다.

한편, 질은 엄격성과는 또 다르다. 질은 받아들일 수 있는 수준과 훌륭한 수준을 구분하는 것이다. 물론, 우리는 관리 목적으로 A, B, C, D 또는 0부터 100 등의 성적 체계를 가지고 있지만 파트너 관계 기반 수업에서는 학생들에게 이런 성적을 부여하는 것만으로는 충분하지 않다. 글자나 숫자로 된 성적은 학교에서나 통하지 실제 생활에서는 다르다. 상사나 감독관은 글자나 숫자로 된 성적을 부여하는 경우가 거의 없고, 그보다는 최소한의 기준을 세우고 우수한 성과를 냈을 때 보상을 한다. 그러므로 학생들은 우수한 성과가 무엇인지를 제대로 이해할 필요가 있다. 이 때문에 파트너 관계에 있는 교사들은 단지 글자로 된 성적으로 따지는 것이 아니라 학생들의 어떤 점을 훌륭하다고 평가했고 어떤 점을 부족했다고 평가했는지를 설명하고, 작업이 높은 수준에 도달할 때까지 학생들이 반복하도록 돕고 요구하는 방식으로 평가를 해 주어야 한다. 이렇듯 과제의 질을 평가하는 것이 이 역할의 가장 중요한 부분이라고 할 수 있다.

물론, 이것은 단순히 한 글자짜리 성적을 부여하는 것과는 다르게 많은 시간과 노력이 요구되며 특히 학급의 규모가 클수록 더 그렇다. 그렇기 때문에 파트너 관계 기반 교수법의 성공적인 실현을 위해서는 또래 간 교육과 학습, 평가가 절실하게 요구된다. 이 부분은 다음 장에서 다룰 것이다.

그런데 중요한 문제는 교사에게 친숙하지 않은 미디어 활용 프로젝트를 평가할 때 생긴다. 여러분은 높은 수준의 머시니마machinima,* 게임, 매시업mashup** 이 무엇인지 어떻게 판단하겠는가? 나는 종종 학생들 사이에서는 D 학점도 받지 못할 것이라고 치부되는 미디어 작업을 정작 교사들은 높은 자부심을 가지고 학생들에게 내보이는 것을 목격한다. 자신의 미디어 작업 수준이 이런 정도라면, 여러분은 학생 파트너에게 여러분을 가르치고 안내해 달라고 부탁할 수 있

....

* 게임 도구를 이용해 만든 비상호작용식 애니메이션.
** 이미 존재하는 콘텐츠나 서비스를 합쳐 새로운 웹서비스나 소프트웨어, 데이터베이스 등을 만드는 것.

어야 한다. 미디어에 대한 학생들의 지식과 여러분의 경험을 조합할 때, 여러분은 그 미디어가 무엇이건 훌륭한 평가에 이를 수 있을 것이다.

파트너 관계 기반 교육에서 또래의 역할

오늘날 학생들 다수는 선택의 기회가 있다면 교사보다는 또래로부터 배우기를 선호할 것이다. 나는 이 이야기를 수백 명의 아이들에게 직접 들었다. 어떤 사람들은 요즘 아이들이 교사보다는 또래들의 의견을 (심지어는 능력까지) 더 신뢰한다는 것이 마뜩치 않을 것이다. 그러나 이게 반드시 나쁜 것만은 아니다. 교사의 감독이 수반될 때에는 더욱 그렇다. 교사가 부여하는 맥락의 틀이 또래들에 비해 훨씬 깊이가 있겠지만, 또래 학생들은 자기 세대의 텔레비전 프로그램, 영화, 노래 등의 자료를 공유한다. 학생들의 말로 하자면 '서로 같은 언어로 이야기하는' 것이다.

만약 또래 간 교육과 학습이 교사(그리고 학생)에게 익숙해지고 감독만 잘된다면, 파트너 관계로 가르치는 교사는 큰 조력자를 얻은 것이나 다름없다. 또래 간 교육과 학습은 교사들의 입장에서 기존의 방식에 비해 훨씬 많은 도움을 줄 수 있다. 학생들은 또래로부터 배우는 것을 즐길 뿐 아니라 대다수의 학생들은 다른 학생을 가르치는 기회를 얻었을 때 기쁨을 느낀다. 일부 파트너 관계 기반 수업을 하는 교사들이 제대로 효과를 보았던 한 가지 전략은 교실에서 몇몇 학생들에게만 직접 가르친 다음, 이들에게 어떤 방식을 활용해서건 나머지 학생들을 가르치도록 하는 것이다. 학생들에게 이러한 기회를 주는 것은 존중을 표현하는 한 가지 방식이다. 이러한 이유에서 또래 간 학습은 파트너 관계 기반 교수법에서 중요한 부분을 차지한다.

실제 또래 간 학습의 힘을 보여 주는 놀라운 예는 '엘 시스테마El systema'라고 알려진 베네수엘라의 기상천외한 음악 교육 프로그램이다. 이 프로그램에서 베네수엘라 전역의 빈곤한 아이들—종종 거리의 아이들—은 동네, 지역, 전국

오케스트라에서 훌륭한 클래식 음악인이 되도록 훈련을 받는데, 이때 훈련은 대부분 또래 간 교육과 학습을 통해 이루어진다.

엘 시스테마의 주요 원칙 중 하나는 아이들이 무언가를 배우는 순간 다른 아이들에게 가르쳐 줘야 한다는 것이다. 이것은 외과 수술에서 "하나를 보고, 하나를 하고, 하나를 가르쳐라."라는 훈련 방식과 크게 다르지 않다.

파트너 관계에서 또래 간 학습의 힘을 활용하는 방법은 다양하고, 파트너 관계를 기반으로 가르치는 교사들은 새로운 방식을 지속적으로 찾아내고 있다. 예를 들어, 또래 활용은 학생들 사이에서 지식과 기술 이용을 확산시키고 교실 안에서 존재할 수 있는 정보 격차를 좁히는 훌륭한 (어쩌면 최고의) 전략이다. 또한, 또래 간 학습의 힘을 고려한다면 어떤 글을 이해하거나 평가하기 또는 문제의 답을 찾기와 같은 파트너 관계에서 수행해야 하는 과제를 해결하기 위해 하나의 컴퓨터 앞에 두세 명의 학생을 두는 것이 학생에게 각자 컴퓨터를 배분하는 것보다 더 좋은 방법이 될 수 있다.

선도자, 조력자, 파트너로서 교장

파트너 관계 기반 교수법에서 선도자, 조력자, 또 다른 파트너로서 학교 교장(그리고 학교 당국)의 참여는 핵심적이다. 학교 당국의 적극적인 지원이 없으면 파트너 관계의 생존이나 성공이 불가능하다고 할 수는 없지만 쉽지 않은 것은 사실이다.

많은 교사들은 이 책에 쓰인 파트너 관계 기반 교수법의 일부 또는 전부를 시도해 보고 싶었고, 또는 시도해 보았지만 학교 당국의 지원이 없어 좌초됐다고 한탄했다. 한편으로는 교장들이 교사들에게 이 새로운 교수법을 시도하게 하려다 좌절하거나 문제를 겪었다고 토로하는 경우도 종종 있었다.

분명한 것은 교사와 학교 당국이 협력할 때 파트너 관계 맺기가 가장 성공적일 수 있다는 사실이다. 장기적으로 교사들이 학생들과의 파트너 관계 맺기에서 성공할 수 있으려면 학교 당국의 지원이 따라야 한다. 수업 중 교사는 코치만 할 뿐 일방적인 말하기를 하지 않으며, 학생들은 서로 가르치거나 통제된 다양한 활동을 하며 열정적으로 서로 주고받는 형태의 발표와 비평을 하는 교실을 학교 당국이 정식으로 참관하거나 잠시 들르게 될 때 관리자는 이 모든 활동이 전통적인 직접 지도 방식과 견주어 뒤떨어지지 않는, 심지어는 더 나은 학습을 만들어 낸다는 것을 이해할 필요가 있다.

만약 교장이나 학교 당국의 다른 관리자들이 이 새로운 접근법을 이해하고 수용하며, 교수법의 전환을 추진하는 교사들을 기꺼이 지지하고, 교사들을 새로운 파트너 관계 기반 교수법으로 안내한다면, 변화는 훨씬 더 원활하게 이뤄질 것이다. 그러나 교장이나 관리자가 진심으로 파트너 관계 맺기의 효과를 믿는다면 단순히 지지하고 장려하는 것 이상을 할 수 있고 그렇게 해야 한다. 그들은 교사들이 일방적인 말하기에서 파트너 관계로 옮겨 가는 과정에서 현재 어느 지점에 있는지 평가하고([그림 9-1] 참조), 상대적으로 전환이 느리거나 전혀 미동도 없는 교사들에게 도움을 제공할 수 있다. 도움은 파트너 관계 맺기로의 이행이 느린 교사와 변화가 빠른 교사를 잘 짝지어 주거나, 교사에게 파트너 관계 기반 학습을 잘하는 학생을 짝지어 주거나, 혹은 교사에게 교사 연수 프로그램을 제공하는 형태가 될 수 있다. 그러나 여기에서 중요한 것이 있다. 학교 당국은 (적어도 처음에는) 다양한 기술을 활용하는 데 중점을 두기보다는 교사들의 사고나 행동을 파트너 관계 기반의 사고방식과 교수법으로 이동시키는 데 초점을 맞춘 연수나 훈련을 제공해야 한다는 사실이다. 이것이 선행되지 않을 경우 기술 훈련은 아무런 수확을 거두지 못할 가능성이 높다.

파트너로서 부모

파트너 관계 기반 교수법의 성공을 좌우하는 또 하나의 주체가 있다. 바로 부모다. 만약 부모가 파트너 관계 맺기 과정을 적절히 접하지 못하고 참여하지 않을 경우, 부모는 종종 파트너 관계가 가져오는 변화에 저항할 수 있다. 특히 많은 부모들은 아이들이 과거 자신들이 했던 것처럼 일방적인 말하기에 의해 배움을 얻길 기대한다(또는 적어도 기대한다고 말한다). 부모가 파트너 관계 맺기를 완벽하게 이해하지 못한 상태에서 활동이나 수업 중 아이들의 모습을 보게 될 경우 불만을 갖게 될지도 모른다.

그러나 대체로 부모의 불신은 시간이 지나면서 사라진다. 아이들이 과거에 비해 학교생활에 훨씬 흥미를 보이거나 자신이 해낸 것에 대해 긍정적으로 말하기 때문이다. 한 부모는 "요즘엔 저녁 식사 자리에서 아이들이 20분 동안이나 쉼 없이 학교에서 뭘 하고 뭘 보았는지 말한답니다. 하루도 빠짐없이요."[12] 라고 말했다. 결과적으로 아이들의 성적은 오르고 결석률은 떨어진다.

대부분의 부모들은 21세기가 과거와는 다르다는 것을 직관적으로 알고 있다. 그들은 변화에 둘러싸여 있다. 부모가 진정으로 원하는 것은 아이들이 미래의 생활과 직업에 잘 준비되고 있다는 안도감이다. 파트너 관계 기반 수업을 하는 교사들은 대학과 회사들이 기대하는 바가 달라지고 있음을 부모에게 알릴 필요가 있다. 교사는 교육이 이러한 기대의 변화에 부응하기 위해 함께 변하고 있음을 알리면서, 이를 통해 학생들은 아는 만큼 행동하며 단순히 듣고 받아 적던 때보다 훨씬 미래 지향적인 실력과 기능을 쌓아 가고 있음을 부각시켜야 한다. 부모들이 이를 인지하는 것은 단지 파트너 관계 기반 교수법을 위해서뿐 아니라 학생들을 위해 무척 중요하다. 부모와 이런 대화를 나누는 것은 학교 전체, 즉 교사와 학교 당국 모두의 책임이다.

이와 같은 대화를 통해 부모는 교육자와 마찬가지로 기술 이용이 지나치다고 느껴질 때(종종 동영상이나 컴퓨터 게임과 관련된 경우)조차도 아이들을 기술을 활용하는 주체로서 존중해야 함을 알게 된다. 교사들처럼 부모 역시 아이들과 자주 이야기하고 학교와 관련이 있건 없건 아이들이 하는 것을 묻고, 학교 안팎에서 아이들이 내놓는 창의적인 성과에 대해 칭찬해야 함을 깨달을 필요가 있다.

학교나 교육청이 부모와 접촉하는 도구로 기술을 활용하면 효과가 크다. 학생 가정의 무선 인터넷이나 학부모 전용 웹사이트는 지원금을 신중하게 사용하면 교육청의 재정 상황 내에서 해결 가능하다. 비교적 적은 비용으로 어떤 결과가 나올 수 있는지 알고 싶다면 평균 이하의 재정을 운영하는 서던 캘리포니아의 학군인 레몬 그로브Lemon Grove를 참고하라(www.lemongroveschools1.net). 전적으로 정부의 지원금으로 마련된 이곳 학교와 가정의 무선 인터넷 시스템은 무척 탄탄한데, 지역 경찰과 소방서가 유지 비용의 일부를 분담하는 대신, 이 시스템을 예비적으로 사용할 수 있도록 했다.

4   학생과 파트너가 되고자 하는 교사에게 동기를 부여하는 법

나는 여러분이 이미 파트너 관계 맺기를 시작했기를 바란다. 그러나 아직 시작 전이라면 교사로서 여러분은 이 큰 변화를 이끄는 동기를 어떻게 얻을 수 있을까? 그보다 더 중요한 것은 이 질문이다. 어떻게 하면 여러분은 설령 문제가 발생한다 하더라도 계속 변화를 밀어붙이면서 오래되고 익숙한 과거의 방식으로 돌아가지 않을 수 있을까? 내가 생각하는 최선의 방법은 여러분이 시도하는 것을 비밀에 부치지 않고 최대한 공개하는 것, 즉 학생, 학교 당국, 동료들에게 알리는 것이다. 어쨌건 목표는 학생들의 경험, 여러분의 경험, 시험 점수를 향상시키는 것이다.

이것을 행하는 가장 쉽고 효과적인 방법은 앞서 시도하고 성공을 거둔 이들에게 도움을 요청하는 것이다. 그들은 여러분이 알고 있는 동료일 수 있고, 여러분의 학교에도 몇 명은 있을지 모른다. 그러나 모르는 이들에게 도움을 얻을 수도 있다. 예를 들어, 리스트서브Listservs, 블로그, 닝Ning 그룹(7장 참조)과 같은 지원 그룹에 동참하거나 유튜브, 티처튜브TeacherTube 검색을 통해 온라인으로 만날 수도 있다. 상당한 경험을 가진 수많은 교사들이 내게 이메일을 보내 파트너 관계 맺기라는 개념을 통해 얼마나 많이 자극을 받았는지, 교사로서 처음 수업을 시작하던 당시와 같은 설렘을 얼마나 많이 느끼게 됐는지를 들려주었다.

그 밖에도 여러분 나름의 변화 과정에서 여러분의 감독자, 학생, 학부모에게 협조를 요청하는 것 역시 중요하다. 여러분의 목표를 이해할 때 이들은 대개 중요한 조력자가 되어 준다.

용기를 갖고 즐겁게 실행하라

대부분의 사람들은 처음으로 무언가를 시도할 때 두려움을 느낀다. 여러분은 아마 학생으로서 또는 교사로서 처음 교실에 들어섰을 때 두려움을 느꼈을 것이다. 이런 두려움을 느끼고 진전을 위해 용기가 필요할 때 『오즈의 마법사』의 겁쟁이 사자를 떠올려 본다면 도움이 될 것이다. 여러분에게 필요한 것은 용감함을 증명하는 메달이 아니다.* 용기는 늘 자신 안에 있기 때문이다.

그러나 두려움과 고통이 변화의 전부가 아님을 명심하라. 사실 여러분의 일을 새로운 관점에서 다시 바라보는 것은 흥미롭고 신나는 일일 수 있다. 학습 자료나 내용의 관점이 아니라 그 자료들이 대답해야 할 질문의 관점에서 생각하는 것은 오래된 교사들에게 새로운 바람을 불어넣는다.

이런 식의 교육이 여러분의 일을 더 어렵게 만들 것이라는 생각은 버려라. 학생과 교사가 함께 참여하는 정기적인 워크숍에서 파트너 관계 맺기를 통해 얻은 무척 중요한 교훈은, 모든 이들의 배움을 끌어올리기 위해 내가 할 수 있는 최선이란 오히려 아무것도 안 하는 것이라는 점이다. 나는 학습을 안내하는 질문을 던지고 함께 머리를 맞댈 그룹이나 개인을 엮어 준 뒤 도움이 필요한지 묻는다. 그들은 정신없이 배움에 몰두하여 도움을 요청하지 않은 적도 많다. 그래서 나는 이리저리 돌아다니면서 사람들이 무엇을 하는지 질문하는데 이들은 보

....

* 『오즈의 마법사』에서 마법사에게 메달을 받기 전까지는 자신이 용감하다는 사실을 깨닫지 못했던 사자에 대한 비유이다.

통 제대로 진행하고 있었다. 이처럼 아무도 나를 "필요로 하지 않는" 순간에 나는 속으로 웃으면서 "이게 얼마나 달콤한 직업인가."라고 생각한다.

부디 여러분 역시 교육 방식을 바꾸는 과정에서 나와 같은 생각이 들기를, 그리고 이런 생각이 더 잦아지기를 바란다.

책의 나머지 부분에서는 단계별로 파트너 관계 맺기를 어떻게 적용해야 할지를 논할 것이다. 미리 정해진 방법이나 계획을 내보이는 것이 아니라 파트너 관계 맺기의 일반적인 원칙을 고려하고, 다양한 예시와 실용적인 제안을 제시하는 방식을 취할 것이다. 이것은 물고기를 잡아 주기보다 평생 동안 먹고살 수 있도록 낚시하는 방법을 가르치는 것과 같다.

살펴봅시다

▶ 강당에서 이뤄진 학생들의 유용하고 재미있는 활동의 좋은 예시가 있다. www.youtube.com/watch?v=kJEnVzMXK1E를 방문하면 다른 학생들을 휴대폰으로 함부로 찍는 것의 위험성에 대해 학생들이 직접 촬영해 만든 동영상을 확인할 수 있다.

▶ 엘 시스테마와 그것이 실제로 어떤 모습인지 그 놀라운 결과를 보고 싶다면 www.ted.com에서 이 프로그램에 관한 영상을 확인할 수 있다.

2장

파트너 관계 기반 교수법으로
옮겨 가기

이 해 를 돕 는 질 문

1 교사와 학생은 파트너 관계를 촉진하기 위해 무엇을 할 수 있는가?

2 나의 학생들에게 적합한 파트너 관계 맺기의 수준을 어떻게 정하는가?

3 기술에 관하여 나는 어떠한 생각을 가지고 있으며 그것을 교육과정에 어떻게 접목시켜야 하는가?

파트너 관계 맺기로의 전환은 설레고 활력이 솟는 경험이 될 수 있다. 이를 통해 여러분은 가르침의 새로운 영역에 들어갈 수 있고 학생 곁에, 그리고 전문가로서 갖춰야 할 본질에 더 가까이 다가갈 수 있다. 여러분은 학생들에게 더 나은 지도 교사와 코치로 변모하게 될 것이며, 개별 학생들의 요구와 열정을 충족하도록 가르침을 차별화할 수 있는 더 많은 시간을 확보하고 능력을 갖추게 될 것이다.

그러나 파트너 관계 맺기를 잘하기 위해서는 여러분과 학생 모두 새로운 (그리고 대부분이 동의할 수 있는, 재미있으면서도 지적 도전을 불러일으키는) 기능을 익힐 필요가 있다. 학생들과 시작해 보라. 학생들은 파트너 관계 맺기를 위해 얼마나 준비가 되어 있는가? 다음 질문을 스스로에게 던져 보아라.

1 학생들이 지루하고 산만해 보일 때가 자주 있는가?

2 내가 말을 하고 있을 때 학생들이 집중하지 못하는가?

3 학생들이 자주 주의를 딴 데로 돌리는가?

4 내가 바라는 만큼 학생들이 잘 따라오지 못하는가?

믿기 힘들겠지만 앞의 질문에 대한 대답이 모두 '그렇다'라면 이것은 학생들이 보다 활동적이고 도전적인 교육 접근법을 받아들일 준비가 되어 있다는 징후이다. 그러나 학생들이 수업 시간에 즐거워하고 의욕적이고 집중을 잘하고 시험에서 평균 이상의 성취도를 보인다고 하더라도, 파트너 관계 맺기는 학생들을 보다 자립적이고 훌륭한 학습자로 성장시켜 장기적인 관점에서 큰 도움을 준다.

그렇다면 여러분은 파트너 관계를 맺기 위해 얼마나 준비가 되어 있는가? 다음 질문을 스스로에게 던져 보도록 하라.

1 나는 학생들을 각기 다른 기능을 가진 파트너로 생각하고 있는가(또는 그럴 수 있는가)? 나는 학생들이 어떻게 학습하길 원하는지 그들과 직접적인 얘기를 하고 있는가(또는 그럴 수 있는가)?

2 나는 각 학생들의 열정을 파악하고 있는가(또는 그럴 수 있는가)? 그리고 학생들의 학습을 촉진하기 위해 그 열정을 사용할 수 있는가?

3 나는 강의, 일방적인 말하기, 설명하기를 대체할 수 있는 것을 알고 있는가(또는 그럴 수 있는가)? 나는 '무대에서 내려올' 준비가 되어 있는가?

4 어느 정도 수준의 파트너 관계가 나와 학생들에게 적합한지 알고 있는가(또는 알 수 있는가)?

5 나는 단순히 적절한 교육이 아니라 '실제적인' 교육을 하고 있는가(또는 그럴 수 있는가)?

6 학습 내용 자체를 제시하기보다는 학습 내용을 안내하는 질문을 제시하는 법을 알고 있는가(또는 배울 수 있는가)?

7 동사와 명사 측면에서 학습과 기술을 이해하고 있는가(또는 그럴 수 있는가)?

여러분이 위 사항 중 상당 부분을 이미 이행하고 있거나 할 수 있다고 생각하고 있길 바란다. 이 책의 이 장과 나머지 부분은 여러분이 앞의 질문에 분명한 목소리로 '그렇다'고 답할 수 있도록 도와주기 위해 쓰였다!

1 다른 시각으로 학생들을 바라보기

학습 과정에서 성공적인 파트너 관계 맺기를 위해 교사는 학생들을 자신과는 다르지만 동등한 기능을 가진 파트너로 생각해야 한다. 역할이 정해진 전통적인 교실에서 이뤄지던 방법과 비교했을 때, 이는 큰 변화이다. 전통적인 교실에서 교사는 온갖 기능 및 정보로 무장한 전문가이고, 학생은 능력이 부족해 교사의 지식을 받는 수용자의 입장이다.

물론 파트너 관계 맺기 중심의 교육이 이뤄진다고 해서 학습 과정에서 교사와 학생 간의 구별이 더는 존재하지 않는다거나 어린이들이 학교나 교실에서 마음대로 할 수 있다는 것은 아니다. 그러나 이러한 교육은 존중과 신뢰를 바탕으로 학생들을 대하고, 그들에게 지시를 하기보다는 길잡이가 되어 주고, 그 결과 학생들의 행동에 변화가 올 것을 기대하는 접근법이다.

학생의 학습에 파트너가 된 교사로서 여러분은 모든 학생들에게 의미가 있고 도전적인 형태로 학습을 도모해야 한다. 파트너 관계를 맺는 과정에서 학생들은 여러분이 제시한 도전을 수용하고 이에 부응해야 한다. 파트너 관계 기반 교육을 할 때 학생들에게 주어지는 도전은 과거의 '일방적인 말하기' 교실에서 주어지던 것과는 다소 다를 것이다. 이러한 도전은 학생들에게 더욱 직접적인 수행과 독립적인 사고, 창의적 활동을 요구할 것이다. 일부 학생들은 이와 같은 도전을 수용하는 데 시간이 걸릴 수도 있겠지만 나와 이야기를 나눈 대부분의 학생들은 이처럼 새롭고 보다 도전적인 역할을 기꺼이 맡으려 한다.

무대에서 내려오기

　　오랫동안 많은 교육 개혁자뿐 아니라 기업의 교육 담당자는 우리가 교사들에게 말해 온 변화를 '무대 위 현자'에서 '옆으로 물러난 안내자'가 되는 움직임이라고 설명해 왔다. 그러나 여러분이 이러한 변화를 추구하려는 의욕이 엄청나다고 하더라도 오랜 세월 동안 무대에 있는 것이 익숙했다면 무대에서 내려오기란 쉬운 일이 아니다. 본능적으로 많은 교사들은 학생들이 알았으면 좋겠다고 생각하는 모든 단어를 어떠한 시점에 입 밖으로 내뱉지 않으면 학습 자료들을 다루거나 가르치는 것이 아니라고 생각한다. 그렇게 하지 않는 기술을 배우고 숙달하고 교사의 개입이 없어도 학생들이 학습 능력을 발휘할 것이라는 (또는 전보다 더 많이 발휘할 것이라는) 믿음을 갖기 위해서는 수년이 걸리기도 한다는 사실을 깨닫는 것이 중요하다.

　　나는 최근에 차별화되고 더 나은 교육을 실천하기 위해 설립되어 그렇게 하려고 힘쓰고 있는 신생 자율형 공립학교를 방문했다. 이 학교의 관리자들은 확실히 최신 파트너 관계 기반 교수법을 이용하는 방법에 대해 많이 숙고해 왔다.

그들은 수백 명의 지원자들 중에서 자신들이 찾을 수 있는 최고의 교사를 고용했다. 그러나 내가 교장에게 "교사들이 얼마나 많은 '말'을 하고 있나요?"라고 묻자 그녀는 바로 "아주 많이 하고 있죠."라고 대답했다. 그녀의 말은 맞았다. 참관을 위해 세 교실에 들어갔는데 모든 교실에서 교사는 일방적으로 말하고 있다. (경청하는 학생도 있었고 그렇지 않은 학생도 있었다.) 교사의 지나친 일방적인 말하기 수업이 지금까지 이어져 왔고, 차별화를 위해 애쓰는 교사들도 여전히 이전의 방식을 이어 오고 있다는 사실이 놀라웠다.

한편, 나는 꽤 다른 방식으로 수업이 진행되는 교실을 방문하기도 했다. 학생들은 그저 교실에 들어와서 자리에 앉았고, 학습을 시작했다(때로는 컴퓨터를 이용했고 때로는 이용하지 않았다). 그들의 과제는 인쇄물이나 온라인을 통해 특정 장소에서 주어졌다. 그들 중 누군가에게 "조용히 하세요."라고 말하느라 시간을 낭비하는 일은 없었다. 우리 모두가 알다시피 일방적인 말하기의 또 다른 큰 문제는 버릇없이 구는 학생들에 의해 수업이 방해받는 경우가 종종 생긴다는 점이다. 예전에 유튜브에서 어떤 학생이 제작한 동영상을 본 적이 있다. 동영상에서는 한 수학 교사가 글씨를 쓰며 자세하게 설명하고 있었고, 학생들은 (이 동영상을 촬영하는 것을 포함하여) 각자 자신들이 하고 싶은 것을 하고 있었다. 만약 이 교사가 파트너 관계 기반 교수법을 이용했다면 또래 간 지도를 활용하거나 스스로 다른 역할을 선택하여 다음 중 일부 또는 모두를 실천할 수 있었을 것이다.

1 상위 다섯 명의 학생들이 (숙제나 온라인으로 할 수 있는) 특정 증명을 완전히 이해할 수 있도록 한다.
2 학급을 여러 그룹으로 나누고 각 그룹에는 그룹 내 모든 학생들이 최대한 빨리 배울 수 있도록 리더 역할을 하는 학생을 정한다.
3 일부 학생 또는 모든 학생들과 함께 팀끼리 할 수 있는 재미있는 시합을 정하고, 이를 통해 학생들이 각 팀과 개개인의 기량을 평가하도록 한다.

4 수업 시간에 교실을 돌아다니면서 학습이 계획대로 진행되도록 하고, 필요한 경우 개별적인 도움을 제공한다.

파트너 관계 맺기를 위한 조언

여러분이 최근에 가르친 수업에 대해 돌이켜 생각해 보라. 여러분은 얼마나 많은 말을 했는가? 여러분의 말이 얼마나 많은 학생들에게 도달했다고 생각하는가? 말을 더 적게 하고도 이 학생들(또는 훨씬 많은 학생들)이 학습 자료를 이해할 수 있도록 도울 수 있었는가? 그 방법은?

질문하기와 토론하기

파트너 관계를 기반으로 수업하는 교사는 말하기를 피하는 것이 좋으며 교사가 말을 전혀 하지 않고 학생들의 말을 존중하며 경청하기만 하는 것이 최선인 때도 있다. 하지만 파트너 관계 기반 수업이 이뤄지는 교실에서도 여전히 교사는 할 말이 많을 수 있다. 학생들이 자리에 앉아서 수업을 듣고 교사가 그 앞에서 강의를 할 때가 아니라도 말이다. 파트너 관계 기반 교수법을 이용하는 교사는 말로 많은 것을 할 수 있고, 그렇게 해야 한다. 여기에는 (특히 소크라테스식 문답을 비롯하여) 질문을 하는 것, 학생들과 토론을 진행하는 것, 그 토론의 일부로서 의견을 제시하는 것, 연구과제에 대하여 (다른 학생들의 피드백과 더불어) 자신의 피드백을 제공하는 것이 포함된다.

일방적인 말하기(즉, 직접적인 지시)와 기타 여러 형태의 의사표현(질문하기, 토론하기 등)을 구분하는 것은 파트너 관계를 기반으로 수업하는 교사가 자신의 행동을 감독할 수 있도록 항상 마음에 새겨야 하는 중요한 일이다.

파트너 관계 맺기를 촉진하기 위한 교실 구성

교실의 물리적인 구성 방법은 파트너 관계 기반 교수법이 제대로 작동하는 데 강력한 영향을 끼친다. 상당히 도움이 될 수 있는 방법 중 하나는 파트너 관계 맺기를 촉진할 수 있도록 교실을 구성하고, 필요할 때마다 구성을 바꾸는 것이다.

여전히 너무 많은 교실에서 책상이나 의자를 여러 줄로 평행하게 배치하는 방식이 선호되고 있다. 종종 극장식 혹은 강당식 좌석 구성으로 언급되는 이러한 구성은 파트너 관계가 아닌 일방적인 말하기 수업을 촉진한다. 과거에는 이러한 일렬 구조가 물리적으로 고정된 시설로 배치되었다. 1960년대 후반, 뉴욕의 어느 고등학교에서 내가 교편을 잡고 있을 때 모든 교실에는 접이식 의자가 달린 책상들이 일렬로 배치된 채 바닥에 고정되어 있었다. 나는 책걸상을 다르게 배열하기 위해 학교의 허락을 받고 매년 교실 전체 책상의 나사를 직접 푸는 데 봄방학을 쏟아부었다.

현재는 거의 모든 교사가 재량껏 책상과 의자를 이리저리 옮길 수 있음에도 불구하고, (일반적으로 초등학교를 제외했을 때) 이것을 활용하지 못하는 경우가 많다는 사실은 아이러니하다. 고등학교와 대학교 교실은 이동시킬 수 있는 개별 좌석이 있음에도 여전히 좌석을 줄 지어 배열하는 경우가 많다.

다음에 언급되는 단락과 [그림 2-1]에서 [그림 2-5]는 교실을 파트너 관계 기반 수업에 좀 더 친화적으로 만들기 위한 몇 가지 제안을 보여 준다. 제시된 구성 중 어느 것도 불변의 것으로 간주해서는 안 된다. 책상과 의자의 배열은 각기 다른 활동의 요구에 따라 바뀌어야 한다. 또한, 잦은 변화는 흥미를 유지하는 데 도움이 된다. 여러분의 파트너인 학생들과 학습을 도모하기 위해 책상과 의자를 어떻게 배열하는 것이 좋을지 상의하는 것도 중요하다.

특히, 학생들이 자신의 컴퓨터를 가지고 있을 때는 (또는 두세 명의 학생이 함께 사용하는 컴퓨터가 있다면) 책상을 [그림 2-4]에 제시되어 있는 것과 같이 교실의 3면을 둘러싸도록 편자 모양으로 나란히 배열하는 것이 유용하다. 그리고 학생들은 회의할 때처럼 편자의 바깥쪽에 앉는 대신에, 안쪽에 앉는다. 이러한 구성에서 학생들은 컴퓨터를 이용하여 혼자 또는 그룹으로 학습을 하면서 벽과 스크린을 마주하게 된다. 그리고 교사가 가운데에 서면 각 학생들의 스크린을 잘 볼 수 있고 어느 학생에게든 쉽게 다가가서 도움을 줄 수 있다. 그러나 교사가 토론을 진행할 때는 학생들이 컴퓨터를 보느라 교사와 서로에게 집중하지 못하는 것을 피하기 위해 교실 중심을 향하여 의자를 돌려야 한다. (주의: 어떤 이유에서 좌석 배치가 '편자 바깥쪽'으로 되어 있고 이러한 배치를 바꾸는 것이 극히 어렵거나 불가능하다면 교사가 교실 가운데에서 학생들의 스크린을 볼 수 있도록 벽에 거울을 설치하는 것이 굉장히 효과적일 수 있다. 이러한 작업을 위해 비싸고 깨지기 쉬운 유리 거울을 사용할 필요는 없다. 반사 효과가 있는 거울 시트지는 적은 비용으로 이용 가능하며, 긴 조각으로 잘라 쉽게 벽에 붙일 수 있다.)

여러분은 또한 두 명, 네 명, 여섯 명, 또는 여덟 명의 학생으로 이뤄진 그룹이 편하게 학습할 수 있도록 각각의 공간을 갖춘 혼합 구성을 이용할 수 있다. 한꺼번에 교실의 3분의 1이나 절반을 수용할 수 있도록 교실의 또 다른 일부를 편자 안에 작게 구성할 수 있다.

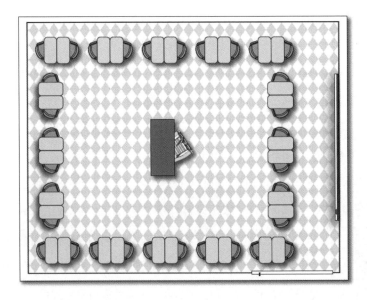

[그림 2-1] 교사의 책상을 (일부러 칠판에서 떨어뜨려) 교실 한가운데에 두고 학생들이 개별적으로 또는 그룹을 이루어 그 책상을 둘러싸고 있는 구성

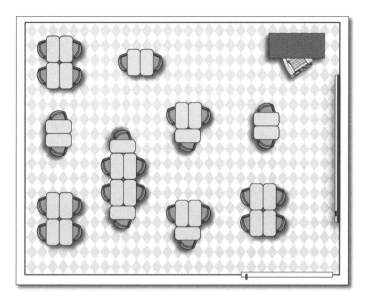

[그림 2-2] 팀의 상호작용을 촉진할 수 있도록 책상을 소그룹으로 배치한 구성

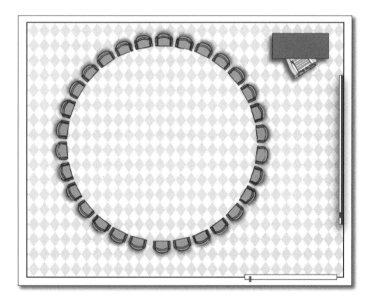

[그림 2-3] 토론을 위해 좌석이 원을 이루고 있는 구성(학생들이 긍정적이며 동등한 배열이라고 자주 언급)

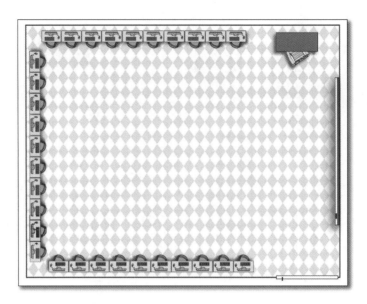

[그림 2-4] 편자 안쪽에 좌석이 배열된 구성

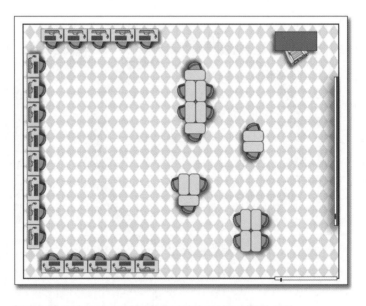

[그림 2-5] 혼합 구성: 교실 전체에 다양한 구성을 적용한 구성

2 파트너 관계의 수준 결정하기

대부분의 경우에도 그러하듯, 모든 학생과 모든 상황에 다 적용되는 획일적인 파트너 관계는 없다. 우리는 온갖 학생을 가르치게 된다. 학군과 학교 내 학급은 굉장히 다양하고 학생들의 능력과 수업 준비 태도, 동기, 가정 환경, 기타 요인들도 상당히 다르다. 이러한 학생들 모두가 파트너 관계를 맺을 수 있는, 즉 우리의 안내에 따라 스스로 학습하는 상황을 만들 수 있는 가장 좋은 방법은 무엇인가?

다양한 상황에 따라 적합하게 적용되는 파트너 관계를 맺는 방법을 보여 주기 위해 나는 기본 단계, 안내 단계, 고급 단계로 분류한 세 가지 유형의 수준별 파트너 관계에 대해 논의할 것이다. 기본 단계의 경우, 나는 대부분의 교사들이 초기에 이용할 것을 제안한다. 안내 단계는 스스로 학습하는 데 또는 특정 과제를 수행하는 데 어려움을 겪는 학생들에게 적합하다. 고급 단계는 교과서 진도에 따른 교육과정에서 벗어나 좀 더 장기적이고 복잡한 학습 프로젝트로 나아갈 준비가 된 교사와 학생들에게 유용하다.

이러한 수준별 파트너 관계 맺기를 자세하게 설명하기 전에 모든 학습 수준에 동일하게 적용되는 두 가지 일반적인 원칙을 소개하겠다.

1 학습 계획에서부터 평가에 이르기까지 파트너 관계 맺기의 모든 측면에서 학생들은 가능한 한 참여자로서 개입해야 한다. 그렇지 않은 경우 파트너 관계라 할 수 없다. 교실 구조는 학급 토론이나 학생들의 학습 계획 지원, 또는 이 두 가지 방법 모두를 통해 파트너 관계가 이루어지도록 구성되어야 한다.

2 파트너 관계를 맺는 학생은 교사가 말해 주지 않는 — 심지어 학생들이 질문한다 해도 — 상황에서도 자신들이 무엇을 해야 하는지 언제나 알고 있어야한다(또는 스스로 알아낼 수 있어야 한다). 학생들은 게시되어 있거나 쓰여 있는 필수 질문, 추천 (때로는 필수) 활동 및 명확한 결과물과 시간표를 이용하

여 자신이 무엇을 해야 하는지 알 수 있다. 이것들은 학생들이 상의할 수 있도록 오프라인 및 온라인에서 어디서나 이용 가능해야 한다.

파트너 관계 맺기를 위한 조언

"어떻게 해야 할지 모르겠어요."라고 대답하는 학생에게 가장 적합한 교사의 대답은 "나도 모르니까 …을 확인해 보세요."다. 이러한 대답을 들은 학생들은 곧 질문을 거두고 스스로 방법을 모색할 것이다.

기본 단계

간단하게 말하자면 기본 단계는 학생들에게 학습을 안내하는 질문을 던지고 그들로 하여금 혼자서 또는 그룹을 이루어서 해당 질문에 대한 답을 스스로 찾고 (이어서 토론하고 정리하도록) 하는 것이다. 이것을 '탐구 기반의 학습'이라고 부르기도 한다. 예를 들어, 번개와 그것이 발생하는 이유에 대해 설명을 하는 대신 학생들에게 "번개는 왜 생기는 것일까요?"라고 질문한 후, 학생들이 스스로 답을 찾고 그 답을 발표하도록 하는 것이다.

이를 위해 파트너 관계 기반의 수업을 하는 교사는 과거의 일방적인 말하기 위주의 교수법을 통해 가르치던 과목의 수업 내용을 복수의 학습 내용 안내 질문과 한두 개의 고차원적인 개방형 질문, 몇 개의 상세 질문으로 구성할 수 있고, 그렇게 해야 한다. 따라서 쉼표 사용에 대한 강의를 한다면 "말을 하다가 중간에 멈추는 이유는 무엇일까요?"라는 질문을 한 후 "글을 쓸 때 이것을 어떻게 표현할 수 있을까요?"라는 질문을 하며 수업을 진행한다. 가정법에 대한 수업은 "발생하거나 발생하지 않을 일에 대해 이야기할 때 우리는 어떻게 말을 하나요?"라는 질문을 한 다음 "영어에서 이것을 어떻게 나타내나요?"와 "글에서 다섯 개의 예를 찾을 수 있을까요?"라는 질문을 하며 진행한다.

내가 한 학습을 안내하는 질문이 적절한지 확인할 수 있는 기본적인 기준은 간단하다. 학생들이 해당 질문에 올바르고 (지적인) 대답을 할 수 있다면 논의되고 있는 사항을 알고 있는 것이다. 학습을 안내하는 질문에 반드시 맞거나 틀린 대답이 있을 필요는 없기 때문에 일반적으로 우리는 깊이 생각하고 근거가 충분한 (예를 들어, '지적인') 반응을 찾는다. 물론, 우리는 교사로서 학생들의 대답 수준과 엄격성을 판단한다. 다만 우리가 학생들에게 답을 주지 않기 때문에, 교사의 대답을 그저 앵무새처럼 따라 하는 능력을 판단하지는 않는다는 뜻이다.

파트너 관계 맺기를 위한 조언

특정 주제의 경우, 학생들로부터 학습을 안내하는 질문 몇 개(또는 전부)를 끌어내는 것이 타당할 때가 있다. 예를 들어, 여러분은 학생들에게 "누군가의 삶에 대한 연구나 여성 투표권이나 시민권 같은 역사적 쟁점을 다룰 때 이 주제를 잘 이해할 수 있게 하려면 어떤 질문을 하면 좋을까요?"라고 물을 수 있다. 질문을 만들어 내는 것이 때로는 질문에 대한 답을 찾는 것보다 학생들에게 가치 있는 일이 될 수 있다.

본질적으로 기본 단계는 학생들에게 학습을 안내하는 질문을 알리고, 학생들로 하여금 정해진 시간 안에 답을 찾고 제시하고 토론하도록 하는 것이다. 답을 찾는 것은 한 번의 수업 시간으로 끝날 수도 있지만 문제에 따라서 시간이 더 길어질 수도 있다. 일부 교육자들은 프로젝트 기반 학습과 문제 기반 학습을 구분하는데, 전자에는 불과 며칠이 소요되지만 후자에는 몇 주 또는 몇 개월이 소요된다. 나는 문제 기반 학습을 고급 단계의 파트너 관계 기반 학습으로 분류하고 이것을 다음 장에서 상세하게 다루도록 하겠다.

파트너 관계의 수준에 상관없이, 탐구와 프로젝트는 학습을 안내하는 질문을 통해 교육과정과 연결된다. 답변이 있기 전에 질문이 나온다는 점 외에도 기본 단계는 보통 학습을 안내하는 질문에 답을 찾는 방법이 학생들에게 달려 있다는 특징이 있다. 그들은 기술, 교과서, 도서관 등 자신이 원하는 어떠한 도구든 이용할 수 있다.

질문의 특징에 따라 학생들은 개별적으로 또는 다양한 크기의 그룹을 형성하여 학습할 수 있다. "여러분 가족의 문화적 유산은 무엇인가요?"와 같은 질문은 개별적으로 탐구할 수 있는 반면, "문화란 무엇인가요?"란 질문은 그룹을 형성하여 탐구하는 것이 필요하다. 교사는 도구 사용과 판단에 대해 적절한 지침을 줄 수 있지만, 이러한 사항은 학급 전체가 아니라 개별 학생 또는 소그룹에게 주는 것이 좋다. 교사는 학생들의 그룹을 지정하거나 바꿀 수 있고, 학생들의 선호도와 선택에 따라 그룹을 형성할 수 있다.

다양성 제공하기

교사가 매일 동일한 기본 단계의 파트너 관계를 실행한다면, 분명 일방적인 말하기 수업처럼 지루해질 것이다. 그렇기 때문에 흥미로운 변화를 고안하는 것이 파트너 관계에서 교사의 중요한 역할 중 하나이다. 이러한 변화는 다음과 같은 방식으로 이뤄질 수 있다.

- 공부하고 있는 주제, 지역, 또는 언어를 바탕으로, 물리적으로 다른 지역이나 교실에 있는 학생(또는 어른)을 온라인상의 그룹에 포함시키기
- 학생들이 질문에 대한 답을 찾기 위해 항상 동일한 방법과 도구를 이용하는 것이 아니라 다양한 도구를 사용하려고 노력하고 학습하게 하기(예를 들어, 지리학 관련 질문은 지도책부터 GPS나 구글어스Google Earth에 이르기까지 여러 도구를 이용하여 접근할 수 있다.)
- 학급 전체를 대상으로 하는 게임이나 시뮬레이션을 통해 주제에 접근하기
- 학생들로 하여금 현실적인 문제에 대해 현실적인 해결책을 고안하도록 하기
- 실제 또는 가상 방문을 통해 가능한 한 교실을 벗어나기

결과 공유하기

기본 단계에서 학생들은 자신이 선택한 방법과 도구, 즉 교과서, 오디오, 비디오, 만화, 멀티미디어, 심지어 게임 설계 등을 이용하여 알아낸 것을 학급 친구들 및 교사와 공유한다. 많은 학생들이나 여러 그룹이 발표하게 될 수 있기 때문에 (1~2분 길이의) 짧고 간결한 발표를 권장한다. 간결하고 유익한 발표를 하는 능력은 그 자체로 유용한 기능이며, 이러한 능력은 연습을 통해 향상된다.

> **파트너 관계 맺기를 위한 조언**
>
> 소위 엘리베이터 발표(여러분이 영향력을 행사하거나 설득하고 싶은 중요한 누군가와 함께 엘리베이터에 탔다면 1분이라는 짧은 시간 동안 무슨 말을 할 것인가?)는 비즈니스에서 중요한 도구이다. 학생들이 간단명료하게 상대방을 설득시킬 수 있도록 그들의 발표를 1분(또는 길어야 2분)으로 제한할 필요가 있다. 발표가 이러한 기준을 효과적으로 충족시키는지를 학생 및 교사가 평가한다. 파트너 관계를 맺은 모든 학생들의 발표를 다른 학생이 오디오나 (더 바람직한 경우) 비디오를 이용하여 녹음이나 녹화를 하고, 이를 학생과 교사가 비평하며 포트폴리오와 평가를 위해 보관해야 한다.

파트너 관계를 기반으로 한 수업에 참여하는 모든 학생들은 학교가 채택한 기준에 따라 글쓰기를 포함한 여러 발표 매체를 다루기 위해 최소한으로 요구되는 능숙도를 충족해야 한다.

파트너 관계 기반의 수업에서는 학습을 안내하는 질문과 이에 대한 대답, 그리고 학생들이 어떻게 학습하고 있으며 잘하고 있는지에 대한 빈번한 토론이 진행된다. 가능한 한 많은 토론을 학생들이 주도하고 기록해야 한다. 어떤 교실에서는 모든 평가를 교사가 제공한 모형에 따라 학생들이 진행하며, 이러한 평가 모형은 시간이 지나면서 교사가 제시했던 모형을 능가하게 된다.

여러분은 어떤 교육과정에나 기본 단계의 파트너 관계를 활용할 수 있지만, 이것은 학생들이 상당히 자기주도 학습을 할 것(또는 시작 단계라면 학생들이 자기

주도 학습을 터득할 것)을 요구한다. 자기주도는 학생들이 익히고 숙달해야 할 훌륭한 기능이다.

대부분의 학생들은 그들의 배경이 어떻든 기본 단계의 파트너 관계를 맺을 수 있으며 이를 잘할 수 있다. 나는 공립학교와 사립학교, 종교 기반 학교, 자율형 공립학교에서 파트너 관계 기반의 수업이 이루어지는 것을 보았다. 그러나 어떤 것도 (특히 처음에는) 모든 수업과 학생에게 효과를 발휘하는 경우는 없었고, 그렇기 때문에 대안이 필요하다. 고려해 볼 중요한 대안을 나는 교사의 안내에 의한 파트너 관계라고 부르겠다.

안내 단계

학생들이 기본 단계의 파트너 관계를 특징짓는 방식을 선택할 재량과 자유가 모든 맥락에서 작동하지는 않을 수 있다. 특히, 파트너 관계가 처음 시도되는 교실에서는 더욱 그렇다. 예를 들어, 어떤 학생들은 스스로 또는 그룹을 형성하여 학습을 하거나 조사를 할 때, 심지어는 읽기를 할 때도 어려움을 겪을 수 있다. 이러한 학생들을 위해 기본 단계의 파트너 관계 맺기와 동일한 생각과 이상을 내포하면서도 교사의 지시와 안내가 좀 더 많이 관여하는 파트너 관계가 있다. 안내 단계의 파트너 관계도 학습을 안내하는 질문과 함께 시작하여 학생들로 하여금 개별적으로든 그룹으로든 거의 스스로 학습하고 발표하도록 함으로써 그 질문에 대한 답을 하도록 한다. 다른 점이 있다면 안내 단계에서는 학생들이 학습하는 방법이 훨씬 더 체계적으로 선택되고 학생들이 하는 발표의 종류 역시 훨씬 구체적으로 정해진다는 것이다. 교육학적 용어를 사용하자면 이러한 수준의 파트너 관계는 비계 설정 파트너 관계라고 부를 수 있겠다.

교사가 안내하는 체계적인 비계 설정 파트너 관계는 위기 상태에 있다고 간주되는 학생들과 프로젝트나 탐구 기반의 학습을 하는 많은 교사들에 의해 시행된다. 티칭 매터스Teaching Matters라고 불리는 뉴욕주의 교육기관(www.teaching

matters.org)은 많은 교사들이 안내 단계의 파트너 관계를 맺을 수 있도록 돕는다. 이 기관은 다양한 주제에 대해 완벽하게 기획된 패키지형 솔루션을 파트너 관계 기반 프로젝트 형식으로 제공한다. 이 기관이 구상하는 기획에는 학습을 안내하는 질문뿐 아니라 학생들이 이러한 질문에 대답하기 위해 할 수 있는 활동도 포함된다. 기관은 또한 교사의 역할에 대해 신중하게 비계를 설정한다. 시민권에 대한 파트너 관계 기반 프로젝트를 한 예로 들 수 있다(http://rights.teachingmatters.org 참조). 이 프로젝트는 안내 질문을 통해 학생들에게 불평등에 대해 이해하기, 행동 방법 연구하기, 운동에 대해 설명하기, 캠페인 만들기, 변화시키기라는 다섯 개의 단계를 거쳐 '시민권'의 정의를 내리도록 한다. 자료, 인물들의 연대, 행동 계획을 볼 수 있는 특정 링크가 제공된다.

고급 단계

파트너 관계 맺기의 세 번째 접근법, 그리고 장기적으로 봤을 때 모든 학생들에게 가장 도움이 될 것이라고 생각하는 파트너 관계는 고급 단계의 파트너 관계이다. 여러분은 의과대학과 경영대학원에서 종종 사용되는 사례 기반 학습과 프로젝트 기반 학습을 비롯하여 우리가 이미 이 책에서 논의한 문제 기반 학습과 같은 구성 방식들에 대하여 들어 보았을 것이다. 이와 같은 방식들은 기본 단계의 파트너 관계 맺기를 더욱 확장시킨 발전된 유형이다. 한 가지 차이점은 이러한 방식들은 보통 교과서 교육과정의 많은 내용적 요소들과 다양한 성취기준들이 통합되어, 학생들이 중요한 문제 또는 사례를 해결할 때 학습할 수 있는 장기적인 단위라는 점이다. 문제 기반 학습의 단원과 학습을 안내하는 질문의 예는 다음을 포함한다.

학년/과목	문제
유치원~1학년	'늑대를 막을 수 있는' 집은 어떻게 만들 수 있을까요? 누가 과자를 훔쳤나요? 폭풍을 피하기 위해 어떤 준비를 할 수 있을까요? 호박은 왜 상했을까요? 이빨은 왜 썩나요? 어떻게 하면 좋은 애완동물 집을 만들 수 있나요?
2~3학년	백혈병이 있는 사람을 어떻게 도울 수 있을까요? 어떻게 하면 박물관 전시를 통해 인도의 문화를 가장 잘 설명할 수 있을까요? 어떻게 하면 환경에 해를 끼치지 않고 동네에 있는 송충이를 없앨 수 있을까요? 어떻게 하면 10,000달러로 최고의 운동장을 만들 수 있을까요?
4~6학년	어떻게 하면 정해진 주택과 가격에 맞는 훌륭한 테라스를 만들 수 있을까요? 우리는 야간 농구를 위한 규칙을 어떻게 정해야 할까요? 우주여행 비용을 어떻게 계산할 수 있을까요? 역사적인 건물을 보존할지 또는 옮길지에 대한 결정은 어떻게 해야 할까요?
7~8학년	어떻게 하면 유전병에 대해 알고 가족들에게 도움을 줄 수 있을까요? 최고의 팀을 선정하기 위해 기존의 스포츠 자료를 어떻게 이용할 수 있을까요? 더 나은 화폐는 어떻게 만들 수 있을까요?
고등 수학	어떻게 하면 가장 적은 양의 포장 재료를 이용하여 도로를 깔 수 있을까요? 어떻게 하면 가장 적은 울타리 재료를 이용하여 울타리를 만들 수 있을까요?
고등 영어	특정 주제와 관련하여 사람들의 마음을 사로잡을 수 있는 책을 쓸 계획서를 어떻게 작성할 수 있을까요? 새로운 제품을 어떻게 광고할 수 있을까요?
고등 과학	인체 내부를 탐험한다면 인체의 다양한 부분에서 어떻게 빠져나올 수 있을까요? 어떻게 하면 원격으로 건강에 관한 문제를 진단하고 치료할 수 있을까요?
고등 사회	여러분이 행정안전부 장관이라면 대통령에게 어떠한 행동 방침을 조언할 수 있을까요?

출처: *Problem-Based Learning in K-8 classrooms*, Ann Lambros (Corwin); *Problem-Based Learning in Middle and High School Classrooms*, Ann Lambros (Corwin).

이와 같은 사례나 문제 기반의 고급 단계 파트너 관계는 보통 좀 더 논리적으로 전개되는 주제별 교육과정보다 실생활에 맞는 학습 방식으로 간주되고 있다. 이러한 학습은 의과대학과 경영대학원에서 학생들이 질병이나 비즈니스와 관련한 쟁점사안에 대해 학습할 때, 해당 질병이나 문제를 개별적으로 배우기보다는 특정 증상을 가진 환자의 사례나 문제가 있는 기업에 대한 이야기를 다루는 방식으로 자주 활용된다.

고급 단계의 파트너 관계를 기반으로 학습하는 학생들은 한 번의 수업 시간에 다룰 수 있는 것보다 복잡한 쟁점과 문제들을 다루고, 실생활에 관련된 결정을 하며, 현실적인 시간적 틀에서 이를 행할 수 있다(예를 들어, 특정한 정보는 그것이 발견된 후에 이러한 과정을 통해 이용할 수 있다)는 장점을 얻는다.

문제 기반 학습은 미국이나 기타 국가(예를 들어, 싱가포르)의 많은 학교에서 널리 이용되고 있다. 그리고 이용 가능한 다양한 문제(또는 학습 안내 질문)와 추천 자료 등을 포함하여 문제 기반 학습의 시행 방법에 대한 풍부한 자료를 인터넷이나 책을 통해 얻을 수 있다.

문제 기반 학습과 관련하여 유의해야 할 점은 성취기준과 교육과정을 완전히 포괄하기 위해 교사는 학생들에게 주어진 각각의 다양한 문제들이 다루고 있는 것과 그렇지 않은 것을 신중하게 파악해야 한다는 것이다. 또한 이와 같은 문제들은 세심하게 만들어져 다양한 교육과정 요소들 및 성취기준을 포함해야 하기 때문에 때로는 개별 학생의 현실이나 흥미와 즉각 연결되지 않을 수 있는데, 이러한 경우 교사가 감독을 해야 한다.

고급 단계의 기타 유형

많은 단체들이 자신들만의 변형된 파트너 관계를 창안했으며 여기에는 다음과 같은 것들이 포함된다.

- 미국 국립과학재단이 후원하는 일반, 유기, 물리 화학에 대한 과정 중심의 안내된 탐구 학습Process-Oriented Guided Inquiry Learning: POGIL
- 애플이 만든 문화 정체성, 무관심, 전쟁, 그리고 식량/자원/에너지의 지속 가능성과 같은 주제와 관련된 도전 기반의 학습
- 매사추세츠 공과대학이 만든 입문 물리학을 위한 기술 지원의 능동 학습 Technology-Enhanced Active Learning: TEAL

- 실험적 학교인 뉴욕의 '퀘스트 투 런Quest to Learn'* 학교를 위해 만들어진 탐구 기반의 학습

　예를 들어, 도전 기반의 학습에 대한 애플의 설명이 우리가 논의해 왔던 "흥미로운 쟁점에 대해 알고, 실질적인 문제에 대한 해결책을 제시하며, 이를 실현하기 위해 교사와 학생이 함께 노력하는 협력적인 학습 경험"[13]과 상당히 유사하다는 사실에 주목하도록 하라. 이러한 파트너 관계 맺기의 변형은 특히 여러분이 속해 있는 학교나 교육청의 투자가 전제된다면 고려하고 이용할 가치가 있다.

파트너 관계 맺기를 위한 조언

주 교육기관의 웹사이트를 검색하여 해당 주의 성취기준에 부합하는 사전 설계된 문제 기반 학습의 예와 같은 파트너 관계 맺기 관련 자료를 확인하라. 할 수 있다면 이와 같은 목록에 자료를 추가하라.

　우리가 논의한 다양한 종류의 파트너 관계 간 차이점의 핵심은 학생에게 제공되는 지도나 비계 설정의 정도, 그리고 학습을 안내하는 질문의 범위에 있다. 후자는 각각의 특정 단원이나 연습 시간의 길이를 결정한다. 학습을 안내하는 질문에는 한 번의 수업 시간에 대답이 나올 수 있는 질문(예를 들어, "왜 비가 오나요?")이 있는가 하면 학기 내내 해답을 요구하는 질문(예를 들어, "우리는 어떻게 세계의 날씨를 가장 잘 예측할 수 있을까요?")도 있어 학습을 안내하는 질문의 범위가 폭넓기 때문이다.

　사전에 설계되고 평가가 이루어진 예로 시작하는 것이 종종 도움이 되기도 하지만 성공적인 파트너 관계 맺기를 위한 '해설서'란 없다. 궁극적으로 여러분

....

* 　교육과정에 게임의 요소를 적용하여 학생들의 사고력 향상에 도움을 주는 학습 방법.

은 여러 자료에서 여러분과 학생에게 최선이 될 수 있는 것을 한데 모아 파트너 관계를 맺는 여러분만의 방식을 만들고 완성하게 될 것이다.

3 기술과 파트너 관계 맺기
― '동사'와 '명사'라는 비유

여러분이 선택하는 파트너 관계 맺기의 수준과 유형, 종류가 어떠하든 여러분은 학습을 안내하는 질문에 대한 답을 찾기 위해 일정 수준의 디지털 기술을 활용하는 학생들과 수업을 하게 될 것이다. 디지털 기술은 21세기 파트너 관계 맺기 기반 교수법의 르네상스를 이끄는 훌륭한 촉진제 역할을 한다. 어느 정도 수준의 기술이 여러분의 교실에서 이용 가능한지와는 상관없이, 그리고 심지어 기술을 이용할 수 없을 때도 파트너 관계는 맺을 수 있지만, 대개는 더 많은 기술을 이용할 수 있을 때 파트너 관계가 더 잘 작동한다. 여러분의 교실에서 어떤 기술이 이용 가능하든지 학생들이 이러한 기술을 최대한 이용할 수 있도록 하는 것이 파트너 관계를 맺을 때 요구되는 사항이다. 그러나 여전히 두 가지 중요한 문제가 발생한다.

1 여러분은 학교와 교실에서 이용 가능한(또는 이용 가능하지 않은) 유형의 기술을 어떠한 방식으로 활용하며 파트너 관계를 맺는가?
2 여러분은 가르치려 하는 핵심 사항보다 기술이 더 중요해지는 상황을 어떻게 막을 수 있는가?

위 두 질문에 대한 답변을 찾는 최고의 방법은 학습을 할 때 동사와 명사 측면에서 생각을 하는 것이다.

동사는 학생들이 배우고 연습하며 숙달할 필요가 있는 기능을 비유하는 말이다. 이러한 기능은 우리가 학습 내용의 맥락 안에서 학생들이 할 수 있기를 바라는 전통적인 것들을 모두 포함한다. 어떠한 과목을 가르치든 우리는 학생들이 비판적 사고하기와 논리 제시하기, 소통하기, 결정하기, 교육의 엄격함 고수하기, 내용과 맥락 이해하기, 설득하기와 같은 '동사'에 숙련되길 원한다. 어떠한 의미에서 동사는 기초가 되는 학습이며 일반적으로 교수법은 동사, 즉 학생들에게 필요한 과목별 기능과 일반적 기능을 제공하는 방법에 관한 것이다.

우리가 주목해야 할 전적으로 중대한 사실은 학습에 중요한 동사는 시간이 흘러도 거의 변하지 않는다는 것이다.

한편, 명사는 학생들이 앞서 언급한 동사를 행하거나 연습하는 것을 익히기 위해 사용하는 도구를 비유하는 말이다. 명사는 인터넷처럼 21세기에 어울리는 도구뿐 아니라 책과 에세이와 같은 전통적인 도구들도 포함한다. 명사는 사람들이 컴퓨터와 파워포인트, 위키피디아 등과 같은 기술에 대해 일반적으로 생각하는 방식을 말한다. 학생들이 이용할 수 있는 실질적인 기술인 하드웨어와 소프트웨어 모두가 명사에 해당된다. 교실에서의 기술 사용에 대한 책은 대부분 팟캐스트나 위키, 블로그와 같이 현재 이용 가능한 특정 기술(즉, 명사)로 시작하며 각각의 과목을 가르칠 때 이러한 기술이 어떻게 사용될 수 있는지 설명한다. 그러나 명사는 목적을 달성하기 위한 수단일 뿐이다.

학습 동사와 달리 학습 명사는 상당히 빈번하게 변한다.

예를 들어, 파워포인트는 발표하기(동사)를 위한 도구(명사)이다. 그러나 그것은 우리 학생들이 앞으로 살아가는 동안 플래시나 기타 더 나은 발표 도구로 대체될 가능성이 있다(이 도구는 이미 여러 곳에서 다른 것으로 대체되고 있다). 이메일은 소통하기를 위한 도구이다. 그러나 이미 많은 학생들은 이것을 문자, 심지어 트위터로 대체하고 있다(많은 학생들이 "이메일은 구세대가 쓰는 거죠."라고 말한다). 위키피디아는 학습하기를 위한 도구이다. 그러나 이것도 유튜브와 상세 검색 기능과 같은 도구에 의해 대체되고 있다.

동사와 명사의 개념에 대해 학생들과 논의하라. 학생들이 두 개념을 구분하고 어디에 집중해야 하는지(즉, 동사에 집중해야 한다는 것을) 이해할 수 있도록 하라.

매 학년 또는 학기를 시작할 때 학생들에게 교실과 연구실에서 사용할 수 있는 모든 명사(하드웨어, 소프트웨어, 인터넷을 포함)에 대한 목록을 만들도록 하라. 그러고 나서 여러분이나 학생들은 이용할 수 있는 추가적인 도구들을 목록에 덧붙이고 쉽게 찾아볼 수 있도록 목록을, 이를테면 교실 벽에 차트로 게시해야 한다. 이러한 작업이 선행되면 여러분과 학생들은 해당 도구 각각을 유용하게 사용할 수 있는 다양한 동사들을 목록화하고 논의할 수 있다.

학생들은 여러분의 안내 질문에 답하기 위해 파트너 관계 맺기를 할 때, 자신들이 취할 동사를 고려하여 목록에서 사용할 도구를 선택해야 한다. 학기나 학년 중에 모든 학생들이 모든 도구를 사용해 볼 수 있도록 하라.

동사로 시작하라

파트너 관계 맺기와 학습 과정을 명사(도구)가 아닌 동사(기능)에 집중시키는 것은 기술 그 자체가 학생들의 학습보다 우선시되는 것을 막기 위함이다. 일방적인 말하기 교수법을 파트너 관계 기반 교수법으로 대체하려고 하는 교사는 학생들이 교육 자료를 학습하는 것을 가능하게 하는 다양한 동사를 고려하면서 수업을 시작하고, 특정 명사에 지나치게 매이지 않는 것이 훨씬 바람직하다. 우리가 학생들이 능숙해졌으면 좋겠다고 생각하는 기능, 즉 대부분의 교육자들(그리고 교무처와 같이 교육의 외적인 부분을 담당하는 사람들)이 학생들이 익혔으면 좋겠다고 여기는 기능을 대표하는 동사들이 상당히 많이 있다. 현대 교수법에서 동사는 우리가 가르치는 내용과 잘 어우러진다.

동사에 초점을 맞춤으로써 얻을 수 있는 큰 이점은 학생들이 빈번하게 하는 질문인 "이것을 왜 배워야 하나요?"에 교사들이 훨씬 쉽게 답을 줄 수 있다는 것이다. 대개 학생들이 언급하는 '이것'은 주제, 즉 내용의 일부이다. 그러나 여러분이 지금 당장 사용할 수 있으며 미래에도 필요할 기능을 익히고 연습하는 중이라는 사실을 학생들에게 보여 줄 수 있다면, 학생들은 여러분의 말에 더욱 잘 귀 기울이려고 할 것이다.

학습 동사와 관련 명사

우리가 현재 이용하고 있으며 학생들이 숙달했으면 좋겠다고 생각하는 학습 동사는 거의 50개에 이르고, 이러한 동사를 활용하고자 하는 학생들이 이용할 수 있는 명사는 100개가 넘는다([표 2-1] 참조). 이러한 동사들은 디지털 기술이 등장하기 훨씬 전부터 우리 주변에 있었다는 사실에 주목하라. 또한, 각 동사를 학습하고 연습할 수 있도록 도와주는 많은 도구와 기술들이 존재한다는 사실에 주목하라. 교사는 효과적인 파트너 관계 기반 지도를 계획하기 위해 사용 가능한 구체적인 기술이나 도구(즉, 명사)를 서둘러 파악하려고 하기보다는, 교육 자료를 사용하여 학생들과 함께 학습할 때 적절한 동사를 목록에서 찾아내고, 이와 같은 동사들이 내용 및 기술과 잘 어우러지도록 하는 데 초점을 맞춰야 한다.

여러분은 목록을 훑으면서 이러저러한 것들을 가르칠 때 어떤 동사가 가장 유용할 것인지 생각해야 한다. 결국 여러분이 선택한 동사는 각 파트너(즉, 학생과 교사)들이 교육자료를 학습할 때의 역할을 제안한다.

분명 모든 명사가 모든 학생들에게 이용 가능한 것은 아니다. "여러분은 학교와 교실에서 이용 가능한(또는 이용 가능하지 않은) 유형의 기술을 어떠한 방식으로 활용하며 파트너와 관계를 맺나요?"라는 질문에 대한 답은, 동사로 시작하고 그때 학생들이 교실이나 학교에서 이용 가능한 명사를 무엇이든 이용하며 학습하도록 해야 한다는 것이다.

[표 2-1] '동사'(기능)와 관련 '명사'(도구)(자세한 설명은 7장 참조)

정보의 조사·처리를 위한 동사	관련 명사
검색하기와 찾기	검색 엔진, 읽기 도구, 신속 순차 시각 제시(RSVP), 가속 도구, 지도찾기 도구, RSS, 리스트서브
보기와 듣기	팟캐스트, 유튜브, 빅 싱크, 테드 강연, 동영상 검색 엔진, 오디오와 비디오 가속 도구, 문자 음성 변환 프로그램
분석하기	스프레드시트, 본문 분석, 구문 분석, 맞춤법 및 문법 검사 도구, 중요사항 분석, 요인 분석, 최적합, 통계, 비평
읽기	인터넷, 온라인 리더 도구, 음성 문자 변환 프로그램, RSVP, 휴대폰 소설, 그래픽 노블
입증하기	연구 도구, 오류 점검
탐구하기	검색 엔진, 하이퍼링크
효과적인 사고를 위한 동사	**관련 명사**
결정하기 (빈번하게 의사결정하기)	의사결정도구, 게임, 질문 생성기, 비교 생성기
계산하기	계산기, 휴대폰, 스프레드시트, 프로그래밍 도구
고찰하기	쓰기 활동, 사후검토, 사후설명 활동, 위키, 블로그, 인튜이션
관찰하기	카메라, 동영상, 비디오 카메라, 시나리오
논리적 사고하기	아웃라이너
모형 제작하기와 시도하기	3D 프린터, 시뮬레이션, 스프레드시트
문제 해결하기	의사결정나무, 과학적 방법, 자료 분석
비교하기	비교 도구, 인공지능 도구
비판적 사고하기	아웃라이너, 브레인스토밍 도구, 인튜이션
소크라테스식 문답하기	논리 나무, 질문 생성기, 인공지능
실험하기	자료 수집 도구, 카메라, 탐색기, 가상 실험실, 시뮬레이션
예측하기	시뮬레이션, 예측 도구, 시나리오
윤리적 질문하기	시나리오, 사례 연구, 동영상
평가하기	논리 도구, 비교 쇼핑 웹사이트, 평가 도구, 자기 평가 도구, 루브릭
소통과 발표를 위한 동사	**관련 명사**
공유하기	리스트서브, 유튜브, 특정 분야 관심 블로그, 휴대폰

네트워크 형성하기	인터넷, SNS, 휴대폰
대화하기	이메일, 문자 메시지, 블로그, 휴대폰, 위키, 유튜브
듣기	팟캐스트, 동영상, 스카이프
쓰기	개요 작성 도구, 스크립트 작성 도구, 사전 및 유의어 사전, 블로그, 게임
연결하기	SNS, 계보 도구, 논리 도구, 휴대폰
정보 알리기	파워포인트, 플래시, 멀티미디어, 동영상, 팟캐스트
토론하기	연구 도구, 온라인 토론 도구, 유튜브, 협상 도구
통합하기	매시업, 영상 편집 도구, 멀티미디어 제작 도구
표현 찾아내기	설계 도구, CAD 도구, 카메라, 동영상, 비평, 이메일
협동하기	위키, 블로그, 게임, 협업 도구
협업하기	협업 도구, 구글 독스, 영상회의 도구
협상하기	협상 도구, 연구 도구, 역사 비디오
구성과 창작을 위한 동사	**관련 명사**
경쟁하기	게임, 대회, 경쟁
계획하기	프로젝트 계획 도구, 아웃라이너
맞춤화하기	인터페이스 도구, 다양한 지능 도구
모방하기	암기 도구, 동영상, 팟캐스트, 오디오북, 연극, 연설, 테드 강연, 빅 싱크
모형 제작하기와 시도하기	구성주의 도구, 제도 도구, 브레인스토밍 도구, 디지털 교구
설계하기	브레인스토밍 도구, 설계 도구
시뮬레이션하기	시뮬레이션, 게임, 역할극 도구
신중하게 위험 감수하기	게임, 시뮬레이션
제작하기	쓰기 도구, 동영상, 프로그래밍 도구, 머시니마, 그래픽, 게임 제작 도구, 게임 모딩 도구, CAD 도구
조정하기	모딩 도구, 하드웨어 모드, '소프트' 모드
통합하기	매시업, 멀티미디어 도구
프로그래밍하기	게임 제작 도구, 로봇공학, 프로그래밍 언어
혁신하기	견본 제작 도구, 반복

4 파트너 관계 맺기와 필수 교육과정

모든 교사들이 따라야 하는 필수 교육과정에 파트너 관계가 이용될 수 있는지 물어보는 사람들이 많다. 이에 대한 답변은 물론 "그렇다."이다. 파트너 관계 기반 교수법은 교육과정을 바꾸지 않고도 이용할 수 있다. 왜냐하면 여러분이 어떤 교수법을 사용하든지 학생들이 답을 할 수 있어야 하는 질문과 숙달해야 하는 기능은 늘 같기 때문이다. 이러한 질문들은 우리가 시험을 실시할 때 사용하는 질문이다. 여러분이 학생들에게 권리장전에 대해 설명을 하든지 학생들이 스스로 그것을 학습을 하든지 간에 학생들은 해당 법률이 어떤 내용을 담고 있는지, 그것이 왜 중요한지, 각각의 다양한 개정 조항들과 관련한 쟁점은 무엇인지 알 필요가 있다. 더 고차원적인 수준의 수업이라면 학생들은 이와 같은 쟁점과 관련된 주장을 분석하는 기능을 익힐 필요가 있다.

파트너 관계 기반 교수법에 따라 바뀌는 유일한 것은 학생들이 답변과 기능을 익히는 방식이다. 파트너 관계를 맺을 학생들은 질문으로 시작한 후 또래 친구들과 교사의 도움을 받아 스스로 답과 기능을 배운다. (물론, 교과서의 진행 과정은 이와 반대이다.)

파트너 관계 기반 교수법과 교육과정의 상관관계는 학습을 안내하는 질문과 동사에 대한 초점에 있다. 이 두 가지는 학생들에게 분명한 학습 목표를 제공한다. 학생들이 학습 목표를 분명하게 알고 있을 때 훨씬 수월하게 자신만의 방법으로 목표를 성취하게 된다. 학생들은 내게 종종 자신들이 흔히 쓰는 표현을 사용하며 "어디로 가야 하는지 그리고 뭘 해야 하는지 그냥 알려 달라구요."라고 말한다. 교육과정과 파트너 관계 맺기 사이의 중요한 상관관계에 대해서는 5장에서 더 상세하게 얘기하겠다.

연결점 찾기

어떠한 교수법을 따르든 학생들이 수행하는 과제와 습득하는 학습 내용 간의 연결점은 자동으로 생겨나는 것이 아니며 대수롭지 않게 여겨져서도 안 된다. 물론, 많은 학생들이 스스로 연결점을 찾아낸다. 그러나 연결점을 강조하고 이것을 완성하도록 하는 것은 여전히 교사가 해야 할 일이다. 그렇기 때문에 교사가 파트너 관계 기반 교수법을 교육과정에 적용할 때 해야 할 마지막 일은 지속적이고 반복적인 토론, 발표, 블로그 접속 및 기타 다른 수단 등을 통해 학생들이 (개별적으로 또는 그룹을 통해) 찾고 있는 질문에 대한 답을 검토하고 답변의 질과 교육의 엄격성, 맥락에 대한 피드백을 보장하는 것이다. 파트너 관계를 맺는 교사는 또한 학습 중인 기본 기능을 끊임없이 (되풀이하며) 강조해야 한다. [표 2-6]은 전통적인 방식인 일방적인 말하기와 새로운 접근법인 파트너 관계 맺기를 몇 가지 면에서 대조한 것이다.

[표 2-6] 일방적인 말하기 대 파트너 관계 맺기

말하기 교수법	파트너 관계 기반 교수법
목적	학습을 안내하는 질문
강의	동사(기술)
연습 문제지	명사(도구)
시험	피드백/반복

파트너 관계 기반 교수법과 학습 내용을 연결 짓는 학생의 역할

학생들 역시 파트너 관계 기반 수업과 교육과정, 즉 학습 내용 간의 연결점을 완성하는 역할을 수행한다는 사실을 잊어서는 안 된다. 다음은 연결점을 찾는 데 필요한 학생들의 세 가지 역할을 구체적으로 설명한 것이다.

1 학생들은 스스로를 '파트너 관계 맺기 전문가', 즉 학습 중인 과목이 무엇이든 중요한 질문이 무엇인지 인지하고 질문에 대한 답을 찾을 수 있는 사람이라고 여길 필요가 있다.

2 학생들은 스스로를 자신만의 독특한 방법으로 질문에 대한 답을 계속해서 찾고, 필요할 때 협동하며, 다른 사람들이 이해할 수 있는 답을 내놓고, 자랑스러운 작업을 하는 사람이라고 여길 필요가 있다.

3 학생들은 수행 중인 과제의 일부로서 자신들이 학습하고 연습하는 동사(즉, 기능)를 알고, 이때 요구되는 다양한 필수 기능이 향상되도록 각 기능에 능숙해지기 위해 노력할 필요가 있다.

교사와 학생이 학습 내용과 학업에 파트너 관계 기반 교수법을 연결 짓기 위해 필요한 역할을 토론과 연습을 통해 완전히 인식할 때 그리고 이러한 역할을 지속적이고 효과적으로 수행하고 있을 때 교실에서 훨씬 많은 양의 학습이 훨씬 효과적으로 이루어진다.

파트너 관계 맺기를 위한 조언

수업이 진행될 때 학생들과 함께 학생 역할과 교사 역할을 검토하는 시간을 가져라. 이것은 목적을 명확히 하고, 그럼으로써 결과까지 분명하게 하는 효과를 가져올 것이다.

5 파트너 관계 맺기를 향한 첫걸음과 그 다음 단계

파트너 관계 맺기는 교사인 여러분과 학생들 간에 상당한 수준의 새로운 관계를 수립한다. 그렇기 때문에 파트너 관계 맺기를 향한 첫 번째 단계에 돌입할 때에는 여러분이 계획하고 있는 것이 무엇이며 그것을 하는 이유는 무엇인지 학생들과 이야기를 하며 시작하는 것이 바람직하다. 첫 단계에 대해 학생들과 상의하는 순간, 여러분은 그들과의 관계를 전통적인 하향식 관계에서 동등한 파트너 관계로 변화를 도모하게 된다.

이전에 이러한 관계 설정을 시도해 보지 않은 교사는 대개 학생들 앞에서 강의하는 전통적인 자신의 입장을 버리는 것에 대해 두려움을 느낄 수 있다. 몸을 던지기 전에 여러분의 몸에 끈이 단단하게 묶여 있으므로 깊은 구렁에 떨어지지 않을 것임을 확신할 수 있는 여러 일을 해 보는 것이 도움이 될 수 있다. 예를 들어, 파트너 관계를 기반으로 가르치면서 변화를 잘 끌어낸 다른 교사들과 이야기를 해 보거나 성공적인 파트너 관계 맺기 활동을 하는 동영상을 보거나 파트너 관계 맺기가 이루어지고 있는 수업을 참관하는 것이 도움이 된다.

또한, 새로운 관계는 학생들이 적응하고 받아들여야 하는 것이라는 사실을 잊지 마라. 학생들은 처음에 회의적인 반응을 보일 수 있으며 여러분의 시도가 진심인지 믿지 못할 수 있다. 사실 학생들은 교수법에 대하여 어떻게 생각하는지, 어떻게 학습하는 것을 선호하는지, 심지어 무엇을 좋아하는지 등에 대해 질문을 받는 경우가 거의 없다. 그렇기 때문에 (그들이 어떤 생각을 하고 있는지 알고자 하는 진지한 바람을 가지고) 변화를 시도한다면 그들은 긍정적인 반응을 보일 것이다. 반가운 소식은 일단 학생과 교사가 예전과 다른 데서 오는 초반의 어색함을 극복한다면 거의 모든 수업이 성공적으로 진행된다는 것이다.

최근 어느 학교에서는 학생들에게 (1) 전통적인 교사 주도 수업에 참가한다, (2) 동영상을 통한 수업 및 파워포인트 유인물을 이용한 소그룹 학습에 참여한다, (3) 동영상을 통한 수업과 파워포인트 유인물을 이용한 개별 학습을 한다라는 세 가지 선택권을 주었다. 당연한 결과일 수 있으나, 교사 주도 수업을 선택한 학생은 단 한 명도 없었다.

천천히 시작하라

첫째 날부터 곧바로 파트너 관계 맺기에 뛰어드는 것도 가능하지만, 그리고 이렇게 하는 것이 더 낫고 심지어 흥미롭게 여겨진다고 생각하는 교사들도 있겠지만, 대부분의 교사들은 서서히 파트너 관계 맺기를 시작하는 것을 선호한다. 교사들은 "어떻게 하면 우리 학교를 개선할 수 있을까요?"나 "어떻게 하면 우리 공동체를 개선할 수 있을까요?"와 같은 파트너 관계 기반 프로젝트로 시작할 수 있다. 미국의 일부 교육청에서는 학교나 교육청 차원의 활동으로 이러한 프로젝트를 실시하고 있다. 학습을 안내하는 질문, 동사, 학생들이 스스로 찾아낸 대답을 포함하는 기본 단계의 파트너 관계 맺기를 이용하고 학급 전체가 대답을 검토하도록 하면서 앞서 배운 것을 바탕으로 향상을 도모하며 한두 단원의 수업을 진행할 수 있다.

앞서 논의했던 '티칭 매터스' 등을 참고하여 수업을 계획한다면 비계를 설정한 교사의 안내를 바탕으로 한 파트너 관계를 좀 더 체계적으로 시작할 수 있다. 또는 많은 문제 기반 학습에 관한 책이나 웹사이트에 제시된 예를 바탕으로 문제 기반 학습 프로젝트를 수행할 수도 있다.

여러분이 좀 전에 가르쳤던 내용을 학습을 안내하는 질문으로 바꾸는 일을 학생들과 함께하면, 학생들은 여러분이 하려고 하는 것을 이해하게 된다. 다음 수업에도 이러한 방식으로 수업을 진행함으로써, 교사가 일방적으로 말하는 것이 아니라 학생들이 스스로 질문에 대답할 수 있도록 지도할 수 있다.

중요한 사실은 여러분이 언젠가 시작해야 하며, 초반에 나타나는 결과가 좋든 나쁘든 포기하지 않아야 한다는 것이다.

장애물을 극복하라

여러분이 파트너 관계 맺기의 초보자라면 아마도 무대에서 내려와 다른 길로 방향을 잡는 것이 가장 큰 변화일 것이다. 이상적인 경우라면 여러분은 이때 학교 당국으로부터 얻고자 했던 뒷받침과 독려, 지원, 안내를 받게 될 것이다. 이 것이야말로 바람직한 방식이며, 이는 점점 더 많은 사례에서 확인되고 있다. 그러나 항상 그런 것만은 아니다. 파트너 관계 맺기를 학교 당국이 선호하지 않는 다면, 일부 사례에서 볼 수 있듯이 적극적으로 반대한다면 여러분은 어떻게 할 것인가?

일단 여러분이 파트너 관계 맺기의 길을 걷기로 했다면 파트너 관계 맺기가 학생들의 이익에 가장 부합하는 것이라고 생각하고 여러분의 길을 방해하는 외부 장벽(또는 변명)을 용인하지 않겠다고 결심하는 것이 도움이 된다. 기술이 충분하지 않다면? 지금 가지고 있는 것에서부터 시작하라. 학생들이 책임을 지는 것을 꺼려 한다면? 천천히 시작하고 학생들이 스스로 파트너 관계 맺기의 이점을 찾을 수 있도록 하라. 다음 순서에 대한 확신이 없다면? 도움을 구하라. 부모나 다른 사람이 반대를 한다면? 은근슬쩍 시도하라. 안타까운 일이지만 모든 사람이 이해하길 기다리다 보면 여러분은 결코 시작할 수 없을 것이다.

가르치는 방법을 향상시키려는 여러분의 시도를 막을 수 있는 것은 없다. 실제로 많은 파트너 관계 맺기 시도가 그것의 효과를 알고 있는 교사 개인에 의해 시작되고 있다. 여러분의 파트너 관계 맺기가 성공적이라면 그것은 실제로 널리 퍼지게 될 것이다!

파트너 관계 맺기는 언제나 개별 학습이든 그룹 학습이든 질문 그리고 학생들과의 대화로 돌아간다는 사실을 기억하라. 이것은 내가 아무리 강조하더라도 또는 교사가 과도하게 이용한다고 하더라도 지나치지 않다. 다음 장에서는 여러분이 학생들과 이야기해야 할 것들 중 몇 가지, 특히 각 학생이 가지고 있는 열정에 대해 다룰 것이다.

살펴봅시다

▸ http://www.iste.org를 방문하면 국제교육테크놀로지협회(International Society for Technology in Education)의 컴퓨팅 사고 교육에 대한 다양한 자료를 볼 수 있다.

▸ http://tinyurl.com/yck7ewa를 방문하면 학생들이 주도한 평가의 훌륭한 예를 볼 수 있다.

▸ http://wvde.state.wv.us/news/1716을 방문하면 국제교육기술협회의 국가교육기술표준을 볼 수 있다.

▸ '티칭 매터스(www.teachingmatters.org)'가 제공하는 것과 유사한 서비스를 제공하는 기타 기관에는 '벅 교육협회(Buck Institute for Education, http://www.bie.org)', '뉴미디어 컨소시엄(New Media Consortium, http://www.nmc.org)', '오지 컨설턴트(AUS-SIE Consultants, http://www.aussiepd.com/about/aussie-consultants)'가 있다.

▸ 인터넷에서 '문제 기반 학습'을 검색함으로써 최신 자료를 얻을 수 있다.

▸ 파트너 관계에 관한 예와 정보를 얻기 원한다면 다음 사이트를 참고한다.
http://new.pogil.org
http://www.nmc.org/pdf/Challenge-Based-Learning.pdf
http://icampus.mit.edu/projects/TEAL.shtml
http://www.q2l.org

3장

학급과 학습 내용보다는
사람과 열정에 대해 생각하라

1 각각의 학생들이 무엇에 열정을 느끼는지 아는 것이 왜 중요한가?

2 학습을 차별화하기 위해 나는 이 정보를 어떻게 이용할 수 있을까?

3 학생들과 나는 어떻게 파트너 관계에서 역할을 수행하고 새로운 행동을 취할
  수 있을까?

교육에서 궁극적으로 중요한 것은 (확실히 교육을 받는 사람의 관점에서 봤을 때) 표준화된 시험 점수나 내용, 교육과정이 아니다. 진정으로 중요한 것은 한 개인으로서 수업에 임하는 각각의 학생들이다. 이러한 개인(즉, 각각의 학생)들은 그들의 능력이 미치는 한 멀리 나아가기 위해 알고 있어야 할 것들을 배우고 있는가?

우리는 분명 점수를 매길 때는 각 개인, 즉 학생을 대상으로 한다. 그러나 수업을 할 때는 대개 유익하거나 필요하다는 등의 수많은 이유들로 개성이 서로 다른 각 개인이 아니라 학급 전체를 대상으로 수업을 하는 경우가 상당히 많다. 실제로 가르침과 배움에 대한 대부분의 글들은 교실 내(즉, 그룹 내)에서의 가르침과 배움에 대해 말하고 있다. 우리는 학생들을 20~40명으로 구성된 그룹으로 생각하는 데 익숙하기 때문에 학생들이 개인적인 열정과 흥미, 충족되어야 할 욕구가 있는 개인이라는 사실을 잊어버리는 경우가 많다. 안타깝게도 아이들은 우리의 이러한 모습을 잘 감지하고 포착한다. 최악의 경우 그들은 자

신들이 이름도 없고 대체 가능한 아이들로 여겨지고 있거나, '좋은 학생' 또는 '게으름뱅이'와 같은 얼마 안 되는 유형이나 항목 중 하나로 분류되고 있다고 말한다.

학급과 학교, 그리고 국가 전체를 대상으로 점수를 합하고 비교하는 데 점차 치중하는 상황에서, 우리가 한 개인으로서의 학생들에 대해 실제로 얼마나 잘 알 수 있을까? 나와 이야기를 나눈 학생들의 말에 의하면 충분히 알 수 없다는 것이 이 질문에 대한 답변이다.

일반적으로 학생들은 학급에 무슨 일이 일어나는지 전혀 신경 쓰지 않는다. 중요한 것은 자신들에게 무슨 일이 일어나는지이다. 여러분이 수업을 받는다고 생각해 보라. 여러분은 학급 평균 점수에 대해, 그리고 점수가 작년보다 높은지에 대해 얼마나 많은 관심이 있겠는가? 아마도 여러분은 자신이 얼마나 배우고 있는지, 그리고 바라는 것이 충족되고 있는지 여부에만 주목할 것이다. 이러한 점에서 학생들은 우리가 학습할 때와 정확히 똑같은 태도를 보인다. 다만 한 가지 큰 예외가 있다. 오늘날 학생들은 삶의 여러 방면(음악과 컴퓨터 게임, 기타 기술 등)에서 개인으로서 욕구를 충족하기 때문에 자신의 욕구가 충족되지 못하는 것을 어른에 비해 잘 참지 못한다.

스스로를 차별화하려는 욕구(와 수단)를 가지고 있는 아이들은 학교 밖에서 훨씬 더 많은 개성을 지닌 개인으로서 여겨지고 있다. 옷, 신발, 노래, 영화, 동영상, 휴대폰, 기타 여러 제품의 마케팅 담당자가 제공하는 다양한 스타일과 모델을 통해 학생들은 (비록 현재 유행하는 패션 방식을 따르긴 하지만) 자신만의 개성을 완벽하게 발휘한다. 이러한 학생들에게 다가가기 위해 우리는 그들을 개성을 지닌 개인으로 여기고 각 개인에게 맞도록 지도를 차별화해야 한다.

물론, 맞춤형 지도는 이미 교육계에서 엄청난 유행어가 되었다. 그러나 각 학생들을 개인으로서 접근하고 동시에 그들에게 동기를 부여하는 최상의 방법(종종 유일한 방법이기도 하다)에 대해서는 널리 논의되지 않고 있다. 그 방법은 학생들이 진정으로 흥미를 느낄 수 있도록 그들의 열정을 이용하는 것이다. 파트너 관계를 맺을 때 학생들의 열정은 그들을 독려하고 성취를 촉진하는 주요 동력이 된다.

1   학생들의 흥미와 열정에 대해 파악하라

모든 학생들은 자신만의 주요 관심사와 열정을 가지고 있다. 이러한 열정은 상당히 다양해서, 자연에서부터 스포츠, 독서, 음악, 자동차, 역사, 의학, 우주 탐험, 기타 우리가 예상치 못한 여러 분야의 모든 대상을 포함한다. 어떠한 경우에는 학생들이 자신의 열정을 자각하지 못할 수도 있으며, 하나 이상의 열정을 가진 학생들도 많다.

각 개인의 열정이 무엇인지 아는 것은 표면적인 측면뿐 아니라 심도 있고 세부적인 측면에서 보더라도 파트너 관계 기반 수업을 하는 교사에게 굉장히 중요하다. 그 이유는 학생들의 열정이야말로 파트너 관계를 기반으로 교사가 개별화된 학습, 즉 학생들의 가슴에 박혀 자신의 삶에서 중요한 존재가 되고 그들이 보다 많은 배움을 원하도록 해 주는 학습을 할 수 있도록 돕는 수단이자 여과 장치이기 때문이다.

오늘날 열정 기반 학습passion-based learning[14]은 교육계에서 널리 퍼지고 있는 새로운 유행어이다.

학생들의 열정을 찾아라

물론, 학생들의 열정이 무엇인지 알아낼 수 있는 확실하고 유일한 방법이 있다. 학생들 개개인에게 차례로 물어보는 것이다. 나는 가능할 때마다, 그러니까 학기 중 한 번 이상 학생들에게 그들이 어떤 것에 열정을 가지고 있는지 물어볼 것을 권한다. 학생들이 "열정이라면 무엇을 말씀하는 건가요?"라고 되묻는다면 여러분은 다음과 같은 대답으로 학생들에게 열정의 바람직한 정의를 줄 수 있다. "열정은 여러분에게 무언가를 하라고 시키는 사람이 없는데도 여러분의 시간을 기꺼이 쏟을 마음을 갖게 하는 대상을 말해요."

나는 최근에 200명의 교사와 학교 당국을 대상으로 "학생들의 열정을 파악하고 있는 교사들의 비율은 어느 정도인가?"라는 질문에 대해 (개별 여론조사 도구인 클리커를 이용하여) 조사했다. 응답자 중 4분의 1이 10% 미만이라고 했으며 절반 이상이 20% 미만이라고 했고 4분의 3이상의 응답자가 40% 미만이라고 답했다. 오직 두 명의 응답자만 70%라고 답했으며 90% 이상이라고 답한 사람은 아무도 없었다.

이후 이 조사를 고찰하던 한 교사가 다음과 같이 언급했다. "나는 가르치는 일에 열정을 바치느라 막대한 에너지를 쏟아붓는다. 내 학생들이 나와 마찬가지로 열정을 가지고 있다는 생각은 들지 않았다. 그러나 이제 나는 가끔씩 내가 특정한 무언가를 얘기할 때에 어떤 학생들이 갑자기 머리를 드는 이유를 알고 있다."

대부분의 학생들이 열정을 가지고 있고 이에 대한 질문을 받으면 수월하게 대답을 하는 반면, 자신들의 열정이 무엇인지 모르거나 알면서도 설명하지 못하거나 그것을 아직 찾아내지 못한 학생들도 있다. 이러한 학생들이 이 사실에 대해 걱정하는 일은 없어야 한다. 그러나 그들에게 열정을 찾고 그것에 대해 끊임없이 생각하는 일이 얼마나 중대한지 알려주는 일은 중요하다. 학생들이 자신의 열정을 알고 그것을 좇는 것이 인생을 성공으로 이끄는 핵심 요소이기 때문이다. 때로 학생들은 다른 아이들이 자신의 열정에 대해 말하는 것을 듣는 것만으로도 보다 수월하게 자기가 가지고 있는 열정을 파악하고 찾을 수 있다. 그렇기 때문에 비슷한 흥미와 열정을 가지고 있는 학생들이 서로를 알고 함께 이야기하도록 독려하는 것이 바람직하다.

여러분이 학급 전체에 자신을 소개하고 각 학생들의 이름을 물어보는 수업 첫날에, 그들이 무엇에 관심을 가지고 있으며 어떠한 것에 열정을 보이는지 개별적으로 물어라. 학생들의 대답을 적고 그것에 대해 진지하게 생각하라. 여러분은 학생들의 열정을 이용하여 그들에게 다가가고 특정 시간에 그들의 공통된 흥미를 바탕으로 그룹을 형성할 수 있을 것이다. 여러분은 열정을 찾지 못한 학생들이 다른 여러 그룹을 통해 자신의 흥미가 무엇인지 찾을 수 있도록 독려할 수 있다.

학생들의 열정을 파악하고 이용하는 것은 그들뿐 아니라 여러분에게도 도움이 된다는 사실을 기억하라. 학생들은 자신이 무엇에 열정을 가지고 있는지 여러분이 알기를 원한다. 그들이 어떤 열정을 가지고 있는지 알고 있다는 말은 그들이 어떤 사람인지 알고 있다는 의미이기 때문이다. 학생들은 여러분이 무엇을 가르치는지뿐 아니라 여러분이 자신들의 흥미를 알고 그것에 대해 마음을 쓴다는 것을 알게 되면 엄청난 동기부여를 받아 기대하지도 않았던 일도 해낼 것이다. 또한, 학생들의 열정을 파악하는 것은 여러분이 최고의 코치이자 안내자가 될 수 있도록 돕는다.

열정을 이용하여 매일 개별화된 지도를 하라

여러분이 학생들의 열정을 알기 바라는 또 다른 이유는 그것들을 통해 각 학생들에게 맞는 개별화, 즉 맞춤형 지도를 할 수 있기 때문이다. 학생들이 자신이 듣는 수업의 50~100%가 지루하다고 밝혔다고 해서 놀라는 독자는 거의 없을 것이다. 그때 학생들은 수업을 들으며 제각각 자신이 관심 갖는 것에 대해 생각했는지도 모른다. 우리가 수업과 학생들의 흥미 사이의 연결점을 찾을 수 있다면 좋을 것이다. 그 목적을 이루기 위한 최고의 방법이 바로 학생들의 열정을 파악하는 것이다.

열정을 알고 있는 것이 맞춤형 지도에 얼마나 도움이 될까? 우선, 학생들을 우리의 파트너로 보고 각 개인에 대해 개별적으로 생각하도록 하는 좀 더 많은 유인誘因이 생긴다. 본질적으로 우리는 매일 학생들과 학습이라는 일종의 전문적인 일을 하는 사업을 하고 있다. 전문 법률회사나 컨설팅회사와 마찬가지로 각 파트너(학생)는 언제나 회사(교사)의 전반적인 전략을 주시하면서 스스로 필요한 일을 할 필요가 있다. 학생들은 파트너이기 때문에 수업이 어떻게 이루어질지에 대해 발언권을 가지고 있다. 그들은 또한 인간이기 때문에 개별적인 부침과 기복이 있을 수 있으며, 일을 계속하는 한 우리는 파트너로서 이를 존중할 필요가 있다. 학생들은 각기 개성이 있는 한 개인이기 때문에 그들의 모든 학습은 개인적인 선호도와 열정, 호감, 반감에 의해 걸러지며 이루어진다.

게다가 학생들의 열정을 알고 있다면 그들이 어느 정도의 흥미를 가지고 수업에 임하는지 다른 많은 교사들보다 훨씬 더 잘 알 수 있을 것이다. 우리는 학생들의 흥미를 이용하여 훨씬 더 다양한 학습을 진행할 수 있다. 마지막으로 우리는 학생들의 열정을 파악하여 그들이 가지고 있는 각기 다른 흥미와 이러한 흥미를 충족시켜 줄 수 있는 방법과 학습 자료에 부합하는 질문 또는 하위질문을 만들 수 있다.

학생에게 배워라

학생들이 열정을 보이는 많은 주제들 중에는 그들이 교사들보다 훨씬 더 많이 알고 있는 것들도 있다. 이때 필요한 기술은 단지 하나이다. 우리는 이것을 위협적으로 여기기보다는 좋은 현상으로 여겨야 한다. 왜냐하면 파트너 관계 기반 교수법에서는 우리 모두가 교사이자 학습자이기 때문이다. 오늘날 학생들은 단지 지식 습득뿐 아니라 자신이 알고 있는 것을 교사는 물론 학급 친구들과 공유하길 원한다(그리고 그렇게 할 필요가 있다). 한 학생의 말을 빌리자면 "당신이 원하는 것을 우리가 해 주길 원한다면, 당신도 우리가 원하는 것을 일부 해야 한다."

학생들이 여러분보다 더 잘할 수 있는 것을 파악하고 더 나은 지도를 위해 그것을 이용하는 것은 파트너 관계 맺기의 중요한 과정에 속한다. 여러분은 학생들에게 여러 가지(예를 들어, 기술 활용하기, 또래에게 알려 주기, 또래의 흥미를 끌 만한 방법 취하기)를 하도록 내버려 두면, 교사는 많은 다른 일을 할 수 있다. 더 나은 교사가 되기 위해서는 해야 했지만 시간상의 이유로 그러지 못했던 일 말이다. 사실 여러분은 학생들에게 "여러분은 무엇에 열정을 보이나요?"라고 묻고 그들의 흥미를 파악하는 것만으로도 수업 첫날을 성공적으로 시작할 수 있다.

파트너 관계 맺기를 위한 조언

여러분이 알게 된 학생들의 열정과 그러한 열정을 통해 학생들에게 다가가기 위한 아이디어를 (온라인이나 오프라인에서) 기록하라. 기록한 내용을 여러분의 동료와 (예를 들어, 위키를 통해) 공유하라. 다른 사람들은 학생들의 열정을 어떻게 이용했는지 그들의 의견을 인터넷에서 찾아보라. 소그룹의 교사들이 작성한 목록조차도 시간이 흐르면 광범위해질 수 있다. 그러나 세계 곳곳의 사례를 참조하는 것이 훨씬 바람직하다. 트위터는 그것을 가능하게 하는 좋은 도구이다(7장 참조). 여러분은 다른 사례들을 세심히 살펴보아야 한다.

반복이 핵심이다

제품 디자이너든, 마케팅 담당자든, 게임 개발자든 상관없이 고객과 성공적인 관계를 형성하는 모든 전문가들은 제품이나 광고, 게임을 단번에 만들 수 없다는 것을 알고 있다. 그래서 그들은 자신들이 제작한 것이 처음에 엄청나게 성공적이었다고 하더라도 그것을 계속해서 되풀이하여 사용해 본다. 교사로서 우리는 성공한 다른 전문가들이 했던 노력 이상의 것을 해야 한다. 바로 반복이다. 여기에서 반복은 무엇인가를 내놓고, 그것이 어떻게 작동하는지 확인하고, 제대로 기능하지 않는 요소들을 즉시 바꾸는 것을 의미한다. 우리의 경우, '즉시'는 '다음 수업을 시작하자마자'를 의미한다. 학생들의 열정과 오르락내리락하는 홍미 지수를 파악하는 일이 우리에게 여러 가지를 시도하고 수업에 자주 변화를 주는 유인으로 작용하도록 해야 한다. 그것이 바로 학생들이 원하는 것이기 때문이다.

열정 기반의 반복 접근법으로 전환함으로써 여러분은 많은 새로운 방법을 통해 학생들에게 다가갈 수 있다. 예를 들어, 품행이 좋지 않은 학생에게 집중하라고 말하는 대신에 다음과 같이 말할 수 있다. "학생은 내 수업에 흥미가 없다고 생각할지도 몰라요. 그러나 난 학생이 어떤 열정이든 간에 무엇인가에 흥미를 가지고 있다는 걸 알고 있어요. 우리가 수업에서 이야기하고 있는 것을 학생이 열정을 갖고 있는 그것과 연관시킬 방법을 생각해 볼 수 있을까요? 잘 모르겠다면 내가 여러분한테 아이디어를 줄게요. 우리가 수업에서 다루고 있는 이 주제와 연관이 있는 무언가를 본 적이 있나요? 여러분 중 얼마나 많은 사람들이 그것을 보았나요? 자, 그럼 이것들은 어떤 연관성을 가지고 있을까요?"

파트너 관계 맺기를 위한 조언

특정 과정에서 하나 이상의 교실을 맡아 수업을 하고 있는가? 그렇다면 두 수업에서 같은 것을 하지 말고, 각 수업이 끝날 때마다 학생들에게 다음 그룹을 위해 이 수업을 어떻게 개선할 수 있을지 질문하는 것을 개인적인 방침으로 정하라.

어느 수업이나 일부 시간을 실험으로 진행하라. 학생들에게 이 수업은 실험이며 실험에 대한 그들의 반응을 기다리겠다고 말하라. 그 후 실험이 어땠는지에 대한 학생들의 정직한 반응을 요구하라. "정말 좋았어요."라는 말을 듣는 것만큼 "싫었어요."라는 말을 듣는 것도 중요하다. 비디오 게임 업계에서는 게임 테스터들이 "후졌다."는 반응을 보이면 그것은 게임에서 즉시, 그리고 영원히 사라진다.

지속적인 피드백을 주고받아라

반복적인 학습을 하기 위해 여러분은 무엇이 학생들에게 효과가 있는지를 지속적으로 파악하고, 효과가 없다면 신속하고 완전한 변화를 줘야 한다. 이를

테면 학생들로부터 끊임없이 피드백을 얻으려고 노력해야 한다는 말이다.

여러분이 가르치는 학생이 20~40명이라고 생각하지 말고, 앞서 언급한 학생만이 유일한 학생이라고 생각하고 무엇을 어떻게 가르쳐야 할지 상상해 보라. 즉, 여러분이 한 학생의 개인 교사라고 상상해 보라. 학급 전체를 대상으로 할 때와 어떻게 달라져야 할까? 우선, 여러분은 학생으로부터 무엇을 생각하고 느끼는지에 대해 지속적인 피드백을 받을 뿐 아니라 그에게 끊임없이 피드백을 주게 될 것이다. 이렇게 함으로써 여러분은 수업을 안내하고, 효과가 없을 때에는 교육과정을 변경하며, 학생이 지루함을 느끼지 않고 언제나 즐겁게 학습하고 있다는 것을 확신할 수 있다.

20~40명의 학생들이 있는 교실에는 이와 같은 방식을 어떻게 적용할 것인가? 일부 교사는 지속적으로 학생들의 '온도를 감지'할 것을 조언하는데, 이것을 가능하게 하는 여러 방법이 있다. 한 예로, 양면이 각각 붉은색과 녹색인 카드를 나눠 준다. 여러분은 언제라도 학생들로 하여금 흥미가 있으면 녹색 카드를 들어 올리고 지루하면 붉은색 카드를 들어 올리도록 함으로써 '온도 확인'을 하고, 카드 색깔들을 보며 수업 상황과 관심을 가져야 할 학생을 파악할 수 있다. 이 카드는 또한 학급 전체가 이분법적인 질문에 대답할 때 유용하게 사용할 수 있는 기술이다. 좀 더 기술 기반인 또 다른 방법을 예로 들자면, 개별 응답을 위한 도구인 클리커(또는 클리커에 상응하는 휴대폰을 기반으로 하는 도구—www.polleverywhere.com 참조—나 심지어는 휴대폰 문자)를 사용할 수 있다.

많은 교사들이 학생들에게 이메일이나 문자, 학급 블로그 포스팅 등을 통해 개별적인 피드백을 보낼 것을 독려하며, 학생들의 피드백에 대해 개별적으로 응답해 준다. 어떤 교사들은 칠판이나 화면에 실시간 트위터 피드를 띄워 학생들이 이를 보고 즉각적으로 반응을 올릴 수 있도록 한다.

물론 그날그날 또는 분 단위로 학생들에게 피드백을 받기 위해서는 적어도 수업 초에 뻔뻔해질 수 있어야 한다. 우리는 모두 교사로서 우리 자신의 감정에 대해 신경을 쓴다. 그리고 우리는 또한 학생들이 자신의 행동이나 학식에 대해 비판이나 피드백을 받았을 때 보이는 뻔뻔함에 대해서도 똑같이 신경 써야 한다는 사실을 기억해야 한다. 그러나 중요한 것은 학생들로부터 피드백을 받는다는 것이 그들에게 평가를 받는 게 아니라는 사실이다. 파트너 관계 기반 수업에서 피드백은 교사와 학생 모두에게 유익하도록 수업을 향상시켜 주는 길이다.

나와 함께 이야기를 나누었던 교사, 교장, 교육감들 대부분은 일단 교사와 학생 간에 양방향으로 정직한 피드백과 소통이 이루어지도록 한다면, 대개 학생들의 흥미가 유발되고 학습이 향상된다고 말한다. 실제로 학생들의 생각을 파악함으로써 수업이 나아질 뿐 아니라 수월해진다는 사실을 알게 되는 교사들이 많다.

효과 있는 피드백을 상호 간에 주고받는 과정을 통해 또 다른 중요한 교습
기회가 생기게 된다. 그것은 바로 학생들이 피드백을 제공하고 특히 부정적인
의견이 있을 때 그러한 의견을 표현하는 적절하고 효과적인 방법을 배우게 된다
는 점이다. 어른들이 공공 웹사이트나 토론 게시판에 믿을 수 없을 정도로 공격
적인 '피드백'을 올리곤 하는 오늘날, 이것은 학생들이 반드시 익혀야 하는 상당
히 중요한 기술이다.

2 파트너로서 역할을 수행하라

파트너 관계를 맺는 것은 일상에서 벌어지는 많은 일과 같다. 즉, 우리는 입
으로만 파트너 관계 맺기를 익힐 수 없다. 대신 다양한 역할을 수행하고 '시도'
하는 데 시간을 쏟아야 한다. 좋은 예로 의사가 되기 위한 노력을 생각해 보자.
대부분의 의대생들은 환자를 돌보고 책임질 뿐 아니라, 그와 그의 가족들에게
의학적 설명을 하고 생사를 결정짓기도 하는 다양한 역할을 아무 문제없이 해내
기 위해 엄청난 수련을 한다. 이와 마찬가지로 교사와 학생도 파트너 관계 기반
교수법에서 요구하는 새로운 역할에 적응하기 위해서는 많은 연습과 시간이 필
요하다.

교사 역할 수행하기

코치

코치는 가장 강력한 영향력을 가진 역할이다. 훌륭한 스포츠 코치는 팀원들과 사회로부터 훌륭한 교사가 받는 만큼의, 때로는 그 이상의 인정과 존경을 받는다. (사실상 훌륭한 코치는 훌륭한 교사이기 때문에 '그 이상'이라는 표현은 맞지 않다.) 훌륭한 코치는 왜 그렇게 존경을 받는 것일까? 그가 맡은 팀이나 운동선수들이 승리하도록 하기 때문(그것이 그의 일이지만)만은 아니며, 인정받는 코치로서의 역할을 통해 '코치를 받은 사람'이 더 나은 운동선수이자 인간이 되기 때문이다.

파트너 관계 맺기의 측면에서 우리가 이야기하고 있는 코치는 팀의 승리가 목표인 축구 코치라기보다는, 개별 선수에게 중점을 두는 테니스나 골프, 육상 코치에 가깝다. 학생들에게 "수학을 가르치려고 해요."가 아니라 "수학(또는 기타 과목이나 학년별 교과)으로 여러분을 코치하려고 해요."라고 말하는 것이 무슨 차이가 있을까? 후자는 학생들에게 여러분이 자신들을 개별적으로 도와줄 것이라는 발언처럼 들릴 것이다. 이는 코치와 코치를 받는 사람 모두에게 성공의 책임이 똑같이 부여됨을 의미하기도 한다.

교사는 학생들이 듣지 않아도 수업을 할 수 있지만, 코치는 학생이 제대로 따라오지 않는다면 자신의 기능을 수행하지 못한다는 사실에 대해 생각해 볼 필요가 있다. 일방적인 말하기와 다르게, 코치하는 것은 일반적으로 피드백과 동기부여가 매우 중요하다. 그렇기 때문에 코치의 역할을 수행한다는 것은 학생들에게 훨씬 더 개별적이고 개인적으로 다가가며 각각의 학생들이 자신의 열정을 발견하고 추구할 수 있도록 돕는 것을 암시한다.

내가 생각하기에 이러한 역할을 수행하기 위해 효과가 있는 방법 중 하나를 고르자면, 학교의 모든 교사와 학교 당국 관리자들이 서로를 지칭하거나 학생들이 이들을 지칭할 때 이름이 아닌 '코치'라고 부르는 것이다. 우리가 '대통령'

이나 '마담 스피커madam speaker**'를 지칭할 때와 같이 누군가를 이름이 아닌 역할로 부르는 것은 그 역할과 역할에 따른 영향력에 힘을 주게 된다. 코치가 하는 일은 그가 지도하는 개개인이 성공할 수 있도록 도와주는 것이며, 가르치는 것은 목적을 위한 수단일 뿐이다.

파트너 관계 맺기를 위한 조언

코치의 역할이나 파트너로서의 교사 역할이 여러분에게 낯설거나 상당히 불편하게 느껴진다면 처음에는 그 역할을 수행하기 위한 시도를 해 보아라.

여러분이 계획하고 있는 것에 대해 학생들과 구체적으로 논의하며 시작하라. 학생들에게 여러분을 새로운 역할 수행자로서 이전과 다르게 볼 수 있는지와, 여러분과 그들이 어떻게 파트너 관계를 맺을 것인지 질문하라. 학생들에게 어떤 다른 코치나 안내를 받았는지, 어떠한 이유로 그 경험을 긍정적이거나 부정적으로 느꼈는지 물어보라. 학생들에게 피드백을 어떻게 줄 것인지, 어떻게 하면 그 역할이 그들과 여러분에게 효과가 있을 것인지 물어보라. 그러고 나서 역할 수행을 시도할 구체적인 시간과 날짜, 단원을 정하라. 역할 수행이 어떻게 진행되었는지 정리하고 여러분이 기대했던 것이 완전히 충족되지 않았다고 하더라도 반복을 통해 다음에는 더 나은 결과를 얻을 수 있기 때문에 실망하지 마라.

안내자

안내자의 역할 역시 강력한 힘을 가지고 있다. 문자 그대로나 상징적으로나 교사는 각 학생들이 배움의 황무지를 지나 이해에 도달할 수 있도록 이끈다. 그러나 대부분의 사람들이 알고 있듯이 흔히 '고양이떼herding cats'로 비유되기도 하는, 안내받기를 원하지 않는 그룹이나 개인을 안내하기란 상당히 힘든 일이다. 한편, 훌륭한 안내 기술은 누군가가 특정 장소에 가길 원할 때 이용할 수 있는 상당히 유용한 자산이다. 그렇기 때문에 안내자가 하는 역할은 동기를 부여

....

*   사회적 위치가 높은 여성을 가리키는 정치적 호칭으로 여성 하원의장을 일컫는다.

하기보다 동기부여를 받은 사람들을 돕는 조력자에 가깝다.

안내자가 되기 위해서는 코치보다 훨씬 더 많이 학생들의 협조를 필요로 한다. 즉, 학생들이 그가 필요하다는 사실을 인정하고 기꺼이 배움의 여정을 떠나고자 하는 마음가짐을 가지고 있어야 한다. 이러한 이유로 안내자의 역할은 여러분이 학생들의 열정을 잘 알고 이해할 때 최고의 효과를 낼 수 있다. 교육과정이라는 맥락 안에서 여러분이 안내하는 곳과 학생 자신이 도달하고자 하는 곳이 일치한다고 인식하면, 그들도 여러분을 훨씬 잘 따라올 것이다. 예를 들어 여러분이 수학을 가르치고 있는데 학생이 음악에 열정을 보인다는 사실을 알게 되면, 그 학생에게 음악에 대해 적절하게 균형을 맞출 필요가 있는 서로 다른 부분으로 구성된 방정식이라고 생각해 보도록 할 수 있다. 만약 여러분이 국어를 가르친다면, 모든 학생들에게 각각 열정을 느끼는 분야에 대해 읽고 쓰며 자신의 흥미와 관련 있는 웹사이트를 찾아 게시물을 올리도록 할 수 있다. 학생들이 열정을 갖지 않고 있거나 찾지 못하고 있다면, 그들이 선택한 여러 분야와 관련하여 굉장하다고 여겨지는 열 가지를 찾아보게 함으로써 열정을 탐색할 기회를 준다.

교수법 전문가

교수법 전문가는 파트너 관계를 맺는 교사의 역할 중 우리에게 가장 익숙한 역할로서, 교사는 자신의 온갖 전통적인 기능(물론 반복 연습과 일방적인 말하기는 제외)을 파트너 관계 맺기에 접목시킨다. 교수법 전문가의 역할 수행은 보다 효과적이고 흥미로운 학습을 위해 여러분이 가지고 있는 온갖 지식과 상상력, 창의력을 발휘하는 동시에, 그 과정이 진행되는 동안 스스로를 학생들의 파트너로 생각하는 것을 의미한다.

학생들은 책을 통해 공부하는 진부한 학습을 원하지 않는다. 파트너 관계의 틀 안에서는 창의적인 접근법을 취하는 것이 훨씬 바람직하다. 가령 현재 일어나고 있는 사건과 연관 지어 생각해 볼 수 있다(예를 들어, "우주 왕복선이 오늘 지구를 떠날 예정이에요. 여덟 명의 우주비행사를 여러 조로 나눠 각 조에 이 다양한 특수 임무 중 하나를 맡기세요. 각자 자신의 관점에서 연구하면서 다음 질문에 함께 대답해 보세요."). 학생들의 열정과 연관된 접근법을 취할 수도 있다(예를 들어, "미국〔또는 전 세계〕에서 가장 훌륭하게 설계된 스포츠 경기장은 무엇인가요? 그 이유는?"). 또한, 학생들의 실생활을 이용하는 것도 좋은 방법이다(예를 들어, "학교 주차장에 안전한 주차 간격을 유지하면서 이전보다 10% 이상 더 많은 차를 주차할 수 있도록 하려면 주차장을 어떻게 변경해야 할까요?").

경험이 풍부한 교사는 교수법 전문가라는 역할을 상당히 편하게 느낄 수 있다. 그러나 파트너 관계를 맺는 교사로서 교사는 이 역할에 치중하기보다 코치와 안내자 같은 다른 역할들과의 조화를 추구하는 것이 중요하다. 그리고 교수법 전문가의 역할은 다음과 같은 몇 가지 하위역할을 포함한다는 사실을 깨닫는 것도 도움이 된다.

① 설계자 요즘 학생들은 가능한 한 자주, 대개의 경우 거의 매일 새롭고 참신한 것을 원한다. 파트너 관계 기반 교수법의 틀 안에서 이러한 다양성을 제공하는 것이 설계자로서 교사가 해야 할 일이다. 주제와 관련된 안내 질문을 만든 후, 교사는 책 읽기, 인터넷 검색, 동영상 제작을 위한 연구, 게임 설계 등과 같이 질문에 대한 답을 도출할 수 있는 다양한 활동을 제공하거나 제안할 수 있다. 설계자의 역할을 수행하는 것은 파트너 관계를 기반으로 가르치는 교사가 하는 일 중 가장 창의적인 일에 속한다. 역할을 수행할 때 여러분 자신뿐 아니라 학생들의 다양한 열정과 시각을 고려하여 접근하는 것이 중요하다. 예를 들어, "〔수학, 과학, 국어, 사회〕 관점에서 봤을 때 좋은 노래의 요소는 무엇인가요? 글로 써 보겠어요?"라는 질문은 어떤 수업에서나 음악에 관심이 많은 학생들의 흥미를 사로잡을 수 있다.

창의적인 교사가 되기 위해 도움을 원하거나 필요로 하는 경우, 거의 모든 학교에 창의력과 관련된 '파트너 관계를 위한 학습 설계'를 수년간 담당해 온 교사들이 있다. 예술이나 기술 과목의 교사들이 이에 해당된다. 얼마 전 나는 경험이 많은 기술 교사와 이야기를 나누었다. 그는 나에게 그가 하는 일 중에서 중요하면서도 어려운 것은 학생들이 배웠으면 좋겠다고 생각하는, 그리고 과제가 수행되고 기술을 익히는 과정에서 학생 각각의 개성을 보장해 주는 아이디어를 만들어 내는 것이라고 말했다.

우리는 일방적인 말하기가 없는 수업에 대해 예술 과목 교사로부터 조언을 얻을 수도 있다. 예술 교사는 설교를 하는 일이 거의 없고, 대부분은 아닐지라도 우리 중 가장 경험이 많은 '파트너'에 속하는 경우가 많다. 그들은 학생들이 어떤 색깔이 적절한지 또는 그렇지 않은지 완전히 이해하길 원할 때 아이들이 좋거나 나쁜 색깔 조합에 대해 설명을 듣거나 외우도록 하지 않는다. 그들은 학생들에게 안내를 하며 직접 색깔을 조합해 보도록 하고 또래 친구들과 교사로부터 평가를 받도록 한다.

② 질문자 볼테르Voltaire는 "사람을 평가할 때 그가 한 답변이 아닌 질문을 가지고 하라."고 했다. 교사가 일방적인 말하기를 피할 수 있는 가장 좋은 방법 중 하나는 가능한 한 가장 정교하게 학생들에게 질문을 던지는 것이다. 교사는 폐쇄형 질문을 일체 피하고 "무엇 때문에 학생들은 숙제에 더 많은 시간을 쓰게 될까요? 그 이유는?"과 같은 소크라테스식 질문, 즉 사고를 촉진하는 질문을 하는 등, 익히고 연습해야 할 질문 기술이 많다.

또한 파트너 관계로 가르치는 교사는 자신이 하는 질문에 모든 학생들이 대답할 수 있도록 하기 위해 클리커와 같은 기술 수단이나 색깔이 칠해진 답변 카드 등의 비기술 수단을 이용하여 노력해야 한다. '손을 드는' 자원자만이 답변하는 방식은 지양하라. 이러한 방식은 많은 학생들이 질문에 대한 답을 하지 않도록 만들기 때문이다. 훨씬 더 향상된 질문 수업을 위해 여러분은 학생들과 파트너 관계를 맺을 때 루브릭을 만들고, 여러분과 학생들의 질문을 평가하며, 학급 전체가 더 나은 질문을 하기 위해 꾸준히 노력할 수 있다. 이러한 노력의 일환으로 "이 질문은 개방형 질문인가? 질문을 받은 사람이 숙고하고 종합적인 사고를 하도록 하는 질문인가? 올바른 답변을 위해 복잡한 해석을 요구하는 질문인가? 이 질문은 질문을 받은 사람이 자신의 입장에 대해 다시 생각해 보도록 하는가?

질문을 들은 사람이 '좋은 질문이네요.'라고 말할 수 있도록 하는 질문인가?" 등의 질문들을 던질 수 있다.

파트너 관계 맺기를 위한 조언

즉각적인 답변이 나오기보다는 "좋은 질문이네요!"라는 반응이 나올 수 있는 질문을 가능한 한 많이 하도록 노력하라. (이것은 우리가 종종 학생들에게 하는 말이다. 어떻게 하면 이것을 실천할 수 있는지 생각하라.)

---

③ 맥락 설정자 파트너 관계 기반 수업에서 학생들에게 질문에 대한 답을 스스로 찾도록 할 때, 특정 정보나 사실, 결론이 설정되어야 할 필요가 있는 큰 그림이나 맥락을 놓치는 학생들이 있을 수 있다. 예를 들어, 히로시마와 나가사키의 끔찍한 파괴는 제2차 세계대전의 맥락 안에서 봐야 할 필요가 있고, 유전자 연구는 건강과 의학이라는 맥락 안에서 봐야 할 필요가 있다. 또한, 어떤 결정은 서구(또는 기타) 문화와 도덕성의 맥락 안에서 할 필요가 있다. 이러한 맥락을 (일방적인 말하기가 아닌) 다양한 방법으로 적절하게 제공하는 것이 파트너 관계로 가르치는 교사가 해야 할 중요한 역할이다. 교사는 학생들과 논의하고 저작권과 지적 재산권 같은 주제에 대한 생각을 발전시키는 등 오늘날과 미래의 환경에 따라 기민하게 반응함으로써 이러한 역할을 수행할 수 있다. 이와 관련하여 "표절 및 부정행위는 인터넷과 매시업, 기타 신기술 발전의 새로운 맥락 안에서 재정의될 필요가 있는가? 어째서 그러한가 또는 그렇지 아니한가? 그렇다면 어떻게 재정의할까?"라는 흥미로운 질문을 생각해 볼 수 있다.

④ 엄격성 제공자 엄격성은 최저 기준을 정해 놓고 그에 미치지 못하는 학습은 용인하지 않는 것을 말한다. 이 역할을 수행한다는 것은 학생에게 "성취기준에 못 미친다."라고 말하는 게 아니라 각각의 학생들이 반복과 정정을 통해 성취기준에 다가갈 수 있도록 노력해야 한다는 것을 의미한다. 이때 협업은 엄격성

기준을 상회하는 학생과 그 기준을 충족하지 못하는 학생들 사이의 또래 간 상호작용을 정립시킬 커다란 기회를 제공한다. 자신이 기준을 상회하는지 또는 충족하지 못하는지 학생들 스스로 판단하는 법을 깨우치는 것이 중요하다. 이것이 가능하도록 그들을 도와주기 위해 특정 목표의 달성 여부를 평가하는 많은 예들을 학생들에게 제공할 수 있다. 그러고 나서 학생들이 엄격한 예와 그렇지 않은 예들을 스스로 찾고, 그 이유에 대해 설명하도록 한다.

⑤ 품질 보증인 품질 보증인의 역할을 수행한다는 것은 학생들의 작업을 평가하고 비평하는 것을 의미한다. 이 역할은 종종 많은 시간을 요구하기도 하지만, 파트너 관계에서는 학생들과 역할을 공유함으로써 필요한 시간을 단축할 수 있다. 이미 학생들은 인터넷을 통해 미술품에서부터 블로그 포스팅, 서평에 이르기까지 온갖 종류의 작업에 대해 의견을 말하거나 (일반적으로 별점을 주는 방식으로) 평가를 하고 있다. 이때 학생들은 또래들과 협동할 수 있고 여러분은 그 결과를 살펴볼 수 있다. 특히, 컴퓨터로 접속하여 상대방이 도구를 설정한다면 온라인으로도 가능하다. 예를 들어, 평가나 의견을 표현할 수 있는 블로그에 모든 학생들의 작업이 게시되어야 할 때 이 방식은 더욱 효과를 발휘한다. 또래 평가 체계의 예를 알고 싶다면 인터넷 서점인 아마존의 서평이나 기술 관련 사이트인 슬래시닷slashdot*을 참고하라.

파트너 관계 맺기를 위한 조언

파트너 관계를 맺을 때 교사가 수행하는 각각의 역할과 그것이 어떻게 서로 상호작용하는지 고찰해 보아라. 역할들이 상충한 적이 있는가? 어떠한 역할이 학생들의 성공을 위해 가장 중요한가? 단기적/장기적 관점에서 바라볼 때의 대답이 서로 다른가? 각 역할을 학생들과 얼마나 많이 공유할 수 있는가?

....

*   기크넷이 소유하고 있는 기술 관련 뉴스 웹사이트. 슬래시닷의 독자들은 뉴스 기사의 요약과 링크를 제출하며, 각 이야기는 사용자들 사이에서 토론 주제가 된다. 토론은 사용자 기반 중재 시스템을 통해 관리된다.

학생 역할 수행하기

연구자

학생들은 연구자(즉, 정보를 찾고 평가하고 통합하며 발표하는 사람)의 역할을 가능한 한 자주 수행해야 한다. 학생들의 빈번하고 지속적인 인터넷 접속 여부에 상관없이 학생들과 여러분은 진지하게 이 역할을 맡아야 한다. (연구자의 역할이 학생들의 인터넷 접속을 요구하는 것은 아니지만 인터넷 접속을 통해 이 역할을 보다 수월하게 수행할 수 있다는 사실에 주목하라.)

우리 학생들이 진실한 연구자가 되기 위해서는 우리가 그들에게 요구하는 연구가 세상의 진실한 목적을 내포해야 한다. 자신의 역할이 신예 전문 연구자가 되는 것일 뿐 아니라 해당 연구가 실제로 중요하다고(즉, 그 연구가 블로그나 온라인 출판물과 같은 공적인 공간 또는 모둠이나 학급의 컨설팅 프로젝트에 사용될 수 있다고) 믿는 학생은 그저 자신의 작업이 교사의 눈에 차야 된다고 생각하는 학생과는 상당히 다르게 행동할 것이다. 학생들이 유튜브나 스쿨튜브SchoolTube, 티처튜브와 같은 공간에 식품에 대한 유전자 변형, 개발도상국에서 발생하는 질병, 이민 등의 주제에 대한 동영상을 올리게 되면 중요하게는 그들의 부모를 비롯하여 전 세계 사람들이 그들의 연구 결과를 볼 수 있다(그리고 그에 대한 평가와 의견을 줄 수 있다).

파트너 관계 맺기를 위한 조언

많은 학생들은 가령 '연구자'가 실제로 존재하는 전문적인 직업이라는 것을 알지 못할 수 있다. 직접 또는 온라인을 통해 전문 연구자와 만나 그의 일에 대해 토론하는 것은 파트너 관계 기반 수업을 하는 모든 학생들에게 정말로 도움이 될 것이다. 사서에서부터 저널리스트, 사실 확인가(fact checker)에 이르기까지 수업 시간에 초빙해 학생들과 대화의 시간을 가질 수 있는 전문 연구자들은 수없이 많다. 수업을 할 때 학생들이 연구자에게 하고 싶어 할 만한 질문을 취합하라.

물론, 무엇이 진실이고 거짓인지 알아 가는 것도 연구자의 일이다. 그렇기 때문에 이 일은 때때로 진실 발견이나 사실 확인이라고 불리고, 오랜 세월 인터넷 전문가로 활동하고 있는 하워드 라인골드Howard Rheingold는 이를 '헛소리 탐지(어니스트 헤밍웨이Ernest Hemingway의 "모든 사람은 헛소리 탐지기crap detector를 내장하고 있어야 한다."라는 말에서 온 표현이다)'라고 부르기도 한다. 무엇이라고 부르든 사실과 거짓을 구분하는 것은 학생들이 숙달해야 하는 중요한 기능이다. 하워드 라인골드는 자신이 수업에서 사용하는 온갖 자료와 읽을거리를 온라인에 올려 놓기 때문에 여러분은 자유롭게 그것을 사용할 수 있다.

학생들로 하여금 위키백과의 정보가 사실인지 확인하도록 하는 것이 위키백과 사용을 금지하는 것보다 훨씬 효과적이다. 평소 파트너 관계 기반 수업을 할 때와 마찬가지로 학생들에게 정보와 사실 확인을 할 때의 문제점을 말로 설명하기보다 직접 문제점 목록을 만들게 하고 필요하다면 여러분이 그 목록을 완성하여, 학생들이 사례들을 찾아낼 수 있도록 하는 것이 훨씬 효과적이다.

기술 전문가

적어도 수업 초반에는 학급 학생들이 전문적인 기술 지식을 갖추고 있지 않을 수 있다. 그렇지만 전문적인 기술 지식을 갖춰 수업 시간에 그 기술을 사용하는 것은 파트너 관계에 있는 모든 학생들이 수행해야 하는 역할이다. 이를 위해 교사가 취할 수 있는 최고의 방법은 학생들이 모든 기술을 이용하고 서로에게서 배우도록 하며 교사가 그들을 대신하여 기술을 이용하지 않는 것이다.

우리 학생들은 디지털 시대에 태어난 덕분에 당연하게 디지털 네이티브가 되었다. 그렇다고 해서 그들이 컴퓨터나 기타 기술과 관련한 모든 것(경우에 따라서는 어떤 것)을 배웠거나 스스로 익혔다는 말은 아니다. 파트너 관계 기반의 수업을 하는 학생이 기술 전문가로서의 역할을 수행하거나 보다 잘 해내도록 하기위해 파트너 관계를 기반으로 수업하는 교사는 뒤처진 학생들이 또래를 통해 배우고 따라올 수 있도록 가능한 한 또래 간의 공유와 학습을 독려할 필요가 있다.

교사가 기술을 익히거나 숙달할 때까지는 학생들에게 해당 기술을 이용할 수 있도록 하거나 기술 관련 과제를 부여할 수 없다고 여기는 것은 크게 잘못된 생각이다. 어떠한 기술이든 학생들이 함께 작업을 하거나 서로에게, 그리고 교사에게 가르침을 줌으로써 그것을 숙달하도록 하는 것이 훨씬 바람직하다. 예를 들어, 한 교사는 자신이 특정 소프트웨어를 숙달할 수 있을 때까지 과제 부여를 미루며 몇 주를 소비했다. 그러나 그녀가 제시한 과제를 수행하기 위해 해당 소프트웨어의 사용을 고려한 학생은 아무도 없었다.

파트너 관계 맺기를 위한 조언

특정 유형의 기술에 대하여 여러분이 생각하는 수준에 부합할 정도의 지식과 이해를 갖추지 못한 학생들이 있다면, 수업 시간에 약간의 시간을 확보하여 그 기술에 대한 지식이 있는 학생이 그렇지 않은 학생에게 학습적 도움을 줄 수 있도록 하라. 이러한 학생 교사들에게는 모든 학생들이 기술을 숙달했음을 확신할 때까지 노력해야 한다는 책임감을 주어야 한다.

사색가

파트너 관계에 있는 학생들은 자신이 하는 일이 단순히 듣고 수동적으로 정보를 찾고 수용하는 것이 아니라, 비판적이고 논리적이며 창의적이고 긍정적으로 사고하는 것이라는 사실을 알고 그 사실을 끊임없이 상기할 필요가 있다. 학생들이 사색가로서의 역할을 수행할 수 있도록 교사가 도울 수 있는 방법 중 하나는 그들에게 사고를 깨우는 훌륭한 안내 질문과 토론 질문을 던지는 것이다. 가능한 한 자주 학생들에게 좋은 (그리고 좋지 않은) 사고의 예를 다수 알려줌으로써 본보기를 제시해야 한다. 일부 교사와 학교는 브레인스토밍, 마인드맵 만들기, 보노Bono의 육색 사고모자six thinking hats[15] 등, 학생들이 연습하고 숙달해야 하는 다양한 문제 해결 및 사고 도구와 기법이 담긴 '사고 도구 상자'를 도입했다. 파트너 관계에 있는 교사는 매일 또는 매주 단순히 사소한 답변이 아니라 진지한 사고를 요구하는 어려운 문제를 만들 수 있다.

파트너 관계 맺기를 위한 조언

좋은 사고라고 생각하는 것에 대한 학급 토론을 여러분이 가르치는 수준에 맞춰 구성해 보자. 여기에는 다음과 같은 질문을 포함시킬 수 있다. "어떤 질문이 다른 것보다 더 나은 이유는 무엇인가요? 비판적인 사고란 무엇인가요? 논리란 무엇인가요? 귀납적 추론과 연역적 추론은 무엇인가요?" 여러분이 기대하는 사고 유형의 다양한 예들을 학생들에게 보여 준 후 추가적인 예들을 그들 스스로 찾아보도록 하라. 여러분과 학생들은 좋은 경우와 좋지 않은 경우를 포함한 많은 예들을 함께 살펴볼 수 있다. 그리고 나서 학생들은 무엇이 좋은 예이며 그 이유는 무엇인지 판단할 수 있다. 학생들은 주기적으로 좋은 사고와 좋지 않은 사고의 예를 찾고 게시함으로써 판단력을 키울 수 있다.

세상을 바꾸는 사람

이 역할을 수행하기 위해 학생들은 자신들이 배우는 모든 것들을 어떠한 방식으로든 세상을 보다 나은 곳으로 만들기 위한 노력과 연계시켜야 한다. 이러한 목적을 위해 여러분은 파트너 관계에 있는 교사로서 학생들을 독려해야 한다. 이와 관련한 질문을 자주 던지고 학생들이 개인 공책이나 블로그를 관리하도록 하며 그들의 의견을 취합하는 것이 도움이 될 수 있다. (학교 블로그나 공공 블로그에 게시된 모든 의견을 취합하고 공유하는 것이 좋을 것이다.)

세상을 변화시킬 수 있는 온갖 것에 대해 생각하는 것은 실현 가능성이 없는 환상에 매달리는 것이 아니다. 예를 들어, 뉴욕시립대학교는 현재 '인터넷을 이용하여 세상을 바꾸기Changing the World Using the Internet'라고 불리는 신입생 필수 강좌를 개설하였다. 그러나 대학은 학생들이 세상을 바꾸는 역할을 연습하기 시작하기에는 꽤 늦은 시기이다. 이러한 연습은 초등학교 때 시작되어야 한다. 초등학생일지라도 온라인 글쓰기, 온라인 운동에 대한 지원과 홍보, 정보를 제공하는 공익적인 동영상과 머시니마 제작하기, 자기만의 설계로 독창적 캠페인 만들기 등을 통해 세상을 바꿀 수 있다. 웹을 통해 '입소문이 난' 학생들의 제작물은 수백만 명에게 전파되기 때문에 학생들은 자신의 제작물이 사람들에게 알려지고 그로 인해 유익하고 학습에 도움이 되는 결과가 수반될 수 있도록 지속적으로 노력해야 한다.

스스로를 가르치는 사람

1929년부터 1951년까지 시카고 대학의 교수였던 로버트 메이너드 허친스 Robert Maynard Hutchins는 "교육의 목표는 우리 학생들이 평생 스스로를 가르칠 수 있도록 준비시키는 것"이라고 말했다. 이상적으로 봤을 때 파트너 관계를 기반으로 배우는 학생들은 모든 수업에서 자신들이 알고자 하고 그럴 필요가 있는 것들을 스스로 학습하는 새로운 방법을 배우게 된다. ('알 필요가 있는 것'은 세상을 개선하고자 하는 열정과 욕구뿐 아니라 학습을 안내하는 교사의 질문에 따라 결정된다.)

우리가 스스로를 가르치는 역할을 학생들이 수행하기를 기대할수록, 그리고 숟가락으로 떠먹여 주듯 일일이 가르치는 것을 지양할수록 그들은 스스로 학습하는 방법을 더욱 잘 익힐 것이다. 학생들이 열정을 가지고 의욕적으로 배우려 할 때 보다 효율적이고 나은 학습을 위한 새로운 기법과 방법을 찾는 데 더 많은 관심을 가질 것이 거의 분명하다. 그리고 이러한 능력은 향후 그들의 인생에 큰 도움이 될 것이다.

점점 더 많은 젊은 세대들이 이미 전자 제품, 기구, 심지어 자동차 등 자신의 물건이나 부모님을 위한 물건을 살 때 인터넷을 통해 결정한다. 오늘날 주택을 구매하고 의료 서비스를 선택하며 보험에 가입하고 지원할 대학을 고르고 직업을 구할 때도 스스로 학습하는 능력, 게다가 대부분의 경우에 그것을 신속하게 해 내는 능력이 필요하다.

특정 상황에서의 임시 학생 역할

창의적인 교수법을 설계하는 교사는 학생들이 실제 전문가로서의 역할을 맡고 연습할 수 있도록 여러 상황을 설정한다. 학생들이 가능한 한 자주 이러한 역할을 맡고 관련 기술을 진지하게 연습하는 것이 좋다. 학생들의 이러한 능력을 촉진하기 위해 '인식'에 관한 게임(즉, 전문가의 관점에서 이해하고 행동하려고 노력하는 게임)과 더불어 역할극을 보다 더 많이 이용할 수 있다. 특정 역할을 수행하는 게임의 예로 (여러분이 가상 도시의 시장이 되어) 도시를 건설하는 '심시티SimCity', (여러분이 놀이동산의 설계자 및 경영자가 되는) '롤러코스터 타이쿤Roller-Coaster Tycoon', 공항에서부터 유람선, 카지노, 이동주택 캠프장까지 거의 모든 종류의 사업을 소유하고 운영할 수 있는 기타 여러 '~타이쿤' 게임들이 있다. 또한, '이머전시Emergency'나 '펫팔스: 애니멀 닥터PetPals: Animal Doctor'와 같은 의학 및 의료 관련 전문가 역할을 수행하는 시뮬레이션 게임도 많다. 데이비드 윌리엄슨 셰이퍼David Williamson Shaffer는 저서 『어떻게 컴퓨터 게임이 아이들의 학습을 돕는가How Computer Games Help Children Learn』에서 인식에 관한 게임의 견본으로 에셔의 세상Escher's World,* 디지털 주Digital Zoo**를 제시하였다.

이와 같은 역할극 상황을 단순히 수업 활동으로 이용하는 것보다는, 실생활에서 협업과 연습을 하고 현실 세계에서 만나게 되는 청중들을 위해 실질적인 결실을 내놓기 위해 활용하는 것이 훨씬 바람직하다. 이는 (현재 많은 학교에서 필독서로 지정한) 오슨 스콧 카드Orson Scott Card의 저서 『엔더의 게임Ender's Game』이 주는 유명한 교훈이다. 이 책에서 학생들이 학습활동으로 이용하는 시뮬레이션

....

* '에셔의 세상' 게임의 플레이어들은 수학적 예술 기법을 사용하는 M. C. 에셔의 그래픽 스타일을 따르는 그래픽 아티스트가 된다. 플레이어들은 건축 디자인 스튜디오를 활용해 기하학과 그래픽 예술에 대해 디자이너처럼 사고하는 방법을 배우게 된다.

** '디지털 주' 게임의 플레이어들은 생명공학자가 되어 섬세한 물리학 시뮬레이터를 활용하여 새로 개봉할 애니메이션 영화의 와이어 프레임(컴퓨터 그래픽에서 3차원 물체의 형상을 수많은 선의 모임으로 표시하여 입체감을 나타낸 것) 캐릭터의 프로토타입(견본)을 개발해야 한다. 이런 방법으로 플레이어들은 과학과 공학의 개념을 학습하면서 실제 세계에 적용할 수 있는 기술을 학습하게 된다.

은 현실의 진짜 도구가 된다. 예를 들어, 오늘날의 학생들은 실제로 자신들의 학교나 교실, 지역 문화회관, 공원에 대한 설계를 실질적인 프로젝트로 구상하기 위해 CAD*를 연습할 수 있다. 학생들은 수업 시간에 실제 기관이나 기업에 팔거나 기증할 수 있는 웹사이트를 만들 수 있다. 기계를 사용할 수 있는 학생들은 제조업체의 구체적인 사양에 맞는 부품 만들기를 실습한 후 그 부품을 원하는 제조업체와 거래할 수 있다.

모든 상황과 모든 수업에서 학생들은 [표 2-1]에 열거된 동사를 하나 이상 실천(학습, 연습, 또는 완성)하고 있을 것이다. 그러나 아무 생각 없이 행해져서는 안 된다. 학생들은 판단력을 가지고 깊이 생각하며 기능을 연습해야 한다. 이는 교사를 통해 자신이 취하고자 하는 동사를 상기하고 스스로의 학습에 대해 되돌아보도록 요구받음으로써 가능하다. 읽기와 쓰기를 하고 있는 학생은 자신이 논리적이고 비판적으로 고찰하고 질문하며 생각하고 있다는 사실을 자각할 수 있어야 한다. 컴퓨터 관련 프로젝트를 하는 학생은 자신이 분석하고 입증하고 모형화하며 결정하고 문제 해결을 하고 있다는 사실을 자각할 수 있어야 한다. 파워포인트를 이용하여 발표를 하는 학생은 자신이 무언가를 제시하고 정리하고 연결성을 유지하고 있으며 설계를 하고 있다는 사실을 자각할 수 있어야 한다. 그리고 과학 실험을 하는 학생은 자신이 분석하고 탐구하고 입증하고 관찰하며 예측하고 있다는 사실을 자각할 수 있어야 한다.

파트너 관계 맺기를 위한 조언

학년 초에 교사와 학생의 역할 전부에 대해 학생들과 토론하라. 이 역할들에 대해 학생들은 어떤 생각을 가지고 있는지 파악하라. 학생들에게 교사 역할에 대해 생각해 보도록 했던 것과 마찬가지로, 그 역할들이 어떻게 상호작용하는지 생각해보게 하라. 역할들이 서로 상충하지는 않았는가? 어떤 역할이 학생들의 성공에 가장 중요한가? 역할 수행은 학생들에게 달려 있는가? 그 밖의 다른 것의 영향은? 단기적/장기적 관점에서 바라볼 때 대답이 달라지는가? 성공적인 역할 수행을 위해 학생들은 어떤 제안을 하고 있는가?

---

* 공학자나 건축가의 설계 활동을 지원하는 컴퓨터 기반의 소프트웨어 도구이다.

3 그 밖의 아이디어들

열린 팀 작업과 또래 간 학습을 독려하라

나와 좌담회에서 이야기를 나눈 대부분의 학생들은 혼자 학습하기보다는 다른 사람(특히 또래)과 학습하는 것을 선호한다고 말한다. 그런데 이는 분명 어떠한 직업을 선택하든지 간에 그들의 미래에 필요한 능력이다. 21세기에는 거의 모든 일들이 그룹 단위로 진행될 것이며, 이러한 작업은 대부분 기술에 의해 촉진될 것이다. 그렇기 때문에 다른 사람과 잘 어우러지는 능력은 언제나 중요하게 평가받아 왔지만, 미래에는 훨씬 더 중요해질 것임이 거의 확실하다.

그러나 작업을 수행하는 팀이 또래와 학급 친구들로만 구성될 필요는 없다. 네트워크 기술로 인해 가능해진 것 중 하나가, 우리가 접속하기만 하면 어떠한 장소에 있는 사람이든 연령에 상관없이 즉각적으로 함께할 수 있다는 것이다. 그렇기 때문에 네트워크 환경을 갖춘 최소 대수 이상의 컴퓨터가 설치되어 있는 교실에서는 교사가 학생들에게 이를테면, 주제에 대한 전문가(교수 등)와 특정 인원의 학생들로 팀을 구성하도록 하고, 70세 이상의 사람이 적어도 한 명씩 각 팀에 소속되도록 요구할 수 있다. 기술이 없다면 학교에서 이러한 팀 작업을 하는 것은 거의 불가능하다. 기술 덕분에 그러한 작업을 수월하게 할 수 있다. 그리고 경험이 쌓이면서 거의 식은 죽 먹기식으로 할 수 있게 된다. 모든 학년의 학생들이 전문가나 실제 경험이 많은 사람과 작업을 수행하게 될 때 얻게 될 이점에 대해 생각해 보라.

요즘은 조부모와 함께 사는 아이들이 예전보다 훨씬 적기 때문에 노인들의 풍부한 경험이 학생들의 학습에 이용되지 못하는 경우가 많다. 그러나 노년층은 인터넷에서 가장 빠르게 성장하는 집단 중 하나이다. 양로원을 방문하면 좋겠지만 이것은 비효율적이다(설사 학생들이 양로원을 방문했다고 하더라도 진지한 공부는 거의 이루어지지 않을 수 있다). 그러나 컴퓨터가 설치되어 있고 인터넷 접속이 가능한 교실에서는 학생들이 노인들과 만날 수 있으며, 그들의 시각과 경험을 사회, 과학, 글쓰기, 또는 창의적인 교사가 생각할 수 있는 그 밖의 강좌에 프로젝트로 포함시킬 수 있다. 물론 인터넷을 이용한 학습에도 현실에서와 마찬가지로, 역사자료 보관과 민속자료 수집을 하고 이러한 자료들을 통합한 후 사실 확인을 거치고 정확성을 확보하기 위해 다른 정보와 교차 확인을 할 수 있다.

파트너 관계로 가르치는 교사가 팀 작업을 고취하기 위해 쓸 수 있는 또 다른 방법은 상급생들에게 하급생들의 멘토가 되어 그들을 위한 자료를 만들도록 하며 또래 간에 서로 가르치고 배우도록 하는 것이다. 많은 학생들이 친구나 자신의 연령대에 가까운 나이의 사람들에게서 직접 배우기를 선호한다. 그들 사이의 소통과 대화는 훨씬 더 직접적이며, 난처한 상황에 처할지도 모른다는 두려움을 갖지 않고 서로에게 질문할 수 있기 때문이다. 파트너 관계를 기반으로 가르치는 교사는 이것을 가능한 한 적극 장려해야 한다. 파트너 관계로 가르치는 수업을 할 때 가르침이 꼭 교사에게서 나올 필요는 없다. (가르침이 제대로 이루어지고 있는지 확인하는 것이 교사의 일에 속한다 해도 말이다.) 파트너 관계를 기반으로 배우는 학생이 어떤 학습 장소와 방법을 고르든지 간에 중요한 것은 그들이 무엇을 하고 있느냐이다.

파트너 관계 맺기를 위한 조언

여러분이 학생들에게 팀 작업을 하도록 할 때 교실 밖의 사람들(가령 전문가, 노인, 심지어는 학생들의 부모와 조부모)을 팀원으로 포함시키도록 한다. 외부인을 팀원으로 받아들이는 것은 "인터뷰를 하세요."라고 말하는 것(실제 사람을 인터뷰하는 것도 유용할 수 있지만)과는 다른 신호를 학생들에게 보낸다. 학생들이 창의적인 방법으로 외부 팀원들을 찾아 참여시킬 수 있도록 독려하라. 이용 가능한 기술은 무엇이든 사용하라. 예를 들어, 스카이프와 같은 메신저 프로그램을 통해 개인 컴퓨터로 외부 팀원과 이야기를 할 수 있다. 또는 학급 전체를 대상으로 발표할 때 스카이프가 설치된 전자 화이트보드나 영사기를 이용하여 외부인을 발표자로 삼을 수 있다. 이와 같은 교육 영역에서 기술 부족을 이유로 여러분이 하는 일에 제약을 두지 마라. 확장된 팀을 구성할 수 있는 방법은 많다. 창의적으로 접근하라.

그룹 작업 시 게으름뱅이가 생기지 않도록 하라

그룹 작업에 대해 학생들이 갖고 있는 가장 큰 (그리고 종종 유일한) 불만은 다른 팀원들이 작업을 할 때 무임승차하려는 학생들이 있다는 점이다. 그러나 '게으름뱅이'가 발생하는 문제를 해결할 수 있는 방법은 많다. 나는 최적의 해결책은 학생들 자신에게 있다는 사실을 알게 되었다. 학생들은 그룹 안에서 각자 개별적이고 독자적으로 수행한 역할에 근거한 평가 체계(만약 그 그룹의 최종 발표에서 특정한 부분이 약하거나 없다면 학생들은 그 잘못이 누구에게 있는지 안다)를 이용하거나, 자신의 몫을 수행할 때 함께 믿고 작업할 수 있는 사람을 골라 팀을 구성할 수 있도록 하는 등의 여러 가지 제안을 했다.

어떤 교사는 소위 게으름뱅이들을 같은 그룹에 묶고 그들이 서로를 다그치도록 함으로써 성공을 거두었다. 잠재적인 게으름뱅이는 그가 실망시키지 않길 원하는 내부(또는 외부)의 특정 팀원과 짝을 이루도록 함으로써 긍정적인 효과를 볼 수 있다.

일반적으로 그룹 작업을 할 때 게으름뱅이가 생겨나지 않도록 하는 것은 여러분과 학생들이 협업하여 창의적인 생각과 의견을 구할 수 있는 좋은 방법이다. 그리고 이때 여러분이 깨달은 것이 다른 사람들에게도 도움이 될 수 있도록 유튜브나 스쿨튜브, 티처튜브를 통해 온라인에 짧은 동영상을 올려 이를 공유하는 것을 잊지 않도록 하라.

파트너 관계 맺기를 위한 조언

프로젝트가 처음 부과되었을 때 그룹 작업 내 태만함의 문제는 열린 태도로 해결하는 것이 가장 좋다. 학급 토론을 열어 문제점을 내놓고 학생들의 의견을 구하며 (여러분 자신의 의견도 제시하고) 보다 성공적인 그룹 작업이 진행될 수 있도록 특정 체계와 규칙에 대해 학급 전체의 동의를 얻어라.

의자를 둥글게 배치하라
: 학습과 관련한 학급 토론과 회의를 개최하라

대부분까지는 아니지만 많은 교사들이 자신들이 무엇을 가르치고 있는지에 대해 학급 토론을 연다. 그러나 학생들이 어떻게 학습을 하고 있는지에 대해 회의를 하는 교사는 상대적으로 적다. 나는 이와 같은 교사-학생 간 대화를 수년 동안 장려해 왔다. 이를 통해 학생들은 스스로가 가치 있다는 사실을 깨우칠 것이며, 상호 존중하는 분위기에서 도출되는 결과는 그들의 학습을 촉진하고 향상시킬 것이라고 확실하게 말할 수 있다.

파트너 관계 맺기를 위한 조언

여러분이 쉽게 (그리고 문자 그대로) 원을 그리며 돌아다닐 수 있도록 교실의 좌석을 배치하라. 모두의 의견을 동등하게 만드는 이러한 좌석 배열에 대해 학생들은 한결같이 긍정적인 반응을 보인다. 학생들에게 "지금 하고 있는 방식이 최고의 학습 방법인가요? 무엇을 더 알고 싶은가요? 그렇지 않은 것은? 수업이 기대에 부응하나요?"와 같은 질문을 할 정기적인 시간을 확보하라.

학생을 조수로 삼으라

여러분은 학창 시절의 학교 안전 도우미와 칠판 당번을 기억하고 있을 것이다. 이것들은 모두 이전부터 학교에서 이루어지던 학생들과의 파트너 관계의 예이다. 현재 이와 유사한 역할을 하는 것은 무엇일까? '기술 도우미'와 '기술 당번'이다! 여러분은 학급의 어떤 학생이 수업에서 이용 가능한 기술에 가장 능숙한지 알고 있는가? 텍사스의 한 초등학교 교사는 자신의 수업을 돕는 상위권 학생 두 명을 자랑하기 위해 내 강연에 데리고 왔다. 그녀는 "이 학생들이 없이는 수업이 안 돼요."라고 말했다.

수업 시간에 쓰는 기술 장치(컴퓨터나 전자 화이트보드)가 고장 나고 교사가 그것을 고치지 못하기 때문에 수업이 오랫동안 중단된다고 넋두리를 하는 학생들과 교사들이 종종 있다. 이러한 경우에 대비하여 학생 조수(또는 도우미)를 대기시킴으로써 버려질 수도 있는 많은 시간을 절약할 수 있다. (이 방법은 초등학년에서도 효과가 있다.)

학생 기술 당번(또는 기술 도우미)은 학교의 기술 책임자가 그들의 지식이나 기량을 보고 결정할 수 있다. 그들은 학교의 모든 기술 장치가 최적의 작동 상태로 유지되도록 하는 임무를 맡을 수 있으며, 실제로 많은 학교에서 그러한 책임을 지고 있다. 학생 기술 당번은 새로운 기술이 도입되면 단체로 훈련을 받고 교사를 훈련시키는 임무를 맡을 수도 있다. 그들은 또한 고장난 장치를 고칠 책임을 지고, 다른 학생들이 그것을 함부로 사용하지 못하도록 감시할 수도 있다. 한 학교 기술 책임자는 나에게 컴퓨터실을 관리하는 임무를 맡은 학생들이 자신들의 일을 굉장히 진지하게 해내며 다른 학생들이 기기를 함부로 손대거나 장난치는 것을 용납하지 않는다고 이야기한 적이 있다. (기술이 그들의 열정이라는 사실을 기억하라.) 그러한 학생들은 또한 학교에서 이용할 수 있는 기술을 파악하고, 교사가 그것을 좀 더 잘 활용할 수 있도록 도우며 교사의 성과를 온라인 동영상으로 제작하고 게재하는 것을 돕기도 한다.

약간의 기술만 필요할 때에도 수업 시간에 조수를 쓸 수 있다. 예를 들어, 교실에 컴퓨터가 한 대만 있다고 하더라도 매일 수업 시간에 컴퓨터 앞에 앉아 학급 토론에서 나오는 내용들을 검색하는 일을 하는 학생을 조수로 둘 수 있다. 언젠가 나는 고대 그리스의 화폐 주조에 관한 역사 수업을 참관한 적이 있었다. 그 수업도 조수가 있었다면 주화 가치와 그리스 단어의 의미, 그리고 그러한 주화를 오늘날 어디서 얼마나 구할 수 있는지 등에 관한 질문과 교사가 적절한 대답을 해 주지 못한 다른 많은 질문에 대한 답을 효과적으로 찾을 수 있었을 것이다.

결국 여러분이 학생들을 각각의 열정을 가지고 있는 개인으로 생각할수록, 그리고 그들의 열정을 이용하여 그들에게 동기를 부여할수록, 이전에는 다가갈 수 없었던 학생들을 포함하여 모든 학생들에게 더 많이 다가갈 수 있을 것이다. 파트너 관계 기반 교수법은 여러분이 무대 앞에 선 지식인이 되려고 대부분의 시간을 쏟아붓는 것에서 벗어나 다양한 교수 역할(코치, 안내자 등)을 수행하며 학생들의 열정을 개별적으로 고려한 수업을 할 수 있도록 한다.

다음 장에서 나는 학생들에게 각 개인으로서의 동기를 부여하고 그들이 자신의 열정을 찾고 이용하는 것을 도울 수 있는 또 다른 방법에 대해 살펴볼 것이다. 이는 적절한 학습만으로는 부족하고, 실제적인 학습을 함으로써 가능하다.

살펴봅시다

▶ http://www.sfgate.com/cgi-bin/blogs/rheingold/detail?blogid=108&entry_id=42805에서 하워드 라인골드의 '헛소리 탐지'에 관한 글을 찾을 수 있다.

4장

항상 실제적인 학습을 하라

적절한 것만으로는 부족하다

학 생들은 학습할 때 미국 남북 전쟁 중 발생한 전투에 더 많은 관심을 가질까, 아니면 아프리카 내전을 중단하기 위해 이 전쟁이 어떤 교훈을 줄지에 더 많은 관심을 가질까? 단순히 유전병에 대해서 배울 때와 이 병이 자신의 가족들에게 미칠 수 있는 위험에 대해 배울 때는 어떠할까? 우주 탐험에 대해서 설명만 들을 때와 실제로 우주에서의 임무를 수행한 사람과 대화를 하면서 학습을 할 때에는? 외국어로 적힌 대화를 암기할 때와 학생들과 같은 연령대의 원어민과 대화할 때에는? 오늘날 학생들은 모두 거의 이구동성으로 후자를 선호한다. 후자가 더 선호되는 이유는 그것이 학생들에게 실제적인 문제이기 때문이다.

요즘 교육자들 사이에서 적절한 교육과 참된 교육에 대한 담론이 많이 회자되고 있지만, 나는 이 두 가지가 오늘날 학생들이 정말로 필요로 하거나 원하는 것은 아니라고 생각한다. 그들이 필요로 하고 원하는 것은 실제적인 교육을 받는 것이다.

적절성(혹은 참됨)과 실제성 간에는 어떤 차이가 있을까? 적절성은 가령 아이들에게 오래된 고전 대신 최근 영화나 텔레비전 쇼를 언급하거나 폴로 경기 대신 익스트림 스포츠에 대해 이야기함으로써 여러분이 가르치고 있는 것, 즉 여러분이 말하고 있는 것을 그들이 알고 있는 것과 연관 지을 수 있도록 하는 것을 말한다. 적절성은 예를 들어, 오래된 교과서 대신 요즘 나온 신문에서 읽을거리를 찾는 것을 말한다.

물론, 적절성이 잘못된 것은 아니다. 사람들은 자신에게 친숙한 내용을 더 쉽게 이해한다. 문제는 적절성만으로는 충분하지 않은 경우가 많다는 점이다.

한편 실제성은 훨씬 많은 것을 의미한다. 실제성은 자신들이 학습하고 있는 것과 세상의 유용한 것을 배우는 데 사용하는 능력 간에 연관성이 있다는 것을 학생들이 매 순간 (또는 적어도 가능한 한 자주) 인지하는 것을 말한다.

아이들이 성장해서 자신이 배운 것을 사용할 수 있을 때까지 인내심을 가지고 기다려야 했던 과거와 달리, 오늘날에는 아이들이 매일 직접적인 연관성을 경험할 수 있다. 다운로드하고 문자를 보내고 트위터를 이용하는 법을 아는 아이들은 크라우드소싱crowdsourcing과 같은 엄청난 (그리고 오디션 프로그램인 〈아메리칸 아이돌American Idol〉에 대한 투표와 같이 그 강도가 덜한) 사회적 혁명에 즉각 참여할 수 있다. 온갖 복잡한 게임을 익힌 아이들은 빠르게 전 세계 사람들과 협동하고 경쟁한다. 자신이 관심이 있는 것을 블로그에 올릴 때 아이들은 전 세계의 관객들과 소통하게 되는 것이다. 그들은 트위터 캠페인(시간이 걸리고 쓸모없는 메시지 서비스를 없애 달라고 휴대폰 업체에 요구하여 관철시킨 『뉴욕타임스』의 기술 칼럼니스트인 데이비드 포그David Pogue의 캠페인 등)에 참여함으로써 거대 기업의 정책을 바꾸는 데 일조할 수도 있다.

파트너 관계로 가르치는 교사가 해야 할 가장 중요한 일 중 하나는 자신이 가르치는 모든 것들을 학생들이 실생활에 관련시킬 수 있도록 돕는 것이다. 다음 예를 참고하라.

적절성의 예	실제성의 예
"이 문제는 환경에 적용할 수 있어요."	"○○ 회사의 탄소발자국을 측정하고 환경 친화를 통해 돈을 절약할 있는 방법을 생각해 봐요."
"지금 상황에 안성맞춤인 책『해리 포터(Harry Potter)』를 읽도록 해요."	"어떤 책이든 여러분의 흥미를 끄는 것을 읽고 그 책을 통해 여러분의 인생을 변화시키도록 하세요."
"기술이 이란의 선거에 어떤 변화를 주었는지 이야기해 봅시다."	"이란에서 온 트위터 메시지를 보고 우리의 트위터 메시지를 그쪽으로 보내 보세요."
"이것은 야구와 관련이 있어요."	"지난 밤 게임에서 이걸 봤나요? 얼마나 훌륭한 예인지…."

1 새로운 관점

적절성뿐 아니라 실제성을 추구하는 관점을 일단 수용하면, 우리는 우리가 가르치는 것들이 학생들의 삶에 직접적으로 유용하게 사용될 수 있는 방법들을 상당히 많이 찾을 수 있다. 물론, 학생들은 익스트림 스포츠 선수가 점프를 할 때 작용하는 모든 힘을 분석할 수 있다(이는 일부 학생들에게만 적절성을 가질 수 있다). 그러나 학생들은 다음과 같이 질문을 할 수도 있다. "스케이트를 탈 때 더 높이 뛰려면 나는 이 정보를 어떻게 이용할 수 있을까요(실제성)?" 또 다른 예로, 학생들은 설득의 기법을 배울 수도 있다(적절). 그러나 실제로 그들이 아는 사람에게 무언가를 하도록 설득할 수 있을까(실제성)? 학생들은 온라인 경제학에 대해서도 배울 수 있다(적절성). 그러나 그들이 성공적인 온라인 기업을 운영할 수 있을까(실제성)? 또한, 아이들은 노후한 인프라에 대해 배울 수 있다(적절성). 그러나 그들이 실제로 사용하는 특정 구조물이 언제, 그리고 왜 무너질지 예측할 수 있을까(실제성)? 또는 학생들이 과학을 통해 가족의 식습관이나 물 마시는 습관을 바꾸거나 지역의 식수를 개선할 수 있을까(실제성)? 현재 일부 교실에서는 이와 같은 실제적인 주제에 대한 온갖 학습을 하고 있고, 이때 학생들은 학습에 흥미를 가지고 참여한다.

2 실제적인 교과 수업 만들기

조금만 생각하면 학생들을 위하여 우리가 가르치는 모든 것에 실제성을 부여하는 것이 가능하다. "저는 이것이 교육과정에 포함되어 있기 때문에 가르치고 있어요."를 넘어서 "(이론과 적절성을 염두에 두었을 뿐 아니라) 실제적인 차원에서 이것을 여러분의 세상과 연관시키는 방법을 살펴봅시다."로 나아가려는 욕구와 능력은 학생들이 높이 평가하고 중요하게 생각하는 교사의 덕목이다.

적절할 뿐 아니라 실제적인 학습을 지속하기 위해 파트너 관계를 기반으로 가르치는 교사가 할 수 있는 최선은 자신이 가르치는 모든 것들을 학생들의 세상—그들이 현재 살아가는 세상이든, 앞으로 살아가야 할 세상(물론, 이러한 세상뿐 아니라 그들이 열정을 느끼는 특정 세상까지)이든—에 직접적인 바탕을 두도록 하는 것이다. 나아가 파트너 관계를 기반으로 가르치는 교사는 학생들이 세상에 대해 배우는 데 그치지 않고 세상을 변화시키고 개선할 수 있도록 해야 한다. 여러분은 "세상을 더 좋은 곳으로 만들기 위해서는?"이라는 질문보다 "왜 나는 이것을 배워야 하나?"라는 질문에 더 나은 대답이 생각나는가?

이미 파트너 관계 그 자체가 세상과 동떨어진 전통적인 교실 학습보다 실제성을 가지고 있다. 파트너 관계 기반의 수업을 할 때 학생들은 (오직 학교 수업을 위해 만들어진 교과서와 달리) 실생활에서 쓰이는 도구를 이용하여 공개적으로 이용 가능한 정보에 접근하고 그것을 분석한다. 학생들이 누구에게나 공개된 웹사이트를 이용하고 이 사이트에 문제가 있다는 생각이 들 때마다 그것을 수정하거나 글을 올리는 등의 조치를 취할 수 있다는 사실을 알고 있다면 실제적인 학습이 이루어진다. 학생들이 다른 사람들이 볼 수 있도록 자신의 작업을 게재할 때 역시 실제적인 학습이 이루어진다.

우리는 모든 것에 대해 실제적인 학습을 수행할 수 있고 그렇게 해야 한다. 여러분의 상상력을 깨우기 위해 다음과 같이 시작할 것을 제안한다.

실제적인 역사와 사회 학습

어떻게 하면 역사와 사회를 실제적으로 가르칠 수 있을까? 여러분이 프랑스 혁명이나 미국 독립 혁명에 대해 가르치고 있다고 생각해 보자. 어떻게 하면 오랜 과거에 일어난 일을 오늘날 아이들이 관심을 갖고 있는 것과 연관시킬 수 있을까? 여러분은 오늘날 아이들이 어떤 혁명을 겪고 있는지 생각하며 시작할 수 있다. 여기에는 인터넷/정보기술/나노기술/인간증진과 같은 혁명들이 있다. 이러한 혁명은 학생들에게 그리고 그들이 열정을 가지고 있는 대상 각각에 어떤 영향을 끼치고 있는가?

일단 그렇게 시작한 후 과거를 거슬러 올라갈 수 있지 않을까? 바스티유 감옥 습격에 비견되는 지금 시대의 사건에는 무엇이 있을까? 공포 정치와 비견되는 것은? 테르미도르의 반동은? 포지 계곡*에서의 혹독한 시련은? 미국의 독립 선언은? 미국 헌법은? 오늘날의 자코뱅 당원은 누구인가? 오늘날의 로베스피에르, 조지 워싱턴, 토머스 제퍼슨, 라파예트는? 그 이유는?

사회 과목을 파트너 관계 기반으로 학습하는 학생들은 역사적 문화와 사건이 발생한 장소를 기술을 이용하여 더욱 쉽게 가상으로 접할 수 있다. 이러한 여행은 온라인을 통해 보다 널리 이용할 수 있게 되었고, 상호적인 성격을 띠게 되었다. 흥미가 있는 학생들은 관련 사이트에 가입하여 이러한 장소와 시간에 관한 추가적인 정보를 얻을 수 있다. 직접 역사적인 장소에 방문하려는 학생들은 매사추세츠의 렉싱턴**과 콩코드***와 같은 곳에서 휴대폰을 이용하여 여행 안

....

* 미국 독립 전쟁 당시 워싱턴 군대가 숙영한 곳.
** 미국 독립 전쟁 최초의 전투가 있었던 곳.

144

내를 받을 수도 있다.

훨씬 더 실제적인 학습을 위해 학생들은 기존 사이트에 장소를 추가하거나 다른 사람들이 즐길 수 있는 지역 관광을 개발해 볼 수도 있다. 학생들은 게티즈버그나 앤티텀과 같은 역사적인 전투지에 대한 연구와 더불어 시뮬레이션을 통해 실제 전투를 재현하며 다양한 사령관의 역할을 맡을 수 있다.

그리고 학생들은 훨씬 더 실제적인 학습을 할 수 있다. 그들은 가상으로 또는 실제로 역사적인 장소 복원에 일조하고, 복구 탐사와 발굴 활동에 참여하며, 오염 정화에 도움을 줄 수 있다. 학생들은 교사나 다른 파트너들과 협업하여 역사 보존 단체를 만들어서 자신이 사는 도시나 지역에서 무언가를 보존하는 활동을 할 수 있다. 이러한 활동을 위해 그들은 온라인에서 모금을 하거나 기타 재원을 확보할 수도 있을 것이다. 학생들은 지역 또는 국가의 실제 역사 기록을 연구—점점 더 많은 연구가 온라인에서 이루어지고 있다—하고, 인구 변화와 작명 패턴을 알아보고 이를 도표로 만들 수도 있다. 그들은 점점 복잡해지는 가계家系 관련 검색 웹사이트와 소프트웨어를 이용하여 조상을 찾고 자신의 혈통과 가계도를 추적할 수 있다. 휴대폰과 기타 녹음 및 녹화 장치를 이용하여 친척이나 주변 어른들이 말하는 역사를 수집할 수도 있다. 학생들은 사람들의 삶이 얼마나 바뀌었는지 깨닫고 과거 문명에서 이로운 것을 찾으며 더 나은 미래를 위한 개선 방향을 제시할 수 있다.

이미 일반화된 웹캠을 이용하여 학생들은 전 세계 사람들이 실제 어떠한 삶을 사는지 살펴보고, 그들의 삶과 자신의 삶의 차이점과 이 둘을 모두 개선할 수 있는 방법을 찾을 수 있다. 그들은 대부분 이팔스 같은 이메일 서비스를 통해 가족이나 전 세계 다른 학생들과 소통할 수 있다. 학생들은 노인이나 외출할 수 없는 사람들과도 스카이프나 웹캠을 사용하여 소통함으로써 자신의 집에서 더욱 많은 소통의 기회를 얻을 수 있다. 또한 학생들이 가상으로 참여하고 때로는 인

*** 미국 독립 전쟁의 두 번째 전투지.

터넷을 이용하여 참석할 수도 있는 많은 정부 회의가 있다.

학생들은 세계적인 리더들과 역사적인 인물들의 가상 페이스북 페이지를 만들고 이 사람들의 역할을 맡아 서로에게 이메일과 트위터 메시지를 전송할 수 있다. 그리고 실존하는 리더들의 인터넷 주소를 찾아 그들에게 편지를 쓸 수도 있다. 어떤 학생은 답장을 받을 수도 있을 것이다. 또한 실제로 개최되고 있는 행사에 참여하고 있는 사람들에게 이메일이나 문자, 트위터 메시지를 보냄으로써 진행되는 행사에 참여할 수도 있다.

학생들에게 역사와 사회 과목이 "무슨 일이 일어났는가?"에 관한 것이 아니라, "우리 삶을 개선하기 위해 다른 문명, 시간대, 장소, 문화, 사람들을 통해 무엇을 배우고 이용할 수 있을까?"에 관한 것이 된다면 무슨 변화가 생길까? 이 질문에 대한 답을 보여 주는 역사적으로 중요한 예가 있다. 바로 현대 올림픽 경기의 탄생이다. 19세기 말에 피에르 드 쿠베르탱Pierre de Coubertin은 고대 그리스 올림픽에 영감을 받아 국제적인 대회를 제안했고, 첫 번째 근대 올림피아드가 탄생했다(그 뒤는 흔히들 말하듯이 역사가 되었다). 여러분의 학생들은 과거로부터 어떠한 유익을 가져올 수 있을까?

실제적인 수학 학습

2007년 미니애폴리스 다리가 무너진 날 나는 "미국의 모든 학교에서 오늘 수학 시간에 이 사건을 예로 이용했으면 좋겠다."고 중얼거렸다. 그 사건은 구조물에 가해지는 압력에 대한 수학적 계산이 학생들의 삶에서 생사를 가르는 문제일 수 있다는 사실을 보여 주는, 완벽할 정도로 실제적인 예였다. 미국의 모든 아이들이 그와 유사한 사고를 당할 수도 있는 건축 구조물 인근에 살거나 그 위를 지나다닌다. 그들은 이러한 건축 구조물을 이용할 때 어떤 생각을 하고 있어야 할까? 기하학, 통계학, 강도와 힘에 대한 분석, 그 밖의 많은 것을 끌어내기에 얼마나 좋은가!

수학을 실제적으로 학습하기 위해서는 실제로 일어나고 있는 것과 관련되는 모든 문제―예를 들어, 무너지거나 지어지고 있는 다리(강도나 힘에 대한 계산), 진행 중인 선거(확률, 백분율), 우주선 발사(궤도, 연료 소비, 속도와 가속도), 골프 경기(포물선), 야구나 축구(통계), 녹음 중인 노래(시간 조절, 음, 압축, 샘플링 레이트)―를 생각해 봐야 한다.

아이들은 수학을 적절한 경험이 아니라 현실에서 일어나고 있는 실제적인 경험과 관련지을 필요가 있다. 주변에 건설 중인 도로나 건물이 있는가? 공학자로부터 그들이 어떠한 수학을 사용하는지 알아내고(실제 설계도를 입수할 수도 있다), 아이들에게 그와 동일한 계산을 하도록 하여 같은 답을 도출하는지 확인하라. 우주선이 발사될 예정인가? 나사NASA의 실제 자료를 입수하고(www.nasa.gov를 방문하여 'data'를 검색하라) 계산을 통해 답을 도출하라. 덧셈에서 미적분까지 어느 수준에서건 답을 도출할 수 있다. 학생들이 실제적인 연산이나 통계를 하길 원하는가? 매일 뉴스로 제공되는 연방 예산에 대한 자료를 이용하라. 학생들이 계산을 통해 누가 옳고 누가 과장하고 있는지 파악하고, 어째서 다른 그룹은 동일한 사실을 가지고 다른 결과를 도출할 수 있는지 토론하도록 하라. 어림셈과 자릿수가 많은 수를 가르치고 있다면? 뉴스에 나온 스포츠 선수나 가수(또는 복권 당첨자)의 수입과 예산을 이용하라. 재산을 신중하게 관리하지 않을 경우 그것을 쉽게 잃을 수도 있다는 사실을 학생들이 알게 하라.

수학을 실제적으로 학습하기 위해 필요한 또 다른 중요한 분야가 있다. 바로 프로그래밍이다. 프로그래밍은 기계(컴퓨터, 로봇 등)가 여러분이 원하는 것을 하도록 하기 위해 수학을 응용하는 것이다. 기계의 영향력이 점점 커지는 세상에서 프로그래밍은 학생들이 훨씬 많이 학습할 수 있고 그렇게 해야 하는 분야이다. 그리고 그것은 수학을 사용하여 학생들이 즉각 실제적인 결과를 확인하고 실제적인 피드백을 받도록 한다. 멀티미디어 프로그래밍과 로봇공학 경기(퍼스트 로봇공학 대회나 휴머노이드 로봇 대회 등)는 오늘날 학생들에게 실제적인 대상이며 그들이 수학을 스스로 학습할 동기를 부여한다. 나는 예전에 어느 교사가

"어떻게 한 거죠?"라고 묻는 것을 들은 적이 있다. 학생은 "역탄젠트 함수를 이용했어요."고 답했다. 흥미롭게도, 움직이고 춤을 추도록 프로그래밍될 수 있는 휴머노이드 로봇을 포함할수록 보다 많은 여학생들이 프로그래밍에 관심을 가지기 시작한다. 그 뒤에는 역시 수학이 있다.

실제적인 과학 학습

여기 과학을 실제적으로 학습할 수 있는 좋은 예가 있다. 고장 분석 수업 시간에 어느 교사는 파괴된 우주 왕복선인 컬럼비아호의 실제 파편들을 나사로부터 입수할 수 있었다. 학생들은 그것들을 가지고 자신들이 내린 결과를 실제 나사 과학자들에게 보여 주었다.

오늘날 과학 과목을 파트너 관계로 수업하는 학생들은 세티(Search for Extraterrestrial Intelligence: SETI, http://setiathome.berkeley.edu) 프로젝트나 분자 폴딩(http://foldingathome.org)과 같이 실제 과학자들에 의해 전 세계적으로 실시되는 실험에 참여할 수 있다. 학생들은 실제 과학자들이 사용하고 추가하는 데이터베이스에서 환경과 관련한 실제 자료를 수집할 수 있다. 그들은 미세날씨와 기후를 기록하고 분석하거나 기후 변화의 근거로 지역의 산림 비율이나 수자원 고갈 속도를 계산할 수 있다.

과학은 실제적인 학습을 가장 쉽게 할 수 있는 과목 중 하나이다. 왜냐하면 학생들은 매일 과학과 접하며 생활하고 있기 때문이다. 학생들이 귀에 이어폰을 꽂고 있는가? 그렇다면 그들에게 "그것은 무엇으로 만들어져 있나요? 그 이유는? 그것은 어떻게 작동하나요? 제품 간의 가격 차이가 큰 이유는 무엇일까요? 음악 소리가 지나치게 커지면 무슨 일이 발생할까요? 음악가의 머릿속에 있던 생각이 음악 재생과 녹음, 전달 과정을 통해 여러분이 가지고 있는 아이팟과 여러분의 머릿속에 들어가는 과학적 단계는 무엇일까요?"라고 물어라.

수업 시간에 극세사로 만들어진 옷을 입고 있는 학생은 누구인가? 그에게 극세사가 무엇인지, 어떻게 만들어지는지 알아내도록 하라. 학생들의 휴대폰에는 무엇이 들어 있는가? 그들이 교실 건너편에 있는 친구에게 메시지를 보낼 때 무슨 일이 벌어질까? 우리 학교 컴퓨터는 왜 그렇게 자주 느려지는가? 학생들이 그것을 빠르게 만들 수 있을까?

과학 학습을 하는 학생들은 모두 실제 과학자들과 직접 대면하거나 스카이프와 같은 화상 기술을 통해 이야기하는 시간을 자주 가져야 한다. 과학자들은 학생들에게 프로젝트를 제안하거나, 자신의 프로젝트와 관련이 있는 실제 작업을 하도록 하거나, 실제 문제를 해결하라고 제시할 수 있다. 과학 학습을 하는 학생들은 로봇공학뿐 아니라 과학 게임 제작, 우주 탐험, 기타 기술 등을 다루는, 다양한 학생들로 구성된 국제적인 팀과 대회에 참여할 수 있다. 새로운 대회와 상이 매일 발표되고 있기 때문에 지속적으로 검색해야 한다.

생명공학 연구자가 줄어드는 문제를 해결하기 위해 애리조나주는 실제 최첨단 생명공학 연구 도구를 가르치는 고등학교 프로그램을 만들었다. 고등학교에서 첨단 기술을 요하는 직업 연습이 이루어지고 있는 것이다. 이것이야말로 진정으로 실제적인 학습이다.

실제적인 국어 학습

어떻게 하면 국어를 현실적으로 학습할 수 있을까? 학생들이 문자 메시지를 사용하는가? (학생들은 당연하다는 반응을 보일 것이다.) 여러분은 학생들로 하여금 문어적인 표현을 문자나 채팅에 쓰는 표현으로 바꿨다가 다시 문어적인 표현으로 바꾸는 등 문장들을 교정하는 연습을 시킬 수 있다. 학생들은 사용할 수 있는 모든 국어 표현과 어디에서는 어떠한 표현이 적절한지에 초점을 맞추어 학습할 수 있다. 예를 들어, 그들에게 청첩장에 채팅 용어(또는 맞춤법 오류)가 있다면 어떨지 물어보아라. 그리고 나서 이력서를 쓸 때에는 어떻게 해야 할지 생각해 보도록 하라.

국어는 학생들의 열정에 맞춰 읽기 자료와 과제를 마련하기 쉬운 과목이기 때문에 현실적인 학습을 하기가 정말로 용이하다. 여러분은 이러한 학습을 수용하고 독려하기만 하면 된다. 국어를 학습하는 학생들은 학급 친구들뿐 아니라 온라인을 이용하여 교실 밖 세계의 사람들 앞에서 자신이 열정을 가지고 있는 것에 대해 읽고, 쓰고, 발표를 할 수 있다. 그들은 공익 광고를 만든 후 녹음이나 녹화를 하여 다른 사람들이 이용하고 따라 할 수 있도록 온라인에 공개할 수도 있다.

오늘날 국어를 학습하는 학생들은 아마존이나 구글이 제공하지 않으면 이용할 수 없었던 관심 분야의 책들을 찾아 온라인으로 이용 가능하도록 하는 매우 실제적인 변화에 참여할 수 있다. 학생들은 왜 과거에는 책이 절판되곤 했는지, 그리고 출판의 방식이 어떻게 바뀌고 있는지 토론한 후, 더욱 많은 책이 스캔되도록 돕고 그것들을 논평하는 사이트와 채널을 개설함으로써 변화에 참여할 수 있다.

국어를 학습하는 학생들은 블로그를 통해 자신의 실제 생활을 또래들과 공유하고 자신이 게재한 글의 문법과 구조, 내용에 대하여 그들의 의견과 평가를 받을 수 있다. 학생들은 페이스북 페이지나 웹사이트, 애니메이션, 또는 공식 이력서에 자신(또는 친척을 비롯한 다른 사람)이 실제로 살아온 삶의 궤적에 대해 쓰고 수정할 수 있으며, 다른 용도로 제출될 수 있는 관련 서식들에 대해 생각해 볼 수 있다. (구직을 하면서 자신이 쓴 것을 제출할 수도 있다.)

학생들은 실제 전문 저널리스트의 블로그에 글을 쓰고 의견을 게재하며(자신의 의견에 대한 답변을 받는 학생들도 있을 것이다!) 자신이 열정을 느끼는 주제에 대하여 이메일을 보낼 수도 있다. 그들은 종이 및 온라인 출판물에 논평 기사를 써서 보낼 수도 있다. 실제 출판물에 기사를 써서 열정을 발산시킬 수 있도록 학생들을 독려해야 한다.

그렇게 함으로써 학생들은, 특히 온라인에서 정중하고 건설적인 방법으로 스스로를 표현하는 법을 배울 수 있으며 그렇게 해야 한다. 학생들에게 무례한 온라인 게시물을 비평하도록 하는 것도 그들이 스스로를 표현하는 법을 배울 수 있는 한 방법이다. 예를 들어, 슬래시닷과 같은 사이트는 사용자들이 다른 사람들의 의견을 적절성과 유용성에 따라 평가할 수 있도록 한다. 여러분도 학생들에게 이러한 방법을 권장할 수 있다.

실제적인 외국어 학습

외국어는 아이들이 또래들과 하는 실제 소통과 직결되기 때문에 여러 방면에서 그들에게 가장 실제적인 과목이 되어야 한다. 학생들은 문학이나 문법을 알기 위해 외국어를 배우고 싶은 것이 아니라, 또래와 소통하고 다른 세계에 사는 새로운 친구를 사귀기 위해 외국어를 배우고 싶다고 늘 이야기한다. 그리고 이미 그들은 온갖 언어로 문자와 트위터 메시지를 보내고, 스카이프를 하고, 유튜브 동영상을 공유하는 등 외국어 학습과 관련된 많은 일을 하고 있다.

파트너 관계를 기반으로 가르치는 어느 교사는 가상현실 게임인 '세컨드 라이프Second Life'를 이용하여 각각 미국과 일본에 있는 두 학급이 협업하여 가상의 섬을 만들도록 하였다. 아이들은 두 가지 언어로 된 글과 목소리를 이용하여 소통하였고, 직접 대면할 때쯤에는 서로를 잘 이해하게 되었다.

오늘날의 외국어 학습은 '대화'를 흉내 내는 것이 아닌 실제적인 소통과 관련되어야 한다. 우리 학생들은 인터넷을 통해 즉각적인 번역이 가능한 시대에 살고 있기 때문에 아이들이 읽고자 하는 실제 문서(게임이나 패션 사이트 등)의 자동 번역본을 이용하는 것이 좋은 시작이 된다. 오늘날 학생들은 자신들이 배우고 있는 언어를 사용하는 다른 국가의 친구들과 이메일, 유튜브, 스카이프, 트위터 등 많은 수단을 통해 자주 소통할 수 있다. 외국어 교사는 학생들로 하여금 자신이 좋아하는 게임을 외국어 버전으로 하고 현재 학습 중인 외국어를 사용하는 온라인 게임 팀에 들어가도록 독려해야 한다. 학생들은 외국어로 된 온라인 그래픽 노블을 읽을 수 있을 뿐 아니라 만들고 게재할 수도 있다.

이제는 더 이상 '그곳에 가게 되는 언젠가'를 대비한 외국어 학습은 없다. 외국어 수업 시간에 가능한 한 자주 학생들은 '그곳'을 가상으로 여행하며 그들의 실제 삶과 열정을 외국어로 연결할 수 있고, 그렇게 해야 한다.

실제적인 미래 대비

학교는 미래에 대해 많은 시간을 투자하지 않지만 (충분하지 않은 것은 확실하다) 학생들이 참여할 수 있는 실질적인 미래의 쟁점사안들이 많다. 파트너 관계를 기반으로 배우는 학생들은 다음과 같은 질문을 고찰하고 연구하면서 미래에 대해 장기적인 관점에서 생각해야 한다.

- 석탄과 석유가 고갈될 때까지 얼마나 걸릴까? 그것을 무엇으로 대체할 것인가?
- 얼마나 많은 음악(그리고 기타 유형의 미디어)이 아이팟에 들어가게 될 것인가? 그리고 그것은 어떠한 모습일까?
- 2050년에는 사람들이 어떠한 방식으로 소통할까? 2100년에는? 3000년에는?
- 심深 우주 탐사를 위한 수학과 과학, 심리학에는 어떠한 것이 있는가?
- 미국 헌법에서 어떠한 부분이 효력을 상실하게 될 것이며, 새로운 해석이 필요한 부분은 무엇일까?
- 동영상이 글을 대체하게 될 것인가?
- 인공지능은 언제, 어떻게 사람의 두뇌와 맞먹게 될 것인가?

그리고 학생들은 다음과 같은 질문을 던지며 미래에 대해 단기적인 관점에서도 생각해 보아야 한다.

- 내가 살고 있는 지역사회에 어떠한 인프라를 구축해야 하는가?
- 우리는 자원을 어떻게 이용해야 할까?
- 학교나 기타 기관은 예산이 삭감되거나 뜻밖의 소득이 발생했을 때 어떻게 대처해야 할까?

학생들은 적절한 공상과학 소설―코리 닥터로우Cory Doctorow의 『리틀 브라더Litter Brother』와 윌리엄 깁슨William Gibson의 『패턴 인식Pattern Recognition』과 같은 가까운 미래에 관한 작품과 아이작 아시모프Isaac Asimov, 그레그 베어Greg Bear, 데이비드 브린David Brin, 오슨 스콧 카드Orson Scott Card, 레이 커즈와일Ray Kurzweil 등의 먼 미래에 관한 작품을 모두 포함―을 읽고 토론함으로써 앞으로 살아가야 할 인생에서 마주할 수도 있는 문제들에 대해 생각해 볼 수 있다. 좀 더 나이가 많은 우리에게는 이러한 이야기가 여러 가지 면에서 공상과학 소설 속 이야기나 마찬가지로 여겨지겠지만 말이다.

3 실제적인 학습을 위한 더 많은 방법

21세기 초의 시점에서, 특정 학습 문제나 단원을 완전히 과거를 바탕으로 (또는 과거와 관련하여) 구성하거나 학생들의 현재나 미래의 실제 생활과 완전히 분리하는 것은 필요 없는 일이다. 왜냐하면 그들의 삶과 열정을 학습과 연결시키는 많은 방법들이 있기 때문이다.

학생들에게 연결점을 찾도록 하라

연결점을 찾거나 (일반적인 경우든 특정한 경우든 간에) 학생들을 위한 실제적인 수업을 하는 방법을 몰라 헤매고 있다면, 우선 여러분이 이 일을 혼자서 할 필요가 없다는 사실을 인지하라. 온라인을 통해 연결점을 찾을 수도 있으며, 학생들에게 묻는다면 더 나은 결과를 얻을 수도 있다. 기술적인 연구 도구(이를테면 인터넷 접속)를 잘 사용할수록 학생들은 학습의 본질인 실제 세상과 학습 대상 간의 연결점을 보다 심도 있게 많이 찾을 수 있다. 그들은 이러한 작업 수행에 대한 격려와 요구를 동시에 받아야 한다.

여러분과 학생들이 함께 작업하고 수많은 조사를 거듭한 후에도 교육과정에서 제시한 주제와 현실 세계 간 연결점을 하나도 찾을 수 없다면, 여러분은 해당 주제를 교육과정에서 제외시키기를 교육부에 건의하고 싶어질 것이다.

열정을 나눌 그룹을 찾아라

학생들의 학습에서 차별화와 개별화는 모든 사람들이 원칙적으로 지지하는 목표이지만, 여기서 큰 문제는 20~40명의 학생들 개개인에게 맞춘 수업을 주어진 시간에 설계하는 것이 항상 가능한 것은 아니라는 점이다. 각 개인별로 완전히 다른 수업을 설계하지 않으면서 모든 학생들에게 실제적인 수업을 하기 위한 전략 중 하나는 특정 작업을 수행할 때 학생들을 그들의 열정과 흥미에 따라 한 그룹으로 묶는 것이다. 이와 같은 방법으로 학생들을 분류하는 능력은 수업의 첫 시간이나 여러분이 각 학생들의 열정이 무엇인지 묻는 (그리고 적어 놓는) 시간에 필요하다. 스포츠에 열광하는 학생이 있는 반면, 어떤 학생들은 음악이나 영상, 또는 지구 보호에 관심이 크다는 사실을 알게 될 것이다.

여러분이 역사 속의 한 문명에 대해서 수업을 하고 있다고 생각해 보자. 그 문명의 음악을 통해 배울 수 있는 것을 찾으려 하는 그룹이 있는가 하면 상업, 교통, 의료 행위, 스포츠, 군대 제도, 건축을 공부하려는 그룹도 있을 것이다.

여러분은 과학 원리에 대해서 수업을 할 수도 있다. 어떤 그룹은 그 원리를 스포츠에 적용하는 반면, 다른 그룹은 영화와 영상, 또 다른 그룹은 의학이나 음악 등에 적용할 수 있지 않을까?

사실 비슷한 관심사를 바탕으로 학생들을 분류하여 수업이 이루어지는 경우는 거의 없다. 그러나 많은 학생들은 이러한 방식의 그룹 수업이 더 흥미롭다고 생각한다. 또한, 학생들을 그들의 열정을 고려하여 분류하면 열정을 아직 찾지 못한 학생들도 자극을 받아 자신의 관심 분야를 찾게 된다. 이러한 학생들은 여러 그룹에 들어가 자신이 좋아하는 것이 무엇인지 찾아보거나 열정을 찾으려는 희망자 그룹에 들어갈 수도 있다. (이 방식으로 그룹을 분류하기 전에 학생들과 토론을 거치도록 하라.)

여러모로 이러한 그룹 분류는 다중지능을 바탕으로 한 프로그램을 채택하는 학교의 사례에서 볼 수 있다. 단, 학생들의 능력이나 재능을 바탕으로 한 그룹 분류는 예외이다. 학생들의 비슷한 관심사를 바탕으로 좀 더 수월하게 그룹을 분류하여 학습 계획을 세우기 위해서는 순전히 학생들의 흥미와 요구를 기반으로 해야 하며, 그들의 지능이나 재능에 대해서는 고려하지 않아야 한다.

성공은 인생 후반에 이르러서야 나타나기 때문에 우리는 학생들의 잠재력에 대해 너무 자주 과소평가한다. 어른이 된 후 예상 밖의 모습을 보여 주는 학생들이 많다는 사실을 고려했을 때 특정 학생의 재능이나 잠재력에 대해 추측을 해 버리면 대개 실수를 하게 된다. 켄 로빈슨Ken Robinson이 저서 『엘리먼트The Element』에 남긴 멋진 명언에서 알 수 있듯이, 인간의 완전한 잠재력은 그가 마침내 자신의 열정을 발견한 순간 발산되기 시작한다. 그렇기 때문에 파트너 관계를 기반으로 가르치는 교사는 모든 학생들이 위대한 잠재력을 가지고 있으며, 교사의 책무는 학생들이 자신의 열정을 찾아 밖으로 끄집어낼 수 있도록 도와주는 것이라고 생각해야 한다.

또래들과의 연결

학생들이 또래와 함께 학습하며 서로에게서 배우도록 하는 것은 아이러니하게도 우리가 학생들을 점수에 의해 엄격하게 구분하기 이전에 많이 이용했던 교육방법이다. 미래에는 이러한 방식의 학습이 훨씬 많이 이루어질 것이라고 확신한다. 그러나 지금의 교육현실은 그렇지 못한 경우가 많다.

그 이유 중 하나는 학생들이 남에게 의존하지 않고 알아낸 것에 더 많은 점수를 부여하는 우리의 시험 체계에 있다. 어른들이 사는 세계는 결코 이러한 방식으로 돌아가지 않는다. 우리는 함께 일하고 서로에게 묻고 여기저기 찾아보기도 하며 동료들에게서 배운다. 우리 학생들은 그들이 어떤 일을 하고 무슨 직업을 갖든 간에 (기술의 개입이 크게 있을 테지만) 또래와의 작업과 학습을 기반으로 자신의 미래를 만들어 나가게 될 것이다. 그렇기 때문에 가능한 한 또래 간의 긴밀한 관계와 학습—대면을 하든 기술을 통하든—을 독려하는 것이 학생들에게 도움이 된다.

학생들은 외국어 수업뿐 아니라 어떤 과목에서 어떤 내용을 학습하든 전 세계의 또래들과 관계 맺기를 바란다. 파트너 관계를 기반으로 가르치는 교사는 학생들이 학습 중인 내용과 관련하여 누구와 어떠한 관계를 형성하고 싶어 하는지, 그리고 무엇을 말하고 배우고 싶어 하는지 시간을 들여 파악해야 한다. 그러고 나서 이러한 성취를 학생들이 달성할 수 있도록 도와야 한다. 학습 내용을 익히는 것은 중요하다. 그렇기 때문에 학생들이 다른 지역에 사는 아이들은 어떻게 생각하는지, 그들의 관심사와 시각이 자신들과 같은지 이야기를 들으면 동기부여를 받는 실제적인 차원의 학습을 할 수 있을 것이다.

실제 세상의 전문직 종사자와 역할 모델을 학생들과 연결하기

실제 세상의 근로자나 전문직 종사자, 본보기로 삼을 수 있는 사람들을 되도록 많이 학생들과 연결시켜 주는 것은 파트너 관계를 기반으로 가르치는 교사가 해야 할 정말로 중요한 일이다. 어떤 과목이든 어떤 수업이든 상관없이 각기 다른 직업을 가진 사람들을 며칠 간격으로 교실에 초빙하여 10~15분이라도 질문을 하고 답을 듣는 시간을 갖는 것은 교육과정에 포함된 내용을 잔뜩 학습하는 것보다 학생들에게 훨씬 가치 있을 것이다. 직접적인 만남이 어렵다고 할지라도 기술을 이용하여 가상의 공간에서 만나는 것이 점점 더 쉬워지고 있다. 새로운 기술들이 계속해서 발전하고 있기 때문에 전문가들은 문자와 스카이프, 사전에 녹음한 발표 자료, 블로그, 페이스북 메시지, 기타 여러 수단들을 이용하여 학급 전체 또는 개별 학생들과 관계를 형성할 수 있다.

학생들을 위해 자신의 시간을 기꺼이 쓰려고 하는 저명한 전문가들도 많다. 한 수업에서 학생들은 『세계는 평평하다The World is Flat』라는 책에 대한 블로그를 운영하기 시작했는데 그 책의 저자(이자 『뉴욕타임스』 논객)인 토머스 프리드먼Thomas Friedman이 그 블로그에 자신의 의견을 단 사례도 있다. 정치가와 상당수의 저널리스트들은 이메일이 공개되어 있으며, 학생들이 그들에게 접촉할 만한 (그리고 대답을 듣고 결과를 기대할 수 있는) 현실적인 쟁점사안들이 분명히 있다.

실제적으로 대학 교육 준비하기

'실제적인 학습'은 초등학교에서 고등학교 때까지만 국한되는 것이 아니다. 점점 많은 대학들이 실제적인 교육과정을 개설하고 신입생을 모집하기 위한 주요 수단으로 '실제적인 학습'을 밀고 있다. 예로 들어, 캘리포니아주의 스톡턴에 있는 퍼시픽 대학은 웹사이트에 다음과 같이 홍보한다.[16]

'실생활에서의 학습' 기회는 학생들의 상상력을 자극하고 그들이 대담한 사고를 하고 지적 탐구의 길을 걷도록 함으로써 퍼시픽 대학에서의 생활뿐 아니라 졸업 후 사회인으로서의 삶을 완성할 수 있도록 도와줍니다.

우리 대학은 모든 학생들에게 전공과 부전공 과목 이수 시 다양한 인턴십과 현장 작업, 프로젝트 등을 통해 실질적인 기술과 지식을 연마할 수 있는 기회를 제공합니다.

홍보 프로젝트를 위해 디즈니와 함께 작업하거나 워싱턴 DC에서 외교정책을 다루거나 스톡턴의 해긴 박물관Haggin Museum에서 역사 문서를 목록화하고 보존하는 일을 돕는 등 학교에서 제공하는 여러 인턴십을 통해 우리 학생들은 수업에 적용하고 학습한 것을 확장할 실생활에서의 경험을 쌓을 수 있습니다.

스톡턴 시내에서 역사적 건물에 대한 사진 기록물을 만들거나 델타에서 수화학water chemistry을 산출하거나 지역의 이민자 공동체를 방문하여 형사 사법 제도와 그 형평성에 대해 연구하는 등 현장 조사 시 학생들에게 부여되는 과제는 다양합니다.

학생들의 프로젝트 역시 단백질 생산에서부터 미국 이민정책의 경제 모형, 앤트 제미마Aunt Jemima 광고*에서 나타나는 성性에 대한 도상학에 이르기까지 학생들의 다양한 흥미를 반영합니다.

다음은 보스턴의 노스이스턴 대학교 웹사이트에서 볼 수 있는 내용이다.[17]

....

* 팬케이크 믹스, 시럽, 아침 식사 대용 음식 등을 만드는 퀘이커 오트 회사의 브랜드. 흑인에 대한 선입견이 들어간 광고를 제작해 비판을 받았다.

실생활에서의 학습은 노스이스턴이 추구하는 교육의 핵심입니다. 우리 대학의 특징이라 할 수 있는 협동 교육 프로그램을 기반으로 하여 제공하는 탐구적 학습 기회를 통해 여러분은 대학을 떠나기 전에 어떠한 길을 걸어야 할지 명확히 알게 될 것입니다. 여러분은 이와 같은 확장적 경험을 하며 경쟁력을 갖추게 됩니다. 협동과 그 밖의 많은 것을 추구할 수 있는 학습. 파트너 관계로 만드는 교육과정. 봉사 학습과 연구실에서의 연구 수행, 그리고 대학원 진학을 위한 완벽한 준비. 진정한 교육은 바로 여기 있습니다.

여러분은 지역 내 학교의 학생들에게 멘토가 되고 사회복지 기관에서 자원봉사를 하며 자선 행사와 모금 행사를 계획하는 데 일조할 수 있습니다.

학생들의 전공이나 이와 관련되어 개설된 심화과정인 시니어 캡스톤Senior capstone*은 강의실에서 배운 내용을 협동 작업, 연구, 봉사 학습, 글로벌 경험 등과 통합할 수 있는 능력을 요구합니다.

다음은 아이오와주의 시더래피즈에 위치한 코 대학의 웹사이트에서 볼 수 있는 내용이다.[18]

봉사 학습 경험 외에도 … 본 과는 강의실 밖 학습을 위한 수많은 기회를 제공합니다.
- 공통의 기반 위에서 이루어지는 의사소통―초등학교 다문화 교육을 위한 전국 봉사 학습 프로그램 구상
- 아프리카계 미국인 박물관
- 원주민 보호구역 내 라코타족의 문화와 의사소통
- 텔레비전과 라디오 방송의 요소
- 말하기 센터―말하기 센터는 말하기 기술을 향상시키고 싶어 하는 학생들을

....

* 학생이 지도 교수의 지도 하에 수행하는 심화 프로젝트.

위한 개별 상담을 진행합니다. 학교의 교직원들 역시 본 센터를 이용하며 강의실에서 어떠한 식으로 화법을 구사해야 하는지 알려주는 교수학습 워크숍에 참여합니다.

- 글쓰기 센터—코 대학의 글쓰기 센터는 대화와 작문을 위한 장소입니다. 학생들은 어떠한 종류의 글쓰기든 상관없이 글쓰기 센터에 와서 과제를 하거나 최종본을 작성할 수 있습니다.
- 자전거 글쓰기
- 자연에서의 글쓰기—미네소타의 슈피리어 국유림에 있는 우리 대학의 자연 보호지에서 진행되는 여름 강좌에서는 형식에 얽매이지 않는 워크숍 형식으로 자연 세계에 관한 글쓰기 전략에 대해 살펴봅니다.
- 글쓰기 공동체—캠퍼스 밖에서 진행되는 5월 간의 집중 워크숍. 최근에 진행된 글쓰기 공동체는 타이비 아일랜드와 조지아, 내몽골, 잉글랜드의 레이크지방에서 개최되었습니다.

대학에서 진행되는 이와 같은 많은 경험이 초·중·고등학교까지의 공교육 교육과정에 통합되지 못할 이유는 없다.

4 항상 미래에 대해 생각하라

진정한 파트너 관계 기반 교수법에서는 코치와 멘토의 역할을 하는 교사가 학생들이 앞으로 나아가야 할 세상에 대해 항상 생각하고, 그들을 그러한 세상에 대비시키는 것이 중요하고 유용하다.

21세기의 수업과 과거에 이뤄지던 수업 간의 큰 차이 중 하나는 과거에는 변화가 빠르게 진행되지 않았다는 점이다. 그렇기 때문에 교사들은 자신이 살았던 시대와 거의 다르지 않은 세상에 대해 학생들을 준비시키면 되었다. 그러나 이제는 상황이 극적으로 변했다. 우리 학생들이 살아가고 일하게 될 세상은 분명 현재 우리와 그들이 살고 있는 세상과는 상당히 다를 것이다. 물론, 과거는 존중받아야 한다. 그러나 우리 학생들이 살아갈 공간은 과거가 아니다.

그렇다면 이 문제에 접근하는 데 파트너 관계 맺기는 어떤 도움을 줄까? 우선, 파트너 관계 맺기는 미래가 지금과는 다를 것이라는 가정을 명확히 하고 이에 대처할 수 있도록 한다. 그렇기 때문에 파트너 관계를 기반으로 가르치는 교사라면 학생들을 시험에 대비시키는 동시에, 시험 내용이 이러한 문제와 거의 무관한 경우에는 미래를 위한 대비도 시켜야 한다. 파트너 관계를 기반으로 가르치는 교사는 아이들의 졸업과 대학 진학을 돕는 동시에, 그들이 대학을 다니는 동안이나 졸업 후에 하고 싶은 것을 깨달을 수 있도록 열정을 찾는 것을 도와야 한다. 또한, 파트너 관계를 기반으로 가르치는 교사는 대부분의 정보가 글로 제공되는 오늘날의 세상에 학생들을 대비시키는 동시에, 대부분의 정보가 글이 아닌 다른 형태로 제공될 가능성이 있는 미래의 세상에 대해서도 대비시켜야 한다. 이것들은 교사에게 새로이 주어진 중대한 임무이다. 나는 오직 파트너 관계 맺기를 통해서만이 이러한 임무를 완수할 수 있다고 생각한다.

물론, 이와 같은 임무를 수행하면서 우리는 교육과정도 끝내야 한다. 파트너 관계를 기반으로 가르치는 교사들은 대개 가르쳐야 할 주제와 기능이 나열되어 있던 기존의 교육과정을 학생들이 질문에 답함으로써 그들이 필요한 것을 배울 수 있는 수업으로 바꾸는 작업을 통해 이를 실현할 수 있다. 그러나 학습을 안내하는 좋은 질문을 만들기란 쉬운 일이 아니다. 다음 장에서는 이 중요한 파트너 관계 맺기의 과제에 대해서 다루도록 하겠다.

살펴봅시다

▶ 유튜브에서는 아이들이 다른 아이들을 위해 만든 감동적인 공익 광고를 볼 수 있다.

5장

수업 계획

내용에서 질문으로, 질문에서 기능으로 초점 바꾸기

1 파트너 관계를 맺을 때 무엇을 계획해야 할까?
2 어떻게 교육과정을 학생의 학습을 안내하는 질문으로 전환할 수 있을까?
3 어떻게 하면 적절한 '동사'(사고 기능)에 초점을 맞출 수 있을까?

파트너 관계를 기반으로 가르칠 때 얻을 수 있는 큰 이점 중 하나는 교사가 강좌를 준비하여 수업을 계획하는 지루한 업무(또는 과거에 준비했던 강좌를 다시 이용하는 반복적인 업무)에서 벗어날 수 있다는 점이다. 그러나 옛날 방식의 수업 계획이 파트너 관계 기반 교수법에 더 이상 적합하지 않다는 사실이 계획 그 자체를 구시대적인 것으로 취급한다는 말은 아니다. 그렇다면 파트너 관계 기반 교수법에서 '계획'을 한다는 것은 무엇을 의미하는가?

어떠한 수업을 파트너 관계 기반으로 계획하든 가장 중요한 것은 학생들에게 직접적으로 설명하지 않고도 그들이 정보를 습득하고 필요한 것을 배울 수 있도록 안내하는 질문으로 수업 내용을 전환하는 것이다. 그 다음 중요한 것은 학생들이 질문에 답하고 학습 내용을 익히면서 배우고 연습해야 할 핵심 기능, 즉 동사와의 분명한 연결점을 완성하는 법을 파악하는 것이다. 이 장에서는 학생과의 파트너 관계를 계획할 때 요구되는 이러한 두 가지 측면에 대해 논의해 보도록 하겠다.

1 학습을 안내하는 더 좋은 질문 만들기
— 파트너 관계와 학습 내용을 잇는 핵심 연결고리

일반적으로, 질문은 모든 학습에서 틀을 잡고 학생들을 안내하며 궁극적으로는 평가를 하는 장치이다. 파트너 관계 기반 교수법은 학생들이 학습 내용을 익힌 후가 아니라, 익히기 전에 질문을 던지는 교수법이다. 그렇기 때문에 교육과정에 파트너 관계 기반 교수법을 연계시키기 위해서 필요한 교사의 주요 업무는 학습 내용을 질문으로 바꾸고, 학생들이 문제의 내용과 관련하여 실제로 대답해야 할 중요한 질문을 미리 분명하게 알 수 있도록 하는 것이다.

파트너 관계 기반 교수법에서 계획은 언제나 학생들이 대답해야 할 일련의 질문을 만드는 것으로부터 시작한다. (추진 질문, 탐구 질문, 또는 도전 질문이라고도 불리는) 학습을 안내하는 질문을 사용하는 것은 교사들이 자신이 가르쳐야 할 교육과정을 파트너 관계 기반 교수법에 맞추어 전환할 수 있는 주요 방법이다.

어떤 과목이나 주제를 가르치든 여러분은 그날 수업 주제에 초점을 맞춘 핵심 질문에 대해 모든 학생들이 대답할 수 있도록 하려는 목표를 추구해야 한다. 학생들이 학습을 안내하는 질문이 무엇인지 알고, 자신들이 대답할 수 있는 질문과 대답할 수 없는 질문을 확인하는 것은 학습 진행 상황을 스스로 평가하고 시험에 대비하여 공부를 하는 데 큰 도움이 된다. 일단 이와 같은 질문에 대답을 할 수 있는 학생이라면, 여러분이 내는 어떤 시험이나 또는 그 문제와 관련한 어떤 표준화된 시험에서도 좋은 성취도를 보일 것이다.

학습을 안내하는 질문은 두 종류로 분류된다.

1 폭넓은 질문 혹은 총체적인 질문으로, 일부 사람들은 이를 질문의 형태로 된 수업의 목표나 목적이라고 말하기도 한다. 이러한 질문의 예는 다음과 같다.
- 분수(다른 수업의 경우, 이항식도 가능)를 왜, 그리고 어떻게 곱하나요?
- 미국은 왜 남북 전쟁을 겪었나요?

- 반어법이란 무엇인가요? 우리는 그것을 어떻게 사용하나요?

- 지구는 왜, 어떠한 방식으로 움직이나요?

2 보다 세부적이고 점층적인 질문 혹은 보조 질문으로, 다음과 같은 질문들이 여기에 속한다.

- 공통분모를 어떻게 찾나요?

- 노예제도가 미국의 남북 전쟁에 어떠한 역할을 했나요?

- 『로미오와 줄리엣』에서 반어법이 쓰인 곳은 어디인가요?

- 자전축의 세차歲差 운동이란 무엇인가요?

파트너 관계 맺기를 위한 조언

학습 계획을 세울 때 학생들에게 무엇을 설명할까에 대해서보다 어떤 질문을 던질까에 대해 생각하라. 수업 시간에 여러분이 실질적으로 말을 할 필요는 거의 없다는 사실을 항상 명심하라. 여러분이 말하는 분량을 반으로 줄여라. 그 후 더 줄이는 시도를 하라. 수업 시간에 여러분의 입 밖으로 나가는 것이 일방적인 말하기가 아니라 질문과 토론이 되도록 노력하라. 여러분과 학생들은 분명 더 나은 결과를 얻게 될 것이다.

더 나은 질문 만들기

학습을 안내하기 위한 더 좋은 질문을 만들어 내는 것은 일종의 기술이며 언제나 여러분은 계속해서 더 나은 질문을 하기 위해 노력해야 한다. 가능한 한 여러 번 반복을 거쳐라. 질문을 만들 때 다음의 점검표를 참고하라.

1. 학생들이 학습을 안내하는 이 질문을 이해할 수 있을까?
2. 학습을 안내하는 질문이 개방형 질문이며 복잡적인 대답을 요구하는가?
3. 학생들이 이 질문에 대답하려면 중요한 내용적 지식과 다양한 기능 및 도구를 배워야 하는가?
4. 이 질문을 통해 나는 연구 중인 주제에 대한 특정한 맥락을 만들 수 있는가? 그리고 학생들로 하여금 실제적인 문제를 해결하도록 할 수 있는가?

출처: 벅 교육 협회(Buck Institute for Education)의 미발간 자료 내용을 수정.

학습을 안내하기에 가장 좋은 질문은 일반적으로 '왜' 다음에 연달아 '어떻게'가 나오는 질문이다. 우리가 특정 기술을 가르칠 때조차도 '왜'는 항상 처음에 나온다. "왜 남북 전쟁은 발발했으며, 그러한 전쟁이 또다시 일어나는 것을 어떻게 막을 수 있을까요?", "왜 계절은 존재하며, 계절이 언제 시작하고 끝나는지를 어떻게 예측할 수 있을까요?", "왜 어떤 숫자들은 무리수이며, 그런 숫자들을 어떻게 계산할 수 있을까요?", "왜 우리 도시와 지역사회는 곤란을 겪고 있으며, 우리가 어떻게 도울 수 있을까요?", "왜 곡선 아래 면적을 측정하고자 하며, 그것을 어떻게 측정할 수 있을까요?"

시험과 교과서의 순서 뒤집기

학습을 안내하는 질문을 생각할 때 쓰면 좋은 방법은, 학생들이 학습 자료를 이해하고 있다는 사실을 확인하기 위해서 (말하자면, 시험에서) 그들에게 무엇을 물어야 할지를 생각하는 것이다. 이렇게 나온 질문들에서 5~10개의 중요한 질문을 추려 내라. 그리고 나서 학습 자료를 가르칠 때까지 (즉, 학생들에게 답을 알려 줄 때까지) 기다리기보다는 인쇄물이나 온라인을 통해서 학생들에게 질문을 던지고, 그들이 해야 할 일은 그 질문에 대답을 할 수 있게 되는 것이라고 말하라.

때로는 순서를 뒤집어 실행함으로써 사용 중인 교과서나 수업 계획 지침서에서 학습을 안내하는 질문을 곧바로 끌어낼 수도 있다. 거의 늘 주제로 제시되는 각 장의 제목이나 부제를 질문으로 전환하는 시도를 하라. 또한 책의 뒷부분에 숙제로 제공되는 질문을 보아라. 이 중 수업 시간에 학습을 안내하기 위해 유용하게 쓰일 수 있는 질문은 몇 개인가? 유용하지 않은 질문은 몇 개인가? 어떻게든 시간을 두고 스스로에게 다음과 같이 물으면서 질문을 검토하라.

- 이 질문들이 학생들의 흥미/동기를 얼마나 유발할까?
- 어떻게 하면 이 질문들이 더 많은 흥미/동기를 유발하도록 만들 수 있을까?
- 이 질문들과 학생들의 열정을 어떻게 연관 지을 수 있을까?
- 학생들이 이 질문에 답하고 자신들이 답을 알고 있다는 사실을 보여 주기 위해 어떠한 흥미로운 활동을 할 수 있을까?

파트너 관계 맺기를 위한 조언

항상 계획 시간의 상당량을 각 수업에 쓰일 폭넓고 총체적인 질문과 세부적인/점층적인 질문을 파악하는 데 쓰도록 하라. 질문들을 글로 적어 학생들에게 나눠 준다. (또는 질문을 온라인에 게시한다.) 학생들에게 질문에 대한 답을 어떻게 찾고 싶은지 물어라. 만약 학생들이 "선생님이 답을 알려 주세요."라고 한다면 "제가 여기에 없다면 어떻게 답을 찾을 수 있을까요?"라고 물어라. 그 후 학생들이 그 대답대로 답을 찾도록 하라.

여러분이 파트너 관계를 바탕으로 수업을 하는 주요 이유 중 하나는 학생들이 질문자가 되도록 독려하기 위해서이다. 그러니 학생들에게 질문 목록을 줄 때마다 여기에 어떤 질문을 추가하고 싶은지 물어라. 여러분이 폭넓고 총체적인 질문에서 범위가 작고 지엽적인 질문으로 이어지는 방식으로 질문에 대해 설명을 하듯이, 학생들도 그러한 방식으로 질문에 대해 숙고하도록 권장하라.

학습을 안내하는 질문의 예시

다음은 여러 과목에서 학습을 안내하기 위해 사용할 수 있는 다양한 수준의 질문들이다. 몇 개는 다른 질문들보다 구체적이며, 이러한 질문은 학생들이 교사가 언급한 과제를 실제로 수행할 때 유용하다. 여러분은 자신이 가르치는 과목/수준에 맞게 다음 질문들을 그대로 사용하거나 유사한 다른 질문들을 만들 수 있다.

- 유전자 변형 식품은 어떠한 긍정적·부정적 결과를 가져올까?
- 여러분 주위에 있는 식물들은 공기 질에 어떠한 영향을 끼칠까?
- 소리는 어떻게 만들어질까?
- 시민들을 위한 더 나은 공동체를 만들기 위해 우리는 무엇을 할 수 있을까?
- 전쟁이 정당화될 때는 언제일까?
- 누군가가 영웅이 되는 이유는 무엇일까?
- 학교나 기업에 가장 적합한 네트워크 계획을 어떻게 설계할 수 있을까?
- 롤러코스터나 소형 골프장의 홀을 설계할 때 수학을 어떻게 사용할 수 있을까?
- 지구 온난화는 우리 지역사회에 어떤 영향을 끼칠까?
- 우리 도시의 정신을 어떻게 미술, 음악, 시에 담아낼 수 있을까?
- 어떻게 하면 호수 오염을 막기 위한 효과적인 캠페인을 계획할 수 있을까?
- 십대들이 좋아하는 책에 관한 십대용 웹사이트를 어떻게 설계할 수 있을까?
- 우리의 땅이 채소밭을 가꿀 수 있을 만큼 비옥할까?
- 건축가는 어떻게 기하학을 사용할까?
- 어떻게 하면 가장 많은 좌석을 갖추면서도 설계 기준을 충족하는 극장을 고안할 수 있을까?
- 어떻게 하면 기술을 이용하여 전쟁을 다소 인도적으로 만들 수 있을까?
- 어린 시절의 기억을 통해 어떻게 현재의 우리를 볼 수 있을까?

출처: 벅 교육 협회의 미발간 자료 내용을 수정.

일례로 첫 번째 질문인 "유전자 변형 식품은 어떠한 긍정적·부정적 결과를 가져올까?"에 대해 생각해 보자. 교사의 강의가 없더라도 학생들은 유전자 변형이 무엇이며, 어디서 어떻게 진행되고, 이점과 위험은 무엇인지 조사를 시작할 수 있다. 학생들이 이 주제에 관한 학습을 하면 교사는 보다 상세한 질문을 던지고 그들이 더 많은 질문을 스스로 만들 수 있도록 안내한다. 학생들은 자신의 주장을 뒷받침하는 근거를 제시하며 유전자 변형 식품의 정당성에 대한 결론을 끌어낼 수 있다. 그리고 이는 활발한 학급 토론을 위한 주제가 될 수 있다.

앞서 언급한 유전자 변형에 대한 질문을 연구하던 한 7학년 그룹은 미국이 '세계 최대의 사육 실험 국가'이며 유전자 변형 식품은 섭취를 기피해야 할 정도로 위험하다는 결론을 내렸다. 학생들은 자신들의 견해를 보여 주는 〈프랑켄진 Frankengenes*〉[19]이라는 제목의 단편영화를 만들었다.

나쁜 질문, 좋은 질문, 더 좋은 질문

학습을 안내하는 질문을 평가할 때 아래에 제시된 기준을 사용할 수 있다. 다음 사항에 해당하는 질문은 나쁜 질문이다.

- 간단하게 정답을 말할 수 있다.
- 학생들이 탐구해야 할 복합적인 해답과 하위질문이 없다.
- 정해진 시간에 답을 하기가 적당하지 않다(지나치게 광범위하거나 지나치게 지엽적이다).
- 표현이 지나치게 현학적이거나 전문용어가 많이 쓰였다.
- 답과 관련하여 어떠한 행동도 요구하지 않는다. 즉, 질문의 답이 학생들로 하여금 무언가를 하도록 유도하지 않는다.

다음 사항에 해당하는 질문은 좋은 질문이다.

....

* 프랑켄슈타인(Frankenstein)과 유전자(gene)를 조합하여 만든 단어.

- 복합적인 해답을 요구하며 답이 간단하게 도출되지 않는다.
- 지역적·세계적으로 시사하는 바가 있다.
- 실제적인 결과를 도출한다.

다음 사항에 해당하는 질문은 훨씬 더 좋은 질문이다.

- 학생들이 "질문이 좋아요."라고 반응한다.
- 다양한 학생들의 흥미와 열정에 적용될 수 있다.
- 학생들이 세상을 변화시키는 실질적인 행동을 하도록 유도한다.

위 기준을 바탕으로 했을 때 "전쟁은 좋은 것인가?"와 같은 질문은 '예/아니요'로 간단하게 답할 수 있기 때문에 학습을 안내하기에 좋지 않은 질문이다. 반면, "우리는 왜 전쟁을 하는가?"는 좋은 질문이 될 수 있다. 훨씬 더 좋은 질문을 예로 들자면 "전쟁을 하는 이유를 이해하는 것을 통해 어떻게 전쟁을 막는 데 도움이 될 수 있을까?"가 있다.

학습을 안내하는 질문을 통한 개별화 수업과 맞춤형 수업 제공

학생들에게 답이 아닌 질문을 제시할 때 얻을 수 있는 큰 장점은 각 학생(또는 학생들로 구성된 각 팀)이 자신만의 방법으로 답을 찾는 데 접근할 수 있다는 것이다. 파트너 관계로 학습할 때에는, 질문에 대해 옳다고 생각되는 답을 학생들이 교사의 입을 통해서 얻든, 아니면 교과서나 컴퓨터, 가장 친한 친구를 통해서 얻든 문제가 되지 않는다. 오직 그 대답들이 올바른지, 그리고 학생들이 그것을 배우고 있는지가 중요하다.

그렇기 때문에 파트너 관계로 수업을 할 때 교사는 일반적으로 칠판 앞에서 수업이나 주제에 대해 소개하거나 이를 가르치는 데 수업 시간을 소비할 필요가 없다. 파트너 관계 기반 교수법에서 교사는 총체적 질문과 보다 상세하고 점층적인 질문 모두를 포함하는 그날의 질문을 배포하거나 게시하고 나서, 학생들이 그 질문에 대답하기 위해 재량껏 자료를 사용할 때 코치와 안내자로서의 역할을 하기만 하면 된다. 물론 경우에 따라 학생들이 질문에 대한 답을 하기 전에 질문 자체를 가지고 토론을 할 필요가 있을 수 있다.

학생들은 학습을 할 때 개별적으로 할지 또는 그룹을 형성하여 할지 선택하고 이때 이용할 수 있는 각기 다른 명사, 즉 도구를 다양하게 조합하여 사용한다. (이 내용은 7장에서 다루도록 하겠다.) 특정 시간(대개 주제당 총 수업 시간의 3분의 1에서 절반 정도)이 지난 후, 학생들은 짧은 발표를 하고 교사(또는 학생)는 질문의 답이 제대로 나오고 있는지, 학생들이 학습 자료를 익혔는지 확인하는 토론을 진행한다.

그러나 매일 이렇게 똑같은 방식으로 수업을 하면 지루해질 수밖에 없다. 따라서 교사와 학생은 이 기본적인 접근법을 여러 가지로 변형한 방법에 대해 생각해 봐야 한다. 이러한 방법의 예로 다음과 같은 전략이 가능하다.

- 학생들 전부가 개별적으로 학습하거나 팀에 소속되어 학습하기
- 각기 다른 규모로 팀을 구성하기
- 팀 또는 개인 간에 경쟁을 통해 보다 빨리 또는 보다 완벽하게 답을 찾아내기
- 모두가 새로운 자료를 찾기
- 모두가 기존의 자료나 근거 없는 믿음이 틀렸음을 밝혀내기
- 프로젝트 기반의 학습 또는 수업
- 특정 도구에 주력하기(예를 들어, 학생들이 모르거나 시도해 본 적이 없는 도구)
- 컴퓨터나 위키피디아를 사용할 수 없거나 서로 협업을 할 수 없는 제약 상황 만들기
- 웹퀘스트webQuest와 같은 인터넷 기반의 정보 탐색하기

- 각기 다른 발표 시간(30초, 1분, 5분 등)을 정해 서로 다른 방식(파워포인트나 오디오, 동영상 이용 등)으로 발표하기

예를 들어, 교과 단원을 총괄적으로 안내하는 질문이 "시란 무엇인가?"라면, 하루는 학생들을 그룹으로 묶어 질문에 대한 답을 찾도록 하고, 다른 날에는 학생들이 개별적으로 ("좋은 시의 조건은 무엇인가요?"라는 보다 상세한 질문에 대한 답을 요구하며) 자신이 좋아하는 시를 찾고 게시하도록 한 뒤 다른 학생들에게 그 기준을 알아내도록 할 수 있으며, 또 다른 하루는 ("누구라도 시를 쓸 수 있을까요?"라는 질문에 대한 답을 하면서) 학생들이 직접 시를 쓰고 게시한 뒤 또래 간 평가를 받거나 교사에게 평가를 받도록 할 수 있다.

학습을 안내하는 질문과 학생들의 열정을 연결하기

모든 학생들의 흥미를 끄는 질문을 만들고 학생들이 모두 그 질문에 대답하도록 동기를 부여하기 위해서 필요한 교사의 주요 책임은 각 학생들이 학습을 안내하는 질문과 자신의 개별적인 열정을 연관 지을 수 있도록 돕는 것이다. 이것은 개별 학습을 하든, 그룹 학습을 하든, 또는 사전 준비를 하든, 즉흥적으로 하든 다양한 방식으로 이루어질 수 있지만, 어떻게 할 것인지 미리 생각해 보는 것이 학습 계획을 짤 때 요구되는 중요한 단계이다. "분수란 무엇이며, 그것은 왜 필요한가?"라는 질문을 던지는 수업은 다른 많은 수업들과 마찬가지로 음악, 스포츠, 컴퓨터, 과학, 예술 등 각기 다른 열정을 가진 개별 학생 또는 그룹에게 맞추어 진행할 수 있다.

각 학생에게 부합하는 개별적인 수업을 하기 위해서 파트너 관계를 기반으로 가르치는 교사는 학습 계획을 세울 때 다수의 교사들에게 익숙한 방식과는 다른 접근법을 취한다. 수업 시간에 모든 학생들에게 적합한 수업을 하기 위해 매일의 학습 계획을 준비하는 대신에 할 수 있는 파트너 관계 기반 수업의 대안

은 다음과 같다.

- 학생의 열정과 학습 진행 상황에 대해 알고 있는 사항을 고려할 때, 이것은 학생 1을 위한 계획이다.
- 학생의 열정과 학습 진행 상황에 대해 알고 있는 사항을 고려할 때, 이것은 학생 2를 위한 계획이다.
- 학생의 열정과 학습 진행 상황에 대해 알고 있는 사항을 고려할 때, 이것은 학생 3을 위한 계획이다.

매일 이렇게 매우 상세하게 계획을 세우는 것은 현실적이지 않거나 심지어는 불가능할 수 있다. 담당하는 학생이 20~30명뿐이라고 할지라도 항상 개개인에게 맞춘 계획을 세우기란 힘들다. 그러나 다행히도 여러분에게 도움이 될 방법이 있다. 학생들에게 여러분이 논의하고 있는 것을 그들의 열정과 결부지어 생각할 책임이 있음을 인지시킴으로써, 그들과 함께 계획을 세울 수 있다. 사실 여러분은 학생들이 매일 이러한 연결점을 찾을 수 있도록 독려(그리고 심지어 요구)해야 한다. 개인 공책이나 개인 혹은 학급 전체가 운영하는 블로그는 학생들이 연결점을 찾아 기록하는 좋은 공간이 될 수 있다. 교사는 차후에 사용하거나 동료들과 공유하기 위한 목적으로 학생들이 찾은 연결점을 기록해야 한다.

파트너 관계 맺기를 위한 조언

학생들에게 공책이나 블로그, 또는 그들이 고른 다른 수단에 "내가 배우고 있는 것을 내가 좋아하는 것과 관련짓기"라는 제목을 붙여 보관하도록 하라. 하루 또는 이틀 간격으로 잠시 시간을 내 공책이나 블로그의 공간들을 채워 나가도록 하라. 만약 학생이 어떤 생각도 나지 않는다고 한다면 여러분이나 학급 친구들에게 도움을 요청하게 하라.

내가 무슨 말을 하려는 것인지 다음의 예를 통해 설명하겠다.

가령 여러분이 분수를 가르치고 있다고 해 보자. 그날의 총체적인 질문은 "최소공통분모는 무엇이며, 왜 필요한가?"이다. 음악에 열정을 가지고 있는 학생은 이 질문을 음표와 관련지어 생각할 때 가장 잘 이해할 수 있을 것이다. 반면, 스포츠를 좋아하는 학생은 통계와, 정치에 관심이 많은 학생은 여론조사와, 동전을 수집하는 학생은 동전의 가치와 관련지어 생각할 때 질문을 가장 잘 이해할 수 있다.

아니면 여러분이 미국의 수정헌법 1조에 대해 가르치고 있다고 생각해 보자. 이 경우, 음악에 열정적인 학생은 이 주제를 가사와 관련지을 때 가장 잘 이해할 수 있다. 스포츠에 흥미를 보이는 학생은 운동선수의 정치적 견해와, 정치에 관심이 있는 학생은 텔레비전 유세와, 동전을 수집하는 학생은 광고 및 위조와 관련지어 생각할 때 이 주제를 가장 잘 이해할 수 있다.

물론, 여러분은 이 모든 연결점을 단지 이론적일 뿐 아니라 실제적으로 만들기 위해 노력할 것이다.

각 학생의 흥미와 열정을 알면 학습 계획을 세울 때 즉각적이고 엄청난 도움이 된다. 앞에서 언급한 방법 이외에 여러분은 다음 조치를 취할 수도 있다.

1 여러분이 가르치고 있는 과목에 대하여 정말로 열성적인 학생을 또래 간 수업을 위한 교사로 삼아라.
2 여러분이 가르치고 있는 과목을 학생들의 흥미와 열정과 관련지을 수 있는 방법을 연구하고, 이것을 이용하여 당신의 제안이 학생들의 관심을 더욱 잘 끌 수 있도록 만들어라.

예시

1 여러분은 학생 중 한 명이 동전 수집에 열성적이라는 사실을 알고 있다. 그렇다면 이 학생에게 어떠한 접근법을 취할 수 있을까?

- 수학 교사로서 여러분은 서로 다른 가치의 통화와 관련지어 질문을 던질 수 있다. 통화 전환은 곱셈과 나눗셈 기술을 요구한다. 옛날 영국 통화의 경우, 12와 20을 곱하거나 나누어 서로 다른 화폐 단위의 가치를 비교할 수 있다.* 교실에서 인터넷을 사용할 수 있다면 더욱 심도 있는 연구가 가능하다.

- 국어 교사로서 여러분은 어떻게 할 수 있을까? 모든 주화가 읽거나 글로 남길 수 있는 이야기를 담고 있다는 사실을 인지하며 이에 대한 질문을 할 수 있다. 여러분은 『알리바바와 40명의 도둑』과 『베니스의 상인』과 같이 돈을 주요 소재로 한 문학작품과 학생 간의 연결점을 찾을 수 있다.

- 사회 교사로서 여러분은 학생에게 학습하고 있는 시대와 문화의 화폐 제도를 연구하도록 하고 민족과 장소, 문화적 행위, 상대적인 비용 등과 관련하여 어떠한 연구 결과가 도출되었는지 확인할 수 있다.

- 과학 교사로서 여러분은 재료 과학과 화학 수업을 시작할 때, 과거와 현재에 동전을 만드는 재료가 어떠한지, 그 이유는 무엇인지 학생들에게 질문할 수 있다.

- 외국어 교사로서 여러분은 동전을 통해 학생이 학습하고 있는 외국어를 사용하는 문화의 역사를 어떻게 알 수 있는지 질문할 수 있다.

2 여러분은 몇몇 학생이 음악에 열정을 보인다는 사실을 알고 있다(이런 경우가 분명 있었을 것이다). 여러분은 그들의 흥미를 유발하기 위해 수업을 어떠한 방식으로 진행할 것인가?

- 수학 교사로서 여러분은 음악의 리듬, 구성, 기타 수학적 요소와 관련하여 질문할 수 있다.

- 국어 교사로서 여러분은 노래 가사, 오페라 대본, 또는 기타 음악적 형식

---

* 1960년대까지 영국의 화폐 단위에는 파운드, 실링, 페니 등이 있었는데, 1파운드는 20실링, 1실링은 12페니였다.

에 대해 질문할 수 있다.

- 사회 교사로서 여러분은 학생들에게 학습하고 있는 시대나 문화에 대해 이해하기 위해서 당시의 음악이나 그 시대에 관해 이야기하는 음악을 어떻게 이용할 것인지 질문할 수 있다.
- 과학 교사로서 여러분은 학생들에게 인체생물학과 심리학 영역의 도입부로서 우리는 음악을 어떻게 인지하며 그것의 영향력은 어떠한지 질문할 수 있다.
- 외국어 교사로서 여러분은 문화와 관련된 음악과 가사가 어떻게 해당 문화의 언어를 탐구하기 시작하는 계기가 될 수 있는지 질문할 수 있다.

열정은 학습 스타일이나 하워드 가드너가 말한 다중지능(이 두 요소는 존재 여부에 대한 논란이 있기도 하다)과 같은 다른 차별화 요소에 비해 훨씬 더 파악하기 쉽고, 훨씬 더 학생 맞춤형 수업을 잘할 수 있게 한다. 열정은 분명히 존재하며, 학생들은 자신이 무엇에 열정을 느끼는지 여러분에게 말할 것이다. 열정을 기반으로 한 차별화를 가능하게 (그리고 심지어는 상대적으로 훨씬 더 쉽게) 만드는 것은 파트너로서 여러분이 혼자서 모든 것을 알아낼 필요가 없다는 데 있다. 학생들에게 물어보면 되기 때문이다!

일단 학교 공부를 자신들의 열정과 연관 짓기 위한 아이디어를 얻게 되면, 학생들은 보다 많은 것을 원할 확률이 크다. 여러분이 올바른 방법으로 열정에 대한 질문을 함으로써 (여러분과 학생들에게 적합한 올바른 방법이 무엇인지 정확히 파악하기 위해서는 시간을 들인 반복적인 연습이 분명 필요할 것이다) 학생들과 함께 학습을 한다면 놀라운 즐거움을 얻게 될 것이다.

학생들이 자신만의 길을 선택해 답을 찾도록 허용하기

이미 알고 있다시피 파트너 관계 기반 수업을 할 때 각 학생(또는 그룹)은 학습을 안내하는 질문에 대한 답을 찾기 위해 자신만의 길을 선택하기 마련이므로 여러분은 이 사실을 고려하여 학습 계획을 세울 필요가 있다. 앞서 논한 바와 같이 여러분은 교실 좌석 배치에 대해 생각하고, 수업이 진행됨에 따라 팀을 구성하고 해체할 때 좌석 배치를 바꾸길 원할 것이다. 여러분은 가능하다면 일정 수의 학생들에게 도서관 이용을 허용하기 위해 허가증을 비치하길 바랄 수도 있다. 또한, 일부 웹사이트의 차단을 일시적으로, 또는 훨씬 바람직하게는 영구적으로 해제할 필요가 있을 수 있다(이 문제는 종종 학교의 기술 책임자와 상의 후 해결할 수 있다). 유튜브나 다른 유용한 사이트들이 영구적으로 차단되어 있는 경우, 여러분은 학생들이 자유롭게 이용할 수 있도록 몇몇 동영상이나 기타 자료들을 집에서 내려 받거나 녹화하고 싶을 수도 있다. 전자 화이트보드를 사용할 수 있는 경우에는 학생들 각 개인이나 팀이 그것을 이용하여 학습을 하길 원할 수도 있다.

이 모든 상황은 대개 교사와 호명된 학생의 목소리만 들리는 전통적인 교실과 달리 떠들썩하고 자유로운 분위기의 수업을 의미한다. 그리고 이러한 수업은 교사인 여러분이 교실 앞에 서 있는 것이 아니라 여기저기 돌아다니면서 학생들 개인이나 그룹에게 어디를 보고 어떻게 시작해야 할 것인지에 대한 조언과 안내, 제안을 하게 될 것임을 의미한다. 이를 위해 학생들이 학교 안이나 심지어 건물 밖에서 조사를 할 수 있도록 여러분이 허락을 받아야 할 수도 있다. (물론, 이 문제는 학교 당국의 관리자를 통해 해결해야 한다. 점점 더 많은 교육감과 교장이 이와 같은 새로운 방식의 학습을 예전보다 잘 이해하고 공감하며 지지하고 있다.)

파트너 관계가 여러분의 교실이 엄청난 혼란으로 휩싸여야 하거나 그렇게 될 것이라는 것을 의미하는 것은 절대 아니다. 파트너 관계 기반 수업을 소개할 때 학생들이 이를 확실히 이해하고 수용할 수 있도록 해야 한다. 학생들에게 (예전에는 느끼지 못했을 수도 있는) 자기 학습에 대한 책임감이 주어지고, 따라서 책임감 있는 행동이 요구된다는 사실을 교사와 학생이 함께 깨닫는 것이 파트너 관계에 있어서 중요하다. 책임을 지는 것은 학생들이 파트너 관계를 맺을 때 얻을 수 있는 엄청난 학습 경험이다. 일부 교사들에게 이것은 학생들로 하여금 이른바 '교실에서의 세 가지 법칙'을 따르도록 하는 것을 의미한다.

1 항상 윤리적으로 행동하려고 노력하라.
2 최선을 다해 배우라.
3 수업이 진행되는 동안 다른 학생을 방해하지 않도록 하라.

스스로 학습을 하지 않는 것은 비윤리적이기 때문에 용인될 수 없다. 게으른 태도, 즉 최선을 다해 학습하지 않는 것 역시 용인될 수 없다. 시끄럽게 장난을 치거나 당장 해야 할 과제와 관련이 없는 영상을 찍는 등 다른 학생들의 학습을 방해하는 행위 역시 마찬가지다. 반면, 비록 소란스럽고 요란하다고 할지라도 학습을 안내하는 질문에 초점을 맞춰 모두가 참여하는 활발한 토의나 토론은 괜찮다.

2 동사에 중점을 두기
— 필수 기능과의 접점 찾기

파트너 관계 기반 교수법과 교육과정 간에 두 번째로 중요한 연관성은 학습을 안내하는 질문에 대한 답과 연결되며 그 답을 도출하기에 적합한 동사, 즉 기능을 통해 나타난다. 이러한 동사는 교육과정에 규정되어 있고 (대부분의 교육과정은 점점 더 기능을 기반으로 하고 있다) 학생들이 파트너 관계 기반 학습을 통해 익혀야 하는 기능이다.

파트너 관계 기반 수업을 계획할 때 교사는 이러한 기능을 명확히 제시하는 법을 파악해야 한다. 학생들이 그들이 배우고 있는 것이 사실과 내용일 뿐 아니라 기능이라는 점을 이해하는 것은 중요하기 때문이다. 예를 들어, 학생들은 중요한 사건이 발생한 날짜를 찾고 학습하면서도, 이면에서는 조사 기법 개발, 논증, 역사적 분석 수행, 비판적 사고와 같은 기능을 연습하고 있으며, 그래야 한다.

자신이 어떤 질문에 대답을 하고 있는지 학생들이 항상 알아야 할 필요가 있듯이, 그들은 이러한 질문에 대답을 할 때 배우고 연습하고 숙달하도록 요구받는 기능이 무엇인지 매 순간 정확히 알 필요가 있다. 여러 복잡한 컴퓨터 게임과 비디오 게임을 생각하면 쉽게 이해할 수 있다. 게임을 하는 사람은 자신이 성취한 것을 바탕으로 획득한 여러 기능에 대해 점수, 즉 레벨을 받는다. 그리고 '레벨 업'을 하기 위해서는 모든 기능을 능숙하게 사용해야 한다. 파트너인 교사가 해야 하는 일도 이와 유사하다. 교사는 학습 중인 기능이 무엇인지 명확히 하고 학생들이 자신이 각 기능에 대해 얼마나 능숙한지 알 수 있도록 도와야 한다. 파트너 관계를 기반으로 가르치는 교사는 학생들이 자연스레 자신이 학습하고 있는 내용과 배우고 있는 기능 사이에 심리적인 연결성을 찾을 수 있을 것이라고 가정해서는 안 된다. 이러한 연결성은 언제나 가능한 한 명확하게 설명되어야 한다.

이와 같은 동사 중심의 계획을 설계하는 단계에서 교사는 학생들이 학습 내용을 가지고 무엇을 하면 좋을지 생각한다. 즉, 질문에 대한 답을 통해 학생들이 배우고 연습하고 숙달했으면 좋겠다고 생각하는 기본적인 (그리고 최우선적인) 기능을 생각하고 결정한다. 학습 계획을 세우고 설계할 때 교사가 해야 할 매우 중요한 일은 동사를 매우 중점적으로 생각하고, 수업 시간에 사용하게 될 도구나 기술로 지나치게 빨리 옮겨 가지 않는 것이다.

학생들이 학습을 안내하는 질문에 대한 답을 하고 학습 내용을 배울 때 어떠한 학습 기능을 연습해야 할까? 읽기? 아마도 그럴 수 있다. 암기하기? 아마 필요 없을 것이다. 분석하기? 조사하기? 비판적이거나 논리적으로 사고하기? 판단하기? 통합하기? 토의하기? 협업하기? 아니면 학생들은 학습 내용과 관련하여 무엇을 해야 할지 스스로 파악해야 할까? 계획을 세울 때 파트너 관계 기반 교수법을 통해 여러분이 가르치고 있고 중점을 두고 있는 기능에 대해 시간을 내서 신중하게 생각하고, 학습 내용과 관련하여 학생들에게 '수행'하도록 하려는 동사를 골라라. 그럼 여러분은 적절한 기술도 저절로 찾을 수 있을 것이다.

97쪽에서 살펴보았듯이 [표 2-1]은 이 책에서 고려하는 모든 학습 '동사'를 포함하고 있다. 각각의 동사는 유용하고 적절한 특정 명사, 즉 도구와 관련이 있다. 이 책의 앞부분으로 다시 돌아가 목록을 자세하게 살펴보길 바란다.

여러분은 다음과 같은 방법으로 목록을 이용할 수 있다.

- 모든 '동사'를 살펴본 후 여러분이 다양한 수업에 각각 적용할 수 있는 '동사'를 결정하라.
- 학생들을 독려하여 사용하고 연습하고 향상시키길 바라는 특정한 '동사'에 초점을 맞춰라.
- 기존의 수업 및 학습 내용 중 일부를 학생들이 해당 내용을 숙달할 때 배우는 '동사'와 연결 지어 다시 생각해 보도록 하라.

두 개의 특별한 '동사'

목록에 제시된 동사 대부분은 자명해서 특별한 설명이 필요하지 않다. 그러나 그중에 두 가지, 빈번하게 의사결정하기와 소크라테스식으로 문답하기를 선정하여 논해 보도록 하겠다.

빈번하게 의사결정하기

놀랍게도, 대부분의 학생들이 수업 시간에 상대적으로 빈번하게 수행하는 동사 중 하나가 의사결정이다. 교사들은 질문을 할 때 모든 학생들에게 결정하도록 하지 않고 손을 들고 자원하는 일부 학생들의 대답에 만족하는 경우가 많다. 그리고 학생들은 자신이 대답할 필요가 없는 경우, 구태여 결정을 내리려 하지 않는다. 의사결정(그리고 그러한 결정이 좋은 결정인지에 대한 피드백을 얻는 것)

은 중요한 학습 방법 중 하나이기 때문에 이러한 현상은 학생들의 학습에 결코 유익하지 않다. 콜브Kolb가 제시한 '행동, 관찰(또는 피드백), 고찰, 추려 내기'로 이어지는 학습 고리learning loop of action는 널리 알려져 있으며, 대부분의 학습이 이루어지는 방식으로 인정받고 있다.[20]

학생들에게 가장 많은 결정을 요구하는 상황이 시험을 볼 때라는 것은 정말로 이상한 일이다. 시험을 보고 난 후 학생들의 결정에 대한 피드백은 이루어지지 않기 때문에(설사 피드백이 있다 하더라도 지나치게 늦기 때문에) 시험 때 내린 결정은 학습에 도움이 되지 않는다. 우리가 학습 시간에 의사결정 과정을 훨씬 더 빈번하게 포함시킨다면 학생들에게 큰 도움이 될 것이다. (이것은 게임을 이용할 때 아이들의 학습 성취가 높아지는 이유이기도 하다. 대체적으로 게임은 순간순간 피드백이 수반되는 결정을 요구한다.)

파트너 관계를 기반으로 가르치는 교사가 좀 더 빈번한 의사결정을 수업에 포함시키기 위해 사용할 수 있는 전략이 몇 가지 있다.

1 질문을 더 많이 하라.

2 여러분이 하는 모든 질문에 모든 학생이 대답을 하도록 하라. 물어볼 가치가 있는 질문이라면 모든 학생들이 질문에 대한 답을 찾아야 한다. 특히, 학습을 안내하는 질문에는 모든 학생들이 답하도록 하라.

3 각각의 학생들이 입장을 취하도록 하라. 토론을 하는 동안 학생들은 모두 카드(예를 들어, 양면이 각각 붉은색과 녹색인 카드)를 들어 자신이 생각하는 답을 보여 주거나 색인 카드에 대답을 쓸 수 있다.

4 여러분의 학교에 클리커가 있다면 그것을 사용하라. 클리커를 이용하면 모든 학생들이 답변을 할 수밖에 없다. (휴대폰을 이용하여 문자나 트위터를 통해 또는 웹사이트 www.polleverywhere.com에 접속해서 답변할 수도 있다.)

5 학생들에게 짧은 시간에 다양한 결정에 대한 피드백을 주고받을 수 있도록 (가령, 파워포인트를 이용하여) 템플릿을 만들도록 하라([그림 5-1] 참조). 이

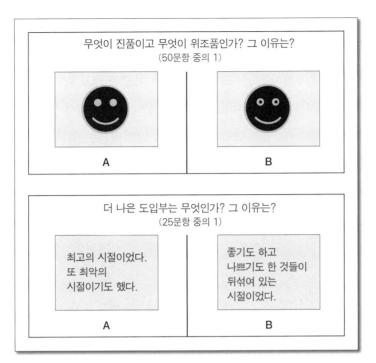

[그림 5-1] 의사결정 피드백의 견본 템플릿

것은 플래시 카드와 유사하지만 보다 복잡한 문제와 결정을 포함하고 있다. 미술 수업 시간이라면 무엇이 진품이고 무엇이 위조품인지 (그리고 학생들이 그렇게 생각하는 이유는 무엇인지) 결정을 내릴 수 있다. 국어 수업 시간이라면 두 개의 대안 중 어느 것이 최고의 도입부 또는 결말인지, 그리고 그 이유는 무엇인지에 대해 결정을 내릴 수 있다.

파트너 관계 맺기를 위한 조언

파트너 관계 맺기의 일부로서 의사결정을 늘리기 위한 방법에 대해 학생들과 논의하라. 그룹이나 팀은 템플릿을 사용하여 자신들이 학습하고 있는 부문에 대한 의사결정 능력에 대해 서로를 평가할 수 있을 것이다.

소크라테스식으로 문답하기

법학대학원을 제외하면 거의 사용되지 않고 초·중·고등학교의 교육 단계에서는 좀처럼 가르치지 않는 또 다른 중요한 기술은 소크라테스식(즉, 생각을 깨우는) 문답하기이다. 소크라테스식이라는 단어가 자주 귀에 들리지만(그리고 보통 오용되기도 하지만), 진정한 소크라테스식 문답하기는 질문을 받은 사람이 자신의 입장에 대한 논리적 모순을 인지하고 생각 중인 주제에 대한 입장을 다시 생각해 보도록 하는 개방형 질문을 하는 것을 의미한다.

미네소타주 노스필드에 있는 칼턴 대학의 부속 기관인 과학 교육 자료 센터 웹사이트를 보면 소크라테스식 문답하기에 대해 잘 설명되어 있다.[21]

초기 그리스 철학자/교사인 소크라테스(약 BC 470~399년)의 이름을 따서 명명한 소크라테스식 교육 접근법은 훈련되고, 엄정하게 심사숙고한 대화를 수행하는 것을 기반으로 한다. 교사는 학생들과의 적극적인 대화를 끌어내기 위해 논의 중인 주제에 대해 무지한 척한다. 소크라테스는 학자 및 학생들이 심사숙고한 질문을 훈련하여 수행함으로써 사고를 논리적으로 검토하고 이러한 사고의 타당성을 판단할 수 있게 된다고 믿었다. 변증법적 접근법으로도 알려진 이러한 종류의 질문하기는 잘못된 견해를 바로잡고 신뢰할 수 있는 지식을 구축하도록 이끌 수 있다.

'소크라테스식 문답하기'는 단순해 보일 수도 있지만 사실상 엄청나게 엄격하다. 소크라테스의 제자인 플라톤의 글에 설명되어 있듯이 교사는 어떤 사람이 주어진 주제에 대해 가지고 있을 수 있는 최대한의 지식을 알아보기 위해 그 주제에 대해 무지함을 가장한다. 개개의 인간은 모순을 인지하는 능력을 가지고 있다. 그렇기 때문에 소크라테스는 엄정한 질문의 과정을 통해 불완전하거나 정확하지 않은 생각을 올바르게 고치고 진실과 정확에 더 가까이 접근할 수 있다고 생각했다.

소크라테스식 문답하기를 하는 동안 교사는 학생들의 시각을 존중하고, 그들이 이해했는지 여부를 살피고, 그들의 생각에 진정으로 흥미를 갖는, 비판적인 사고의 본보기가 된다. 교사는 주어진 주제를 처음 접하는 사람이 혼자 힘으로 개발할 수 있는 질문보다 더 의미 있는 질문을 제시한다. 교사는 지적 자극을 유발하는 교실 환경을 조성하고 유지하며, 그러한 환경 속에서 학생들의 가치를 인정한다. 지적으로 열려 있고 안전하며 노력을 요하는 학습 환경 속에서 학생들은 쉽지 않은 도전을 받으면서도 또래들 앞에서 질문에 대해 솔직하고 충분하게 답을 하는 데 편안함을 느낄 것이다.

예를 들어, 교육에 대해 논할 때 소크라테스식 질문은 "우리는 왜 학교에 다니는가?"가 될 수 있다. 제2차 세계대전에 대해 논할 때는 "히틀러가 지배하던 독일의 좋은 점은 무엇이었나?"가 될 수 있다.

파트너 관계를 기반으로 배우는 학생은 소크라테스식 문답하기 기능을 배우고 사용할 기회를 가져야 한다. 교사가 소크라테스식 문답하기의 실례를 직접 보여 줄 수 있고 그렇게 해야 하지만, 그것을 연구하고 서로 연습하는 것은 학생들이 할 수 있는 일이기도 하다.

파트너 관계 맺기를 위한 조언

여러분과 학생들이 자신의 입장에 대해 숙고할 수 있도록 도와주는 질문을 던지며 완전하게 소크라테스식으로 토론을 개최하라.

여러분이 파트너 관계 기반 수업, 즉 학습을 안내하는 질문을 설계하고 적절한 동사에 집중하는 것을 계획하고 고려할 때 파트너 관계 기반 교수법에서 말하는 교사로서 갖춰야 할 다양한 역할을 기억하고 생각하라. 교육 전문가로서의 역할 역시 중요하지만, 코치와 안내자로서의 역할은 특히 중요하다. 일반적

으로 여러분이 학습 내용보다 학습을 안내하는 질문 그리고 동사와 관련하여 우선적으로 계획을 세운다면 코치와 안내자의 역할을 어떤 식으로 수행할지 생각하기가 훨씬 쉬워진다.

질문에 대한 답을 교사가 아닌 학생이 찾아내야 하듯이 동사(기능)는 학생들이 학습 내용을 가지고 연습하고 수행해야 하는 것이라는 사실을 기억하라. 그리고 이때 교사와 학생이 상호 동의하여 마련한 다양한 차별화된 활동을 사용할 수 있다.

학생들이 이러한 활동을 하기 위해 사용할 수 있는 도구는 다양하다. 이 중 일부는 여러분에게 익숙하며 수년 동안 여러분이 학생들과 사용해 왔던 전통적인 비디지털 도구(예를 들어, 책)이다. 그러나 이보다 많은 새로운 디지털 도구들이 있다. 그리고 학생들이 사용할 수 있는 디지털 도구의 수와 종류는 계속해서 늘어날 것이다.

파트너 관계를 기반으로 가르치는 교사로서 여러분이 학교에 있는 많은 도구들을 학생들의 학습에 최대한 도움이 되도록 활용하기 위해서는 어떻게 해야 할까? 이 문제는 다음 장에서 다루도록 하겠다.

6장

파트너 관계를 맺기 위해
기술 사용하기

1 파트너 관계 기반 교육에서 기술은 어떤 역할을 할까?
2 학생들이 이용 가능한 모든 기술을 사용하도록 하기 위해서는 어떻게 해야
  할까?
3 학생들이 사용할 수 있는 적절한 명사, 즉 도구를 어떻게 선택하면 좋을까?

앞 장에서는 학습을 위한 동사(즉, 기능)에 대해 논의했다. 이 장에서는 학생들이 학습을 안내하는 질문에 답을 하고, 학습의 기반이 되는 기능을 연습하며, 발표를 하고, 이를 통해 자료를 학습하는 데 사용할 수 있는 실질적인 기술 도구, 즉 '명사'를 살펴볼 것이다.

내가 '동사/명사'라는 중요한 비유를 통해 이 두 가지의 구분을 강하게 강조하는 이유는 이러한 구별을 통해 파트너 관계를 기반으로 가르치는 교사(이 문제에 있어서는 사실상 모든 교사)가 교육에서 가장 중요한 것에 초점을 맞출 수 있기 때문이다. 가장 중요한 것은 기술 자체가 아니라, 기술의 유무에 상관없이 학생들이 배우고 숙달해야 하는 기본적인 기능이다. 그렇기 때문에 나는 학생들이 (이 시대의 도구이자 그들이 어른이 되어 어떤 일을 하게 되든 사용하게 될) 디지털 기술을 사용하는 것에 크게 찬성하면서도 기술 그 자체로는 우리에게 도움이 되지 않을 것이라고 본다.

이미 논의했듯이 학습을 위한 동사, 예를 들어, '이해하기', '소통하기', '발

표하기', '설득하기' 등의 기능(97쪽의 [표 2-1] 참조)은 21세기를 살아가는 학생들에게도 다르지 않게 적용될 것이다. 이러한 동사들은 교육에서 중요한 요소이자, 우리 학생들이 갖추고 있으면 좋을 기능이며, 우리가 신중하게 지키고자 하는 교육의 일부이다. 아기와 목욕물에 관한 오랜 비유적 표현*에서 본다면 동사는 아기에 해당된다.

1 명사: 학생들이 사용하는 도구

그렇다면 명사는 무엇일까? 명사는 동사를 '수행'하기 위한 도구이다. 동사와 달리 명사는 변한다. 명사는 시간이 흐르고 기술이 향상되면서 바뀐다. 물론, 기술은 오늘날의 교육에서 굉장히 중요하다. 기술을 가능한 한 많이 사용하는 것은 21세기 초를 살아가는 학생으로서 우리 아이들이 가진 타고난 권리에 속하며, 우리 모두는 교육자로서 학생들에게 가능한 한 많은 기술 도구를 제공하려고 노력해야 한다. 그러나 기술은 단지 도구이며 앞으로도 언제나 그럴 것이다.

연구자인 앨런 케이Alan Kay는 "당신이 태어난 후에 발명된 것만이 오직 '기술'이다."라는 유용한 말을 했다. 우리는 이미 더 이상 기술이라고 생각하지 않는 여러 형태의 기술(책, 백과사전, 칠판, 심지어 종이와 연필)을 수업에서 사용하고 있다. 교육 기술 도구(명사)는 과거에 변화를 겪었다. 이를테면 두루마리는 책으로, 펜과 잉크통은 볼펜으로, 칠판은 화이트보드로, 분필은 마커 펜으로, 개인 가정교사는 학급 교사로 바뀌었다. 그러나 이러한 것들은 일반적으로 수십 년, 수백 년 동안 아주 서서히 변화했다. 이와 같은 변화의 속도는 매우 느리고 교사가 교직에 몸담은 한평생 동안 도구의 변화가 일어나지 않는 경우도 많았기 때문에

....

* 사소한 것을 위해 소중한 것을 잃지 말라는 의미의 '목욕물을 버리려다 아기까지 버리지는 마라(Don't throw baby out with the bathwater)'라는 관용적인 표현이 있다.

교육을 위한 명사는 고정되어 있다는 생각을 하는 교사들도 있었을 것이다.

그러나 실제로는 그렇지 않다. 동사는 일정하게 머물러 있지만 명사는 변한다. 그리고 어느덧 이러한 변화는 대단히 가속화되고 있다. 우리는 새로운 학습 도구가 이전에 경험해 보지 못했던 속도로 나타나고 바뀌며 심지어는 사라지는 등 도구의 변화가 수십 년, 수백 년이 아닌 수개월, 수년 안에 일어나는 시대인 21세기 디지털 시대에 들어섰다.

2 기술은 어려운 것을 쉽게 배울 수 있게 도와준다

파트너 관계를 기반으로 가르치는 교사는 학생들에게 학습을 안내하는 질문을 던지고 학생들이 적절한 동사를 이해하고 있다는 사실을 확인하면(즉, 파트너 관계로 수업을 하는 학생들이 자신의 목표를 알면), 그들이 학습을 안내하는 질문에 대한 답을 알고 필수 기능을 숙달했음을 자기 자신과 교사가 확신할 수 있을 때까지 스스로 그리고 또래와 협동하여 (그리고 교사의 안내와 코치를 받아) 학습하도록 해야 한다.

학생들이 내용과 기능 모두를 스스로 학습하기 위해서는 도구가 필요하다. 파트너 관계로 가르치는 교사의 역할 중 하나가 학생들이 자유롭게 사용할 수 있는 적절한 학습 도구를 전부 파악하여 최적의 도구를 사용할 수 있도록 하는 것이다. 앞서 언급했다시피 교사는 학생들을 위해 도구를 사용해서는 안 되며 그럴 필요도 없지만, 파트너 관계로 가르치는 교사는 어떤 도구가 있으며 각 도구의 역할이 무엇인지 알고 도구의 사용을 독려하며 학생들이 그것을 이용할 수 있도록 해야 한다.

파트너 관계로 가르치는 교사로서 우리는 학생들이 기능을 더욱 잘 익힐 수 있도록 도움을 주기 위해 최대한 많은 현대 기술을 수업에서 사용하고 싶어 한다. 디지털 기술은 학생들이 과거에는 불가능했던 방법으로 스스로 학습을 할 수 있도록 하는 조력자의 역할을 한다. 21세기 초에 성장기를 보내는 우리 학생들은 디지털 기술이 이 시대의 도구를 대표한다는 사실을 알고 있으며, 그러한 도구를 가능한 한 심도 있게 사용할 수 있기를 원한다.

그렇기 때문에 기술의 역할은 파트너 관계 기반 교수법을 지원하는 것이다. 이를 위해 파트너 관계로 가르치는 교사는 학생들이 잠재적으로 이용할 수 있는 현대 기술에는 무엇이 있는지, 그것들은 어떠한 기능을 하며 학생들이 학습을 안내하는 질문에 대해 답을 하고 기능을 연습할 때 어떠한 도움을 주는지 알 필요가 있다. 나는 7장에서 이에 대한 정보를 각 도구별로 제시할 것이다. 여기에 더해 여러분이 추가적인 탐구를 하고 수업을 통해 특히 도움이 될 것이라 생각하는 도구에 대해 학생들과 상의하면서 내가 제시한 정보를 보완하기를 바란다.

3 기술은 교육 기회를 공평하게 만든다
— 모두에게 돌아가는 기술 사용 기회

물론, 모든 기술이 모든 사람들에게 (가장 부유한 사람에게조차) 사용 가능하지는 않을 것이다. 그러나 모든 학생들이 '최소한'에 접근할 수 있다면 이것은 문제되지 않는다. 점점 더, 이 '최소한'은 각 학생이 (휴대폰은 물론이고) 네트워크가 연결된 개인 컴퓨터를 갖는 것이 되고 있다.

현재 학교에서 학생과 컴퓨터를 1:1로 (또는 어느 교사가 말했듯이 핸드폰을 통해 2:1로) 연결할 수 없다 해도, 향후에 이렇게 될 것을 예상할 수 있어야 한다. 파트너 관계로 가르치는 교사로서 여러분은 학생들이 교실에서 이러한 수준의 기술에 접근할 수 있다면 무엇을 해야 할 것인지 생각하며 이를 준비해야 한다. 팀 구성처럼, 1:1 학습에 근접하기 위해 중간 단계에서 교사가 할 수 있고 해야 하는 것들은 많다.

파트너 관계로 가르치는 교사는 오늘날 학교에서 사용할 수 있는 기술에는 어떤 것이 있으며 향후에는 어떤 기술이 나올 것인지, 그리고 현재 이용 가능하지 않은 기술 중 무엇을 요청할 것인지 사전에 생각할 필요가 있다. 또한, 끊임없이 기술 사용을 독려하고 이를 막지 않는 것이 중요한데, 그 이유는 학생들 간에 기술에 대한 접근 기회가 동일하지 않기 때문이다. 기술을 가지고 있지 않은 학생을 팀에 소속시키거나 기술을 가지고 있는 학생과 파트너가 되도록 하고, 모든 사람이 기술에 접근할 수 있도록 실험실이나 도서관, 기술 사용이 가능한 기타 장소를 충분히 개방함으로써 기술이 없는 학생도 충분한 기회를 가질 수 있도록 할 필요가 있다. 많은 학교가 이처럼 기술에 접근할 필요가 있는 학생들을 위해 주말과 주중에는 자정까지 컴퓨터실을 개방한다.

4 학생들이 어떤 기술이든 사용할 수 있도록 허용하라

오늘날 학생들이 사용할 수 있는 기술(130개가 넘는 기술이 7장에 제시되어 있으며 이보다 많은 기술이 매일 나오고 있다)을 전부 검토하는 것은 기술을 좋아하지 않거나 이전에는 기술에 별로 신경 쓰지 않았던 교사에게 과중한 업무로 다가올 수 있다. 그러나 그러한 교사들도 불안해할 필요는 없다. 파트너 관계로 가르치는 교사는 그저 이러한 기술에 대해 알고 학생들의 학습을 어떻게 도울 수 있을 것인지 파악하면 된다. 기술을 사용하는 것은 교사의 일이 아니다. 그것은 학생이 할 일이다.

파트너 관계를 기반으로 가르칠 때 기술을 가장 성공적으로 사용하는 교사들은 대부분 "저는 기술을 거의 다루지 않아요. 학생들이 전부 하죠."라고 말한다. 그리고 그들의 학생들은 상당히 많은 기술을 사용한다.

이는 어쨌든 교사 입장에서 봤을 때 낯선 일이 아니다. 책과 에세이, 소설, 시를 가르치기 위해 교사가 실제로 그것들을 써야 할 필요는 없다. 과학을 가르치기 위해 교사가 실제로 연구하고 발표를 해야 할 필요는 없다. 교사가 영화를 가르치기 위해 영화를 만들어야 할 필요도 없다. 교사(즉, 코치)의 역할은 학생들에게 그러한 것들을 해 주는 것이 아니라 그들이 스스로 할 수 있도록 돕고 피드백을 제공하며 좀 더 나아질 수 있도록 지원하는 것이다.

이것은 학생들이 다양한 기술 도구를 사용할 때 전문가의 조언을 받을 수 없다는 말이 아니다. 오히려 그 반대이다. 다만 교사가 이러한 도구를 전문가처럼 사용할 수 있어야 하는 것은 아니다. 웹 2.0 도구를 효과적으로 사용하거나 훌륭한 동영상이나 팟캐스트를 제작하는 방법을 자세하게 알고 있는 외부 전문가들이 있기 때문이다. 그러한 전문가들을 직접 또는 가상으로, 아니면 책이나 유튜브를 이용하여 수업 시간에 초빙할 수 있다. 그리고 이러한 전문가들과 상호작용하는 수업을 할 때는 그들이 교사를 가르쳐서 교사가 나중에 (그리고 훨씬 비전문적으로) 학생들을 가르치도록 하는 것이 아니라, 그 전문가들이 학생들과 직접 소통해야 (물론, 교사가 있는 자리에서) 한다.

프렌스키의 배신?

학습을 안내하는 질문에 대답하고 동사를 사용하며 기능을 숙달하는 일이 학생의 몫이듯이, 학생들과 파트너 관계를 맺을 때 이용 가능한 기술을 사용해야 하는 사람도 교사가 아닌 학생들이다. 기술에 관해서 만큼은 교사는 사용자가 아니라 안내자이자 코치이며 품질 관리자이다.

파워포인트? 이것은 교사를 위한 도구가 아니다. 파워포인트 사용은 학생들에게만 허용되어야 한다. 전자 화이트보드? 이것 역시 교사를 위한 도구가 아니다. 오직 학생들만 이것을 이용하여 발표를 할 수 있고 그렇게 해야 한다. 컴퓨터나 스마트폰, 블로그, 위키, 페이스북, 트위터, 기타 다른 기술은 어떨까? 교사가 아닌 학생들이 이러한 도구들을 설치하고 사용해야 한다. 흥미롭게도, 이는 초등학생들에게도 마찬가지이다(아마도 더 그래야 할 수 있다). 교사가 이따금씩 (가능한 경우) 자신들이 기대하는 도구의 쓰임새에 대해 모범을 제시하는 것만이

예외적으로 허용된다. 그러나 이것조차 꼭 필요한 것은 아니다. 대부분은 아니지만 다수의 아이들은 긍정적인 피드백을 받을 경우 스스로 학습을 할 수 있다.

그러나 이것이 보편적인 관점이 아니라는 사실에 주목해야 한다. 내가 그것을 배신이라고 부르는 이유이기도 하다. 많은 사람들은 교사가 도구를 사용해야 한다고 생각하며 교사들 다수가 도구를 사용하기 위한 훈련을 요청하고 요청받는다. 그러나 나는 이것이 옳지 않은 방법이라고 생각한다.

나의 견해는 "선생님들이 파워포인트를 만들고 그것을 꽤 잘 만들었다고 생각하지만 칠판에 쓰는 것과 별반 다르지 않아요."나 "기술을 사용하려고 하지 않았으면 좋겠어요. 바보처럼 보일 뿐이에요."라고 말하는 학생들의 의견을 어느 정도 근거로 하고 있다. 그리고 또 교사들이 기술을 사용할 때 자신이 사용할 줄 아는 기능의 일부만을 쓰면서 (간절히) 그 기술을 사용하고자 하는 학생들을 저지하는 걸 목격한 나의 경험도 근거로 작용하고 있다.

물론, 그렇다고 해서 교사들이 학생들과 소통하기 위해 기술을 사용해서는 안 된다는 말을 하는 것은 아니다. 이때에는 교사도 기술을 사용해야 한다. 그러나 파워포인트가 아니라 문자와 이메일, 온라인 게시판 등을 이용해야 한다. 이러한 것이 (적어도 학생들의 시각에서는) 소통을 위한 가장 좋고 쉬운 방법이 될 때가 많다. 그리고 또래들 간에도 그렇듯이 교사가 학생들과 소통하는 기술에 대해 제대로 이해하고 있는 경우라면 확실히 문제가 되지 않는다.

그러나 전반적으로는 다음과 같은 견해를 규칙으로 삼아야 한다고 생각한다. 파트너 관계로 가르치는 교사는 학생들을 대신해서 기술을 사용해서는 절대로 안 된다.

최근에 나는 오래 교직 생활을 해 온 교사의 블로그에서 어떤 글을 보게 되었다.

교직 생활을 해 오면서 나는 교실에서 학습 도구를 활용하기 위해서는 나 자신이 그 도구를 능숙하게 사용할 수 있어야 한다고 믿어 왔다. 어쨌든 그것들을 효과적으로 사용하는 방법을 보여 줄 수 있는 전문 지식 없이 어떻게 학생들에게 도구를 사용하라고 요구할 수 있겠는가? … 내가 어떤 기술에 대해 전문 지식이 없는데도 불구하고 학생들에게 그 도구를 사용하라는 과제를 주는 것은 정말 쉽지 않은 용기가 필요하다는 사실을 인정해야 했다. 그러나 놀랍게도 학생들은 그 사실을 흔쾌히 받아들인다. … 그들은 나보다 그것을 더 잘 알고 있고 나는 정말 기꺼이 그들로부터 배울 마음이 있다. '새로운 기술 경험에 대한 열린 마음'은 교사로서의 신뢰와 영향력을 약화시키지 않는다. 학생들은 이를 멋지다고 생각하며, 학습 내용에 대한 나의 지식과 전문성보다 그들과 더 깊은 연결성을 만드는 방법이라 여긴다.[22]

기술에 특히 능숙한 (그리고 자신감을 갖고 있는) 교사들은 학생들을 대신해 기술을 사용(예를 들어, 블로그를 개설하고 파워포인트 발표 자료를 만드는 등)하고 싶다는 생각을 하게 될 것이다. 그러나 이러한 유혹을 물리쳐야 한다. 길게 보면 결국 학생들이 (대부분의) 교사들보다 훨씬 더 효과적으로 기술을 사용할 수 있다. 그리고 학생들이 기술을 사용하지 못한다고 하더라도 그들이 사용하는 법을 익혀야지 교사가 그들을 대신해서는 안 된다.

따라서 분명히 해 두자. 파트너 관계로 이루어지는 수업에서는 기술이 많이 이용되어야 하는가? 물론 당연하다. 기술을 사용하는 것이 교사여야 하는가? 그런 일은 아주 가끔이어야 한다. 학생들이 기술을 사용할 수 없거나 사용하지 않아야 하는 상황(예를 들어, 시험을 볼 때)에서 무언가를 위해 사용하거나 학생들이 수업 시간에 기술을 사용할 수 있도록 하기 위해 교실 밖에서 기술 기반 자료의 본보기를 만들거나 준비할 때는 교사의 기술 사용이 용인된다. 교사가 (교실 밖에서) 학생들이 할 수 있는 대체현실 게임이나 기타 다른 종류의 게임을 만들거나 학생들이 청취할 수 있는 팟캐스트를 만드는 것도 바람직하다. 그러나 교실에서는 교사들은 학생들이 이러한 것들을 스스로 할 수 있도록 독려하고 어떻게 해야 하는지 보여 주어야 한다.

회의론자들에게는 이 방법이 과거의 기술을 다루던 방식과 별반 차이가 없는 것으로 여겨질 것이다. 에세이를 훌륭하게 쓸 수 있는 교사는 학생들을 대신해서 글을 써 줘야 하는가? 교사가 쓴 글을 읽는 것이 (특별한 경우를 제외하고) 학생들에게 도움이 될 수 있나? (우리는 연극조로 읽는 방법을 보여 주기 위해 때로는 배우나 훌륭한 연설가를 교실에 초빙할 수 있다. 그러나 대부분의 사람들은 읽기는 학생들이 해야 할 일이라는 데 동의한다.) 이처럼 예전부터 사용되어 온 도구의 경우, 학생들이 그러한 도구를 스스로 사용하고 숙달해야 한다는 데 우리 모두가 동의할 거라고 생각한다. 이것은 디지털 도구에도 마찬가지로 해당된다. 그러나 이와 같은 현대적인 도구를 사용할 때는 학생들이 교사보다 언제나 앞서 있다는 점이 다르다.

기술과 관련한 교사의 역할

그렇다면 이와 같은 영역에서 파트너 관계를 기반으로 가르치는 교사가 해야 할 역할은 정확히 무엇인가? 교사의 역할은 다음과 같다.

- 학생들에게 사용 가능한 모든 기술을 알려 준다. 교사는 7장에 제시된 모든 기술에 대해 알고 있어야 하며 새로운 기술을 끊임없이 확인해야 한다.
- 학생들이 기술을 활용하여 발표하는 것을 유심히 지켜보고 그들이 우수하고 치밀한 작업을 수행할 수 있도록 해야 한다. (미흡한 경우, 교사는 수정을 요청해야 한다.)
- 학기 또는 학년 내내 학생들이 다양한 기술을 가능한 한 많이 사용하도록 독려하거나 요구해야 한다.
- 학생들이 기술을 사용할 때 종종 빠지거나 저지를 수 있는 위험이나 실수를 알려 주고, 그들이 자신이 사용하고 있는 도구를 보다 비판적으로 평가할 수 있도록 돕는다. 예를 들어, 교사는 목적에 걸맞지 않는 성격의 웹사이트를 지적할 수 있다. (증오 단체에 의해 운영되는 마틴 루터 킹 주니어Martin Luther King Jr.에 대한 웹사이트가 현재 잘 알려져 있는 예이다.) 그러나 그 후에 교사는 학생들이 추가적인 예를 스스로 찾을 수 있도록 해야 한다.

파트너 관계를 기반으로 가르치는 교사는 또한 학생들이 스스로 인지하지 못할 수 있는 중요한 차이점에 대해 알려 줘야 한다. 이러한 예에는 검색(무엇이든 허용됨)과 연구(관습과 규칙이 있음) 간의 차이나 정당한 사용(옳음)과 표절(옳지 않음) 간의 차이가 있을 수 있다.

특별한 기술 네 가지

7장에서 가득 제시된 기술을 알아보기 전에, 파트너 관계를 기반으로 가르치는 교사가 특히 중점을 두어야 하는 네 가지 기술에 대한 추가적인 사항을 말하도록 하겠다.

웹 2.0 — 현재 실현되고 활용되고 있는 기술

웹 2.0에 대해 설명할 때, 기술이나 학교와 관련하여 웹 2.0을 통해 얻을 수 있는 학습상의 큰 이점에 대해 언급하지 않는 말을 듣기란 힘들다. 잘 알지 못하는 사람을 위해서 설명하자면 사람들이 말하는 웹 2.0이란 읽고 보기 위한 매체(몇 년 전에는 거의 이러한 수단으로 사용되었다)일 뿐 아니라, 누구라도 (말이나 동영상 등을) 게재할 수 있는 매체를 말한다. 이 개념은 웹의 개발자인 팀 버너스리Tim Berners-Lee가 수년 전에 "사람들이 웹에 집어넣고 있는 것이 그들이 웹에서 얻는 것보다 훨씬 더 중요하다."라고 말했듯이 새로운 게 아니다.

웹 2.0은 웹의 형태를 읽고 쓰기 위한 도서관과 같은 곳으로 인식하던, 웹의 발전을 보지 못한 사람들에게 충격으로 다가온다. 오늘날엔 말, 이미지, 영상을 굉장히 쉽게 게재할 수 있는 도구와 기타 매체가 발전하여, 어떤 학생이든 자신이 작업한 것을 인터넷에 올릴 수 있게 되었다. 누군가의 작업을 게재하는 것(그리고 전 세계의 사람들로부터 피드백을 받는 것)은 (자부심을 얻는 것은 물론이거니와) 배우고 학습한 것을 향상시키고 공유하는 데 중요하기 때문에 이러한 도구의 발전은 학생들에게 상당한 의미가 있다. 학생들이 블로그와 위키, 유튜브 등 웹 2.0 도구들을 가능한 한 많이 사용할 수 있도록 독려해야 한다.

무언가를 위해 이미 이루어진 모든 작업을 검색하고 각각의 파편들을 서로 연결할 수 있는 '시맨틱 웹semantic web'인 웹 3.0에 주목하도록 하라. 이러한 기술은 여러분 코앞에 있다.

1:1 — 다가오는 물결

메인주에서 소규모 프로그램으로 시작된, 보유하고 사용하고 집에 가지고 갈 수 있으며 근본적으로 학습에 사용할 수 있는 개인 컴퓨터(노트북 컴퓨터, 넷북, 또는 심지어 휴대폰)를 각 학생들에게 제공하자는 생각은 결국 교육계에서 지배적인 의견이 되고 있다. 전 세계에서 점점 더 많은 나라와 학군, 학교들이 이러한 생각을 채택하고 있다. 예를 들어, 호주의 총리는 최근에 국가 전체를 대상으로 이러한 프로그램을 진행하겠다고 발표했다. 어느 지역에서 가르치고 있든 만약 교사가 앞으로 몇 년 동안은 이러한 계획이 자신의 교실에 도입되지 않을 것이라 생각한다면 이는 어리석은 생각이며, 교사는 '그날'을 대비해야 한다.

물론, 여기서 쟁점이 되는 것은 여러분(정확히 말하자면, 파트너 관계 기반 교수법으로 배우는 학생들)이 특히 수업 시간에 컴퓨터를 가지고 무엇을 하느냐이다. 대부분의 학생들은 (특히 또래에게 코치를 받는다면) 수업 이외의 시간에 컴퓨터를 사용하여 숙제와 연구를 하고 과제를 교사와 연결하여 그것을 제출하는 데 어려움이 없을 것이다. 그러나 일부 대학에서는 교수들이 노트북 컴퓨터를 앞에 놓고 수업을 듣는 학생들이 수업과 상관이 없는 페이스북 등을 한다며 실망감을 나타내기도 한다. 한 교사는 "컴퓨터가 새로운 방해물이 되었다."라고 말했다.

이러한 일이 벌어질 때 파트너 관계를 기반으로 가르치는 교사는 그것이 학생(또는 교사)의 잘못이 아니라 교사가 사용하고 있는 교수법의 문제라고 이해하는 것이 정말로 중요하다. 기술, 특히 수업 시간의 노트북 컴퓨터는 강의나 일방적인 말하기 교수법을 지원하지는 않는다. 눈앞에 강력한 기능의 기계를 두고 있는 학생들에게 그것을 이용하여 흥미로운 작업을 하도록 하지 않는다면, 그들은 자신이 원하는 대로 기계를 사용할 것이다.

학생들이 수업 시간에 각자 노트북 컴퓨터(또는 넷북, 심지어 휴대폰)를 가지고 있을 때 파트너 관계를 기반으로 가르치는 교사는 이러한 도구가 학생들의 필수 학습의 일환으로 정기적으로 사용되도록 할 의무가 있다. 학습을 안내하는 질문에 대한 답을 찾기 위한 연구, 그룹별 만남과 프로젝트와 관련이 있는 외부인과의 만남, 글이나 다른 매체를 이용한 온라인 작업물 제작과 게재, 발표 준비 등이 여기에 포함될 수 있다. (비록 현실적으로는 어떤 일이 생길 수도 있지만) 이상적으로는 파트너 관계로 배우는 수업 시간에 학생들이 새로운 방해물에 빠질 시간을 용인하지 않아야 한다.

휴대폰 — 주머니 속의 컴퓨터

휴대폰은 너무 많은 교육자들이 그 기술의 사용에 대해 분명한 입장을 취하지 못하고 있기 때문에 그 자체로 논의해 볼 필요가 있는 기술이다. 우리는 휴대폰을 금지해야 할까? 그것을 사용할 수 있을까? 휴대폰이 없는 학생들은 어떻게 해야 할까? 모두 다양한 답변이 나올 수 있는 중요한 질문들이다.

나의 고향인 뉴욕을 포함한 미국을 비롯하여 전 세계의 많은 학교와 학군에서는 교실 내 휴대폰 사용을 정책적으로 금지하고 있다. 수업 시간에 방해가 되고 퀴즈나 시험을 볼 때 부정행위의 수단으로 사용될 수 있다는 것이 이유이다. 분명 수업 중간에 휴대폰이 울리길 원하거나 부정행위를 장려하고 싶은 사람은 없을 것이다. 그러나 파트너 관계를 기반으로 배우는 수업 시간에 사용되는 휴대폰은 어떨까? 이때 휴대폰은 어떤 역할을 할까? 이때 사용되는 휴대폰의 역할은 지금까지 우리가 생각해 온 것과 다르다. 그렇다면 우리는 다른 정책을 취해야 하는가? 여러 가지 이유로 학생들의 교육에서 휴대폰이 담당하는 유익한 역할에 대해 생각해 보는 것은 중요하다.

1 휴대폰은 아주 흔한 물건이 되었고, 학생들의 학교 밖 생활에 상당히 중요한 영향을 끼치는 도구이다.

2 휴대폰 사용은 정보 격차가 발생할 수 있는 영역이며, 교사로서 우리는 이러한 격차를 극복하는 데 기여할 필요가 있다.

3 휴대폰이 스마트폰과 같이 완전한 컴퓨터의 형태로 전환이 되면서, 교육에 끼치는 영향력과 유익성이 빠르고 막대하게 커지고 있다. 이것은 아이폰이나 그와 유사한 다른 휴대폰에서 이미 일어나고 있는 현상이다.

오늘날의 점점 더 많은 아이들에게 (그리고 우리와 같은 대부분의 나이 든 세대들에게도) 점점 더 막강한 영향력을 행사하는 휴대폰은 이제 없어서는 안 될 도구이다. 실질적으로 휴대폰은 이제 수많은 고등학교에서 어디서나 볼 수 있는 것이 되었고, 중학교와 심지어 초등학교에까지 무섭도록 빠르게 침투하고 있다. 그렇기 때문에 수업을 방해하는 휴대폰의 단점은 제거하고 이점은 수업에 접목시킬 방법을 찾는 것이 합당하다. 휴대폰을 금지하는 것은 쉬운 해결책처럼 보일 수 있지만 장기적으로 봤을 때 우리의 교육을 약화시킬 뿐이다.

다행히 점점 더 많은 교사들이 휴대폰을 학생들의 교육에 접목시킬 방법을 찾고 있고, 학교 내에서의 휴대폰에 대한 생각도 빠르게 바뀌고 있다. 휴대폰이 공식적으로 금지되어 있음에도 불구하고 교사들은 때때로 휴대폰 사용을 허락하지는 않지만 용인하며 그 도구에 대한 생각을 바꾸고 있다. (주의: 나는 어디에서든 규칙을 위반하는 것을 옹호하지 않는다. 나는 그저 현재 자주 일어나고 있는 현상을 말하고 있는 것뿐이다.) 다음 예를 생각해 보도록 하라.

- 많은 과학 교사들은 학생들이 종종 휴대폰의 카메라를 이용하는 등 단위 변환이나 자료 수집에 휴대폰을 이용하도록 한다.
- 많은 수학 교사들은 학생들이 계산기 대신 휴대폰을 사용하도록 한다. (휴대폰을 그래핑 계산기로 전환해 주는 애플리케이션을 다운로드할 수 있다.)
- 많은 외국어 교사들은 학생들이 휴대폰을 이용하여 다른 나라에 사는 학생들과 (특히 문자로) 소통하도록 한다.

- 많은 사회 교사들은 학생들이 휴대폰을 이용하여 뉴스 속보를 보고 정치인에게 이메일을 보내도록 한다.
- 많은 국어 교사들은 학생들이 휴대폰을 이용하여 전문가를 인터뷰하고 비즈니스 목적의 대화와 서신 쓰기를 연습하며 블로그나 다른 웹사이트에 게시물을 올리도록 한다.

휴대폰 사용을 허용하는 시험은 어떨까? 수년 동안 나는 학생들이 (개인적으로 또는 그룹을 형성하여) 휴대폰을 사용하여 복잡한 질문에 대한 답의 원리를 찾는 시험을 지지해 왔다. 나중에 한 학생으로부터 들은 이야기가 있다. 그는 이런 말을 했다. "우리 대부분은 시험을 볼 때 이미 휴대폰을 사용하고 있어요. 교사들이 모르고 있을 뿐이죠." 현재는 휴대폰을 사용하는 시험이 전 세계 교사들에 의해 (물론, 이러한 경우 부정행위에 대한 적절한 재정의와 함께) 실시되고 있다. 최근에는 호주 시드니의 사립학교 교사가 이러한 시험을 실시해서 호주의 가장 큰 일간지 1면에 뉴스로 나오기도 했다. 그 결과, 이 학교는 멀리는 중앙아시아에서 시험과 관련한 문의를 받기도 했다!

수업 시간의 휴대폰 사용은 교육과 기술에 대한 우리의 사고방식에 큰 변화가 있다는 것을 보여 준다. 이러한 변화는 사회적이며(즉, 단순히 학교의 범위를 넘어서 일어나고 있으며) 기술 사용자로서 우리가 지니고 있는 새로운 능력에 어울리는 현상이다.

수업 시간에 이용할 수 있는 도구와 더불어 휴대폰을 다양하게 사용할 수 있는 방법에 대한 흥미로운 논의와 관련하여 나는 리즈 콜브Liz Kolb의 명저『장난감에서 도구로Toys to Tools』와 블로그 '장난감에서 도구로From Toy to Tool'를 살펴볼 것을 권장한다. 휴대폰 기술의 빠른 발전과 함께 저자가 책에서 언급한 상당수의 기술이 이미 더 나은 기술로 대체되고 있는 상황에서 그녀의 블로그를 참고하는 것이 좋다.

파트너 관계로 가르치는 교사가 주지해야 할 핵심은 학생들의 휴대폰 사용을 적절하고 유익하게 만들 방법을 찾아야 한다는 것이다. 이처럼 이미 영향력이 커진 도구는 곧 학교가 제공할 수 있는 그 어떤 것보다 훨씬 더 막강해지고 유용해질 것이다.

파트너 관계 맺기를 위한 조언

학생들이 학습을 할 때 휴대폰을 사용하길 원하는지, 그리고 그것을 어떻게 사용하길 원하는지 토론하라. 이러한 토론은 다음과 같은 질문을 포함해야 한다. 우리는 그것을 어떻게, 언제 가장 잘 사용할 수 있을까? 어떻게 하면 수업에 방해가 되지 않도록 휴대폰을 사용할 수 있을까? 휴대폰을 부적절하게 사용하는 학생들을 어떻게 할 것인가? 휴대폰을 가지고 있지 않은 학생들을 어떻게 할 것인가?

필요하다면 학생들과 협력하여, 두려움을 조장하는 구식의 학교 정책에 비해 그들의 요구가 얼마나 타당한지 따져보고 학교의 정책 변화를 지지하라. 이를 통해 학생들은 학습을 실제화하는 경험을 할 수 있을 것이다.

공평성의 문제와 관련하여, 즉 모든 학생들이 휴대폰을 가지고 있는 것은 아니며 누군가의 휴대폰이 다른 누군가의 것보다 좋지 않을 수 있다는 문제와 관련하여, 나는 파트너 관계로 가르치는 교사가 디지털 격차를 가속화하는 존재가 아니라 디지털 기술이 가져다 줄 수 있는 기회를 확대하는 존재가 되려고 노력할 것을 권장한다. 그러기 위해 교사는 이용 가능한 휴대폰 수를 기준으로 학생들을 그룹으로 묶을 수 있다. 중고 휴대폰을 기증받는 것도 한 방법이 될 수 있다. 점점 더 많은 휴대폰이 통신 회사의 네트워크 대신 와이파이 신호(보통 학교에서 무료로 사용할 수 있다)를 이용할 수 있게 되었는데, 이를 통해 데이터 사용 요금을 더욱 절감할 수 있다는 사실에 주목하라. 이 문제에 대해서 학교의 기술 책임자와 이야기해 볼 것을 권장한다.

나는 종종 처음으로 모든 학생들을 위해 새로운 도구를 구입하려고 하는 학교나 학군에 1:1 기술로 무엇을 추천하는지 묻는 질문을 받곤 한다. 여러 가지 상황을 고려하여 현 시점에서 나는 각 학생들에게 노트북 컴퓨터나 넷북보다는 스마트폰을 장만해 줄 것을 적극 추천한다. 스마트폰은 읽기와 쓰기를 쉽게 할 수 있는 기능과 사진 및 동영상 카메라 기능을 갖추고 있는 것은 물론, 다운로드할 수 있는 유용한 프로그램을 10만 개 넘게 가지고 있다. 이러한 프로그램 중 상당수를 교실에서 사용할 수 있다. 이와 같은 기능들은 앞으로 나올 버전의 휴대폰에서는 더욱 향상될 것이다. 스마트폰은 미래의 1:1 장치이며 소프트웨어가 업그레이드되면서 한동안은 학생들의 수준에 상관없이 유용하게 사용될 것이라고 생각한다.

게임—엄청난 잠재적인 동기 요인

많은 교사들이 이미 게임(특히, '제퍼디!Jeopardy!'와 같은 미니게임)을 사용하고 있으며, 파트너 관계로 가르치는 모든 교사는 게임을 사용하고 그와 관련하여 보다 많이 탐구할 것을 권유받는다. 나는 특히 학생들의 참여를 유발할 수 있는 학습 도구로서 컴퓨터와 비디오 게임이 지닌 잠재적 가치에 관해 많은 글을 썼었다(앞서 출간된 나의 두 권의 저서 『디지털 게임 기반의 학습Digital Game-Based Learning』과 『엄마, 귀찮게 하지 마세요—공부하고 있는 중이에요Don't Bother Me Mom—

I'm Learning』 참조). 게임은 파트너 관계의 맥락에서 다양한 방식으로 사용될 수 있다.

- 이미 시판되고 있는 상업 게임은 학습을 안내하는 질문에 대한 답을 찾고 기능을 습득하고 연습할 수 있도록 도움을 주기 위해 직접적으로 사용될 수 있다. 어린 학습자들을 위한 논리 게임이 그러하듯, 역사적 시기를 테마로 한 게임은 여기에 최적화된 게임 중 하나이다.

- 교육과정의 각 교과 영역에 따라 질문에 답변하고 기능을 연습하기 위해 사용될 수 있는 '학습 게임'이 있다. 수학 과목을 위한 '디멘션 엠Dimension M' 과 '미로의 유혹Lure of the Labyrinth', 물리 과목을 위한 '슬링키볼Slinkyball' 과 '우주 쓰레기Waste of Space', 사회 과목을 위한 '다르푸르가 죽어 가고 있다Darfur Is Dying'와 '푸드 포스Food Force', 영어 과목을 위한 '운명의 문법The Grammar of Doom'이 대표적인 예이다. 인터넷에 널리 퍼져 있으며 규모와 질, 복잡성이 제각각인 이러한 게임들은 개인과 회사, 협회가 아이들을 다양한 유형의 학습에 몰두시키기 위해 만든 것이다. 웹사이트 '스프리 러닝 게임 Spree Learning Games'에서는 대부분의 기존 게임을 수집하고 평가한다.

- 학생들이 자신만의 게임을 설계하고 만들기 위해 사용할 수 있는 여러 도구들이 있으며, 이러한 도구에는 게임 크리에이터Game Creator와 게임스타 메커닉GameStar Mechanic, 플래시Flash, 갖가지 '모딩modding' 도구가 있다. 학생들은 학습을 안내하는 질문에 대한 답으로서, 잠재적인 기능을 익히고 연습하기 위한 도구로서, 심지어 발표하기 위한 도구로서 게임을 만들 수 있다. 학생들은 방금 배운 것을 아직 배우지 못한 학생에게 가르치는 게임을 만듦으로써 자신이 학습한 것을 보여 줄 수 있다. 고학년들이 저학년을 위한 게임을 만드는 시합이 전 세계 여기저기에서 생겨나기 시작했으며 점점 더 많은 인기를 끌고 있다.

- 게임 도구는 학습을 안내하는 질문에 대답하기 위한 발표로서 머시니마를

만들기 위해 사용될 수 있다.

- 학생들이 이러한 게임이나 도구 일부 또는 전부에 접근할 수 있는 기회가 없다고 하더라도, 학습하고 있는 질문이나 기능에 관하여 학생들과 함께 이론적 또는 가설적 게임을 설계하는 것은 유용할 것이다. 이때에는 지적 능력외에 어떠한 기술도 요구되지 않는다는 이점이 있다.

파트너 관계 맺기를 위한 조언

학생들에게 지금 배우고 있는 것과 관련이 있는 게임을 하고 있는 사람이 있는지 물어보라. "네."라는 대답을 하는 학생이 있으면 그에게 학급 친구들 앞에서 그 게임에 대해 발표하도록 하고 이를 학습에 접목시켜라.

제대로 할 수 있다면, 학습을 안내하는 질문에 대답하고 문제의 기능을 학습했다는 것을 증명할 수 있는 이론적 게임을 학생들과 함께 개발하라. 이를 위하여 다음과 같은 질문을 던져라. "게임 참가자는 어떤 결정을 해야 할까요? 승리하기 위한 조건에는 무엇이 있을까요?"

이용 가능한 기술이 없다면?

학생들이 학교에서 현대적인 기술을 사용할 수 있는 기회를 받지 못한다면 어떻게 해야 할까? 어쩌면 여러분이 어떠한 목적에서 학생들이 사용하면 좋겠다고 생각하는 특정한 기술이 학교에 구비되어 있지 않을 수 있다(또는 기술은 있으나 학생들의 사용이 금지되어 있을 수도 있다). 이러한 경우 여러분은 어떻게 해야 할 것인가?

다행히도 파트너 관계로 가르치는 교사가 쓸 수 있는 좋은 해결책이 있다. 이는 학생들에게 다음과 같이 말하는 것이다. "우리가 기술을 가지고 있다고 가정(또는 상상)해 봐요. 우리는 그것을 어떻게 사용할 수 있을까요? 우리는 무엇을 할 수 있을까요? 무엇을 검색할 수 있을까요? 어떠한 용어와 전략을 사용할 수 있을까요? 무엇을 조심해야 하나요?" 이러한 유형의 토론은 잘하기만 하면 학생들이 실제로 기술을 사용할 때보다 종종 더 강력한 힘을 발휘할 수 있다. 이러한 토론을 통해 우리가 왜 기술을 사용하고 있는지, 즉 우리는 어떤 동사를 지지하고 있으며 무엇을 배우기를 원하는지에 관한 질문에 직접 이를 수 있기 때문이다.

어떤 과목에서든, 이러한 접근법은 시뮬레이션을 고려할 때 훨씬 더 강력해질 수 있다. 어떠한 시뮬레이션도 이용할 수 없는 경우, 학생들이 기존의 시뮬레이션을 이용하고 그 결과를 관찰하는 대신 여러분(또는 학생들)은 다음과 같은 질문을 던질 수 있다. "우리는 이것에 대한 시뮬레이션을 어떻게 설계할 수 있을까요? 타당한 변수에는 무엇이 있을까요? 이러한 변수들은 서로 어떤 관계가 있을까요? 사용자가 내려야 할 어떠한 주요한 결정은 무엇일까요?"

여기서 내가 하고자 하는 말은 파트너 관계로 가르치는 교사는 (항상 더 많은 기술을 요구하면서도) 학생들이 이용할 수 있는 기술이 부족하다고 해서 완전히 좌절할 필요가 전혀 없다는 것이다. 학습이라는 관점에서 봤을 때 가정을 하는 것도 똑같이(또는 적어도 그에 근접한) 유익한 효과를 내는 경우가 많다.

5 학습을 안내하는 질문과 기능에 적합한 도구 사용하기

학습을 안내하는 질문에 대한 답을 찾고 동사를 연습하면서 필요한 학습 내용과 기능을 익히기 위해 사용할 수 있는 적절한 도구를 찾는 일이 학생들에게 언제나 쉽고 명확한 과제인 것은 아니다. 너무 많은 도구들이 있고 이러한 도구들은 너무 자주 바뀌기 때문에, 어떤 사람들은 오직 몇 개의 도구만 익히고 자신이 알고 있는 것만 고수하는 전략을 채택하기도 한다. 그러나 이 방법은 파트너 관계로 수업을 하는 21세기 교사와 학생들에게 모두 손해가 되는 전략이다. 대신, 파트너 관계로 가르치는 교사는 폭넓은 독서를 하며, 가능한 한 많은 도구에 정통('정통'하다는 말은 도구를 꼭 사용하거나 잘 사용하지 않더라도 해당 도구와 그것의 역할을 잘 이해하는 것을 말한다)하려고 노력하고, 모든 학생들이 적절한 도구를 가능한 한 많이 사용할 수 있도록 독려해야 한다.

7장에 있는 목록은 학생들이 사용할 수 있는 130개 이상의 많은 기술 도구(명사)를 제시하고 있다. 여러분은 이 목록을 읽거나 훑어보면서 각 항목에 대하여 다음 사항을 명심해야 한다.

1 이것들은 여러분이 교사로서 숙달해야 하는 또는 완전히 숙달하지 않으면 안 되는 기술은 아니다. 이것은 목적을 위한 수단이며, 그 목적은 학습을 안내하는 질문에 답하고 동사(사고 기능)를 연습하는 것이다.

2 목록에 제시된 이 기술들은 0부터 최첨단까지 디지털 기술의 다양한 수준을 보여 준다. 다른 방식으로 이용되지만 거의 동일한 기능을 하는 도구들도 있다. 무엇을 사용할 것인지 결정하는 것은 그저 무엇이 이용 가능하고 현대적이며 개인 선호도에 부합하는지에 대한 문제이다.

3 어떠한 특정 사용처에 따라 선호되는, 또는 소위 최고로 여겨지는 도구는 시간이 지나면서 종종 굉장히 빠르고 빈번하게 바뀔 것이다. 그렇기 때문에 교사는 이러한 도구들 중 어느 하나에 너무 집착하지 말고, 학생들도 그러지 않도록 하는 것이 굉장히 중요하다. 여러분이 무슨 말을 들어 왔든 기술이 빠르게 변하는 상황에서 따라야만 하는 최고의 방법이란 있을 수 없다. 바람직한 방법만 있을 뿐이다.

특정 과제나 기능에 가장 적합한 도구가 계속해서 변화한다는 이러한 개념은 해마다 동일한 도구를 사용하는 데 익숙한 많은 교사들에게 큰 혼란을 준다. 이러한 변화는 교직이란 일을 더욱 복잡하게 만들기도 하지만, 어떤 면에서는 훨씬 흥미롭게 만든다는 이점도 있다. 내가 파트너 관계로 가르치는 교사들에게 이러한 변화에 주목하라고 제안하는 이유도 그 때문이다.

도구 목록 활용하기

　　7장의 목록은 오늘날 학생들이 이용할 수 있는 주요 도구들을 보여 준다(물론, 학생들이 모든 도구를 이용할 수 있는 것은 아니다). 나는 이 목록을 훑어본 후 참고용으로 사용할 것을 권장한다. 물론, 원한다면 목록의 모든 도구에 대해 찬찬히 읽어 볼 수도 있고, 알지 못하는 도구만 재빨리 찾아볼 수도 있다. 여러분이 흥미를 느끼는 도구에 대해 전부 파악을 했다면 학생들이 이용할 수 있는 도구에는 무엇이 있는지 학교에 알아보라. 그런 후, 여러분은 학생들로 하여금 특정 도구를 단독으로 또는 다른 것과 조합하여 사용하면서 학습을 안내하는 질문에 대한 답을 찾고 필수 기능(동사)을 연습하도록 할 수 있다.

　　목록은 중요도가 아닌 가나다순으로 제시되었다. 분명히 말하지만, 이 목록은 모든 도구 혹은 도구의 모든 유형을 담고 있지는 않으며 선택적으로 작성되었다. 또한 각 도구마다 학습이나 연습, 수행과 관련하여 유용하게 사용될 수 있는 동사를 선정하여 덧붙여 놓았다.

　　요즘에는 블로그와 위키, 팟캐스트, 기타 웹 2.0 도구 등과 관련한 많은 이야기를 들을 수 있다. 이것들은 우리 학생들에게 정말로 중요한 도구이다. 그러나 이것들보다 훨씬 많은 도구들을 사용할 수 있다는 사실에 주목하기 바란다. 최근에 등장한 도구들은 물론 중요하지만, 새롭다는 이유만으로 우리의 모든 관심이 그것들에만 집중되어서는 안 된다.

또한, 새로운 도구들이 추가로 계속해서 등장할 것이라는 사실을 명심하면서, 웹과 이 책에서 제시한 웹사이트, 각종 서적을 참고하고 다른 교사들이나 학생들과 논의하여 이 목록을 갱신해야 한다.

마지막으로, 내가 특히 관심이 있는 것에 대해 가끔 구체적인 상품명과 URL 주소를 언급했다고 할지라도 학생들과 사용하거나 그들에게 추천할 특정 도구를 찾을 때는 해당 용어를 검색 엔진에서 찾아보거나 위키피디아를 살펴보는 것이 가장 바람직하다. (불과 몇 주 전까지 나는 구글을 이용하는 것이 최선이라는 글을 썼다. 그러나 현재 마이크로소프트가 빙Bing을 내놓았다. 따라서 여러분이 이 책을 읽을 쯤에는 어떠한 검색 엔진이 선호될지는 아무도 장담하지 못할 것이다.)

이러한 설명은 우리가 발전하고 변화할 것이라고 기대하는 모든 도구들에 마찬가지로 해당된다. 그럼 이제 도구 목록으로 넘어가 보겠다.

살펴봅시다

▶ http://tinyurl.com/mu7hhz에 접속하면 '검색 대 연구'라는 제목으로 쓴 나의 글을 볼 수 있다.

▶ cellphonesinlearning.blogspot.com을 방문하면 수업 시간의 휴대폰 사용에 관한 리즈 콜브의 블로그를 볼 수 있다.

▶ www.spreelearninggames.com에 접속하면 학습 게임 목록을 확인할 수 있다.

7장

기술 도구 이해하기

이 장의 목적은 여러분과 파트너 관계를 맺는 학생들이 사용할 수 있는 많은 명사(도구)와 관련하여 참고할 수 있는 정보를 제공하는 것이다. 이 책을 다 읽고 난 뒤에는 필요에 따라 흥미가 있거나 다시 봐야 한다고 생각하는 부분만 읽을 수도 있다. 이 목록을 읽거나 사용할 때 다음 사항을 명심하도록 하라.

- 목록 속 도구들은 중요도가 아닌 가나다순으로 제시되었다.

- 명사는 빠르게 바뀐다. 여러분이 이 목록을 읽을 즈음에는 목록을 갱신할 필요가 있을 것이다.

- 목록은 선택적으로 작성되었으며, 모든 도구 혹은 도구의 모든 유형을 담고 있지 않다.

- '(참고)'라고 표시된 것은 목록 안에 제시된 또 다른 항목을 나타낸다.

- 목록 작성을 위해 보다 많은 정보와 예를 찾고 싶다면 위키피디아에서 해당 용어를 검색하라.

1. RSS

RSS는 교실에 인터넷이 연결된 컴퓨터가 적어도 한 대 이상 갖추어져 있다면 꾸준히 사용되어야 하는 수집 도구(참고)이다. 이것은 학생들이 인터넷을 통해 이용 가능한 모든 RSS 피드를 등록할 수 있게 해 주는 소프트웨어(종종 웹브라우저의 일부이기도 한)로 구성되어 있다. 이러한 피드에는 칼럼과 블로그, 뉴스 단신, 기타 정보 출처가 포함될 수 있다. 학생들이 (교사와 파트너 관계를 맺으며) RSS 피드를 선정하고 등록하면 흥미 있는 주제에 관해 매일 지속적으로 갱신되는 정보를 교실에서 접할 수 있다. 날마다 RSS를 모니터링하는 학생을 선정하여 뉴스 기사들을 수집하고 학생들에게 이를 발표하도록 할 수 있다.

▶ **이 도구를 활용하기에 적합한 동사** 탐구하기, 찾기, 검색하기, 평가하기, 연결하기, 토론하기, 개별화하기, 프로그래밍하기

2. SNS

SNS는 사용자들이 자신이 선택한 여러 그룹의 사람들과 다양한 방식으로 소통할 수 있는 도구를 총칭하는 말이다. 주요 SNS에는 페이스북(참고), 마이스페이스, 트위터(참고), 링크드인뿐 아니라 가상 세계인 세컨드 라이프, 아동용 사이트인 와이빌Whyville, 클럽 펭귄Club Penguin 등이 있다. 닝(참고)은 학생과 교사가 제작하고 원하는 대로 바꿀 수 있는 SNS의 좋은 예이다. 각각의 SNS는 약간씩 다른 특징을 가지고 있으며 다른 방식으로 기능한다. 각 도구들이 지닌 주요 차이점 중 하나는 사용자가 접촉하는 대상과 그들과의 접촉 방법에 대한 제한 및 변경에 있다. SNS는 교육 면에서 유용한 특징을 많이 가지고 있는 것처럼 보인다. 그러나 학생들과 페이스북이나 트위터와 같은 기존의 상업적 도구들을 사용하는 것이 적절한지는 분명하지 않다. SNS는 확실히 빠른 혁신과 변화가 일어나고 있는 영역이기 때문에 파트너 관계로 가르치는 교사는 이 도구를 탐구하고 이것과 관련하여 어떠한 새로운 양상이 일어나는지 신중하게 지켜봐야 한다.

▶ **이 도구를 활용하기에 적합한 동사** 탐구하기, 찾기, 검색하기, 결정하기, 평가하기, 관찰하기, 비판적 사고하기, 협업하기, 협동하기, 듣기, 개별화하기, 신중하게 위험 감수하기

3. 3D 프린터

이 기계는 CAD나 기타 프로그램을 이용하여 만든 도안을 출력하고 재료(예를 들어, 플라스틱과 왁스)를 첨가하고 조각함으로써 엔진 부품이나 상상의 동물과 같은 복잡한 3D 입체 물건을 만들어 낸다. 이렇게 나온 입체 물건은 채색되고 수정되어 최종적으로 어떤 느낌의 제작물이 만들어질지 파악하는 데 쓰인다. 전 세계의 설계 회사뿐 아니라 공학자, 장난감 제조사, 기타 제조업체 등이 이 프린터를 사용한다. 이 기계는 예전에는 가격이 상당히 높은 편이었지만, 지금은 대부분의 학교에서 구비할 수 있을 정도로 빠르게 낮아지고 있다. 3D 프린터를 사용함으로써 학생들은 자신들의 아이디어와 설계를 바탕으로 탄생한 3D 결과물을 볼 수 있고, 이는 그들의 흥미와 동기를 유발할 수 있다(www.zcorp.com/en/Solutions/Education/spage.aspx 참조).

▶ **이 도구를 활용하기에 적합한 동사** 탐구하기, 실험하기, 모형 제작하기, 설계하기, 혁신하기, 조작하기, 제작하기, 발표하기

4. 가상 실험실

과거에 학교 실험실에서 물리적인 재료를 가지고 수행되었던 것과 동일한 실험 중 다수가 현재에는 컴퓨터를 이용하여 가상으로 이루어질 수 있다. 이러한 연구에는 개구리나 새끼 돼지 해부와 같은 생물학 관련 활동이나 적정滴定과 같은 화학 실험 등이 포함된다. 사실 학습 목표를 달성하는 데 물리적 실험실이 더는 필요하지 않은 경우가 많다. 실제 체험이 없어지는 점에 대해 한탄하는 사람들도 있지만, 대개의 경우 가상 실험은 비용도 훨씬 적게 들고 신속할 뿐 아니라 실제 실험과 다름없이 좋거나 심지어는 그보다 훨씬 나을 수 있다. 파트너 관

계로 가르치는 교사가 여전히 일부 주제에 대해 학생들이 실제 체험을 하길 원할 수도 있겠지만, 학생들에게 가상 실험을 수행할 기회를 주는 것 역시 중요하다.

▶ **이 도구를 활용하기에 적합한 동사** 분석하기, 탐구하기, 찾기, 입증하기, 계산하기, 비교하기, 결정하기, 평가하기, 실험하기, 관찰하기, 예측하기, 질문하기, 논리적 사고하기, 협동하기, 혁신하기, 신중하게 위험 감수하기

5. 가속 도구

음성과 영상의 속도를 높이는 도구들은 오래전부터 있었지만 몇 가지 이유로 아주 널리 사용되지는 않고 있다. 이제 이러한 도구들을 유용하게 사용해야 한다. 외국어 교사들은 음의 높낮이에 영향을 주지 않으면서 말의 속도를 조정할 수 있는 오디오를 오랫동안 사용해 왔다. 현재는 음성 소프트웨어를 이용하여 동일한 작업을 수행할 수 있고, 이는 영상에서도 가능하다. (윈도 미디어 플레이어에는 해당 플레이어를 통해 재생되는 음성이나 영상 파일의 속도를 높이거나 줄일 수 있는 도구가 포함되어 있다. 영상을 보거나 음성을 들으면서 속도를 높이고 싶을 때는 Ctrl+F를, 줄이고 싶을 때는 Ctrl+S를, 원래 속도로 돌아가고 싶을 때는 Ctrl+N을 치면 된다. 또한, 메뉴 깊숙한 곳에 숨어 있는 슬라이더 컨트롤도 있다.) 파트너 관계로 배우는 학생들이 이러한 도구의 사용법을 익히면, 음성이나 영상 파일의 정보를 훨씬 빠르게 습득하거나 파일의 속도를 늦춰 내용을 더 잘 이해할 수 있다.

▶ **이 도구를 활용하기에 적합한 동사** 듣기, 보기, 개별화하기

6. 개요 작성 도구

개요 작성은 학생들이 자신의 생각을 체계화하기 위한 방법으로서 배우는 동사이다. 많은 전자 도구들이 이러한 과정을 수월하게 할 수 있도록 도와준다. 가장 쉽게 찾아서 사용할 수 있는 것은 아마도 마이크로소프트 워드(그리고 다른 워드 프로세서)에 설치되어 있는 도구일 것이다. 쓰기를 가르치는 교사는 학생들

이 이러한 도구에 익숙해지고, 적절할 때 이를 사용할 수 있도록 독려해야 한다.

▶ 이 **도구를 활용하기에 적합한 동사** 분석하기, 탐구하기, 비교하기, 결정하기, 고찰하기, 논리적 사고하기, 쓰기, 계획하기

7. 검색 도구

검색 엔진(일반적으로 머리에 떠오르는) 외의 다른 검색 도구들이 있다. 대표적인 예로 표절 검사 도구(참고)가 있다.

8. 검색 엔진

거의 모든 학생들이 검색 엔진인 구글을 알고 있다. 그러나 특정한 일에 최적화된 다른 검색 엔진들도 있다. 예를 들어, 마이크로소프트의 빙을 이용하면 브라우저를 나가지 않고 검색 결과들을 미리 볼 수 있다. 구글 학술 검색Google Scholar은 전문 저널에 실린 연구논문을 검색할 수 있도록 하며, 다른 엔진의 이미지 검색 프로그램과 구글 이미지는 이미지들을 온라인에서 검색할 수 있다. 동영상 전문 검색 엔진도 찾을 수 있지만, 점차 일반 검색 엔진에 통합되고 있는 추세이다.

▶ 이 **도구를 활용하기에 적합한 동사** 탐구하기, 찾기, 검색하기, 입증하기, 비교하기, 결정하기, 고찰하기, 비판적 사고하기, 개별화하기

9. 게임

적절한 콘텐츠의 컴퓨터 게임과 비디오 게임뿐 아니라 그보다 훨씬 오래된 보드게임 등은 엄청난 참여를 수반하기 때문에, 학생들이 학습을 할 때 굉장히 유용하게 쓸 수 있는 도구이다. 파트너 관계 기반 교수법에서 게임을 이용하는 많은 방법이 있다. 나는 앞서 출간된 책(『디지털 게임 기반의 학습』, 『엄마, 귀찮게 하지 마세요―공부하고 있는 중이에요』)과 이전에 발표한 글에서뿐 아니라 이 책의 6장에서 게임에 대해 다소 자세하게 논한 바 있다.

▶ **이 도구를 활용하기에 적합한 동사** 어떠한 형태이든 게임은 거의 모든 동사에 유용한 도구이다.

10. 게임기

(텔레비전과 연결하는) 콘솔 형태든 휴대용이든 학생들이 이미 가지고 있거나 사용하고 있는 수많은 게임기가 있다. 현재 이러한 게임기의 예로 닌텐도 위Wii와 닌텐도 DS, 마이크로소프트의 Xbox 360, 소니의 플레이스테이션 3를 들수 있다. 이러한 기기들과 이 기기를 통해 즐길 수 있는 게임이 파트너 관계로배우는 학생들의 학습에 유용하게 사용될 수 있는 때가 있다. 학생들도 이에 동의하는지 물어보고 그렇다면 학생들이 이러한 도구들을 학교에 가지고 와서 함께 쓸 수 있도록 독려할 필요가 있다.

▶ **이 도구를 활용하기에 적합한 동사** 게임에 따라 온갖 동사가 해당될 수 있다.

11. 게임 모딩

모딩(즉, 수정)은 개인이나 팀이 기존의 복잡한 컴퓨터 게임을 구입한 후 (제공된 도구와 함께 해당 게임의 기본 소프트웨어인 '엔진'의 핵심 기능을 사용하여) 그것을 거의 전체적으로 변형시켜 자신들이 한 설계를 바탕으로 완전히 새로운 게임을 만드는 것이다. 게임 모드 제작은 고급 단계의 파트너 관계 속에서 학습하는 학생들이 자신들이 학습하고 있는 것과 관련하여 복잡한 게임을 만들 때 쓸수 있는 좋은 방법이다. 매사추세츠 공과대학에서 진행한 프로젝트를 흥미로운예로 들 수 있다. 이 프로젝트에서는 기존에 상용되던 게임인 '네버윈터 나이츠Neverwinter Nights'를 18세기 미국 독립 혁명 전날의 어느 뉴잉글랜드 마을을 배경으로 한 게임으로 재탄생시켰다. 엘리자베스 헤이즈Elizabeth Hayes와 제임스 폴지James Paul Gee가 만든 용어인 소프트 모딩soft modding을 통해 학생(주로 여학생)들은 게임 기반의 도구를 사용하여 이야기를 할 수 있다. 파트너 관계 속에서 배우는 학생(그리고 교사)은 어떠한 종류의 스토리텔링을 하든지 모딩을 심도 있게 탐구할 필요가 있다.

▶ **이 도구를 활용하기에 적합한 동사** 분석하기, 탐구하기, 실험하기, 모형 제작하기, 통합하기와 연결하기, 설계하기, 혁신하기, 제작하기

12. 게임 제작 도구

학생들에게 가장 흥미로운 학습 과제 중 하나는 자신만의 컴퓨터 게임을 만드는 것이다. 모든 학년 수준에서 이러한 일을 용이하게 해 주는 도구들이 있다. 초등학생의 경우 새로이 개발된 게임스타 메커닉과 게임 메이커Game Maker를 사용할 수 있다. 게임 만들기를 어렸을 때 시작한 아이들은 중학생이 되면 플래시로 게임을 제작하고 있을 것이다. 그리고 고등학교에 들어가면 C++와 모딩 도구를 사용하여 많은 게임들을 만들 수 있을 것이다. 또한, 이 과정에 많은 그래픽 도구들을 사용하면 도움이 된다.

▶ **이 도구를 활용하기에 적합한 동사** 분석하기, 탐구하기, 계산하기, 실험하기, 모형 제작하기, 고찰하기, 논리적 사고하기, 혁신하기, 경쟁하기, 프로그래밍하기

13. 견본제작 도구

프로젝트(예를 들어, 소프트웨어 프로젝트, 신형의 차나 비행기 만들기, 텔레비전 쇼)에 들어가기에 앞서 (상대적으로 적은 시간적, 금전적 투자로) 최종 결과가 어떻게 나올지 알기 위해 전체를 축소한 견본이나 과제 일부에 대한 견본을 제작하는 것이 점점 더 보편화되고 있다. 신속한 견본제작은 창작의 새로운 방법론이 되었다. 견본은 완벽하게 성공적이거나 전문적으로 다듬어질 필요가 없기 때문에 이상적인 학생 프로젝트에 기여한다. 견본제작 도구의 예에는 액슈어Axure와 이지프로토타입EasyPrototype 등이 있지만 플래시와 파워포인트, 비지오Visio처럼 잘 알려져 있는 도구들도 있다.

▶ **이 도구를 활용하기에 적합한 동사** 탐구하기, 비교하기, 결정하기, 관찰하기,

비판적 사고하기, 설계하기, 혁신하기, 모형 제작하기와 시도하기, 개별화하기, 시뮬레이션하기

14. 결정 지원 도구

결정 지원 도구나 시스템은 의사결정자들이 좀 더 효과적으로 소통할 수 있도록 하고 자료와 정보로 이들의 결정을 뒷받침함으로써 보다 좋은 결정이 도출될 수 있도록 돕는 소프트웨어이다. 이러한 도구에는 (관련된 정보에 대한) 검색과 다양한 대안을 수학적으로 비교할 수 있도록 해 주는 의사결정나무(참고), 다양한 결정을 지원하는 비즈니스 도구인 그루브Groove 등이 포함된다. 교육적인 측면에서 쓰이는 예에는 교사가 채점을 하기 전에 학생들의 학습 결과물을 모두 취합할 수 있도록 해 주는 도구가 있다.

▶ **이 도구를 활용하기에 적합한 동사** 분석하기, 입증하기, 토론하기, 계획하기, 리더십 발휘하기

15. 계보 도구

가계도를 추적하고 보여 주는 좋은 도구가 있다. 학생들이 자신들의 가계도나 역사 또는 소설 속 가계도를 추적하는 것은 많은 과목에서 흥미로운 학습 경험이 될 수 있다.

▶ **이 도구를 활용하기에 적합한 동사** 탐구하기, 검색하기, 연결하기

16. 계산기

학생들의 계산기 사용은 종종 많은 논란이 되어 왔지만, 사실 21세기에는 그럴 이유가 거의 없다. 오랜 논쟁 끝에 그래핑 계산기는 이제 대부분의 고등학교 수학 시간에 용인되고 시험을 볼 때 사용되는 경우도 많다. (20세기 초반부터 중반까지 계산자가 가장 좋은 방법으로 사용되었듯이) 산술적 계산에 계산기를 사용하는 것은 21세기에 걸맞는 최고의 방법이다. 모든 휴대폰 기기에는 계산기가

내장되어 있으며 대부분의 휴대폰에서 그래핑 계산기 프로그램을 다운로드할 수 있다. 물론 학생들은 다양한 산술 연산을 언제 해야 하는지 신중하게 배울 필요가 있지만, 이를 어떻게 해야 하는지를 배우는 21세기의 가장 좋은 방법은 분명 계산기를 사용하는 것이다.

▶ **이 도구를 활용하기에 적합한 동사** 분석하기, 찾기, 입증하기, 계산하기, 비교하기, 결정하기, 평가하기, 예측하기

17. 공유 목록

기술은 개인이 자신의 관심사를 다른 사람들과 공유하는 것을 가능하게 한다. 특정한 범주에 대한 즐겨찾기나 독서 목록을 공유하기 위해 사용할 수 있는 도구들이 있다. 이러한 목록은 자신이 선호하는 것을 공유하도록 권장받는, 파트너 관계로 배우는 학생들에게 굉장히 도움이 될 수 있다. 이 영역은 또한 새로운 도구들이 빈번하게 생겨나기 때문에 가변성이 크다. 만약 이러한 도구가 필요하다면, 어떤 도구들이 있는지 검색하고 학생들이 무엇을 찾아 사용하고자 하는지 함께 논의하라.

▶ **이 도구를 활용하기에 적합한 동사** 찾기, 검색하기, 협업하기, 연결하기, 협동하기, 쓰기, 결합하기, 개별화하기

18. 과학적 방법

과학적 방법은 관찰하기, 고찰하기, 가설 세우기, 실험하기, 분석하기와 같은 동사들로 구성된 명사이다. 물론 이것은 파트너 관계로 배우는 학생들이 지속적으로 사용해야 하는 도구이다.

19. 구문 분석 도구

여러분은 학생들이 구문 분석하기(즉, 의미 있는 부분으로 나누기)를 동사로 취하면 좋겠다고 생각할 때가 있을 것이다. 구문 분석하기는 문법이나 프로그래

밍 또는 다른 과목에 적용할 수 있으며, 학생들이 분석 과정을 이해하고 작업을 수행할 수 있도록 도와주는 전자 도구들이 있다. 위키피디아는 이러한 것들을 목록화하고 논의하기에 적절하다.

▶ **이 도구를 활용하기에 적합한 동사** 분석하기, 쓰기, 프로그래밍하기, 논리적 사고하기, 혁신하기

20. 그래픽 노블 제작 도구

한때 '만화책'으로 조롱받았던 것이 이제는 그래픽 노블이라는 보다 멋진 이름으로 불리고 있다. (일본에서는 이것이 훨씬 보편적이며 '망가'라고 불린다.) 이처럼 흥미롭고 대개 매우 정형화된 이야기는 오늘날 학생들의 관심을 충분히 사로잡는다. 그래픽 노블은 손으로 그리기도 하지만, 스토리보드와 레이아웃, 여러 기법을 표현할 수 있는 소프트웨어 도구를 통해 그릴 수도 있다. 만화 제작 소프트웨어로 불리기도 하는 이러한 도구들은 학생들이 스토리텔링과 그래픽 능력을 연마할 때 재미있게 사용될 수 있다.

▶ **이 도구를 활용하기에 적합한 동사** 글쓰기, 창작하기, 설계하기, 제작하기. 41번의 '만화 제작 도구'와 76번의 '애니메이션 도구'를 참고할 것.

21. 그래픽 제작/수정 도구

'그래픽'이라는 용어는 21세기에 더욱 확장된 의미를 지니게 되었고, 현재는 다양한 전자 형식의 정지 이미지와 동영상 그래픽이 나오고 있다. 새로운 전자 그래픽과 동영상뿐 아니라 전통적인 인쇄 형태의 그래픽을 만들 수 있는 많은 도구들이 끊임없이 개발되고 있다. 일반적으로 컴퓨터를 새로 사면 기본적인 무료 그래픽 제작 프로그램이 설치되어 있다. 포토샵photoshop과 같은 고급 프로그램 역시 잘 알려져 있어서, 그 이름 자체가 동사로 사용되고 있다. 그림이나 사진을 '포토샵한다'는 것은 그 도구 또는 비슷한 그래픽 프로그램을 이용하여 그림이나 사진에 변화를 준다는 의미이다. 3ds 맥스Max, 마야Maya, 소프트이미

지Softimage와 같은 3D 그래픽 도구도 다수 있으며, 상업적 패키지를 대신할 수 있는 무료 도구들도 많다. 모든 학생들은 고등학교를 졸업하기 전까지 그래픽 제작 도구를 사용할 수 있어야 하며 이에 능숙해져야 한다.

▶ **이 도구를 활용하기에 적합한 동사** 창작하기, 설계하기, 제작하기, 혁신하기, 모형 제작하기, 개별화하기, 자기 목소리 내기

22. 글쓰기 도구

글쓰기에 필요한 도구는 단지 어떤 표면(예를 들어, 종이)과 도구(예를 들어, 연필이나 펜)일 뿐이라고 생각하는 사람들이 있을지도 모르겠다. 그러나 글쓰기 수업에서 학생들이 유용하게 쓸 수 있는 디지털 도구들이 많이 있다. 이러한 수 많은 도구들을 앞서 열거했으며, 대표적인 예로 개요 작성 도구, 브레인스토밍 도구, 인튜이션, 스크립트 작성 도구(참고)를 들 수 있다. 만약 쓰기에 대한 생각을 확장하여 어떠한 형태의 저술 작업도 아우르는 것으로 본다면 스토리보드 작업과 영상 제작, 디지털 스토리텔링을 위한 도구 등도 추가할 수 있다.

▶ **이 도구를 활용하기에 적합한 동사** 글쓰기, 협업하기, 결합하기, 연결하기, 통합하기, 비판적 사고하기, 논리적 사고하기, 성찰하기, 혁신하기, 개별화하기

23. 노트 필기 도구

학생들이 자신의 작업과 독서를 통해 (교사의 강의를 받아적는 것이 아니라) 얻은 생각을 체계화할 수 있게 설계된 수많은 도구들이 있다. 학생들이 이러한 도구들을 찾아 사용하고 자신이 찾은 것 중 가장 적절한 것을 또래와 공유할 수 있도록 독려해야 한다.

▶ **이 도구를 활용하기에 적합한 동사** 분석하기, 입증하기, 비교하기, 관찰하기, 고찰하기, 듣기, 쓰기, 개별화하기

24. 녹음된 책

82번의 '오디오북'을 참고할 것.

25. 논리 나무

일부는 독립적으로 분리되어 있고 일부는 서로 엉켜 있는 길들을 연속적인 선택을 하면서 따라 내려가는 것으로서, 논리 도구에 속한다.

▶ **이 도구를 활용하기에 적합한 동사** 분석하기, 입증하기, 논리적 사고하기

26. 논리 도구

파트너 관계로 배우는 학생들의 논리적 사고를 향상시키기 위해 사용할 수 있는 도구들이 많이 있다. 그중에서 퍼즐은 여러 컴퓨터 게임에 설치되어 있다. 간단한 논리 도구에는 엑셀과 같은 스프레드시트 프로그램에 설치된 순환논리 (어떠한 지점에서 자기 자신을 참조하는 셀) 확인 도구가 있다. 다른 논리 도구로는 논리 나무와 흐름도가 있다.

▶ **이 도구를 활용하기에 적합한 동사** 분석하기, 입증하기, 논리적 사고하기

27. 닝

이것은 교육자들이 수업과의 무관성은 지양하면서 페이스북과 같은 사이트의 다양한 기능을 복사하고 활용하기 위해 사용할 수 있는 소셜 네트워크 도구이다. 다른 도구들도 있지만(그리고 보다 많은 도구들이 앞으로 나타나겠지만), 닝은 최초의 웹브라우저를 탄생시킨 천재적인 프로그래머인 마크 앤드리슨Marc Andreessen이 만들었다는 점에서 특히 흥미로운 도구이다. 수많은 교실, 학교, 학군과 학습 내용을 중심으로 구성된 그룹은 그들만의 닝을 구축하고 있으며, 여러분도 학생들이 닝을 구축하는 것을 고려해 보아야 한다.

▶ **이 도구를 활용하기에 적합한 동사** 검색하기, 공유하기, 협업하기, 결합하기, 연결하기, 협동하기, 쓰기, 설계하기, 맞춤화하기, 프로그래밍하기

28. 다중지능

하워드 가드너의 이 이론은 명사, 즉 도구로서 이 항목에 포함된다. 이는 학생들을 관찰하여 각 개인이 가지고 있는 지능의 특정 영역이나 선호도에 따라 학습 참여도를 유도하기 위해 사용되는 방법이기 때문이다. 이러한 점에 비추어 봤을 때 이 도구는 학생들의 열정을 찾고 사용해야 한다는, 앞서 논한 바 있는 아이디어와 같은 맥락에 있는 것이다. 두 접근법 모두 이점이 있겠지만 선호하는 분야에 대한 각 학생들의 지능보다 그들의 열정을 찾는 것이 더 쉬울 것이고, 그 범위도 더 광범위할 것이다.

▶ **이 도구를 활용하기에 적합한 동사** 조정하기, 고찰하기, 개별화하기

29. 대체현실 게임(Alternate Reality Games: ARGs)

대체현실 게임은 컴퓨터와 실생활 요소들이 결합되어 있는 게임으로, 게임 참여자들이 다양한 출처에서 비롯된 정보를 통합하여 복잡한 퍼즐과 문제를 해결해야 한다. 이러한 출처에는 게임을 위해 특별히 만들어져 제공되는 자료(웹사이트와 같은)뿐 아니라 실제 출처와 공적 정보가 포함된다. 게임 참여자들은 개별적으로 또는 팀을 구성하여 여러 정보와 자신들이 찾은 것을 통합하고 해결책에 도달한다. 대체현실 게임은 일반적으로 상당히 복잡하지만, 학생들과 교사들이 함께 혹은 교사가 단독으로 비교적 간단한 게임으로 만들 수 있다. 일례로, 캘리포니아의 7학년 세계사 교사가 최근에 대체현실 게임을 만들기도 했다 (www.classroom20.com/forum/topics/so-i-terrified-my-students).

▶ **이 도구를 활용하기에 적합한 동사** 분석하기, 탐구하기, 찾기, 듣기, 읽기, 검색하기, 입증하기, 보기. 대체현실 게임은 또한 논리적인 사고와 협업, 협동, 리더십 발휘에 유용하다. 대체현실 게임을 만들고 즐기는 것은 학생들이 자신의 결과물과 문제 해결 능력을 시뮬레이션하고 테스트할 수 있는 좋은 방법이다.

30. 대회와 경쟁

학생들의 흥미와 열정을 유발하는 것으로 알려진 방법이다. 학생들은 기술을 통해 이러한 도구를 쉽게 확립하고 운용할 수 있다. 사진 설명 대회와 포토샵 대회, 문제 풀기 대회 등과 같이 여러 가지 경쟁 형식이 이미 웹상에 존재하고 있다. 어떠한 대회를 개최하기로 결정하든 온라인 대회 추적과 사다리식 순위 정하기 소프트웨어를 이용할 수 있다.

▶ **이 도구를 활용하기에 적합한 동사** 검색하기, 비교하기, 결정하기, 평가하기, 신중하게 위험 감수하기, 적절한 결정하기, 스스로 평가하기

31. 데이터베이스 도구

데이터베이스는 기술의 기본적인 구성 요소로서, 파트너 관계 속에서 배우는 모든 학생들은 이 도구가 어떻게 작동하는지 이해하고 그것을 만들고 사용할 수 있어야 한다. 데이터베이스는 두 가지로 나뉜다. 단순형 데이터베이스Flat database는 기본적으로 목록이라고 볼 수 있다. 그 목록은 분류될 수는 있지만 특정 기준으로 검색하는 것은 힘들거나 불가능하다. 관계형 데이터베이스Relational database는 별도의 영역 안에 각각의 기준이 있어서 검색하기에 훨씬 용이하다. 데이터베이스 도구를 통해 여러분은 자료를 선택할 수 있고 데이터베이스와 상호작용할 수 있다. 우리가 이용할 수 있는 데이터베이스 도구는 간단한 도구(예를 들어, SQL 도구, 마이크로소프트 액세스Microsoft Access)에서부터 상당히 정교한 도구(예를 들어, 오라클Oracle)에 이르기까지 다양하다.

▶ **이 도구를 활용하기에 적합한 동사** 무엇에 관한 자료이든 데이터베이스에 저장할 수 있기 때문에 이 도구는 대부분의 동사에 유용하다.

32. 데이터 채굴 도구

데이터를 채굴한다는 것은 방대한 양의 데이터베이스에서 유용한 정보를 찾고 추출하는 것을 말한다. 데이터베이스가 너무 방대해졌기 때문에 종종 '나

누고' 다양한 방법으로 상호 참조하여 이전에 보지 못했던 양식을 찾는 것이 유용할 때가 많다. 구글과 같은 기업은 이를 위해 매우 정교한 독점 도구를 이용하지만, 학생들은 스프레드시트 소프트웨어와 같이 널리 이용되고 있는 프로그램을 이용하여 방대한 온라인 데이터베이스에서 필요한 자료를 채굴할 수 있다.

▶ **이 도구를 활용하기에 적합한 동사** 분석하기, 탐구하기, 찾기, 관찰하기, 질문하기, 비판적 사고하기, 연결하기, 문제 해결하기

33. 동영상

동영상은 영화나 그보다 앞서 나온 활동사진 대신 '초당 30 또는 그 이상의 프레임으로 연속적으로 보이는 이미지들'을 설명하는 방식이 되었다. 현재 이 용어는 일반적으로 장편영화보다 짧은 클립*을 나타낸다. 그러나 꼭 그렇게 생각할 필요는 없다. 동영상은 기본적으로 필름의 이미지들을 담아 두는 디지털 저장고이다. 오늘날 동영상은 거의 디지털인 경우가 많기 때문에 소프트웨어를 이용하여 쉽게 편집할 수 있으며 학생들의 다른 응용 작업에 쉽게 집어넣거나 통합시킬 수 있다. 동영상의 질은 아마추어적일 수도 전문적인 수준일 수도 있는데, 유튜브와 같은 공유 프로그램의 대중화로 인해 기대치 않게 제작 가치가 낮은(또는 없던) 아마추어 동영상이 실제로 표준으로 받아들여지기도 한다. 파트너 관계 기반 수업을 하는 학생들은 휴대폰에 달린 카메라나 플립Flip과 같은 가격이 싼 비디오 카메라를 이용하여 쉽게 동영상을 제작할 수 있기 때문에 모든 파트너 관계 기반 수업에서 동영상 제작과 발표, 온라인 게재 등이 이루어져야 한다. 동영상을 온라인에 올림으로써 학생들은 혁신적이고 효과적인 학습활동을 할 수 있을 뿐 아니라 서로의 생각과 해결책을 공유할 수 있다.

▶ **이 도구를 활용하기에 적합한 동사** 창작하기, 보기, 비교하기, 결정하기, 평가하기, 관찰하기, 성찰하기, 비판적 사고하기, 토론하기, 대화하기, 글쓰기, 결합하

....

* 필름 중 따로 떼어 낸 일부.

기, 설계하기, 혁신하기, 제작하기, 자기 목소리 내기

34. 동영상 검색 엔진

오늘날에는 검색하고 있는 주제와 관련된 모든 영상을 찾기 위해 별도의 검색 엔진을 사용해야 하는 경우가 종종 있다. 현재 이용 가능한 동영상 검색 엔진의 예로 램프Ramp, 블링스Blinkx, 포드스코프Podscope, 티비아이즈TVEyes, 트루비오Truveo, 야후 동영상Yahoo!Video, 구글 동영상Google Videos이 있다. 그러나 분명 가까운 미래에는 별도의 동영상 검색 엔진을 사용할 필요가 없어질 것이다.

▶ **이 도구를 활용하기에 적합한 동사** 탐구하기, 찾기, 검색하기, 관찰하기, 비교하기, 성찰하기, 비판적 사고하기, 결합하기, 설계하기, 혁신하기, 프로그래밍하기

35. 동영상 편집 도구

예전에는 영화를 편집할 때 필름을 자르고 이어 붙이기 위해 커다란 장비가 필요했고, 편집실 바닥에 잘려 나간 필름들이 쌓이곤 했었다. 그러나 디지털 동영상 편집의 경우, 소프트웨어를 이용하여 모든 것을 처리할 수 있다. 일정한 용량의 컴퓨터 메모리가 필요하지만 사용하기 쉬운 도구들이 전용 기기에서 휴대용 컴퓨터, 심지어 휴대용 장치와 휴대폰으로 신속하게 옮겨 갔다. 파트너 관계로 배우는 모든 학생들은 디지털 동영상 편집 경험을 할 수 있어야 한다. 그리고 파트너 관계로 가르치는 모든 교사들은 학생들의 동영상 프로젝트가 깊은 사고를 바탕으로 하고 있으며 제작과 편집, 표현이 모두 훌륭하다면 그 작업을 기꺼이 인정할 수 있어야 한다. 동영상 편집 관련 도구에는 파워 디렉터Power Director, 동영상 스튜디오VideoStudio, 프리미어Premiere, 윈도 무비 메이커Windows Movie Maker, 아이무비iMovie, 파이널 컷Final Cut 등이 있다.

▶ **이 도구를 활용하기에 적합한 동사** 보기, 비교하기, 결정하기, 성찰하기, 조정하기, 결합하기, 설계하기, 글쓰기, 혁신하기

36. 디지털 교구

학생들은 퀴즈네르 막대*와 같이 물리적 물건과의 상호작용을 통해 개념을 이해할 수 있도록 해 주는 교구를 줄곧 사용해 왔다. 대부분의 교구들은 현재 컴퓨터 화면에서 개조되고 조작될 수 있다. 가상 레고 블록과 매사추세츠 공대의 상호작용식 컴퓨터 비즈beads가 이러한 예에 속한다.

▶ **이 도구를 활용하기에 적합한 동사** 분석하기, 탐구하기, 계산하기, 실험하기, 관찰하기, 예측하기, 문제 해결하기, 논리적 사고하기, 설계하기, 혁신하기, 프로그래밍하기, 게임하기, 창의적 사고하기

37. 디지털 카메라

학생 개인이나 그룹이 디지털 카메라를 사용할 수 있는 교육 여건은 어떤 과목의 교사에게든 도움이 된다. 사회 교사는 학생들이 자신의 개인적인 생활과 환경을 카메라에 담아 설명하도록 할 수 있다. 국어 교사는 학생들에게 단어나 구를 설명할 때 카메라를 이용하거나 사진 설명 대회에 쓸 사진을 찍으라고 할 수 있다. 수학 교사는 학생들에게 프랙털fractal과 같이 수학적으로 접근할 수 있는 자연현상을 사진으로 찍으라고 할 수 있다. 과학 교사는 학생들에게 카메라를 사용하여 자료를 수집하라고 할 수 있다. 이러한 사진들은 학생들의 발표를 통해 쉽게 통합할 수 있다. 파트너 관계 속에서 배우는 학생들이 학습과 교육 도구로서 카메라의 가치를 깨닫는 것이 중요하며, 학생들이 학교에서 학습할 때 카메라 사용을 금지하지 않아야 한다.

▶ **이 도구를 활용하기에 적합한 동사** 탐구하기, 찾기, 관찰하기, 소통하기, 모형 제작하기와 시도하기, 표현 찾아내기

....

* 교구로 사용되는 색깔 막대.

38. 로봇공학 도구

로봇공학은 많은 학생들이 관심을 가지고 있는 주제이다(열정을 보이는 학생들도 있다). 현재 초·중·고등학교에서 학습과 관련된 다양한 일을 수행하기 위해 로봇을 제작하거나 구매하고 프로그래밍할 수 있다. 퍼스트 로봇공학은 중학생들을 위해서는 레고 로봇공학을, 고등학생들을 위해서는 주문제작한 로봇공학을 이용하여 온갖 종류의 로봇공학 관련 대회와 교육을 제공하는 기관이다. 또한 휴머노이드 로봇을 대상으로 부문별로 수준에 따라 열리는 특별 대회도 있다. 휴머노이드 로봇은 춤을 출 수 있도록 프로그래밍될 수도 있기 때문에 이러한 종류의 로봇공학은 종종 여학생들의 관심을 끌기도 한다. 로봇 청소기인 룸바를 제작하는 아이로봇은iRobot 학생들이 자신만의 로봇을 만들 때 쓸 수 있는 부품 세트를 제작하기도 한다. 파트너 관계로 가르치는 교사는 담당 과목을 가르칠 때 학생들이 언제 로봇공학을 활용(또는 활용 가능성에 대해 논의)할 수 있을지 파악해야 한다.

▶ **이 도구를 활용하기에 적합한 동사** 분석하기, 탐구하기, 계산하기, 실험하기, 시범 보이기, 관찰하기, 예측하기, 질문하기, 문제 해결하기, 논리적 사고하기, 협업하기, 협상하기, 경쟁하기, 설계하기, 혁신하기, 제작하기, 프로그래밍하기

39. 루브릭

루브릭, 즉 평가 체계는 학생들의 학습 결과를 일관성 있게 평가하기 위한 도구이다. 이 용어는 교육 이외의 분야에서는 거의 사용되지 않기 때문에 알아듣기 어려운 전문 용어 취급을 당하기도 한다. 그러나 표준화된 평가나 채점 제도 구축에 대한 생각은 중요하다. 교사와 학생들은 온라인에 있는 루브릭 제작 도구를 이용할 수 있다.

▶ **이 도구를 활용하기에 적합한 동사** 입증하기, 비교하기, 결정하기, 평가하기, 관찰하기, 비판적 사고하기

40. 리스트서브

리스트서브는 사람들이 특정 주제와 관련하여 다른 사람들의 생각을 듣고 주제에 대한 자신의 생각을 공유하기 위해 가입하여 구독하는 이메일 목록 관리용 도구이다. 팀원이 이 목록으로 전송하는 이메일은 목록에 있는 모든 다른 팀원들에게 전송된다. 초·중·고등학교에서 학습을 할 때 이메일을 사용할 수 있다면 공부하고 있는 주제와 관련된 몇 개의 리스트서브에 가입할 수 있을 것이다(그리고 그렇게 할 필요가 있다). 학생들은 한 개 또는 그 이상의 리스트서브를 운용(특수 소프트웨어가 필요하지만 이 소프트웨어는 종종 이메일 공급 업체를 통해 이용할 수 있다)할 수도 있다. 리스트서브의 진짜 강력한 기능은 세계 어디에 있든 장소에 상관없이 특정 주제에 관심을 가진 사람들을 포함시킬 수 있다는 점이다. 수백 개의 리스트서브가 있으며 그것들은 우리가 생각할 수 있는 모든 주제를 다룬다. 교사는 학생들로 하여금 흥미가 있는 모든 주제에 관한 리스트서브를 신청하라고 독려해야 한다.

▶ **이 도구를 활용하기에 적합한 동사** 탐구하기, 찾기, 듣기, 결정하기, 질문하기, 협업하기, 연결하기, 토론하기, 문제 해결하기

41. 만화 제작 도구

이 소프트웨어를 통해 학생들은 복합적인 칸으로 구성된 만화책으로 쉽게 이야기를 만들고 전달할 수 있다. 오늘날 이러한 이야기들은 종종 그래픽 노블(일본에서는 망가)로 알려져 있다. 매시온닷컴Mashon.com과 코믹 북 크리에이터 Comic Book Creator 2, 코믹 라이프Comiq Life 등이 이러한 도구에 속한다. 학생들은 이 도구를 이용하여 때로는 전통적인 에세이 형식의 글보다 친구들에게 더 매력적으로 느껴지는 자신만의 이야기를 쓸 수 있다. 이러한 도구는 외국어 학습에도 유용할 수 있다.

▶ **이 도구를 활용하기에 적합한 동사** 쓰기, 창작하기, 설계하기, 제작하기. 20번의 '그래픽 노블 제작 도구'를 참고할 것.

42. 맞춤법과 문법 검사 도구

마이크로소프트 워드와 다른 문서 작성 프로그램의 기능에 포함되어 있는 정교한 맞춤법과 문법 도구는 당연한 것으로 여겨지는 경우가 많고 심지어는 평가절하되거나 폄하되기도 한다. 그러나 이러한 도구들은 더 나은 글쓰기를 위한 효과적인 도구이며 파트너 관계 속에서 배우는 학생들이 이것을 사용할 수 있도록 권장해야 한다. 그러나 중요한 것은 이와 같은 도구를 사용할 때 깊이 생각하면서 사용해야 하며, 학생들은 도구를 사용할 때 자신들에게 가장 도움이 될 수 있는 방법을 배우고 이해해야 한다는 점이다.

▶ **이 도구를 활용하기에 적합한 동사** 입증하기, 쓰기, 결정하기, 평가하기, 관찰하기, 비판적 사고하기

43. 매시업

매시업은 다른 종류의 미디어와 자료를 융합하여 새롭고 더욱 유용할 뿐 아니라 때로는 예상치 못한 기획을 탄생시키는 것을 의미하는 용어이다. 널리 퍼진 매시업의 한 예로 '윌아이엠will.i.am'이 작곡하고 오바마 대통령의 선거운동에 사용된 〈그래, 우리는 할 수 있다Yes, We Can〉가 있다(www.youtube.com/watch?v=jjXyqcx-mYY). 구글어스가 지도와 위성 자료, 지면 사진 자료를 통합하고 포개는 방식은 매시업의 또 다른 예이다. 매시업은 학생들이 재미있게 만들 수 있는 상당히 표현적이고 유용한 도구이며 학습 도구로서의 잠재성도 크다. 학생들(그리고 교사들)은 함께 보면 유용한 별개의 자료, 예를 들면 건물과 설립 날짜, 행사와 사람 수, 물체와 그 뒤에 있는 수학이나 공학을 통합할 수 있다.

▶ **이 도구를 활용하기에 적합한 동사** 실험하기, 시범 보이기, 예측하기, 문제 해결하기, 결합하기, 설계하기, 조정하기, 혁신하기, 개별화하기, 자기 목소리 내기

44. 머시니마

게임 제작 도구를 이용하여 만든 애니메이션이다. 이것은 비디오 게임이나

컴퓨터 게임처럼 보이지만 상호작용적인 이야기가 아니라 일방적인 이야기를 한다. 머시니마는 전 세계에서 인기를 끌고 있으며 굉장히 다채로운 형식의 다양한 게임을 바탕으로 하고 있다. 머시니마는 학생들이 발표 형식으로 시도할 수 있는 도구이다. 예시는 www.machinima.com을 참조할 것.

▶ **이 도구를 활용하기에 적합한 동사** 보기, 창작하기, 설득하기, 제시하기, 이야기 전달하기

45. 멀티미디어

포괄적인 의미를 담고 있는 (복합 영사기가 음악과 결합되면서 실질적으로 사용되기 시작한) 이 용어는 오늘날에는 애니메이션, 동영상, 음성, 음악, 문자, 기타 전자적(그리고 때로는 비전자적) 요소들이 하나의 결과물로 결합된 것을 말한다. 도구가 발전하면서 멀티미디어는 계속해서 정교해지고 있으며 최신 도구를 사용하여 학생들이 쉽게 만들 수 있게 되었다. 가장 진보된 멀티미디어 중에는 텔레비전과 인터넷 광고가 있으며, 학생들은 엄청난 양의 텔레비전과 인터넷 광고를 접하고 있다. 개별 미디어(예를 들어, 머시니마, 게임, 그래픽 노블)를 결합하여 탄생한 제품은 글로만 이루어진 책과 같은 제품보다 (적어도 표면적으로는) 오늘날 학생들의 흥미를 끄는 경우가 더 많다.

▶ **이 도구를 활용하기에 적합한 동사** 창작하기, 설득하기, 제시하기, 이야기 전달하기, 시범 보이기, 혁신하기

46. 모딩 도구

게임 모딩(참고)에서 설명했듯이 모딩은 게임을 통해 이용할 수 있는 도구뿐 아니라 기타 스크립팅 도구와 프로그래밍 도구, 그래픽 도구를 사용하여 기존의 상용화된 컴퓨터 게임에 변형이나 수정을 가해 새로운 (때로는 완전히 다른) 게임으로 탄생시키는 것이다. 학생들에게 물어본다면 모딩을 어떻게 하는지 아는 학생이 있을 것이다. 이러한 학생들은 앞서 언급한 매사추세츠 공과대학에 의해

재탄생한 독립 혁명 전의 뉴잉글랜드 마을과 같이 학습에 유용한 모드를 구성할 수 있을 것이다.

▶ **이 도구를 활용하기에 적합한 동사** 창작하기, 제시하기, 이야기 전달하기, 시범 보이기, 혁신하기, 시뮬레이션하기

47. 문자 음성 변환 도구

이 컴퓨터 프로그램은 전자 문서나 종이에 쓰인 글을 (큰 소리로) 읽어 준다. 문자 음성 변환 프로그램은 비록 단조롭고 무미건조하며 로봇 같은 억양의 음성이 나오기는 했지만 꽤 오래전부터 있었던 도구이며, 주로 시각장애인과 책을 읽을 수 없을 정도로 시력에 문제가 있는 사람들이 사용하였다. 이제 문자 음성 변환 시 억양의 문제는 빠르게 개선되고 있으며 이미 사용자는 다양한 목소리부터 억양까지 원하는 대로 선택할 수 있다. 앞으로 수년 내에 문자 음성 변환 도구는 글을 읽고 있는 것이 기계인지 사람인지 분간을 할 수 없을 정도로 훨씬 더 향상될 것이다. 시각장애인에게 도움이 되는 것 외에도 문자 음성 변환 도구는 듣기 기능을 발달시킬 때나 읽기 기능이 미흡한 학생들을 위해 유익하게 사용될 수 있다.

▶ **이 도구를 활용하기에 적합한 동사** 듣기, 읽기, 성찰하기

48. 문자 주고받기

이제는 모든 교사들이 알고 있겠지만 문자 주고받기는 휴대폰이나 컴퓨터에서 다른 전자 기기로 짧은 메시지를 전달하는 것이다. 문자 주고받기는 수업 시간에 학습을 방해하는 것으로 여겨질 때도 많지만, 이것을 학습 도구로 사용할 수 있는 방법도 있다. 파트너 관계로 배우는 학생은 교사에게, 또는 교사가 이용하는 www.polleverywhere.com과 같은 소프트웨어로 직접 질문이나 문제를 문자로 전달할 수 있다. 예를 들어, 한 교사는 학생들에게 셰익스피어의 작품 속 대사를 자신이 마치 작가가 살던 시대에 살고 있다고 생각하면서 그 시대

의 언어를 이용하여 문자를 보내도록 했다. 나는 학생들에게 "어떻게 하면 문자 주고받기를 수업 시간에 유익하게 이용할 수 있을까요?"라는 질문을 던지길 권장한다. 이 질문에 대한 모든 긍정적이고 혁신적인 답이 교육자들 사이에서 공유된다면, 우리는 골칫거리였던 문자 주고받기를 수업 시간에 유용한 도구로 활용할 방법을 찾을 수 있을 거라 확신한다.

▶ **이 도구를 활용하기에 적합한 동사** 협업하기, 연결하기, 협동하기, 대화하기, 쓰기, 개별화하기, 계획하기

49. 반복

반복iteration은 실제로 무언가를 견본으로 제작하여 이용하게 하고, 이러한 이용자들로부터 최대한 많은 (때로는 인정사정없기도 한) 피드백을 수집하고, 이 과정을 반복함으로써 많은 사람들이 싫어하는 것은 배제하고 견본을 개조하여 이에 대한 피드백을 다시 수집한 후, 유의미한 수의 사람들이 결과물에 대해 반대하지 않을 때까지(각각의 것들에 대한 개별적인 의견과 다르다) 계속해서 개조본을 만들고 시험하는 과정을 말한다. 반복은 누군가가 무언가를 전체적으로 설계하여 결과물을 완성하는 방식인 공학 기술과는 반대되는 개념이다. 수업과 학습지도안 계획은 일반적으로 공학 기술을 통해 이루어져 왔다. 그러나 나는 파트너 관계 기반 수업에서 쓸 수 있는 더 나은 도구로 반복을 강력하게 추천한다. 반복은 게임과 결과물, 보고서, 과제물 등 많은 사례에 사용할 수 있다. 이것은 학생들의 학습의 질을 향상시키기 위해 (시간이 허락할 때마다 가능한 한 빈번한 반복과 함께) 추천할 수 있는 도구이다.

▶ **이 도구를 활용하기에 적합한 동사** 모든 동사

50. 반응 시스템

110번의 '클리커'를 참고할 것.

51. 방법을 알려 주는 동영상

무엇인가를 할 수 있는 방법을 알려주는 동영상은 여러분에게 신체를 해부하는 방법에서부터 엔진을 고치는 방법에 이르기까지, 이야기를 쓰는 방법에서부터 눈을 그리는 방법에 이르기까지, 무언가를 하는 방법을 단계별로 보여 준다. 현재 온라인에서 찾아볼 수 있는 사용 안내 동영상이 얼마나 많은지 알면 놀랄 것이다. 유튜브와 같은 일반적인 동영상 사이트 외에도 다양한 내용의 방법을 알려 주는 동영상에 대한 안내 책자 역할을 하는 원더하우투WonderHowTo와 같은 웹사이트도 있다. 사실상 이러한 동영상들은 젊은 세대들이 무언가를 학습할 때 많이들 선호하는 방식이다. 그렇기 때문에 여러분이 무슨 과목을 가르치든지 간에 학생들이 사용 안내 동영상을 사용하여 학습을 하고 자신이 알고 있는 것에 대해 직접 동영상을 만들어 보도록 독려해야 한다. 사람들은 온라인의 무료 동영상을 이용하여 거의 모든 일, 특히 컴퓨터와 관련된 일을 스스로 학습하여 익힐 수 있다. 이러한 동영상은 또래 학생들이 만드는 경우도 많기 때문에 학생들이 내용을 이해하기 더 쉬울 수 있다. 대다수는 아니지만 많은 경우, 특정 주제에 대한 동영상이 하나 이상 있어서 학생들은 이들 중 선택을 할 수 있다. 학생들이 사용 안내 동영상을 활용하는 것도 중요하지만 만드는 것, 특히 잘 다뤄지지 않는 주제에 대한 동영상을 만드는 것이 훨씬 더 중요하다.

▶ **이 도구를 활용하기에 적합한 동사** 탐구하기, 모방하기, 시도하기, 보기, 평가하기, 질문하기, 성찰하기, 비판적 사고하기

52. 본문 분석

국어와 외국어, 사회 과목처럼 많은 분량의 글을 다루는 과목의 경우, 본문을 분석할 때 유용하게 사용할 수 있는 도구들이 많이 있다. 단어 수를 계산하고 어휘 수준을 가늠하는 도구들은 이미 마이크로소프트 워드와 같은 문서 작성 및 읽기 프로그램에 포함되어 있다. 별도의 프로그램으로 나온 본문 분석 도구에는 단어 빈도 분석, 문체 분석, 문법 분석, 병렬 비교 등이 있다.

▶ **이 도구를 활용하기에 적합한 동사** 분석하기, 탐구하기, 찾기, 검색하기, 입증하기, 평가하기, 시범 보이기, 관찰하기, 예측하기

53. 브레인스토밍 도구

개인이나 그룹은 이 도구를 이용하여 특정 주제에 대한 다양한 아이디어를 생각해 내고 그것들을 유용한 범주로 분류하고 정리할 수 있다. 많은 학교에서 사용되는 브레인스토밍 도구는 인튜이션(참고)이다. 그룹이 사용할 수 있는 도구에는 협업 소프트웨어와 비기술적인 도구인 에드워드 드 보노Edward de Bono의 '육색 사고모자 활동*'이 있다. 브레인스토밍 도구는 학생들이 개인 학습을 체계화하거나, 그룹이 새로운 아이디어를 창작하고 문제 해결을 위한 흥미로운 해결책을 찾을 때 유용하다.

▶ **이 도구를 활용하기에 적합한 동사** 탐구하기, 찾기, 비교하기, 질문하기, 협업하기, 쓰기, 혁신하기, 창의적 사고하기

54. 블로그와 블로깅 도구

블로그는 날짜순으로 게시물(사진과 영상이 첨부되어 있기도 한, 일반적으로 한 문단 이상의 글)을 기록하는 웹사이트이다. 블로그에 게시되는 것들은 게시물을 게재할 수 있는 권한이 있는 사람(예를 들어, 학급 전체) 중 한 명 또는 전부가 올리는 것일 수 있다. 블로그를 보는 사람은 논평과 피드백을 할 수 있는데, 이러한 논평은 일반적으로 특정한 게시물에 덧붙여진다. 블로그는 학생들의 의견이나 설명을 수집하고 학급 친구나 교사가 게재한 게시물에 대한 학생들의 반응을 모으는 등 다양한 파트너 관계 기반 과제에 유용하다. 누구에게나(예를 들어, 외부 전문가) 블로그를 하거나 해당 사이트에 논평을 달 수 있는 권한이 주어질 수 있

....

* 여섯 가지 색깔의 모자를 쓰고 하는 역할 놀이. 여섯 명이 모두 평등하게 발언권을 갖는다는 전제로 시작된다. 본인이 쓰고 있는 초록, 노랑, 빨강, 검정, 하양, 파랑 모자 색깔에 따라 의도적으로 생각하고 말한다.

듯이, 교사 역시 블로거가 될 수 있다. (학생들이 쉽게) 블로그를 만들고 설정하거나 휴대폰과 같은 다양한 장치를 이용하여 해당 블로그에 게시물을 게재하기 위해 사용할 수 있는 많은 도구가 존재한다. 교실에서 창의적으로 블로그를 사용하는 방법에 대한 좋은 책들이 많이 있으니 그것들을 찾아서 참고하길 제안한다.

▶ **이 도구를 활용하기에 적합한 동사** 성찰하기, 논리적 사고하기, 협업하기, 쓰기, 창의적 사고하기

55. 비교 생성기와 비교 쇼핑 도구

이러한 도구들은 제품이나 특징을 자동적으로 서로 견주어 비교한다. 한 번에 두 개씩 어떠한 항목(예를 들어, 사진, 문장, 공식)을 나란히 두고 학생들로 하여금 그중 더 낫고 현실적이며 보다 효과적인 것을 결정하도록 하길 원한다고 해 보자. 일례로, 국어 교사는 비교할 수 있는 수십 또는 수백 개의 예 중 가장 강렬한 제목이나 첫 문장, 문단, 결론을 학생들에게 고르라고 할 수 있을 것이다. 여러분은 한두 가지의 사례에 파워포인트 발표를 이용할 수 있겠지만, 대부분의 경우에는 자동화 프로그램을 사용하길 원할 것이다. (프로그래밍에 능한 학생들은 즉시 수월하게 글을 쓸 것이다.) 쇼핑닷컴Shopping.com과 프라이스그래버닷컴PriceGrabber.com, 야후 쇼핑Yahoo! Shopping과 같은 비교 쇼핑 사이트는 다른 사이트에 올라온 실제 정보와 가격을 찾아서 보여 주는 비교 생성 범주에 속하는 매시업(참고)이다.

▶ **이 도구를 활용하기에 적합한 동사** 분석하기, 검색하기, 평가하기, 협상하기, 적절한 판단하기, 적절한 결정하기, 맞춤화하기

56. 비디오 카메라

비디오캠으로도 잘 알려져 있는 비디오 카메라는 비싸고 부피가 많이 나가는 장비였지만, 순식간에 많은 학생들이 주머니에 넣고 다니거나 휴대폰에 내장할 수 있을 정도로 휴대하기 좋은 기기로 바뀌었다. 이 도구는 마이크로저널리

즘, 기록, 창작, 공유와 같은 유용한 교육 활동에 많이 적용될 수 있다. 파트너 관계로 배우는 학생들이 비디오캠을 유익한 방향으로 이용하는 법을 배우고 부적절하게 사용하지 않도록 하는 것이 중요하다.

▶ **이 도구를 활용하기에 적합한 동사** 탐구하기, 비교하기, 평가하기, 실험하기, 관찰하기, 비판적 사고하기, 협업하기, 결합하기, 설계하기, 창작하기, 혁신하기, 맞춤화하기

57. 비평하기

비평하기는 예술과 건설업계에서 창작자에게 작품에 대한 피드백을 주기 위해 자주 사용된다. 비평은 쓰기 및 학생들의 창의적인 노력이 들어간 여러 결과물에도 마찬가지로 사용될 수 있다. 비평은 비평을 받고 있는 사람뿐 아니라 비평을 하는 당사자에게도 중요하다. 비평은 기술의 사용 여부와 상관없이 할 수 있지만, 비평을 용이하게 하기 위해 위키와 블로그 같은 협업 도구가 기술 도구로써 사용될 수 있다.

▶ **이 도구를 활용하기에 적합한 동사** 분석하기, 듣기, 비교하기, 평가하기, 관찰하기, 질문하기, 성찰하기, 비판적 사고하기, 창의적 사고하기, 설계하기, 윤리적 행동하기, 적절한 판단하기, 표현 찾아내기

58. 빅 싱크

이 웹사이트(www.bigthink.com)는 다양한 분야에서 저명한 전문가의 짧은 영상을 청탁하거나 제작하고 게재한다. 이 영상은 학생들이 어떠한 과목에서든 연구할 때 요긴하게 사용된다. 학생들은 빅 싱크 사이트에 직접 접속하거나 동영상 검색 엔진(참고)을 통해 필요한 영상들을 입수할 수 있다.

▶ **이 도구를 활용하기에 적합한 동사** 듣기, 평가하기, 비판적 사고하기, 소통하기, 표현 찾아내기

59. 사례 연구

이 도구는 기술 사용 여부와 상관없이 분석을 할 때 유용하게 쓸 수 있다. 사례 연구는 기본적으로 대개 문제나 질문으로 끝이 나는 실제 상황을 설명하여 최선의 방법을 찾고자 한다. 사례 연구는 종이 위에 작성될 수도 있고, 반복적인 방식을 통해 적절한 결론에 이를 수 있도록 해 주는 전용 기술 도구를 사용하여 체계적인 방식으로 진행할 수도 있다. 사례 연구를 하기 위한 소프트웨어 예들이 몇 가지 있다.

▶ **이 도구를 활용하기에 적합한 동사** 분석하기, 입증하기, 결정하기, 평가하기, 논리적 사고하기, 신중하게 위험 감수하기, 시뮬레이션하기, 적절한 판단하기, 적절한 결정하기, 문제 해결하기

60. 사전 및 유의어 사전

이 도구는 예전 같았으면 책꽂이에 독립적인 공간이 필요했지만, 이제 대부분의 문서 처리 소프트웨어에 삽입되어 있다. 그러나 학생들이 이 도구를 항상 사용하거나 잘 사용하는 것은 아니다. 이것은 파트너 관계 속에서 가르치는 교사의 코치가 명백히 필요한 도구이다.

▶ **이 도구를 활용하기에 적합한 동사** 입증하기, 비교하기, 논리적 사고하기, 토론하기, 쓰기, 소통하기

61. 사진 공유 도구

플리커Flickr와 같은 사진 공유 도구는 협업 도구와 SNS가 혼합된 형태의 도구이다. 사람들은 이러한 도구를 이용하여 사진(또는 동영상)을 온라인에서 특정 장소에 업로드하고 게시물의 성격에 따라 해당 게시물에 대한 접근(예를 들어, 전체 공유, 특정 개인이나 집단과 공유)을 허용한다.

▶ **이 도구를 활용하기에 적합한 동사** 협업하기, 연결하기, 공유하기, 창작하기

62. 사후검토/사후설명

'성찰'이라고도 잘 알려져 있는 사후검토After Action Reviews는 어떠한 상황에서 방금 발생한 것을 이해하고 여기에서 가르침을 얻는 데 상당히 효과적인 도움을 주는 도구이다. 이 방법은 군대에서 광범위하게 사용되고 있다. 교육에서도 교과 단위나 프로젝트를 이행한 후 학생들과 사후검토를 진행하면 모든 이들이 수업을 어떻게 수용하고 있는지 파악할 수 있다. 이를 통해 학생들이 학습을 수행할 때 더 많은 것을 얻도록 도울 수 있다. 사후검토를 할 때에는 어떠한 기술도 필요하지 않고 단지 말하기와 듣기만 하면 된다(그러나 좀 더 높은 효과를 위해 오디오 녹음 및/또는 비디오 녹화 도구가 사용될 수 있다).

▶ **이 도구를 활용하기에 적합한 동사** 듣기, 관찰하기, 성찰하기, 비판적 사고하기, 계획하기

63. 설계 도구

설계는 좋은 도구를 사용했을 때 큰 이점을 볼 수 있는 영역이며, 파트너 관계 속에서 배우는 학생들이 사용할 수 있는 많은 설계 도구들이 있다. 휴대폰에서 자동차, 비행기, 건축물에 이르기까지 우리가 사용하는 제품의 대부분이 전문 설계사에 의해 만들어지며, 이때 CAD와 같은 설계 도구들이 사용된다. 화면상이나 인쇄물에 그림을 또한 칠하고 사진을 합성하고 배치하기 위해 쓰이는 설계 도구들도 있다. 또한 포토샵과 플래시와 같은 도구 외에 게임을 만드는 데 쓰이는 3D 스튜디오 맥스와 같은 전문 도구들도 있다. 21세기에 사는 학생들은 모두 가능한 한 많은 설계 도구를 사용할 수 있는 기회가 주어져야 한다.

▶ **이 도구를 활용하기에 적합한 동사** 탐구하기, 실험하기, 모형 제작하기, 복사하기, 창작하기, 혁신하기, 조작하기, 조정하기, 창의적 사고하기, 표현 찾아내기. 103번의 '제도 도구/CAD 도구'를 참고할 것.

64. 설문조사 작성 도구

이 도구는 파트너 관계로 가르치고 배우는 교사나 학생들이 온라인 조사를 만들고 배포한 후 결과를 수집할 수 있도록 한다. 서베이몽키Survey Monkey가 잘 알려진 예이다.

▶ **이 도구를 활용하기에 적합한 동사** 분석하기, 탐구하기, 찾기, 듣기, 입증하기, 평가하기, 실험하기, 관찰하기, 질문하기

65. 소셜 북마킹 도구

이러한 도구들은 공유 목록(참고)의 일부로 볼 수 있다. 사람들은 자신이 좋아하는 즐겨찾기 목록(즉, 웹사이트)을 다른 사람들이 볼 수 있도록 공유한다.

66. 소통 도구

이 도구는 예전에 이용되었던 친필편지에서 이메일, 휴대폰, 문자, 트위터(참고)까지 포함하기 때문에 그 범위가 넓다. 파트너 관계 속에서 배우는 학생들은 이러한 도구에 가능한 한 많이 노출되어야 하고, 모든 도구를 효과적이고 적절하게 이용하는 방법을 익혀야 한다.

▶ **이 도구를 활용하기에 적합한 동사** 소통과 관련된 모든 동사

67. 수집 도구 또는 뉴스 수집기

다양한 출처의 정보를 자동으로 다운로드하고 수집하는 도구이다. 정치학 시간에 수집기를 사용하여 국내와 해외의 모든 정치 칼럼과 블로그를 구독하고 관련된 뉴스를 매일 수신할 수 있다. 과학 시간에는 주요 저널과 잡지, 신문에 게재된 칼럼과 주제를 수집할 수 있다. 가장 널리 사용되고 있는 것은 RSS(참고) 수집기로, 현재 수많은 인터넷 브라우저에 설치되어 있다. 그러나 다양한 출처에서 나온 이야기를 한데 묶는 올톱Alltop 뉴스 수집기와 같은 다른 수집 도구들도 있으며, 새로운 수집기들이 끊임없이 등장하고 있다.

▶ **이 도구를 활용하기에 적합한 동사** 찾기, 비교하기, 통합하기, 계획하기

68. 스카이프

스카이프는 일반적으로 인터넷 전화로 알려져 있는 도구의 상품명이다. 스카이프는 이제 메시지 전달과 실시간 동영상도 이용할 수 있을 정도로 그 범위가 확장되었다. 인터넷 전화는 통신사 전용 네트워크가 아닌 인터넷을 이용하는 것이기 때문에 무료 또는 거의 무료로 제공된다. 스카이프는 학생들이 교실 안에 있으면서 다른 교실의 학생이나 다른 지역에 사는 학생, 어떻게든 학생들과 소통하려는 전문가들과 접촉할 수 있도록 해 주는 유익한 도구이다.

▶ **이 도구를 활용하기에 적합한 동사** 듣기, 보기, 관찰하기, 소통하기, 협업하기, 토론하기, 대화하기, 듣기, 맞춤화하기

69. 스크립트 작성 도구

텔레비전과 영화 등의 스크립트 작성은 굉장히 전문화된 설명 형식을 요구한다. 작업을 보다 수월하게 할 수 있도록 이와 같은 형식을 자동으로 구성할 수 있는 소프트웨어가 있다. 스크립트 작성이나 창의적인 글쓰기 수업에 참여하는 학생들은 누구나 이러한 소프트웨어에 대한 설명을 듣고 이 도구를 사용하는 것을 생각해 보아야 한다.

▶ **이 도구를 활용하기에 적합한 동사** 쓰기, 실험하기, 관찰하기, 논리적 사고하기, 협업하기, 대화하기, 조정하기, 혁신하기

70. 스프레드시트

이 도구는 단어(문자)뿐 아니라 숫자가 많이 들어간 작업을 할 때 굉장히 효율적으로 사용할 수 있는 도구이다. 숫자가 사용되지 않는 작업에는 목록 작성과 정리, 브레인스토밍, 기타 사고 과정을 보조하기 위한 작업이 포함되며, 수와 관련된 작업에는 계산, 장부 기재, 모형 제작, 예측 등이 포함된다. 스프레드시트

는 종종 간단한 데이터베이스로 사용될 수 있다. 파트너 관계로 배우는 학생들은 수와 관련된 작업과 그렇지 않은 작업 모두에 대해 스프레드시트를 효과적으로 사용할 수 있는 법을 배워야 한다.

▶ **이 도구를 활용하기에 적합한 동사** 분석하기, 탐구하기, 찾기, 입증하기, 계산하기, 비교하기, 결정하기, 평가하기, 실험하기, 시범 보이기, 관찰하기, 예측하기, 질문하기, 문제 해결하기, 고찰하기, 논리적 사고하기, 협동하기, 협상하기, 혁신하기, 시뮬레이션하기, 신중하게 위험 감수하기

71. 시나리오

시나리오는 분석을 위한 문제를 설정하거나 특정 사항을 보여 주기 위해 사용되는 대체로 짧은 이야기이다. 시나리오는 특히 롤플레잉이나 전쟁 게임과 같은 컴퓨터 게임에 사용되기도 한다. 시나리오를 제작하고 분석하기 위한 전문 소프트웨어 도구도 있는데, 비주얼 탐색기Visual Explorer와 여러 게임 패키지에 포함된 도구들이 여기에 속한다. 학생과 교사가 이러한 도구를 사용할 때 얻을 수 있는 이점은 교실에서 만든 시나리오(그리고 종종 이에 대한 분석)를 저장한 후 나중에 사용할 수 있다는 점이다. 또한, 다른 사람이나 학급이 만든 시나리오를 검색하고 나중에 재사용할 수도 있다.

▶ **이 도구를 활용하기에 적합한 동사** 탐구하기, 비교하기, 결정하기, 윤리적 질문하기, 평가하기, 시범 보이기, 관찰하기, 질문하기, 고찰하기, 비판적 사고하기, 토론하기, 쓰기, 창작하기, 시뮬레이션하기

72. 시뮬레이션

이 도구를 통해 어떠한 사물이나 과정의 특정 상태를 모형화하고 시간이 지나면서 주입하는 정보에 따라 이러한 상태가 어떻게 변하는지 말할 수 있다. 시뮬레이션을 통해 사용자들은 다양한 조건에서 "~라면 어떨 것인가?"라는 질문을 계속해서 던진다. 시뮬레이션은 순전히 사용자의 마음속에 존재할 수도 있고

(예를 들어, 사고 실험), 물리적인 장치(예를 들어, 탁자 위에서 하는 전투 게임, 체스, 모의 비행 장치)를 이용하여 구상할 수도 있으며, 소프트웨어(예를 들어, 기상 예보)만을 이용할 수도 있다. 시뮬레이션은 파트너 관계로 배우는 학생들이 각각의 다른 전략과 대안을 시도하고 그들이 생각해 낸 조치의 결과를 즉각적으로 확인할 수 있기 때문에 수업에서 굉장히 중요한 도구이다. 시뮬레이션은 국어(문체에 대한 시뮬레이션), 사회(환경이나 문화적 진화에 대한 시뮬레이션), 과학(미시적 과정에서부터 거시적 과정에 이르기까지 거의 모든 과정에 대한 시뮬레이션), 수학(위상 기하학에 대한 시뮬레이션) 등 모든 분야에서 시행할 수 있다. 초등학교에서도 파트너 관계 기반 수업 시간에 '오리건 트레일*'을 포함한 기존의 많은 시뮬레이션을 이용할 수 있다. 시뮬레이션과 게임이 동일한 것은 아니지만, 이 둘은 긴밀히 연결되어 있다. 일반적으로 시뮬레이션은 발생하게 될 일에 대한 다소 정확한 모형을 제시하는 반면, 게임적 요소들은 이 모형을 사용하고자 하는 동기를 제공한다. 파트너 관계로 가르치는 교사는 시뮬레이션을 사용할 때, 학생들이 모든 시뮬레이션 모형을 만드는 데 필요한 선택지들을 (그리고 때로는 선입견들을) 인식할 수 있도록 도와줄 필요가 있다. 시뮬레이션은 또한 어떠한 과목에서든 원인과 연결성에 대해 토론할 수 있는 훌륭한 자료를 제공한다. 대부분의 경우, 어떠한 파트너 관계 기반 수업에서나 학생들이 시뮬레이션을 이용하지 않고―기술을 사용하든 사용하지 않든―학습을 하는 일이 있어서는 안 된다.

▶ **이 도구를 활용하기에 적합한 동사** 탐구하기, 보기, 결정하기, 실험하기, 시범 보이기, 관찰하기, 예측하기, 문제 해결하기, 혁신하기, 계획하기

73. 신속 순차 시각 제시

신속 순차 시각 제시Rapid Serial Visual Presentation는 (비록 거의 사용되지 않지만) 읽기를 위한 문자 정보를 제시할 때 상당히 효과적이다. RSVP는 컴퓨터가 화면

---

* 건물, 가축, 작물을 추가하면서 사람들의 행복을 추구하는, 자신만의 개척 마을을 만드는 게임.

의 어느 한 지점을 중심으로 한 번에 하나의 단어를 보여 주는 것이다. 제시되는 단어는 읽는 사람이 미리 설정한 속도로 나타난다. 눈이 한 곳에 머무르기 때문에 이 방법을 이용하면 한 페이지에 연속적으로 나열된 단어를 읽는 것보다 훨씬 더 빨리 읽을 수 있다. 사실상 분당 200~400개의 단어를 읽는 것이 '일반적인' 속도이지만, 조금만 연습을 하면 분당 1,000개 이상의 단어를 읽을 수 있을 정도로 빨라질 수 있다. RSVP는 휴대폰 화면처럼 작은 화면의 글자를 읽을 때 더 도움이 된다. 다운로드해서 사용해 볼 만한 다양한 종류의 많은 RSVP 도구들이 있다. 교사는 학생들로 하여금 온라인을 통해 최신 버전을 찾아보도록 해야 한다.

▶ **이 도구를 활용하기에 적합한 동사** 읽기, 고찰하기, 개별화하기

74. 아바타 제작 도구/캐릭터 생성기

아바타는 한 개인을 그래픽을 이용하여 재현한 것으로 종종 동적(즉, 맥락에 따라 변한다)이며, 온라인 게임이나 가상의 세계, 기타 컴퓨터 프로그램 속에서 그 개인을 대표하기 위해 사용된다. 프로그램에 내장되어 있든 독립형이든 이 도구를 이용하여 학생들은 인간이나 그 외의 다른 많은 종류의 아바타를 자세하고 정교하게 만들 수 있다. 학생들은 또한 이 도구를 사용하여 역사적인 의상과 이야기나 소설에 등장하는 캐릭터, 특정한 속성을 지닌 동물과 같은 것들을 만들어 낼 수 있다. 게임 스포어Spore의 '크리처 크리에이터' 도구는 좋은 예로, 캐릭터가 생리 기능을 바탕으로 행동한다.

▶ **이 도구를 활용하기에 적합한 동사** 창작하기, 모형 제작하기, 설계하기, 혁신하기, 맞춤화하기

75. 암기 도구

암기는 오늘날 학교에서 자주 외면을 받고 있지만 배우나 연설가 등 여러 사람들에게는 여전히 중요하다. 나는 파트너 관계로 배우는 학생들이 적어도 몇

개의 짧고 유용한 글(예를 들어, 미국 독립 선언서의 도입부, 헌법 서문, 게티즈버그 연설, 자유의 여신상 받침대에 새겨진 엠마 라자루스Emma Lazarus의 시)을 때때로 떠올리며 그 의미에 대해 숙고할 수 있을 정도로 암기하는 것이 중요하다고 생각한다. 학생들이 찾아서 사용하기 좋은 전자 도구들을 잘 활용하면 보다 쉽게 암기하는 데 도움이 될 것이다.

▶ **이 도구를 활용하기에 적합한 동사** 듣기, 암기하기, 고찰하기

76. 애니메이션 도구

이 도구를 이용하여 학생들은 어떠한 주제에 대해서든 쉽게 자신만의 애니메이션을 만들 수 있다. 어도비 플래시(참고), 툰즈 할리퀸Toonz Harlequin, 셀액션CelAction, 애니메 스튜디오Anime Studio, 툰붐 애니메이션Toon Boom Animation, 애니메이커Animaker 등이 이러한 도구에 속한다.

▶ **이 도구를 활용하기에 적합한 동사** 쓰기, 창작하기, 설계하기, 제작하기, 41번의 '만화 제작 도구'와 20번의 '그래픽 노블 제작 도구'도 참고할 것.

77. 역할극 도구

역할극은 교습 도구로서 오랫동안 사용되어 왔으며, 현재는 학습 과정에 큰 도움이 되는 전자 역할극 프로그램들이 있다. 몇몇 도구들은 온라인 학생 토론회와 대화를 창의적으로 활용하는 것이다(http://tinyurl.com/yg74jz9를 참조할 것). 사운드포지Sound Forge와 RP툴RPTools의 캐릭터 제작 및 맵 도구와 같은 다른 몇몇 도구들은 게임과 온라인 세계에서 비롯된 것으로서 교실 밖 역할극에 종종 사용된다. 여러 역할극 도구와 게임은 수업 시간에 사용할 수 있도록 조정하고 모딩할 수 있다. 이 도구를 통해 학생들과 대화하고 그들의 진취성과 창의력을 독려함으로써 특별히 흥미로운 결과를 만들어 낼 수 있다.

▶ **이 도구를 활용하기에 적합한 동사** 탐구하기, 찾기, 듣기, 의사결정하기, 질문하기, 고찰하기, 소크라테스식 문답하기, 비판적 사고하기, 협업하기, 협동하기,

대화하기, 듣기

78. 연구 도구

학생들이 유용하게 사용할 수 있는 온라인 연구 도구들이 나날이 증가하고 있다. 여러분은 아마도 구글과 위키피디아(그리고 이러한 도구들이 검색을 하기에는 좋지만 연구를 하기에는 적합하지 않다는 한계)를 생각할 것이다. 여러분과 학생들은 저널에 실린 논문을 찾기 위해 구글 학술 검색을 이용하거나 동료 심사를 거친 논문을 찾기 위해 스콜라피디아Scholarpedia를 이용하는 데 익숙한가? 파트너 관계로 가르치는 교사들은 이러한 도구들이 발전되는 양상을 파악하고 파트너 관계로 배우는 학생들이 연구를 할 때 가장 적합한 도구를 사용할 수 있도록 그들과 정보를 공유하는 것이 중요하다.

▶ **이 도구를 활용하기에 적합한 동사** 연구하기, 탐구하기, 찾기, 검색하기, 비교하기, 관찰하기, 질문하기, 고찰하기

79. 연설 쓰기 도구

파트너 관계로 배우는 학생들이 익혀야 하는 중요한 기능 중 하나는 구술 발표이다. 많은 것들이 자동화되고 있지만 이 기능은 자동화로 대체되지 않을 것이며 그 중요성은 더욱 커질 것이다. 영국 학교들은 이미 미국 학교보다 구술 발표를 훨씬 더 강조해 왔다. 파트너 관계로 배우는 학생이 자신의 구술 발표 기능을 향상시키기 위해 취할 수 있는 방법은 쓰기 연습과 연설하기이다. 이와 같은 학습을 돕는 수많은 도구들이 있으며, 학생들이 이러한 도구를 찾아 사용할 수 있도록 장려해야 한다. 또한 연설문을 텔레프롬프터* 화면에 띄우기 위한 특

----

* 텔레프롬프터 혹은 프롬프터는 전자기기로 작성된 연설문이나 대본을 화자에게 보여 주는 디스플레이 장치 중 하나이다. 일종의 큐 카드 역할을 하는데, 카드와 달리 화자가 시선을 내릴 필요가 없기 때문에 마치 발언 내용을 외워서 말하는 것처럼 보인다.

수 도구들도 있다.

> ▶ **이 도구를 활용하기에 적합한 동사** 말하기, 제시하기, 실험하기, 고찰하기, 논리적 사고하기, 연결하기, 토론하기, 주도하기, 쓰기

80. 영상회의 도구

영상회의 도구는 기업의 이사회실에서 사용되는 것처럼 강력한 '원격 실재 시스템'을 갖춘 첨단 도구이다. 그러나 사용하기 쉬운 저가 버전의 도구들도 있다. 파트너 관계 기반 수업을 위해 어도비 애크로뱃 커넥트Adobe Acrobat Connect처럼 사용하기 쉽고 무료로 제공될 때도 있는 (초반에는 무료로 제공되는) 도구들이 많이 있다. 이것을 가격이 저렴한 비디오 카메라 및 컴퓨터와 함께 이용하면, 다른 지역의 사람들이 영상을 통해 한자리에 모일 수 있다. 파트너 관계 기반 수업을 할 때 학생들로 하여금 이와 같은 도구를 이용하여 외부 전문가를 불러들이거나 그와 함께 팀을 구성하며 다른 지역의 또래 친구들과 접촉할 수 있도록 독려해야 한다.

> ▶ **이 도구를 활용하기에 적합한 동사** 듣기, 보기, 결정하기, 평가하기, 질문하기, 비판적 사고하기, 정보 알리기, 협업하기, 연결하기, 협동하기, 대화하기

81. 예측 도구

우리 모두는 기상 예보 도구를 알고 있다. 이러한 도구들은 현재 가장 크기가 크고 강력한 컴퓨터에서 작동되는 거대 시뮬레이션이다. 그러나 이외에 다른 예측 도구들도 많이 있으며 학생들은 이러한 종류의 많은 도구들을 사용할 수 있다. (엑셀에 내장된) 스프레드시트 모형은 아마도 가장 널리 사용되고 있는 예측 도구일 것이다. 이와 같은 도구들은 많은 다양한 요인들과 상관관계를 결합하여 결과를 예측한다. 아이싱크iThink와 같은 다른 예측 도구들을 이용하여 비선형적 관계를 포함시킬 수도 있다. 학생들이 기업체에서 널리 사용되고 있는 이러한 도구들을 사용할 수 있도록 독려해야 한다.

▶ **이 도구를 활용하기에 적합한 동사** 모형 제작하기, 예측하기, 질문하기, 평가하기

82. 오디오북

어느 작가는 녹음된 책을 설명하면서 '귀를 이용한 읽기'라 했다. 이러한 책은 한때 '테이프에 담긴 책'으로 알려졌지만 요즘에는 실제 녹음 테이프에 담기는 책은 거의 없다. 거의 모든 녹음된 책은 아이팟이나 다른 음악 플레이어를 통해 공유하고 재생할 수 있는 CD나 MP3 파일 형태로 이용할 수 있다(CD에 담긴 음악은 컴퓨터로 쉽게 추출할 수 있다). 녹음된 책이 문자 언어를 해독하고 이해하는 것을 연습할 필요성을 없앤다는 이유로, 학생들이 녹음된 책을 사용하는 데 반대하는 사람들이 있을 수도 있다. 그러나 여기에서 쟁점이 되고 있는 동사가 다른 사람(즉, 작가)의 마음속을 해독하는 것이 아니라 이해하는 것이라면, 녹음된 책을 이용하는 것은 완전히 받아들일 수 있다. 이 도구는 또한 부가적인 이점이 있다. 재생 하드웨어는 대개의 경우, 청취자가 책의 내용을 이해할 수 있는 한도 내에서 원래의 속도보다 4배 빠르게 음성 녹음의 속도를 올릴 수 있다. 물론, '낭독자(즉, 녹음을 하는 사람)'도 이 도구와 관련하여 중요한 역할을 한다. 현재는 하나의 선택만이 주어지는 경우가 많지만, 작곡가와 음악 감상자를 이어주는 연주자를 사람들이 자신의 선호도에 따라 선택하듯이 앞으로는 다양한 사람들이 택하고 즐길 수 있도록 다양한 전달자가 책을 전달할 것이다. 그리고 파트너 관계 속에서 배우는 학생들은 학습활동이나 프로젝트의 일환으로 다른 학생들이나 시각 장애인을 위해 책을 녹음할 수 있다.

▶ **이 도구를 활용하기에 적합한 동사** 읽기, 듣기, 찾기, 고찰하기, 비판적 사고하기, 맞춤화하기

83. 온라인 서점

킨들kindle(또는 아이폰의 킨들 애플리케이션, 소니 리더 도구, 심지어 컴퓨터에 설

치된 리더 도구)과 같은 전자 리더 도구를 사용할 때 얻을 수 있는 큰 이점 중 하나는 여러분이 읽기 원하는 책은 어떠한 것이든 온라인에서 구매할 수 있으며 몇 초안에 그 책을 다운로드받을 수 있다는 점이다. (물론, 여러분이 인터넷에 연결된 적절한 장치를 가지고 있으며 비용을 지불할 수 있는 계정이 있다는 전제가 있어야 한다.) 대부분의 고전 문학과 글 등 저작권이 소멸된 오래된 책은 일반적으로 무료로 제공된다. 머지않아 도서관에서도 이러한 서비스가 제공될 것이다. 이것은 학생들이 수업 시간에 학습한 것과 관련이 있으면서 그들이 읽고자 하는 것이라면 무엇이든 읽을 수 있는 환경을 구축하는 데 한 발짝 더 나아갈 수 있도록 해 주는 도구이다.

▶ 이 **도구를 활용하기에 적합한 동사** 읽기, 검색하기, 글쓰기, 맞춤화하기

84. 요인 분석

이 도구는 특정한 결론이나 결과로 이어지는 많은 요인들에 대한 중요성을 평가하고 구분하기 위해 통계학자들과 분석가들에 의해 사용된다. 예를 들어, 학생들은 요인 분석가로부터 "영양 상태와 건강 개선, 금연, 기타 요인들이 기대 수명을 연장하는 데 어느 정도까지 영향을 끼치는가?"에 대한 대답을 들을 수 있을 것이다. 요인 분석이나 이와 유사한 통계 분석을 위한 통계 프로그램 패키지인 SAS와 같은 수많은 소프트웨어 프로그램이 있으며, 이러한 도구들은 어느 과목에나 사용할 수 있다.

▶ 이 **도구를 활용하기에 적합한 동사** 분석하기, 평가하기, 예측하기, 성찰하기, 비판적 사고하기, 창의적 사고하기, 계획하기

85. 위키

위키는 권한이 있는 누구라도 편집을 하거나 바꿀 수 있는 간단한 웹 페이지다. 예를 들어, 여러분이 위키피디아(실재하는 가장 큰 규모의 위키일 것이다)에 들어간다면 모든 항목별 페이지에 '페이지 편집' 탭이 있는 것을 보게 될 것이

다. 동일한 편집 기능이 모든 위키에 포함되어 있으며 이 기능이 위키의 특징을 규정한다. 이 사람 저 사람이 위키의 내용에 추가를 하고 변경하면서 발생하는 폐해를 막기 위해 이전 내용이 전자 기록되어 보관되기 때문에, 사용자가 바꾸어 놓은 내용이 받아들여질 수 없거나 바람직하지 못하거나 올바르지 않을 때 위키의 관리자가 이전 버전으로 되돌릴 수 있다. 위키(위키라는 용어는 '빨리 빨리'라는 의미의 하와이 말인 '위키위키'에서 유래한 것이다)는 아마도 설정하고 사용하기에 가장 쉬운 협업 도구이며 수많은 책에서 설명하는 학습과 파트너 관계 맺기에 여러모로 사용될 수 있다.

▶ **이 도구를 활용하기에 적합한 동사** 찾기, 읽기, 검색하기, 비교하기, 결정하기, 평가하기, 관찰하기, 성찰하기, 비판적 사고하기, 협업하기, 결합하기, 연결하기, 토론하기, 대화하기, 연결망 확립하기, 글쓰기, 혁신하기, 개별화하기

86. 유튜브

유튜브는 전 연령대에서 가장 오래 사용하는 앱이자 세계 최대의 온라인 동영상 공유 사이트이다. 티처튜브와 스쿨튜브, 빅 싱크, 테드 강연 등과 같은 다른 유익한 동영상 사이트들이 많지만, 유튜브는 여러 가지 이유로 가장 중요한 도구이다. 사람들은 유튜브를 통해 양방향 소통이라는 중요한 방식으로 동영상을 제작한다. (동영상을 시청하는 사람들이 해당 동영상에 대한 응답으로 글을 보내거나 직접 다른 동영상을 제작하여 올릴 수 있고, 이 도구를 통해 사소한 토론에서부터 굉장히 심도 있는 토론 진행도 이루어지기 때문에 유튜브는 양방향 소통 도구이다.) 여러 학교와 교육청에서 이런저런 이유로 유튜브에 접속하는 것을 금지하거나 제한하고 있지만 이러한 제한은 파트너 관계 맺기의 교육 목적과 배치되는 전략이다. 대신 학생들이 현재 공부하고 있는 것과 관련이 있는 모든 동영상을 찾고 그것의 질을 평가하고 반응을 보이며 유튜브 자료의 질을 개선시키기 위한 자신만의 새로운 동영상을 제작하는 등 유튜브를 현명하게 사용할 수 있는 방법을 배우고 그렇게 할 수 있도록 격려해야 한다.

▶ **이 도구를 활용하기에 적합한 동사** 탐구하기, 찾기, 듣기, 검색하기, 보기, 비교하기, 평가하기, 관찰하기, 성찰하기, 비판적 사고하기, 협업하기, 토론하기, 대화하기, 설계하기, 혁신하기, 제작하기, 개별화하기, 신중하게 위험 감수하기

87. 음성 문자 변환 도구

이 도구는 마이크로 녹음된 단어를 컴퓨터 문자로 변환한다. 나는 이 책을 쓰기 위해 음성 문자 변환 도구인 '드래곤 내추럴리 스피킹Dragon Naturally Speaking 버전 10'을 사용했다. 내가 원하는 것을 마이크에 대고 이야기했더니 이 프로그램은 내가 말한 것을 문자로 변환하여 화면에 보여 주었다. 이 도구는 파트너 관계로 배우는 학생들에게 굉장히 유용하게 사용될 수 있기 때문에 파트너 관계로 수업을 하는 교사는 학생들의 도구 사용을 독려해야 한다. 음성 문자 변환 도구는 마이크로소프트 최신 버전에 설치되어 있다. 특히, 음성 문자 변환 도구는 말을 하기 전에 생각을 정리하는 법을 배울 때나 파트너 관계로 배우는 학생들이 쓰기를 잘하지 못하거나 쓰기 수업에 어려움을 겪을 때 유용하다.

▶ **이 도구를 활용하기에 적합한 동사** 쓰기, 비판적 사고하기, 창작하기, 개별화하기

88. 음악 제작과 편집 도구

음악은 오늘날 학생들에게 중요하기 때문에 학생들이 음악을 제작하고 편집하기 위해 사용할 수 있는 도구들이 많아야 한다는 것은 새삼스러운 일이 아니다. 파트너 관계로 배우는 모든 학생들이 이러한 도구를 사용하여 파워포인트 발표와 팟캐스트, 멀티미디어 발표, 게임, 그 외 거의 모든 프로젝트에 적절한 음악(그리고 음향 효과)을 덧붙일 수 있도록 그들을 독려해야 한다. 오더시티Audacity, 오디션Audition, 이제이eJay, 매직스Magix가 이러한 도구들의 예에 포함된다.

▶ **이 도구를 활용하기에 적합한 동사** 창작하기, 실험하기, 듣기, 조정하기, 설계하기, 제작하기, 혁신하기, 프로그래밍하기

89. 의사결정나무

복잡하고 많은 단계의 결정에 대한 다양한 대안적 결과를 그림으로 보여 주고 그것들의 가능성을 제시하는 의사결정 지원 도구의 한 유형이다. 각 방법에 대한 가능성을 결합함으로써 각각의 행동 방침에 대한 가능성을 통합하여 평가를 할 수 있다. 의사결정나무는 종이 위에 작성할 수도 있고 SAS와 같은 통계 프로그램 패키지를 통해 사용할 수도 있다.

▶ **이 도구를 활용하기에 적합한 동사** 분석하기, 비교하기, 결정하기, 평가하기, 계획하기, 적절한 결정하기

90. 이메일

이메일은 이제 어디에서나 사용되고 있기 때문에 우리는 종종 그것을 도구라고 생각하지 않는다. 그러나 이것은 특히 문화 간 소통에 사용될 때 굉장한 영향력을 발휘하는 학습 도구가 될 수 있다. 이팔스와 같은 안전한 이메일 프로그램 사용이 좋은 예이다. 상황에 따라 이메일은 교사와 학생 간 소통을 위해 효과적으로 사용될 수도 있다. 그러나 오늘날 학생들 사이에서 선호되고 있는 전자 소통 수단으로 문자 메시지가 이메일을 대체하는 경우가 많아졌다.

▶ **이 도구를 활용하기에 적합한 동사** 연결하기, 협동하기, 대화하기, 쓰기, 계획하기, 리더십 발휘하기, 소통하기, 고찰하기, 표현 찾아내기

91. 이미지 편집 도구

21번의 '그래픽 제작/수정 도구'를 참고할 것.

92. 인공지능 도구

이 프로그램은 컴퓨터가 인간이 할 수 있는 일을 거의 실현할 수 있도록 한다. 인공지능 도구는 아주 간단한 것(예를 들어, 정신 분석가의 질문 방식을 따라 하는 프로그램인 리자Liza)에서부터 굉장히 복잡한 것(예를 들어, 자신을 둘러싼 환경과

인간에게 반응할 수 있는 로봇)에 이르기까지 다양하다. 인공지능은 대부분의 컴퓨터 게임에 광범위하게 사용되고 있다. 학생들은 인공지능 도구를 이용하여 특정 작가나 작곡가의 방식이나 특정한 질문 방식을 재연하는 등 인간의 행동을 이해하고 따라 할 수 있다.

▶ **이 도구를 활용하기에 적합한 동사** 분석하기, 결정하기, 예측하기, 계획하기, 프로그래밍하기

93. 인터넷

인터넷은 전 세계의 컴퓨터, 기계, 사이트를 연결시켜 주고 이들 간의 소통을 가능하게 해 주는 (무선 및 유선) 전자 시스템이다. 이것이 세계 유일의 네트워크는 아니지만 (통신업체와 군대는 자체 네트워크를 구축하고 있다) 가장 방대한 네트워크이고, 컴퓨터와 접속기가 있는 사람이라면 누구나 사용할 수 있는 도구이다. 인터넷은 단일 기업이나 정부가 소유하고 관리하는 것이 아니라 개인과 회사들의 소유물의 복합체이며 공개적이고 다양한 방식으로 관리되고 있다. 이러한 공개적인 구조의 장점으로 인해 인터넷은 적어도 현재에는 온갖 종류의 정보와 새로운 아이디어를 누구나 이용할 수 있도록 하는 '혁신적인 공유지'가 되었다. 비록 인터넷 연결률의 편차가 크지만 오늘날 미국의 모든 학교에서는 인터넷 접속이 가능하다. (연결률이 높으면—대역폭이 큰 경우, 쉽게 말하자면 '연결선이 광범위하게 설치'되어 있는 경우—그 '끝'에 연결되어 있는 좀 더 많은 사람들이 보다 빠른 서비스를 받을 수 있다.) 대중들이 이용할 수 있는 (또는 보안 설정이 된) 전 세계 컴퓨터의 정보들은 '인터넷상'에 있는 것으로 간주된다. 인터넷상에서 이동하는 모든 정보는 작은 패킷으로 전송되고 각각의 패킷은 정보의 출처가 어디이며 그것이 어디로 전송되고 있으며 어디에 속하는지에 관한 정보를 담고 있어 정보가 목적지에 도달하면 재병합될 수 있다. 이메일 메시지는 상대적으로 적은 패킷을 필요로 하기 때문에 비교적 빨리 목적지에 도달하는 반면, 멀티미디어 프로그램이나 장편영화는 훨씬 많은 패킷이 필요하기에 빠른 전송을

위해서는 빠른 속도(즉, 대역폭)가 요구된다. 스트리밍은 한 번에 조금씩 패킷을 전달하고 사용하는 방법으로서 보다 빠른 전송이 가능하다. 파트너 관계로 배우는 학생은 인터넷이 어떻게 작동하는지, 특히 자신이 공부하고 있는 과목과 관련하여 이해할 필요가 있다. 수학을 학습할 때 학생들은 인터넷의 정량 통계를 이해하고 계산하는 법을 배워야 한다. 과학 시간에는 인터넷의 구조와 과학적 쟁점들을 알아야 하며 사회 시간에는 인터넷이 가져올 사회적 결과를 이해해야 한다. 국어나 외국어를 공부할 때에는 인터넷이 제공하는 소통 기능을 알아야 한다.

▶ **이 도구를 활용하기에 적합한 동사** 협업하기, 소통하기, 창작하기, 탐구하기, 검색하기, 입증하기, 글쓰기

94. 인터넷 전화

인터넷 전화. 68번의 '스카이프'를 참고할 것.

95. 인터페이스 도구

학생들은 이 도구를 이용하여 소프트웨어 프로그램의 인터페이스를 부분적으로 또는 완전히 재설계하여 자신이 선호하는 것에 가깝게 만들 수 있다. 컴퓨터를 사용해 봤다면 분명 불분명하고 제대로 구성되지 않은 메뉴와 지나치게 작아서 찾을 수 없거나 엉뚱한 자리에 있는 버튼, 여러분의 기대에 어긋나거나 누락된 기능 등 형편없이 설계된 인터페이스를 사용하느라 애를 먹었던 경험이 있을 것이다. 사용자들은 인터페이스 도구를 이용하여 이러한 결함을 시정할 수 있다. 이 도구 중 일부는 설계와 맞춤화 옵션으로서 잘 알려져 있는 프로그램과 시스템(예를 들어, 윈도, MS오피스, 브라우저)에 포함되는 것이 있으며, GUI 디자인 스튜디오GUI Design Studio와 같이 별도의 설계 프로그램에 속하는 것도 있고 프로그래밍 도구인 것도 있다. 과목에 상관없이 결과물을 위해 자신만의 인터페이스를 설계하는 것은 학생들에게 훌륭한 학습 경험이 된다.

▶ **이 도구를 활용하기에 적합한 동사** 실험하기, 시범 보이기, 문제 해결하기, 설계하기, 혁신하기, 프로그래밍하기

96. 인튜이션

인튜이션Intuition은 생각을 조직하기 위해 학교에서 폭넓게 사용되고 있다. 엄밀한 의미에서 그것은 브레인스토밍 도구(참고)의 한 유형이라고 볼 수 있다.

▶ **이 도구를 활용하기에 적합한 동사** 탐구하기, 비교하기, 질문하기, 글쓰기, 혁신하기, 창의적 사고하기

97. 자기 평가 도구

10장에서 언급하겠지만 자기 평가는 파트너 관계 기반 수업에서(그리고 일상생활에서) 굉장히 중요한 평가 방식이다. 자기 평가를 할 때 평가 특징에 따라 사용할 수 있는 많은 전자 도구들이 있다. 예를 들어, 학생들은 읽기 속도와 이해력, 여러 주제에 대한 자신의 수준과 실력, 선호도와 흥미, 자신의 심리적 특성에 대해 스스로를 평가할 수 있다. 학생들이 이러한 도구를 찾아 제대로 활용하여 자신을 이해하고 스스로가 향상하고 있는지 파악할 수 있도록 독려해야 한다.

▶ **이 도구를 활용하기에 적합한 동사** 분석하기, 찾기, 평가하기, 관찰하기, 질문하기, 비판적 사고하기, 계획하기

98. 자료 분석 도구

학생들이 온라인을 이용하여 온갖 유형의 자료를 분석할 수 있도록 해 주는 도구들이 많이 있다. 이러한 도구는 마이크로소프트 워드에 설치되어 있는 간단한 단어 계산, 맞춤법 확인, 문법 확인, 어휘 수준 분석기에서부터 빈도 분석기, 중요사항 분석기, 문체 분석기, 역사 분석에 유용한 견해 비교 분석과 같은 보다 정교한 도구에 이르는 본문 분석 도구를 포함한다. 학생들은 스프레드시트와 통계 도구, 매스매티카Mathematica,* 울프럼 알파Wolfram Alpha**와 같은 셀 수 없을 정

도로 많은 분석 도구들을 사용할 수 있다.

▶ **이 도구를 활용하기에 적합한 동사** 분석하기, 탐구하기, 입증하기, 계산하기, 결정하기, 평가하기, 예측하기, 연결하기, 장기적으로 사고하기

99. 자료 시각화 도구

자료 시각화 도구는 많은 양의 자료(예를 들어, 시간에 따른 주식시세표, 지진 또는 기상 관련 자료)를 취합하여 사람들이 직관적으로 쉽게 이해할 수 있도록 그래픽으로 보여 준다. 우리가 텔레비전에서 보는 날씨 위성 지도가 이러한 도구의 정교한 예이다. 온라인에서, 그리고 자료 시각화에 필요한 엄청난 전산 시스템을 갖추고 있는 대학에서 학생들은 더욱 정교해진 자료 시각화 도구를 이용할 수 있다. 자료 시각화 도구에는 더브레인TheBrain(www.thebrain.com)과 같은 마인드맵과 엑셀로 만들어진 온갖 다양한 유형의 그래프, 매스매티카 프로그램, 세컨드 라이프와 같은 3D 세계의 도구가 있다. AT&T 연구소가 무료로 제공하는 그래프비즈Graphviz 역시 고려해 볼 수 있는 도구이다.

▶ **이 도구를 활용하기에 적합한 동사** 분석하기, 탐구하기, 찾기, 입증하기, 실험하기, 평가하기, 모형 제작하기, 관찰하기, 예측하기

100. 자료 확보/수집 도구

이 도구에는 과학적 조사와 센서, 카메라, 비디오 카메라, 음성 녹음 소프트웨어(예를 들어, 인터뷰)뿐 아니라 검색 엔진도 포함된다. 기술은 학생들이 이전에는 불가능했던 방식으로 다양한 자료를 수집할 수 있는 엄청난 기회를 제공한다. 수집된 자료는 다양한 자료 분석 도구(참고)를 통해 분석할 수 있다.

▶ **이 도구를 활용하기에 적합한 동사** 분석하기, 탐구하기, 찾기, 비교하기, 결정

....

* 과학, 공학 등에서 사용되는 계산용 소프트웨어로 스티븐 울프럼(Stephen Wolfram)이 고안했다.
** 스티븐 울프럼이 개발한 검색 엔진.

하기, 평가하기, 실험하기, 관찰하기, 질문하기, 비판적 사고하기, 연결하기, 설계하기, 문제 해결하기, 계획하기

101. 전자책과 리더 도구

21세기에 종이(예를 들어, 책과 잡지)는 독서를 위한 하나의 매체일 뿐이다. 이제 상당수의 젊은 세대들은 화면을 통해 글을 읽는다. 보다 많은 책과 정기간행물이 종이책과 전자책으로 동시에 출판되거나 전자책으로만 출판되고 있다. 마이크로소프트의 클리어타입ClearType과 다양한 웹사이트, 아마존의 킨들, 기타 '전용' 전자책 리더 도구, 심지어 스마트폰에서 사용이 가능한 전자 리더 도구(나는 개인적·직업적 목적으로 인해 글을 읽을 때 거의 이 도구를 이용하고 있으며 이 도구는 상당히 효율적이다) 등과 같은 다양한 전자식 읽기 소프트웨어가 있다. 페이지에 글을 쓸 수 없거나 책을 훑어볼 수 없는 등 전자식 읽기의 여러 가지 단점도 물론 있다. 그러나 (무겁고 커다란 책을 들고 다닐 필요가 없다는 것은 물론이거니와) 본문의 크기를 변경할 수 있거나, 특정 단어와 구를 검색하여 찾아볼 수 있으며, 다른 문서나 자료의 하이퍼링크를 삽입할 수 있는 등 장점 역시 많다. 파트너 관계로 가르치는 교사인 여러분은 가능한 한 많이 전자식 읽기 경험을 학생들에게 제공하고 그들과 함께 열린 마음으로 각 매체의 이점과 단점에 대해 토론하는 것이 중요하다.

▶ **이 도구를 활용하기에 적합한 동사** 읽기와 관련된 모든 동사

102. 전자 화이트보드

교사는 일반적으로 교실 앞에 설치되는 이 다양한 브랜드의 널따란 표면을 이용하여 글자를 쓰거나 학생들에게 인터넷 이미지를 보여 주고, 많은 상호작용 프로그램(또는 각 학생들 컴퓨터 화면)들을 사용하고 그 결과를 보여 줄 수 있다. 많은 교사들이 교실에서 쓸 수 있도록 학교와 교육청에서 전자 화이트보드를 구매하고 있으며 이러한 화이트보드를 사용하는 수많은 예를 '프로

메티언Promethean(www.prometheanworld.com)'과 '스마트 테크놀로지SMART Technologies(www.smarttech.com)'에서 찾아볼 수 있다. 전자 화이트보드는 강력하고 유용한 도구가 될 수 있지만 생각 없이 사용한다면 기존의 '칠판에 쓰기'와 차이가 없고 화려하기만 한(즉, 그림과 영상이 있을 뿐인) 도구가 될 가능성이 크다. 앞서 논의했듯이, 파트너 관계 기반 수업을 할 때 전자 화이트보드와 기타 모든 기술은 교사가 아닌 학생들에 의해 훨씬 잘 사용된다.

▶ **이 도구를 활용하기에 적합한 동사** 신중하게 사용한다면 이 도구는 거의 모든 동사를 지원할 수 있다.

103. 제도 도구/CAD 도구

산업과 건설 업계에서 설계를 하기 위해 쓰이는 기본 도구이다. 이와 같은 산업 현장에서는 예전에 종이와 연필이 제도 도구로 사용되었지만 이제는 이러한 도구들이 2D 및 3D CAD 도구로 거의 대체되었다. 학생들은 이러한 최신 도구를 사용하여 다양한 물건들을 설계할 수 있는데, 이는 대부분 3D 프린터를 통해 입체적인 물건으로 출력될 수 있다. 학생들은 또한 CAD 도구를 이용하여 교실이나 로비 등의 공간을 설계할 수도 있다. 파트너 관계를 기반으로 배우는 학생들의 수학 시간이나 기타 교육과정에 CAD 사용이 포함되어야 하며, 학생들은 수업 시간에 이 도구를 기본적으로 사용할 수 있어야 한다. 첨단 컴퓨터를 필요로 하는 CAD 소프트웨어도 있지만 이 도구도 점점 가격이 내려가고 구입하기 쉬워지고 있다.

▶ **이 도구를 활용하기에 적합한 동사** 계산하기, 설계하기, 실험하기, 혁신하기, 모형 제작하기와 시도하기, 계획하기, 조작하기, 표현 찾아내기. 여러분이 일하고 있는 학교에서 CAD를 사용하는 부서가 있는지 문의해 볼 필요가 있다.

104. 중요사항 분석

단어나 기호, 숫자들이 이어질 때 그중 어느 것이 가장 고려할 만한 의미를 담고 있는지 파악하는 것이 중요하고 유용하다. 이와 같은 목적을 위해 쓸 수 있는 방법이 중요사항 분석이며, 이때 사용할 수 있는 도구들이 몇 개 있다. 예를 들어 학생들은 이러한 도구를 이용하여 "이 글을 분석하고 중요한 단어를 찾은 후 각 단어와 관련된 무언가를 하도록 하라."고 명령하는 자동화 프로그램을 만들 수 있다. (심시티, 더 심즈, 스포어를 제작한 유명 게임 설계자인) 윌 라이트Will Wright는 에밀리 디킨슨Emily Dickenson의 시에서 중요사항을 분석하고 구글 이미지로 들어가 각 중요 단어에 우선적으로 어울리는 이미지를 선정한 후 시가 큰 소리로 암송될 때 순서에 맞춰 이미지를 보여 주는 프로그램을 만들었다. 완전히 자동화된 이 프로그램의 결과는 강렬했다. 학생들은 이와 유사한 프로젝트를 설계하고 시행할 수 있다.

▶ **이 도구를 활용하기에 적합한 동사** 분석하기, 검색하기, 비교하기, 결정하기, 평가하기, 논리적 사고하기, 조정하기, 결합하기, 제작하기

105. 증강현실 도구

증강현실은 실제 혹은 실제처럼 보이는 이미지에 정보를 중첩시키는 것이다. 여러분이 카메라 렌즈를 통해 산맥을 볼 때 산봉우리의 이름들이 산맥 위로 중첩되어 보이거나 도시의 이미지를 볼 때 모든 사물과 건물 위로 즉각 식별표가 뜨는 것이 증강현실의 예에 속한다. 증강현실은 GPS(지리위치 도구 참고)와 사물의 정확한 3D 지리 좌표의 결합으로 가능해졌다. 역사적 정보를 포함한 어떤 자료도 위치에 추가되고 중첩될 수 있다. 학생들도 증강현실 정보를 사용하고 추가하는 것이 가능하다.

▶ **이 도구를 활용하기에 적합한 동사** 분석하기, 탐구하기, 찾기, 검색하기, 입증하기와 같은, 정보를 연구하고 다루는 동사

106. 지도찾기 도구

이 도구에는 (개별 장치와 휴대폰에 설치되는) 구글어스와 GPS, 그리고 레이

더 및 수중 음파 탐지기와 같은 기타 위치 추적 장치가 포함된다. 다양한 지도찾기 도구가 유용하고 새로운 방식으로 매시업(참고)을 통해 통합되고 있는 추세이다. 지도찾기 도구는 학생들이 세계가 어떤 모습이며, 특정 장소 간 거리가 얼마나 먼지 파악하고 길을 찾고, 지도를 읽어 방향을 파악하는 등 물리적 세계(그리고 우주)에 대해 학습할 때 사용되어야 한다. 오늘날의 새로운 지도찾기 도구를 과거의 것(예를 들어, 지도책과 추측 항법)과 비교하여 각각의 도구로부터 얻을 수 있는 것과 장점은 무엇인지 파악하는 것이 도움이 될 때가 많다. 더욱 효과적으로 사용되기 위해 지도찾기 도구가 증강현실 도구(참고)를 활용하는 경우가 많아지고 있다.

▶ **이 도구를 활용하기에 적합한 동사** 분석하기, 탐구하기, 찾기, 관찰하기, 검색하기, 결합하기

107. 지리위치 도구와 위성위치 확인 시스템(GPS)

지리위치 도구를 이용하여 학생들은 지구 특정 위치의 좌표(정확한 경도와 위도, 고도)를 찾고 이용할 수 있다. 지리위치 관련 자료가 담긴 수많은 데이터베이스가 무료로 제공되고 있다(예를 들어, 구글어스). 학생들은 또한 지리위치 도구를 이용하여 다양한 형태의 자료(예를 들어, 지도와 이미지)를 보고 메모를 붙이고, 숨겨진 물건(지오캐싱geocaching[*])과 장소(지오트레킹geotrekking[**])를 찾고, 이러한 자료를 매시업(참고)으로 제공되는 다른 소프트웨어 및 자료와 통합할 수 있다. GPS는 지리위치 관련 자료를 제공하는 정지 위성으로부터 자료를 수집하기 위해 사용된다.

▶ **이 도구를 활용하기에 적합한 동사** 탐구하기, 찾기, 비교하기, 연결하기, 모형 제작하기

....

[*] GPS 수신기나 다른 항법 장치를 이용해 지오캐시 혹은 캐시라고 불리는 용기를 숨기거나 찾는 야외 활동.
[**] 아웃도어와 모험 여행을 위한 채널로, 트위터, 페이스북, 유튜브 계정 등을 운영하고 있다.

108. 최적합/회귀 도구

통계 도구로서 학생들이 정보를 수집하고 두세 개의 자료 집합 간에 연관성이 있는지 확인하려고 할 때 사용된다. 예를 들어, 평균 일일 기온과 수업 시간에 결석을 한 학생 수에 대한 회귀분석을 함으로써 학생들은 두 요소 사이에 밀접한 상관관계가 있음을 알게 될 것이다.

▶ 이 **도구를 활용하기에 적합한 동사** 분석하기, 입증하기

109. 크라우드소싱

크라우드소싱은 문제에 대해 (비록 '올바른' 답이 나오지 않는다고 할지라도) 새롭거나 예기치 않은 해결책에 도달하기 위해서 (종종 전 세계에 있는) 수많은 사람들의 의견을 모으는 소프트웨어를 사용하는 것이다. 학생들이 크라우드소싱을 위해 사용할 수 있는 기술 도구에는 이메일, 페이스북, 트위터 등이 있다.

▶ 이 **도구를 활용하기에 적합한 동사** 탐구하기, 찾기, 평가하기, 모형 제작하기, 예측하기, 문제 해결하기

110. 클리커

클리커는 청중 반응 도구의 속칭이다. 학급 전체나 수업을 듣는 학생들이 이 도구를 손에 쥐고 한 개의 또는 연속적인 질문에 대한 답을 입력하면, 이들의 답이 집계되어 화면에 나타난다. 몇 개의 브랜드가 존재하는데 단순하게 숫자를 입력하는 것에서부터 자유롭게 글을 입력할 수 있는 기능을 갖춘 것까지 버전에 따라 그 기능이 다양하다. 여러분의 학교에서 클리커를 구매했는지와 여러분이 그것을 사용할 수 있는지 여부를 알아볼 필요가 있다. 클리커의 사용이 여의치 않은 경우, 휴대폰과 웹사이트 www.polleverywhere.com을 통해 클리커와 비슷한 기능을 이용할 수 있다. 머지않은 미래에 별도의 클리커 장치만이 수행했던 기능을 휴대폰이 완전히 넘겨받아 클리커를 대체하게 될 것이다.

▶ 이 **도구를 활용하기에 적합한 동사** 탐구하기, 연구하기, 비교하기, 결정하기,

예측하기, 질문하기, 계획하기

111. 킨들

킨들은 아마존이 만들고 판매하는 전자책과 리더 도구(참고)이다.

▶ **이 도구를 활용하기에 적합한 동사** 읽기와 관련이 있는 모든 동사

112. 탐색 도구

이 도구는 컴퓨터나 휴대폰에 장착하여 온도에서부터 날씨, 화학적 구성에 이르기까지 다양한 정보에 대한 자료를 수집하기 위해 사용되고 있다. 이 중 매일 학생들이 사용할 수 있는 도구(예를 들어, 디지털 현미경이나 망원경)들이 점점 더 많아지고 있다. 파트너 관계 기반 수업을 하는 과학 교사는 학생들이 이러한 탐색 도구를 가능한 한 많이 사용할 수 있도록 독려해야 한다. 국어와 사회 과목 교사들은 사람들로부터 정보를 수집하기 위해 음성 녹음기나 영상 녹화기기를 탐색 도구로 사용할 것을 고려할 수 있다.

▶ **이 도구를 활용하기에 적합한 동사** 탐구하기, 찾기, 검색하기, 관찰하기, 예측하기, 분석하기, 비판적 사고하기

113. 테드 강연

이것은 전 세계에서 열리는 다양한 테드TED* 강연회에서 강연된 내용을 보통 20분 내외의 짧은 영상으로 편집한 것이다. 강연 주제의 범위는 경제에서 과학, 예술에서 언어에 이르기까지 광범위하다. 연설자들은 대개 사람들의 흥미를 유발하고 관심을 끄는 연설을 하도록 요청받은 특정 분야의 전문가들이다. 파트너 관계로 배우는 학생과 교사는 www.ted.com에 들어가서 이러한 강연을 연

---

* 'Technology, Entertainment, Design'의 약자. 미국의 비영리 재단으로 기술, 오락, 디자인 등과 관련된 강연회를 정기적으로 개최한다.

구하고 다른 사람들과 그것을 공유하기 위해 시간을 투자할 만한 가치가 있다. 테드 강연은 동영상 검색 엔진을 사용해서 찾아볼 수도 있다.

▶ **이 도구를 활용하기에 적합한 동사** 듣기, 보기, 윤리적으로 질문하기, 성찰하기, 비판적 사고하기

114. 통계 도구

통계는 가장 널리 사용되고 가장 중요한 수학적 응용이 이뤄지는 영역 중 하나이다. 우리가 가르치는 모든 과목에서 어떠한 방법으로든 통계가 사용되거나 사용될 수 있다. 그러나 통계는 학생들이 가장 잘 이해하지 못하는 분야에 속하며 때로는 교사들도 이해하지 못할 때가 있다. 이러한 문제를 해결할 수 있도록 도움을 주는 소프트웨어 도구들이 많다. 파트너 관계로 배우는 학생들이 이 도구들을 이용할 수 있도록 독려해야 한다. 매스매티카와 SAS를 대표적인 도구로 들 수 있다.

▶ **이 도구를 활용하기에 적합한 동사** 분석하기, 입증하기, 계산하기, 비교하기, 결정하기, 예측하기, 문제 해결하기

115. 투표 집계 도구

110번의 '클리커'를 참고할 것.

116. 트위터

이 글에서 언급하고 있듯이 많은 사람들에게 굉장한 인기를 얻어 널리 알려져 있는 트위터는 메시지 전달과 SNS의 결합체이다. 이 도구는 여러분이 트위터에서 '팔로우follow'하는 사람들이 꾸준하게 올리는 (최대 140자로 제한되어 있는) 매우 간략한 메시지를 받거나 읽을 수 있고 어떠한 메시지에든 답변할 수 있는 기능을 제공한다. 게다가 여러분의 메시지는 여러분을 팔로우하는 누구에게든 보여진다. 트위터를 팔로우하는 '팔로워follower'의 수는 불과 몇 명에서부터

수백 명이 될 수도 있으며 유명인의 경우 백만 명이 넘을 수도 있다. 트위터 사용자들은 지금도 이 도구가 자신들의 생활에 주는 이점을 알아가고 있다. 현재 나는 내가 높이 평가하는 의견을 제시하는 사람들의 생각과 그들이 중점적으로 여기는 것들을 계속적으로 파악하기 위해 트위터를 사용하고 있다. 교육적으로 트위터는 특정 주제에 대해 토론을 할 때, 특히 토론의 참여자들 대다수가 교실 밖에 있을 때 유용한 도구이다. 트위터에 음성 문자 변환 요소가 추가된다면 학생이나 교직원 등 휴대폰을 이용하여 메시지를 읽을 수 있는 모든 팔로워 그룹에게 짧은 구어적 메시지를 전달할 수 있을 것이다. 그러나 트위터는 미래에 훨씬 좋은 도구에 의해 대체될 게 거의 확실하다.

▶ **이 도구를 활용하기에 적합한 동사** 검색하기, 평가하기, 관찰하기, 질문하기, 비판적 사고하기, 협업하기, 연결하기, 듣기, 개별화하기

117. 특정 분야 관심 블로그

블로그(참고)는 여러모로 활용될 수 있다. 블로그의 주제는 제한이 없어 거의 모든 주제와 관련한 블로그가 존재한다. 아마추어가 만든 블로그도 있지만 저널리스트와 같은 전문가에 의해 운영되는 블로그도 많다. 파트너 관계 기반 수업을 하는 학생들이 교실에서 블로그를 잘 사용하기 위해 쓸 수 있는 방법 중 하나는 학급 전체가 공부하고 있는 대상이나 학생 운동, 학생 인권 또는 자신들이 열정을 느끼고 있는 것과 같이 특정 분야 관심 블로그를 개설하는 것이다. 특정 분야 관심 블로그를 사용하는 또 다른 방법은 학급 전체나 각 학생들이 생각하는 중요한 주제를 따르는 것이다. 그러기 위해 학생들은 각각의 관심 있는 블로그를 RSS(참고) 피드로 등록할 수 있는데 대부분 블로그에 있는 버튼을 클릭함으로써 간단하게 해결할 수 있다.

▶ **이 도구를 활용하기에 적합한 동사** 탐구하기, 찾기, 듣기, 읽기, 비교하기, 평가하기, 질문하기, 고찰하기, 비판적 사고하기, 협업하기, 연결하기, 대화하기, 토론하기, 신중하게 위험 감수하기, 쓰기

118. 파워포인트

다른 도구처럼 파워포인트 역시 제대로 사용될 수도 있지만 잘못 사용될 수도 있다. ('파워포인트에 의한 죽음death by PowerPoint**은 흔히 알려진 파워포인트를 활용한 발표의 폐해이다.) 빈번하게 이야기되는 잘못된 사례로는 너무 많은 내용들을 축소하여 항목 안에 집어넣거나 지나치게 많은 글자들을 화면에 띄우는 것을 들 수 있다. 산업 전반에서 파워포인트가 사용되고 있기 때문에 이것이 학생들이 학교를 다니는 동안 언젠가 배워야 할 유익한 도구라는 것은 당연하다. 텍사스 지역의 어느 학생 그룹은 교사가 "몇 학년 때 파워포인트를 배우기 시작해서 몇 학년 때 그만두어야 할까요?"라는 질문을 했을 때 1학년 때 배우기 시작해서 6학년에는 끝내야 한다고 대답했다. 이들 답변의 요점은 이 도구가 1학년이 사용할 수 있을 정도로 쉽기 때문에, 6학년 정도의 학생들은 이미 이 도구의 사용을 숙달하고 보다 높은 수준의 애니메이션 작업이나 상호작용을 할 수 있는 플래시와 같은 더 정교한 발표 도구를 사용할 수 있을 정도가 되어야 한다는 말이다. 파트너 관계 기반의 수업을 할 때에는 교사들이 교실 앞에서 파워포인트를 사용하지 않도록 한다. 학생들이 직접 이 도구를 사용하도록 하고 교사와 또래 친구들이 비평가의 역할을 하는 것이 훨씬 더 유익한 수업 방식이다.

▶ **이 도구를 활용하기에 적합한 동사** 정보 알리기, 쓰기, 설계하기, 설득하기

119. 팟캐스트와 팟캐스팅 도구

팟캐스트는 원래 특정 주제와 관련하여 흥미를 느낀 사람들이 듣거나 다운로드할 수 있도록 온라인에 올려진 음성 녹음 파일을 의미하였다. 이 용어는 이제 더욱 확장적으로 쓰이고 있다. 음성 팟캐스트뿐 아니라 영상 팟캐스트도 있으며 아마추어가 올린 파일은 물론 전문 팟캐스터가 올린 파일, 여러분이 검색

---

* 지루한 발표는 자칫 사람들의 공감을 얻지 못할 뿐 아니라 그들을 잠에 빠지게 할 수 있다는 의미를 가진 비유적 표현이다.

해서 찾아야 하는 팟캐스트, 여러분의 컴퓨터와 휴대폰에 자동으로 다운로드되는 팟캐스트 등이 있다. 요즘에는 다운로드할 수 있으며 특정 주제에 대해 설명하거나 교육적인 성격을 지닌 음성 또는 영상 파일이 주를 이루고 있다. 팟캐스트는 생각할 수 있는 모든 주제를 다루며 장소를 가리지 않고 이용할 수 있는 도구이다. 팟캐스트는 특정 분야에서 일어나고 있는 일을 이해하기 위한 좋은 수단이다. (예를 들어, 여러분은 '최고 기술 관련 팟캐스트'를 검색할 수 있다.) 자신만의 팟캐스트를 만듦으로써 학생들은 쉽게 정보를 수집하고 공유할 수 있다. 많은 학생들이 나를 인터뷰했는데, 그들은 휴대폰을 이용하여 인터뷰 상황을 음성 녹음하거나 영상 녹화했고 이 팟캐스트를 웹사이트에 올리고 수업 프로젝트에 사용했다. 팟캐스트는 웹을 매개로 하기 때문에 다른 학생들과 교사, 부모, 그리고 전 세계의 사람들과 쉽게 공유할 수 있다. 팟캐스트를 제작하고 공유할 때 사용할 수 있는 도구는 매우 쉽게 찾을 수 있다.

▶ **이 도구를 활용하기에 적합한 동사** 듣기, 협업하기, 창작하기, 제작하기, 공유하기

120. 페이스북

페이스북은 급격하게 빨리 성장하였다. 앞에서 언급했지만 이 도구는 많은 학생들에게 인기가 있다. 페이스북과 다른 SNS(예를 들어, 마이스페이스MySpace나 트위터)는 분명 학습에 적용할 수 있는 가능성을 가지고 있지만, 우리는 여전히 이것이 어디에서 어떻게 적용되는지를 알아가는 과정 중에 있다. 수업 시간에 페이스북을 이용한 흥미로운 사례가 있으며 온라인에서 '페이스북 교실'을 검색하여 그러한 예들을 찾아볼 수 있다. 예를 들어 온갖 허구적·역사적 인물과 작가, 발명가, 과학자의 페이스북 계정이 있고 그 인물의 목소리로 답변을 받는다고 상상해 보자. 현재 학생들이 개인적인 생활을 할 때 사용하는 페이스북이나 기타 SNS가 교육적인 목적을 위해 변화 없이 그대로 사용되어야 하는지에 대한 논쟁이 있다. 이것은 개인의 사생활에 직업적 생활을 지나치게 개입시키는 것과

같을 수 있다. 그러나 특정한 그룹의 사람들과 접촉하고 그들의 의견을 자주 보고 이러한 의견에 답변을 할 수 있는 페이스북의 기능은 중요한 교육적 가능성을 가지고 있으며 모든 교사들은 이 점을 탐구하고 생각해 보아야 한다. 페이스북과 유사한 닝(참고)과 같은 도구가 대안으로 여겨질 수 있다. 명사가 얼마나 빨리 변하는지를 보여 주는 예로서 최근 유명한 SNS 도구인 마이스페이스는 이제 유명한 음악 밴드를 팔로우하는 정보 위주의 도구가 되었다.

▶ **이 도구를 활용하기에 적합한 동사** 듣기, 보기, 결정하기, 평가하기, 고찰하기, 비판적 사고하기, 협업하기, 연결하기, 대화하기, 맞춤화하기, 계획하기, 소통하기, 표현 찾아내기, 주도하기, 윤리적 행동하기

121. 평가/채점 도구

평가와 채점은 종종 교사에게 부담이 되곤 한다. 그러나 요즘에는 대개의 경우, 이러한 작업의 상당 부분이 교사의 짐을 덜어 줄 수 있을 정도로 자동화되고 있다. 스캔트론Scantron과 같은 도구로 스캐너를 이용하여 자동으로 답안지를 채점할 수 있다. 짧은 문단이나 에세이를 채점하는 자동화 도구도 있다. 시간을 절약하고자 하는 교사는 이러한 기술을 눈여겨보고 이것을 자신의 학교에서 사용할 수 있는지 확인해야 한다.

▶ **이 도구를 활용하기에 적합한 동사** 평가하기, 학생들에게 시의적절한 피드백 제공하기

122. 표절 검사 도구

다른 사람이 작업한 것을 허락 없이 복사해서 자신의 과제에 가져다 붙이는 학생들(심지어 그것을 자신이 한 것이라고 말하는 학생들)이 늘어나면서 학생들의 이러한 행위를 잡아내기 위한 소프트웨어 도구가 등장하게 되었다. 턴잇인Turnitin은 가장 널리 사용되고 있는 표절 검사 도구이다. 구글을 표절 검사를 위한 용도로 사용할 수도 있다. 교사뿐 아니라 학생들도 표절 검사 도구들이 있다는 것

을 알고 이것이 어떻게 작동하는지 이해해야 한다.

▶ **이 도구를 활용하기에 적합한 동사** 입증하기, 결정하기, 평가하기, 비판적 사고하기

123. 프로그래밍 도구

프로그래밍 언어는 프로그래밍 도구의 일종이지만 일부 사람들이 언어로 지칭하지 않는 도구들도 있다. 여기에는 시각적 프로그래밍이 포함되는데, 이를테면 각 요소를 나타내는 그림을 전선과 로직*을 나타내는 선에 연결함으로써 온라인 로봇을 전선으로 연결하거나 온라인 프로그램을 만든다. 단순한 기호가 아닌 언어를 사용하여 프로그래밍하는 스크립팅 도구도 이러한 도구에 포함된다. 마지막으로 거의 모든 선택이 메뉴로 통제되는 게임스타 메커닉 등의 게임 제작 소프트웨어 도구도 여기에 포함된다.

▶ **이 도구를 활용하기에 적합한 동사** 분석하기, 비교하기, 결정하기, 평가하기, 실험하기, 시범 보이기, 예측하기, 문제 해결하기, 논리적 사고하기, 결합하기, 연결하기, 혁신하기, 계획하기

124. 프로그래밍 언어

이 언어는 모든 기계를 제어하는 명령을 만들어 내기 위해 사용되는 도구이며, 다양한 수준의 프로그래밍 언어가 있다. 우리가 텔레비전 쇼를 녹화하거나 핸드폰을 설정할 때 사용하는 메뉴가 고차원 프로그래밍 언어의 예이다. 마이크로소프트 워드와 엑셀, 파워포인트 등의 도구는 그 자체로 프로그래밍 언어이며 더욱 정교한 작업을 위해 (매크로와 스크립팅 도구로 알려져 있는) 다른 프로그래밍 언어가 이러한 도구에 추가로 설치된다. HTML, PHP, 드루팔Drupal과 같은 웹 제작 도구도 모딩 도구와 마찬가지로 프로그래밍 언어에 속한다. (다른 많은

----

*   논리를 통해 동작을 실행하는 디지털 회로.

것들 중에서) 베이직Basic, 펄Perl, C++와 같은 소위 저차원의 프로그래밍 언어를 사용하면, 아무런 정보 없이도 프로그래밍을 시작할 수 있고 상상할 수 있는 어떤 것이든 제작할 수 있다. 그중 가장 저차원인 도구는 컴퓨터가 직접 이해할 수 있도록 하는 명령으로 어셈블러assembler라고 불리며, 컴파일러compiler로 알려진 소프트웨어에 의해 자동으로 고급 언어로 변환된다. 가장 저차원에서 프로그래밍 언어를 배우고 이해하는 것은 파트너 관계로 배우는 학생들에게 굉장히 유용하고 중요한 과제이다. 프로그래밍은 분명히 앞으로 더욱 중요해질 동사, 즉 기능이다. 파트너 관계로 배우는 학생들은 소프트웨어를 다운로드하고 구성하거나 자신의 모바일 기기에 재생 목록을 설정하는 등 자신이 가지고 있는 장치를 어느 정도까지 프로그래밍할 수 있는지 깨달아야 한다. 그리고 기계를 제어(즉, 프로그래밍)할 수 있는 법을 잘 익히도록 학생들을 독려해야 한다. 전 과목에서 해당 학년의 학생들을 위한 프로그래밍 과제를 고안하거나 제안할 수 있다.

▶ **이 도구를 활용하기에 적합한 동사** 분석하기, 탐구하기, 입증하기, 계산하기, 평가하기, 실험하기, 시범 보이기, 논리적 사고하기, 연결하기, 설계하기, 혁신하기, 프로그래밍하기, 시뮬레이션하기

125. 프로젝트 계획/관리 도구

프로젝트 전문 계획자와 관리자가 사용하는 전자 도구 중에서는 학생들에게 큰 도움이 될 수 있는 것들이 많이 있다. 이러한 도구에는 퍼트PERT 도표 생성 프로그램(퍼트 도표는 우선적으로 해야 하는 일을 보여 줌으로써 과제의 우선순위를 정하는 데 도움을 준다)과 갠트Gantt 도표 생성 프로그램(갠트 도표는 연구 일정의 시작과 끝을 보여 주는 막대그림표이다) 등이 있다. 학생들이 프로젝트를 계획하고 관리할 때 이러한 도구들을 사용하도록 독려해야 한다.

▶ **이 도구를 활용하기에 적합한 동사** 분석하기, 결정하기, 예측하기, 문제 해결하기, 논리적 사고하기, 설계하기, 혁신하기, 계획하기

126. 플래시

어도비가 판매하는 이 소프트웨어 프로그램은 웹에서 찾아볼 수 있는 거의 모든 애니메이션에 사용되고 있으며, 무료로 제공되는 플래시 플레이어Flash Player는 모든 새로운 웹 브라우저에 설치되어 있다. 사실상 플래시는 이제 동영상 멀티미디어, 동영상을 이용한 발표, 웹 게임에 사용되는 기본 도구가 되었다. 이상적으로 봤을 때 플래시 창작을 할 수 있는 기회가 모든 학생들에게 주어져야 한다. (그리고 가능하다면 이와 관련한 교육을 받을 수 있어야 한다.) 이 프로그램은 무료가 아니지만 돈을 지불할 가치가 있는 도구이다. 플래시의 좋은 점 중 하나는 웹에서 무료로 쓸 수 있는 미리 프로그래밍된 많은 항목들이 있고, 학생들이 이것들을 자신의 프로그램에 쉽게 통합시킬 수 있다는 점이다. 플래시 라이트Flash Lite는 스마트폰에서도 동일한 결과를 만들 수 있는 관련 도구이다. 여러분의 학교에서 학생들이 이 도구를 이용하는 것이 가능한지 확인해 볼 필요가 있다.

▶ **이 도구를 활용하기에 적합한 동사** 소통하기, 제시하기, 설계하기, 설득하기

127. 하드웨어 모드와 향상

'modification(수정)'의 줄임말인 '모드mod'라는 용어는 하드웨어, 즉 물리적인 컴퓨터를 대상으로 사용되기 시작했다. 사용자들은 컴퓨터의 기능과 속도를 향상시키기 위해 (그리고 컴퓨터 게임을 더욱 잘 즐기기 위해) 컴퓨터를 분해하고 마이크로프로세서의 내부 클럭clock*의 속도를 높이고 보다 강력한 그래픽 카드나 팬 등을 추가하며 개조하기 시작했다. 그들은 창과 특수 조명 등 주문 제작한 외부 케이스를 추가하기도 했다. 하드웨어 모딩은 파트너 관계로 배우는 학생들의 학습 도구로서의 가능성을 충분히 가지고 있다. 많은 학교에서 사용되는 컴퓨터는 오래되어 구식인 경우가 많은데, 이러한 컴퓨터를 자선단체에 기부하거나 재활용하는 것이 아니라 학생들이 학습을 할 때 사용하도록 하는 것이 바

---

* 중앙 처리 장치를 동작시키는 주파수.

람직하다. 교사들은 가능하다면 학생들로 하여금 컴퓨터 내부를 열어 중요한 부품의 기능을 파악하도록(필요하면 그것을 교체하도록) 해야 한다.

▶ **이 도구를 활용하기에 적합한 동사** 탐구하기, 조정하기, 시범보기, 조작하기, 설계하기

128. 협상 도구

협상은 실생활에서 자주 이용되기 때문에 중요하지만, 그 필요성에 비해 너무나 적은 빈도로 학교에서 학습되는 기능이다. 학생들은 일반적으로 이러한 기능, 즉 동사를 공부하고 익히지 않기 때문에 은행과 기업, 그 외의 다른 대상과 충돌하는 일이 벌어졌을 때 결국 지는 경우가 많다. 더 나은 협상가가 될 수 있도록 도움을 주는 도구(컴퓨터 기반의 도구와 인쇄물 형식의 도구를 모두 포함)들이 많이 있으며, 파트너 관계로 가르치는 교사는 학생들이 그것을 사용할 수 있도록 독려해야 한다. 이러한 도구의 예에는 팔리Parley와 네고시에이터 프로Negotiator Pro가 있다.

▶ **이 도구를 활용하기에 적합한 동사** 분석하기, 듣기, 결정하기, 윤리적 질문하기, 평가하기, 관찰하기, 예측하기, 질문하기, 고찰하기, 협동하기, 협상하기

129. 협업 도구

이 소프트웨어 도구는 개인이나 팀이 세계 어디에 있든, 이를테면 같은 방에 있든지 세계 곳곳에 흩어져 있든지 간에 여러 컴퓨터를 이용하여 함께 작업할 수 있도록 한다. 전화, 즉 휴대폰은 자주 사용되는 협업 도구로 특히 전화 회의 시 이용된다. 일반 전화는 교육 환경에서 사용하기에 매우 비싸지만 스카이프와 같은 도구를 사용하는 인터넷 기반의 전화는 그보다 훨씬 싸거나 무료로 제공되기도 한다. 가상 회의 도구도 협업 도구이며 문서를 공유하는 등의 온라인 작업 도구(예를 들어, 구글 독스Google Docs)도 이에 속한다. 위키와 블로그(참고) 역시 협업 도구이다. 이팔스는 안전한 이메일 전송과 블로그 작업을 가능하

게 해 주는 협업 소프트웨어이다. 파트너 관계를 맺을 때에는 학생들을 독려하여 이용할 수 있는 모든 협업 도구를 사용하도록 해야 한다. 여러분의 학교에서 이용할 수 있는 것이 무엇인지 파악하기 위해 (학교에 기술 책임자가 있다면) 그와 이야기해 볼 것을 권유한다.

▶ **이 도구를 활용하기에 적합한 동사** 거의 모든 동사

130. 휴대폰

오늘날에는 학교에서 휴대폰을 소지하고 있는 학생들이 점점 더 많아지고 있다. 이러한 휴대폰은 대부분 뛰어난 기능이 있는 컴퓨터와 마찬가지라는 사실을 깨닫는 것이 중요하다. 많은 학교에서 학생들이 수업 시간에 휴대폰을 사용하는 것을 금지하지만, 파트너 관계 맺기의 관점에서 이 도구가 제공하는 엄청난 잠재적인 학습 기회를 고려한다면 이러한 정책은 근시안적이라 할 수 있다. 학습에 휴대폰을 사용하는 예를 알고 싶다면 내가 쓴 「휴대폰으로 배울 수 있는 것은 무엇인가? 무엇이든 가능하지!」(http://tinyurl.com/r678x), 리즈 콜브의 『장난감에서 도구로』와 그녀의 블로그(cellphonesinlearning.blogspot.com)를 보기 바란다.

▶ **이 도구를 활용하기에 적합한 동사** 휴대폰은 창의적인 활동에 사용되는 경우 거의 모든 동사를 학습하고 연습할 수 있는 유용한 도구가 된다.

131. 휴대폰 리더 도구

휴대폰의 디스플레이 기능이 점점 더 좋아져 휴대폰을 통해 책과 정기간행물, 기타 자료의 글들을 더욱 편하게 읽을 수 있다. 책이나 정기간행물을 쉽게 읽을 수 있고 비용만 지불하면 대부분의 책을 다운로드할 수 있으며 고전의 경우 무료로 다운로드할 수도 있는 킨들 아이폰 애플리케이션을 좋은 예로 들 수 있다. (나는 이 도구를 자주 사용하고 있으며 이 포맷과 배경 조명이 킨들 전용 리더보다 낫다고 생각한다.) 다른 휴대폰의 리더 도구는 킨들이 아닌 국제디지털출판포

럼International Digital Publishing Forum의 기준을 사용한다.

▶ **이 도구를 활용하기에 적합한 동사** 읽기, 쓰기, 복사하기/모방하기, 창작하기, 표현 찾아내기. 101번의 '전자책과 리더 도구'를 참고할 것.

132. 휴대폰 소설

점점 더 많은 소설과 저작물이 휴대폰에서 볼 수 있도록 제작되고 있다. 이러한 유형의 읽을거리는 장소와 상관없이 이용 가능해졌으며 다른 사람들과 쉽게 공유할 수 있다. 일반적으로 종이에 쓸 때와는 전반적인 구조뿐 아니라 문단과 문장 구조가 다르기 때문에 학생들이 공부하고 읽고 쓸 때 도움이 된다.

▶ **이 도구를 활용하기에 적합한 동사** 읽기, 쓰기, 복사하기/모방하기, 창작하기, 표현 찾아내기

파트너 관계 맺기를 위한 조언

학생들과 위에서 언급한 도구의 목록을 공유하라. 도구에 대해 좀 더 알고 학생들이 어떠한 도구에 흥미를 가지고 사용하려고 하는지 파악하기 위해 목록을 가지고 토론하라. 학생들이 사용하고 연습하는 동사와 이에 가장 적합한 도구는 무엇인지 판단하라.

CAD와 인튜이션, 플래시 등 학생들이 사용할 수 있도록 허가받은 도구는 무엇인지 학교의 기술 책임자에게 물어보아라.

위의 긴 목록을 끝까지 읽어 준 독자들에게 감사의 말을 전한다. 그리고 여러분이 이 목록이 유용하다는 것을 인지하고 나중에 참고할 수 있길 희망한다. 또한 어떠한 명사라도 그 명사에 대해 좀 더 많은 정보를 알고 싶다면 위키피디아에서 찾아보거나 검색 엔진 창에 해당 명사를 입력하여 검색하는 것이 가장 좋은 방법이라는 사실을 기억하라. 도구들은 매우 빠르게 바뀌기 때문에 대부분의 경우 어떠한 도구는 이 책이 출간되기도 전에 구닥다리가 되어버릴 수도 있

다는 사실을 명심하라.

이제 여러분은 파트너 관계로 가르치는 교사로서 이 모든 도구들을 잘 알게 되었다. 그럼 여러분은 (또는 학생들은) 이것들을 어떻게 활용할 수 있을까? 이에 대한 답은 학생들로 하여금 무언가를 창조하게 하라는 것, 가능한 한 많은 학습 목적을 위해 다양한 방법을 이용해 창조하게 하라는 것이다. 이것이 바로 오늘날 학생들이 원하는 것이다. 다음 장에서 우리는 창조하기에 대해 더욱 자세히 살펴볼 것이다.

살펴봅시다

▶ 학생들은 이미 다른 학생들을 위해 다양한 내용의 방법을 안내하는 동영상을 온라인에 게재하고 있다.

8장

학생들이 창조하게 하라

오늘날 학생들은 놀라울 정도로 창조에 대한 열의를 가지고 있지만, 정작 그렇게 할 수 있는 충분한 기회가 주어지지 않고 있다. 이는 학생들에게 물어보면 알 수 있는 사실이다.

7장에서 열거한 그 모든 도구들을 생각해 보자. 오늘날 그러한 도구들을 많이 접할 수 있는 학생들은 분명 그것들을 이용하여 과거의 학생들이 수행한 프로젝트를 훨씬 뛰어넘는 것을 만들어 내고 싶어 할 것이다. 그리고 이미 그들 중 다수는 멀티미디어 발표, 머시니마, 매시업에서부터 그래픽 노블, 웹사이트, 블로그, 게임에 이르기까지 다양한 프로젝트를 수행하고 있다. 학생들이 작업하는 프로젝트의 목록은 끝이 없다. 그러나 이러한 작업을 학교에서 수업의 일환으로 진행하는 학생들은 많지 않다.

토론 패널로 나섰던 학생 중 한 명이 그들의 의견을 듣던 교사들에게 "저희가 무언가를 만들 수 있도록 해 주세요. 얼마나 큰 힘을 쏟을 수 있는지 보여 드릴게요."라고 말했다. 파트너 관계를 기반으로 가르치는 교사의 역할은 공식 교육의 일환으로 학생들이 최대한 많은 것을 창조할 수 있도록 독려하고 도와주면서 그들에게 기회를 제공하는 것이다.

물론, 이미 교육에서 학생들은 많은 것을 만들어 내고 있다. 그러나 내가 여기에서 말하고자 하는 것은 그것이 아니다. 과거에는 대부분의 경우 학습 내용을 구체화하는 방법이, 이를테면 "x 페이지나 y 단어 분량인 에세이를 쓰세요."나 "그림을 오리세요. 아니면 만화나 삽화를 그리세요."라는 식으로 학생들에게 정확히 전달되었다. 그러나 이제 학생들은 예전과 달리 배운 것을 표현하고 창의력을 드러낼 수 있는 수단을 훨씬 많이 가지고 있다. 확실히 중요한 '동사'라 할 수 있는 글쓰기를 예로 들어 보자. 논리적으로 훌륭한 문단이나 에세이는 예전보다 더 많은 방법과 공간, 즉 새로 등장한 '명사'인 공개 블로그의 게시물, 페이스북이나 유튜브 게시물에 대한 반응, 심지어 동영상 스크립트 등을 통해 만들어질 수 있다. 내가 아는 한 학생은 교사들 사이에서 글을 잘 쓴다고 여겨지지 않았지만, 고등학교 졸업반 학생으로서 대학 입학 과정의 특정 쟁점에 대한 자신의 열정적인 생각을 보여 주었다. 그는 자신의 웹사이트에 에세이를 썼고 그 글은 전국적으로 유명해졌다.

(또 다른 동사인) 무언가를 그림으로 묘사하기 역시 중요하다. 학생들은 이제 이와 같은 작업을 수행할 수 있는 동영상이나 멀티미디어, 게임 도구, 만화 제작 도구, 기타 많은 새로운 명사를 손쉽게 이용할 수 있다. 소통하기(동사) 역시 중요하다. 요즈음 학생들은 이메일과 문자, 페이스북, 트위터, 그 외의 많은 방법들을 이용하여 이러한 기능을 수행하며, 훨씬 많은 도구들이 앞으로 더 나올 것이다.

그렇기 때문에 파트너 관계를 기반으로 가르치는 교사는 오늘날의 학생들이 창조하고 싶어 하고 창조할 수 있다는 사실을 알아야 한다. 그러나 그들이 에세이나 과학 프로젝트, 종이 판지를 이용한 만들기 등과 같이 수년간 사용되었고 오랫동안 교육의 기본 방침이었던 과거의 방식을 원하는 것이 아니라는 점을 이해해야 한다. 내가 아는 어느 5학년 학생은 종이와 천 등을 이용하여 순례자

의상을 만들라는 숙제를 (21세기인 시점에서) 받았다. 이 숙제를 받은 학생은 어떤 복잡한 게임에서도 까다로운 캐릭터와 아바타, 의상을 얼마든지 만들 수 있는 아이였다. 평소에 '착하고' 적극적이었던 그 학생은 완강하게 반항하고 숙제하기를 거부했다. 결국 아들의 점수를 염려한 그의 엄마가 숙제를 했다. 물론, 학생의 엄마도 5학년 때 이 과제를 한 적이 있었다.

게임을 통해 순례자 캐릭터를 만들 수 있음에도, 그리고 이를 통해 '순례자'의 개념에 대해 더 넓은 맥락에서 다시 생각해 볼 수 있음에도 불구하고, 이 학생은 어찌하여 아까 말한 그 학습활동을 자신만의 방식으로 할 기회를 얻지 못하는 것일까?

우리가 살펴보았다시피 교사가 학생이 사용하는 모든 도구의 사용법을 전부 알고 있는지는 중요하지 않다. 교사가 게임을 즐기는 5학년 학생처럼 될 수는 없을 것이다. 파트너 관계를 기반으로 가르치는 교사에게 중요한 것은, 학생 모두가 각자 발휘할 수 있는 창의력의 최대치를 발휘할 기회를 제공하는 것, 그리고 학생들은 자신들에게 부여된 동일한 목적의 과제를 개별적으로 혹은 모둠별로 스스로 정한 각각의 방식으로 성취해도 된다는 열린 마음을 갖는 것이다.

아이들이 자신이 원하는 어떠한 방식으로든 창조할 수 있는 과학 박람회를 떠올려 보면 어떨까? 파트너 관계에 기반한 오늘날의 모든 수업은 이렇게 활발하게 운영되는 과학 박람회, 또는 국어나 수학, 사회, 외국어 박람회와 같이 될 수 있으며 마땅히 그래야 한다. 그리고 그러한 수업이 이루어질 때, 도구를 사용할 줄 모르는 부모가 자녀를 대신해서 프로젝트를 하는 일이 없을 것이다!

나는 최근에 교사와 함께 학회에 참석했던 50명의 학생들을 위해 워크숍을 진행하는 특전을 얻었다(나는 이런 방식의 학생 참여를 지지하고 적극 권장한다). 워크숍 장소는 기술을 사용하기에 적절한 곳이었고 학생들은 모두 장비가 잘 갖추어진 컴퓨터실을 사용할 수 있었다. 참석한 학생들은 일반 고등학교에서 볼 수 있듯이 평점이 높은 학생, 중간인 학생, 낮은 학생들이 골고루 포진해 있었다. 우리는 파트너로서 이 워크숍을 진행하기 위해 "우리가 무언가를 창조할 수 있다는 것을 선생님들에게 보여 주려면 무엇을 할 수 있을까요?"라는 질문을 던지는 것으로 시작했다. 그러자 몇몇 학생들은 자신들이 사용 방법을 알고 있는 것, 예를 들어 동영상, 팟캐스트, 게임, 컴퓨터 프로그램, 페이스북 페이지, 시합 등을 나열하였다. 그러고 나서 학생들로 하여금 각각 선호하는 것을 선택하도록 하고 그들을 팀으로 나뉘었다. 그 결과, 열 가지 도구들이 사용되었고 그중 일부는 한 개 이상의 팀이 사용했다.

학생들은 주말 과제의 시범 사례로 프로젝트를 완수하는 데 총 3시간밖에 걸리지 않았지만 그 결과는 놀라웠다. 여학생 한 명과 남학생 한 명으로 구성된 팀은 팟캐스트를 제작했으며 서로를 인터뷰했다. 그들은 성별을 바꾸기 위해 음성 속도를 조절하는 소프트웨어를 이용하기도 했다! 두 팀은 제목이 붙은 유튜브 형식의 동영상을 제작했고 다른 두 팀은 기존의 템플릿을 이용하여 독창적인 게임을 만들었다. 전문 검색 프로그램을 작성한 학생도 있었고 페이스북 페이지를 제작한 팀도 있었다. 학생들은 작업을 하는 동안 서로에게 가장 유용하게 사용할 수 있는 도구를 알려 주었다.

그러고 나서 각 그룹은 청중의 역할을 맡은 교사와 또래들 앞에서 자신의 프로젝트를 발표했다. 결과적으로 청중이 최고라고 판단한 프로젝트는 학생들이 구상한 것으로, 지도책과 자를 도구로 이용한 교사 팀과 구글어스를 이용한 학생 팀 간의 지리학 시합이었다. 일부 문제에서는 두 팀이 대략 똑같이 대답했다. 그러나 토론토에서 밴쿠버까지의 거리에 대한 질문을 받았을 때 학생 팀은 고민 없이 클릭한 후 정확한 대답을 말한 반면, 교사들은 같은 시간 동안 그저 '5인치'라고 대답할 수 있을 뿐이었다.

여기서 우리가 기억해야 할 것은 학생들이 수행한 프로젝트들이 모두 훌륭했을 뿐 아니라, 연구과제의 종류와 그들이 사용할 수 있고 선호하는 도구들이 다양했다는 점이다.

어느 과목이든 오늘날에는 학습을 안내하는 질문에 창의적으로 답변하고,

그러한 답변을 창의적으로 제시할 수 있는 많은 방법들이 있다. 이와 같은 창의적 접근법을 더 많은 학생들에게 장려할수록 학생들은 미래에 더욱 잘 대비할 수 있을 것이다. 물론, 이러한 방식을 유독 잘 '수용'하는 학생들이 있을 것이다. 반면에 이 수업 방식에 처음에는 쑥스러워하는 반응을 보이며 가능한 한 회피하고 심지어는 옛날 방식, 즉 사고를 요하지도 않으며 수업 시간에 잠을 잘 수도 있는 방식을 따르고 싶어 하는 학생들도 있을 수 있다. 처음부터 모든 학생들이 적극적이고 신이 난 모습으로 창조 작업에 임하는 것이 아니라면, 적극적으로 수업에 참여하는 학생을 찾아 그 학생이 팀 작업과 또래 간 상호작용을 통해 다른 학생들을 이끌도록 해야 한다. 또래 친구의 성취를 보는 것 역시 많은 도움이 된다.

파트너 관계 맺기를 위한 조언

학생들의 열정에 대해 좀 더 많이 파악해 가고 있다면, 질문을 통해 그들이 무엇을 창조하고 싶어 하고 과거에 창조한 것은 무엇인지 파악하도록 하라. 대부분의 경우 학생들의 창조적인 작업은 학교 밖에서 이루어졌을 것이다. 학생들이 할 수 있는 창조 작업의 목록을 만들고 게시하여 학생들이 목록을 보고 선택하거나 추가할 수 있도록 하라. 학생들이 목록에 있는 모든 것을 학기 또는 학년이 끝나기 전에 시도해 보도록 독려하라. 일부 도구에 익숙하지 않은 학생의 학습을 돕기 위해 도구를 처음 사용하는 초보자와 경험이 많은 학생을 같은 팀으로 구성하라.

---

1 전 세계의 실제 청중을 대상으로 창조하게 하라

현재와 과거의 큰 차이 중 하나는 과거의 학생들은 한 사람의 청중, 즉 교사를 위하여 무언가를 만들어 냈다는 점이다. 그러나 오늘날의 학생들은 전 세계의 청중을 대상으로 무언가를 만들고 자신이 작업한 것을 그들과 공유할 수 있다. 다행히 세계의 청중은 그들에게 피드백을 줄 수 있을 뿐 아니라, 대부분의 사람들은 그러한 피드백을 기꺼이 제공한다. 그렇기 때문에 과거에는 전문가들의 전유물이었으며 학생들은 거의 받을 수 없었던 피드백을 오늘날의 학생들은 어렸을 때부터 받게 되었다. 이러한 교육 방식은 영화나 게임, 제품 등을 구입할 때 세계 곳곳의 사람들이 올려 놓은 다양한 평가를 참고하는 데 익숙한 오늘날의 아이들에게 굉장한 매력으로 다가온다. 수백 또는 수천 명이 보는 동영상을 제작하거나 수백 명이 의견을 달아 놓는 (혹은 아무도 의견을 주지 않는) 웹사이트를 운영하는 학생들은 학교에서뿐 아니라 현실 세계에서 자신의 위치를 정확히 알게 된다.

많은 교사들은 현실 속 청중이 학생들이 보다 나은 학습을 할 수 있는 유인으로 작용한다고 말한다. 한 교사는 "설득하는 글쓰기, 특히 정치인과 로비 활동가들에게 편지를 보내는 형태의 과제는 언제나 그 편지에 대한 답변을 누군가로부터 받을 수 있기 때문에 놀랄 만큼 학생들이 좋아해요."[23]라고 온라인에 글을 썼다. 물론, 파트너 관계 기반 수업을 하는 교사라면 이를 놀라워하지 않을 것이다. 4장으로 바로 돌아가 '실제적인 수업'과 관련된 내용을 찾아보길 바란다.

뉴욕시 올해의 교사에 두 번이나 선정된 테드 넬렌Ted Nellen은 영어 수업을 할 때 스스로 '사이버잉글리시'라고 칭한 파트너 관계 맺기 방법을 개발하고 사용하면서 수년 동안 실제적인 수업을 해 왔다. 그가 진행하는 수업 시간에 학생들이 쓰는 모든 글은 전 세계 사람들이 볼 수 있도록 온라인에 게재된다. 그의 수업을 듣는 학생들은 모두 자신이 작업한 것을 가장 잘 표현하기 위해 필수적으로 인터넷 프로그래밍 언어인 HTML을 배워야 한다.

문자나 음성 팟캐스트, 동영상의 형태로 만들어진 학생들의 보고서는 (교실에서 또는 교실 밖에서) 유튜브와 같은 공개 사이트에 업로드될 수 있다. 예를 들어, 외국어를 배우는 많은 학생들은 직접 자신이 외국어로 말하는 영상을 유튜브에 올리고 원어민의 피드백을 구할 수 있다. 파트너 관계를 기반으로 가르치는 교사는 이와 같은 학습을 권장해야 한다. 만약 실제 이름이나 영상을 사용하는 것이 문제가 된다면 학생들에게 '별명'을 선택하여 사용하고 그들의 얼굴을 '변경'하도록 하라.

전 세계의 청중과 대화하게 하라

수많은 세계적인 대화들이 온라인 사설, 논평, 블로그, 리스트서브 등에서 항상 진행되고 있다. 파트너 관계를 기반으로 가르치는 교사는 학생들이 이러한 대화를 찾아 참여하고 열정적으로 대화를 주도하여 어떠한 결과든 끌어낼 수 있도록 독려해야 한다. 세상에서 벌어지는 대화들 가운데 학교 과목과 관련하여 참고할 수 있는 것으로는 다음과 같은 것들이 있다.

- 사회 과목을 공부하는 학생들은 군비 축소와 지뢰 제거, 기아 퇴치, 세계 교육에 대한 세계적 대화에 참여할 수 있다.
- 영어 과목을 공부하는 학생들은 웹이 쓰기에 끼치는 영향이나 단어의 의미, 중국과 인도가 세계 최대의 영어 사용 국가가 될 수 있을지, '표준' 영어가 존재하는지, 모든 사람들이 결국 공통 언어(영어나 그 밖의 다른 언어)를 사용하게 될지 등에 대한 세계적 대화에 참여할 수 있다.
- 수학 과목을 공부하는 학생들은 미터법과 표준화, 여러 가지 다른 방식으

로 이루어지는 수학 교습, 난제를 함께 풀기 위한 '크라우드 해결 방안crowd solving'과 같은 세계적 대화에 참여할 수 있다.

- 과학 과목을 공부하는 학생들은 원자력의 실질 위험 대 추정 위험, 휴대폰의 방사선, 진화론 대 창조론, 새로운 과학 분야와 발전과 관련된 윤리적 쟁점 등에 대한 세계적 대화에 참여할 수 있다.

- 외국어 과목을 공부하는 학생들은 앞의 모든 주제와 관련하여 다른 국가에서 진행되는 세계적 대화에 참여할 수 있다. 세계적 대화에서 지역적 시각을 견지하는 것은 종종 편협하고 편파적인 경향을 보일 수 있다. 따라서 파트너 관계를 기반으로 배우는 학생들로 하여금 서로 다른 많은 시각들을 살펴보도록 하는 것이 유익하다.

파트너 관계 맺기를 위한 조언

여러분이 가르치고 있는 내용과 관련이 있는 세계적 대화에 학생들을 참여시키는 건 어떨까? 이러한 학습을 할 때는 웹, RSS, 구글 번역기, 기타 도구 등을 이용하여 여러 다른 지역에 사는 사람들의 의견을 수집하고, 그에 대한 학생들의 의견을 학급 블로그를 통해 공유하거나 다양한 소스에 직접 게재하도록 한다. 만약 소통과 관련하여 보안 문제가 발생한다면 이팔스와 같은 안전한 사이트를 사용하도록 한다.

---

2 목표와 기준을 높여라

지금까지의 내 경험에 의하면 일반적으로 요즘 교육자들은 21세기 초를 살아가고 있는 학생들이 만들어 내는 것을 과소평가하는 경향이 있다. 진정으로 무언가를 창조할 수 있는 환경과 기회가 학생들에게 주어져 그들이 매우 우수한 결과물을 내놓을 때마다 (매우 자주 일어나는 일이다) 많은 교육자들은 학생들이 성취한 것에 놀랐다고 말한다. 조지아주의 마브리 중학교 교장이었던 팀 타이슨 Tim Tyson이 실시했던 우수 영화 제작 프로그램/시합을 대표적인 예로 들 수 있다. 이 프로그램을 통해 뛰어난 짧은 동영상들이 제작되었고 유전자 변형 식품, 이민, 입양, 말라리아 퇴치와 같은 세계적인 주제와 관련된 동영상이 6~8학년에 불과한 학생들에 의해 만들어졌다.

팀 타이슨이 처음 학회에서 이러한 동영상들을 소개했을 때 그는 학생들의 작업을 보고 "감동을 받았다."라고 말했다. 우리가 주목해야 할 점은 동영상들이 정말로 훌륭했다는 것이다. 그러나 우리 대부분이 그렇듯이 팀도 처음에는 자기 학교의 학생들이 이루어 낼 결과물의 수준이 굉장히 낮을 거라고 예상했다. 우리 모두는 학생들에 대한 기준을 높이고 그들에게 다음과 같이 말해야 한다. "우리는 여러분이 창의력을 최고로 발휘하고 여러분과 우리가 생각하고 있는 가능성의 한계를 밀어내는 작업을 하길 원해요. 여러분의 작업이 우리의 (더욱더 높아지는) 기준을 넘어서지 않고 또래 친구들이 여러분의 작업을 보고 감흥을 얻지 못한다면 그것은 우리가 기대한 결과라고 볼 수 없어요. 그리고 그러한 작업은 받아들여지지도 못할 거예요."

동시에 우리는 학생들이 작업을 할 때 기술을 이용했다는 이유만으로 그것을 높이 평가하거나 칭찬하지 않도록 조심해야 한다. 나는 초등학교 학생들이 제작한 동영상을 많이 보았다. 이때 학생들의 동영상을 보여 주던 어른들은 아이들이 기술을 사용할 수 있다는 사실에 지나치게 감격("오 세상에, 그린 스크린을 사용했어.")하여 내용의 수준이 형편없거나 바닥이라는 사실을 놓치고 있었다. 요즘 아이들은 어린 나이에 쉽게 기술을 익히기 때문에 — 우리 집 네 살짜리 꼬마도 동영상을 찍을 줄 안다 — 우리는 그들이 내용에 초점을 맞추도록 해야 한다. 이 장 초반에 언급했던 한 학생의 말대로 학생들이 우리에게 '얼마나 큰 힘을 쏟을 수 있는지 보여 주기'를 기대해야 한다.

많은 사람들이 계속해서 재차 깨닫겠지만 학생들에게 주어지는 도전은 지나치게 많기보다는 지나치게 적은 편이다. 그러나 학생들은 도전받는 것을 훨씬 선호한다. 우리 학생들은 추진체를 달고 있으며 우리가 우리의 역할을 잘 수행한다면 그들은 도약하여 도전에 맞서 능력을 발휘할 것이란 사실을 기억하라. 이렇듯 도전에 맞서고자 하는 학생들에게는 자기만의 방식으로 그 일을 할 수 있는 자유가 주어져야 한다.

학생들이 선택할 수 있도록 하라

기준을 높이고 학생들에게 뛰어난 수준의 창의력을 요구하기 위해, 파트너 관계 기반 수업을 하는 교사는 학생들이 '자신만의 방식'을 추구하도록 과거에 비해 훨씬 많은 자유를 보장해야 한다. 파트너 관계로 배우는 우리 학생들은 그들이 선택한 것을 할 때 진정한 영감을 받고 가장 큰 창의력을 발휘하게 될 것이다.

그렇다고 해서 우리가 학생들에게 어떠한 '과제 부여'를 할 수 없다거나 해서는 안 된다고 말하는 것은 아니다. 우리는 과제를 부여할 수 있고 또 그렇게 해야 한다. 다만 우리는 학생들에게 선택권을 제공하여 그들이 나름대로의 가장 고무적인 방식으로 우리가 부여한 과제를 완수할 수 있도록 해야 한다. 학생들이 무언가를 전달하거나 의견을 표현하거나 논리적인 설명을 할 것을 요구받았을 때, 전통적인 방식의 에세이를 쓰길 원한다 해도 괜찮다. 그러나 블로그 게시글이나 동영상, 애니메이션, 게임, 게임 설계, 심지어는 랩을 이용해도 그들은 자신들이 학습 자료를 잘 알고 있으며 이해하고 있다는 사실을 똑같이 잘 보여 줄 수 있을 것이다. 글쓰기 방법을 배우는 것이 목표이며 과제(동사)일지라도 우리는 종이 형식으로 제출되는 에세이뿐 아니라 훨씬 많은 도구(명사)를 사용하여 과제를 수행할 수 있다는 사실을 기억하고 학생들에게 이를 상기시켜야 한다. 대부분은 이를 익히 알고 있다. "우리의 목표가 무엇인지만 말해 주세요. 어떻게 목표에 도달할 건지는 저희가 알아서 할게요."라고 말하는 학생들이 많다.

파트너 관계를 기반으로 배우는 학생들에게 동기를 부여하기 위해 선택권을 주는 또 다른 예는 교실 안 모든 학생들이 동시에 같은 책을 읽도록 할 필요가 이미 오래전에 없어졌다는 것이다. (나는 소설 『플로스 강의 물방앗간The Mill on the Floss』에 대해 잘 알지 못했지만 묵묵히 읽어야 했던 시절을 여전히 기억한다.) 과거에는 모든 학생들이 구할 수 있는 책을 다 같이 읽곤 했다. 모든 학생들에게 책을 배정하여 차근차근 읽히고 나서 내용 하나하나에 대해 토론하는 식으로 교육이 이루어졌다. 그러나 모든 아이들이 자신의 스마트폰에 각각 다른 곡을 담고 있으며 학습 자료를 구하기가 훨씬 쉬워진 21세기에 이러한 수업 방식이 여전히 합리적일 수 있을까? 학생들이 좀 더 개별적이고 창의적으로 자신이 읽을 것을 선택하면서도 동일한 교육 목표를 달성할 수 있지 않을까?

파트너 관계를 기반으로 가르치는 교사라면 모든 아이들이 같은 책을 읽게 하거나 책에서 공부하는 내용(긴장감이나 반어법과 같은 문체가 될 수도 있고 질투가 초래하는 결과와 같은 주제가 될 수도 있다)을 모두가 익힐 수 있도록 하는 것 중 어느 것에 우리가 더 관심이 있는지 생각해 볼 필요가 있다. 후자의 경우, 우리는 각각의 학생들에게 내용 분석을 위한 작품을 고르고 우리가 찾고자 하는 요소가 어떤 부분에 어떻게 담겨 있는지 설명하라고 할 수 있다. 학생들이 이러한 방식으로 분석할 작품은 장편소설, 단편소설, 시보다는 영화, 노래, 게임이 될 수 있다.

파트너 관계 맺기에서 가장 중요한 원칙 중 하나는 교사인 우리의 욕구와 자격 간에 균형을 맞추면서 학생들의 말에 귀를 기울이고 그들이 자신의 기호와 바람에 따라 행동할 수 있도록 하는 것이다. 물론, 우리는 여전히 학생들이 새로운 사물과 경험에 마음을 열고, 우리가 그랬던 것처럼 이것들을 귀하게 여기고 사랑하는 사람으로 자라기를 바란다. 한편으로 우리는 그들이 자신만의 방향을 세워 나가기를 바란다.

그리고 그들 역시 우리에게 영향을 끼칠 수 있다. 나는 최근에 한 5학년 학생으로부터 자신이 좋아하는 책 한 권을 교사에게 소개했으며—교사도 그 책을 재미있게 읽었다 — 이로 인해 교사와의 유대 관계가 단단해졌다는 이야기를 들었다.

게으름뱅이들의 관심을 사로잡아라

어떠한 과제든 모든 학생들이 똑같은 열정과 노력으로 임하는 경우는 절대 없다. 그렇다면 소위 말하는 '게으름뱅이'는 어떻게 해야 하나? 우리가 하는 어떤 수업에도 전혀 관심을 보이지 않는, 교사의 말을 듣지 않는 학생들은 어떻게 해야 하나?

여러분이 학생 몇 명하고만 이야기해 보더라도 학생들은 대개 무언가를 하려는 의지가 없어서 수업에 무관심한 것이 아니라, 우리가 제공하는 바로 그 수업을 하고 싶지 않기 때문에 관심을 보이지 않는 경우가 많다는 사실을 알게 될 것이다. 그렇기에 우리는 대부분의 경우 학생들이 자신의 흥미를 추구할 수 있도록 함으로써 그들에게 동기를 부여할 수 있다. 그리고 학생들의 흥미와 우리가 그들에게 요구하고 기대하는 것이 일치한다면, 그들이 나태한 모습을 보이는 일은 훨씬 줄어들 것이다.

'코넥시오네즈Conexiones'라는 이름의 프로그램을 통해 이주 노동자의 자녀들을 가르치며 그들과 파트너 관계 기반 수업을 하는 바나비 왓슨Barnaby Wasson은 학교에서 나태하다는 오해를 받는 애리조나의 학생 그룹을 대상으로 그들의 눈높이에 맞춘 수업을 하고 있다. 그는 학생들에게 사람들(친척과 기타 사람들)을 인터뷰하도록 하고 온라인에 올릴 팟캐스트와 동영상을 제작하라고 한다. 그렇게 함으로써 이전에는 수동적이고 수업에 관심을 보이지 않던 많은 아이들이 적극적인 저널리스트로 변모하였다. 이들은 기록자로서 학회에 참석하기도 하였다.

교실의 게으름뱅이들을 다루기 위해 취할 수 있는 또 다른 방법은 양보다는 질을 강조하는 것이다. 잘 쓰인 한 문단의 글이 다섯 페이지짜리 그저 그런 글만큼 혹은 그보다 더 가치 있다는 사실을 역설하고, 내용이 훌륭하기만 하면 그보다 더 짧거나 적은 분량의 글을 써도 좋다고 학생들에게 말하라. 학생들의 흥미와 '짧은 분량'의 작업(실제로는 짧은 분량의 작업이 더 어려운 것으로 알려져 있다)의 조합은 몇몇 학생들에게 동기를 유발할 수 있을지도 모른다.

영국에서 파트너 관계를 기반으로 가르치는 어느 교사는 초등학교 학생들에게 텔레비전의 영화 비평 방식을 따라 동영상 감상문을 제출하라고 한다. 또 다른 교사는 학생들에게 비디오 게임을 보고 그들이 마음에 든 부분을 말과 글로 설명하도록 한다. 이 수업을 통해 특히 남학생들의 글쓰기 기능이 월등하게 향상되었다.

게으름뱅이처럼 보이는 학생들의 행동에는 언제나 이유가 있는데, 일반적으로 그들은 자신들에게 부여된 작업이 아니라 그들이 열정을 갖고 있는 다른 하고 싶은 일이 있다. 그렇기 때문에 파트너 관계를 기반으로 가르치는 교사는 학생들이 어떠한 열정을 가지고 있든 그들의 열정과 그들이 해야 하는 작업 간에 연결점을 찾아야 한다. 교사의 강의가 없는 수업에는 보통 이와 같은 연결점 찾기에 훨씬 많은 시간을 쏟아부어야 한다.

전문가를 초빙하라

의견을 표현하고 새로운 미디어로 무언가를 만들어 내고자 하는 학생들을 위해 여러분이 할 수 있는 가장 고무적인 일 중 하나는 아이들에게 자기가 하고 있는 일의 비법을 알려 줄 수 있는 전문가를 초빙하는 것이다. 팀 타이슨은 마브리 중학교에서 동영상 제작 프로젝트를 시행하기 위해 지역의 다큐멘터리 영화 제작자를 초빙하였고, 그 영화 제작자는 제안에 기꺼이 응해 학생들을 돕고 지도하였다. 다른 교사들도 학습 참여에 자원한 지역 작가와 방송인, 블로거, 멀티미디어 제작자를 초빙하여 학생들을 지도하도록 하였다. 학생들의 학습에 도움을 줄 수 있는 또 다른 좋은 조력자는 온라인에서 찾을 수 있다. 유튜브를 통해 여러분은 생각할 수 있는 거의 모든 소프트웨어에 대한 지침뿐 아니라 각종 전문 분야의 인사들이 자신의 일과 관련하여 기술적인 부분을 설명하는 영상을 찾아볼 수 있다. 전문가(항상 그런 것은 아니지만 원로 격이거나 은퇴한 전문가일 때도 있다)가 학생들과 교사들에게 도움을 줄 수 있는 '원격 멘토링' 사이트와 프로그램들도 있다. 학생들은 대개 이러한 식으로 자신들이 신예 전문가로서 대우받는 것을 좋아한다. 물론 교사들도 이러한 경험을 통해 많은 것을 배우게 된다.

학생들에게 그들의 부모님 중에서 또는 마을이나 도시, 지역에 창의적인 전문가가 있는지 찾아보도록 하라. 여러분이나 학생들은 이러한 전문가들에게 그들의 전문 분야(광고, 영화 제작, 음악 제작, 방송, 게임 제작, 심지어 과학이나 공학이 될 수도 있다)와 관련된 창의적인 프로젝트를 개별적으로 또는 모둠으로 수행하고 있는 학생들을 지도하는 데 자원해 줄 수 있는지 물어보아야 한다.

여러분과 학생들이 퍼스트 로봇공학 대회나 휴머노이드 로봇 대회, 세계창의력올림피아드와 같이 기존의 창의력 관련 프로젝트에 참여하는 것을 고려하라.

어떤 기술을 사용할 것인지 학생들에게 물어보라

특정 기술(명사)을 여러분의 수업에 도입할 때, 어떤 기술을 사용할지 독단적으로 결정하지 않는다면 그 수업이 성공할 가능성은 훨씬 커질 것이다.

파워포인트를 예로 들어 보자. 많은 교사들이 파워포인트를 사용하는 법을 알고 있다. 이들은 대개 일방적인 말하기에 이 도구를 사용하며 파워포인트의 가장 간단한 기능만을 활용한다. 많은 학생들은 이를 몹시 싫어한다.

그러나 교사의 목적이 온라인으로 저장할 수 있는 멀티미디어 발표를 통해 학생들이 스스로 학습할 수 있도록 하는 것이라면, 파트너 관계를 기반으로 수업을 하는 교사는 우선 무엇이 가장 좋은 방법일지 학생들과 논의하는 것이 최선이다. 학생들은 교사와의 파트너 관계, 다시 말해 교사가 맥락을 제시하고 자신들이 기술을 사용하는 방식을 선호할 것이다.

또는 학생들이 이 모든 작업을 위해 다른 도구를 사용하는 것을 선호할 수도 있을 것이다. 예를 들어, 학생들이 (많은 교사들이 어떻게 만들어야 하는지 모르는) 플래시 발표를 선호한다고 말한다면 어떨까? 여러분과 학생들은 파트너로서 함께 작업하며 유튜브나 티처튜브에 올릴 수 있는 훌륭한 학습 애니메이션을 제작하고 전 세계의 동료들과 함께 그것을 공유할 수 있어야 한다. 학생들은 여러분이 제작에 참여조차 하지 않고 그저 비평과 품질을 확인하는 역할만 담당하길 원할 수도 있을 것이다.

파트너 관계 맺기를 위한 조언

여러분이 기술을 수업에 도입하여 직접 그것을 사용해 보거나(알다시피 이것은 권장하는 방식이 아니다) 학생들에게 사용해 볼 것을 제안하기 전에 학생들과 도구에 관해 이야기하도록 하라. 그 도구를 사용해야 하는지, 어떻게 사용해야 하는지 또는 어떻게 사용할 수 있을지, 도구의 효율을 높이기 위해 학생들이 무엇을 보거나 하길 원하는지 등을 알기 위해 학생들에게 선호하는 것과 제안하고자 하는 것을 물어라.

파트너 관계를 기반으로 가르치는 교사인 여러분이 교실에서 전자 화이트보드를 사용할 수 있다면 이러한 방식의 상호작용을 위한 좋은 기회가 될 것이다. 학교 당국에 의하면 현장에서는 교사들이 도구 사용에 익숙해질 때까지 (또는 사용 방법에 대해 교육을 받을 때까지) 이와 같은 값비싼 도구들 대부분이 놀고 있다고 한다. 그러나 거의 모든 수업에서 학생들은 혼자 힘으로 즉각 그 도구를 설치하고 어떻게든 컴퓨터에 연결하여 발표를 할 때 사용 가능하게 만들 수 있다. 파트너 관계를 기반으로 가르치는 교사는 교사와 학생이 그러한 도구들을 함께 사용하고 어떤 소프트웨어 — 학생들이 훨씬 잘 이용할 수 있는 게임과 상호작용 도구와 같은 — 를 사용할 수 있는지 파악하는 가장 좋은 방법을 알기 위해 학생들에게 다가가야 한다.

협동과 경쟁의 균형을 찾으라

학생들이 무언가를 창조할 때, 협동을 하도록 하는 것이 좋을까, 아니면 경쟁을 하도록 하는 것이 좋을까? 어떤 교사들은 수업 시간에 학생들끼리 협동을 도모할 수 있는 그룹 작업, 팀 작업, 기타 학습활동을 진행하고 활용한다. 또, 어떤 교사들은 대개 학생들이 게임이나 다른 형태의 경쟁을 하도록 한다. 그러나 학습을 설계하고 계획할 때 협동과 경쟁 사이의 균형을 조심스럽게 맞추려는 시도를 하는 교사는 많지 않다. 비디오 게임과 컴퓨터 게임의 세상에서는 협동과 경쟁 간의 신중한 균형이 중요하며, 이러한 균형이 훌륭한 설계를 위한 핵심 요소로 작용하는 경우가 많다. 게임이 흥미로워지기 위해서는 적절한 균형이 필수적이다.

협동과 경쟁 간에 균등한 균형을 찾는 것은 파트너 관계를 기반으로 한 수업을 설계할 때만이 아니라 학생들이 무언가를 창조하도록 할 때에도 중요하다. 학생들은 대부분 둘 중 하나만을 선호하거나 잘 해내고, 다른 하나는 기피하는 경향이 있기 때문이다. 대개의 경우 경쟁에 의욕적인 모습을 보이는 학생들과 협동에 의욕적인 모습을 보이는 학생들은 서로 일치하는 부분이 거의 없는 상이한 집단을 형성한다.

수업 시간에 누가 어느 것을 선호하는지 조사하고 그 결과를 바탕으로 신중하게 계획을 세운다면 학생들에게 훨씬 더 많은 동기를 부여할 수 있을 것이다. 자신이 진심으로 좋아하지 않는 무언가를 억지로 해야 하는 학생들에게서는 이러한 동기부여를 기대할 수 없다. 학습을 위해, 그리고 학생들이 더 뻗어나가도록 하기 위해, 학생들에게 때로는 협동하고 때로는 경쟁하도록 이 두 가지를 교차해 요구할 수 있다. 그러나 학생들이 그것을 인정하고 받아들여야만 최고의 성과가 나올 수 있다.

학교 공부의 일환으로 자신이 원하는 어떠한 (적절하기만 하다면) 방식으로든 무언가를 창조할 자유가 자신에게 있다는 사실, 그리고 교사의 도움과 지지를 받을 수 있고, 필요한 경우에는 전문가의 도움과 지지도 받을 수 있다는 사실을 알고 있는 학생들은 그렇지 않은 학생들보다 훨씬 의욕적인 모습을 보인다. 파트너 관계를 기반으로 가르치는 교사들은 이 점에 관하여 학생들과 이야기를 나누고, 계속적으로 그들에 대한 기준을 높이고, 반드시 '최선'의 노력이 아니더라도 학생들이 기울인 모든 노력을 전 세계의 사람들과 공유하면서 그들이 일구어 내는 창의적인 노력에 대하여 가능한 한 많은 자유를 허용하고 지지를 보낼 수 있어야 한다. 이러한 노력에 대한 피드백을 보고 평가하고 공유하면서 얻는 즐거움이 파트너 관계를 기반으로 배우는 모든 학생들을 포함한 학급 전체와 교사에게 상당한 보람으로 다가와야 한다.

─ **살펴봅시다** ─

▶ 웹사이트 www.december.com/cmc/mag/1996/oct/nellen.html을 방문하면 원격 멘토링에 대한 보다 많은 정보를 접할 수 있다.

9장

연습과 공유를 통한
지속적인 향상

1 어떻게 해야 나와 학생들은 반복, 연습, 공유를 통해 지속적으로 향상할 수
  있을 것인가?
2 어떻게 해야 나와 학생들은 보다 높은 차원의 파트너 관계로 나아갈 수 있을
  것인가?
3 어떻게 해야 나와 학생들은 수업의 지루함을 없앨 수 있을 것인가?

학습을 하거나 무언가를 할 때 지속적인 향상보다 더 중요한 원칙은 거의
없다. 새로운 무언가를 처음부터 완벽하게 또는 훌륭하게 해내는 사람
은 없다. 성공하길 원하는 사람은 누구나 계속해서 더 나아질 수 있도록 전념해
야 한다. 무슨 일이든 그 일에 최고의 능력을 보이는 사람, 예를 들어 프레드 아
스테어Fred Astaire*나 타이거 우즈Tiger Woods, 윌 라이트Will Wright와 같은 사람들
조차 매일매일 자신의 성과를 향상시키기 위해 지속적으로 노력하고 있다(또는
그렇게 했다). 음악과 텔레비전 방송, 영화에서 연속적으로 어마어마한 성공을
거둔 윌 스미스Will Smith는 자신이 이루어 낸 그 모든 성과를 위해 얼마나 많은
노력을 기울여야 했는지 이야기한 적이 있다.

파트너 관계 맺기의 경우도 예외가 아니다. 앞서 설명했듯이 파트너 관계
기반 수업을 하지 않는 교사들에게는 거의 낯선 것도 있겠지만 다양한 기능들이

....

* 미국의 영화와 브로드웨이의 댄서, 안무가, 배우.

파트너 관계 기반 교육에 필요하다. 코치하기, 안내하기, 목표 설정하기, 질문하기, 설계하기 등과 같은 기능들은 각기 다른 향상 곡선을 보이며, 새로운 파트너 관계 기반 수업이 진행될 때 특히 그렇다. 그러나 다행히도 이처럼 다양한 기능들은 모두 서로를 보완하고 강화하기 때문에 파트너 관계 맺기는 더 빨리 수월해진다. 이는 이러한 방식의 수업과 학습이 낯설게 느껴지는 학생뿐 아니라 교사에게도 해당되는 사실이다.

파트너 관계 맺기 기반 수업을 꾸준히 개선할 필요가 있는 사람은 비단 교사만이 아니다. 학생들의 노력도 필요하다. 오늘날 대부분의 학생들은 여전히 교사의 일방적인 말을 듣고 지시를 받아 반복을 하는 구태의연한 틀에 사로잡혀 학교를 다닌다. 교사가 그저 코치이자 안내자의 역할만을 하는 자기주도적 학습은 대부분의 학생들에게 새로운 경험이다. 학생들은 주도하기, 학습을 안내하는 질문에 완전하고 올바르게 답하기, 기능을 연습하고 숙달하기, 사용 가능한 모든 도구를 최대한 활용하기를 요구하는 이러한 방식의 학습을 더욱 잘 수행할 필요가 있다.

지속적인 향상과 관련하여 가장 반가운 이야기 중 하나는 그것이 측정 가능하다는 것이다. 측정 방법에 대해 앞으로 이야기하겠지만, 여러분이 점수표를 만들고 그것을 바탕으로 주기적으로 스스로를 되돌아보고 평가한다면 여러분 자신과 학생들이 빠르게 향상되는 것을 보게 될 것이다.

지속적인 향상을 위한 세 가지 주요 방법이 있는데 그것은 반복과 연습, 공유이다. 최단 시간 향상을 위해 여러분은 이 세 가지 방법을 동시에 취할 수 있으며 그렇게 해야 한다. 쉽게 파악할 수 있게 각 방법에 대해 차례로 논하도록 하겠다.

1 반복을 통한 향상

다음 항목에서 언급하겠지만 파트너 관계를 정말로 잘 맺기 위해서는 엄청난 연습이 필요하다. 그러나 그저 연습하는 것만으로는 완벽해질 수 없고, 올바로 연습해야 한다는 사실을 깨닫는 것이 중요하다. (이것은 물론 학생들도 알아야 한다.) 연습은 무언가를 영구적으로, 더욱 쉽게, 대개의 경우 반자동적으로 할 수 있도록 만드는 것이다. 그리고 바로 이 영구성—오랫동안 연습을 통해 다져 놓은 것은 이전으로 돌아가기 힘들다—으로 인해 연습을 할 때에는 항상 올바로 해야 하는 것이다.

그렇다면 특정 수업을 할 때 어떻게 해야 올바로 연습을 할 수 있을까? 이를 찾는 가장 좋은 방법은 반복이다. 복잡한 데다 사람마다 편차를 보이는 것을 처음부터 한 번에 얻기란 거의 불가능하기 때문에 반복은 중요하다. 파트너 관계 맺기는 이 두 가지 특성을 다 가지고 있다. 그렇기 때문에 파트너 관계를 기반으로 가르치고 배우는 교사와 학생들은 어디에서 무엇을 시작하든 반복을 통해서 효과가 없는 것은 배제하고, 새로운 것을 시도하며, 파트너 관계 맺기와 같은 복잡한 과제를 동반하는 불가피한 우여곡절을 당연하게 받아들이며, 어떠한 결과가 발생하든 항상 검토하고 지속적인 향상을 위해 노력하는 것이 중요하다.

이때 쓸 수 있는 좋은 방법은 일지를 쓰는 것이다. 물론, 현대적인 버전의 일지는 사적이거나 공적인 기록 공간이 될 수 있는 블로그이다. 많은 교사들이 온라인에 일지를 기록하고 있으며 우리가 알다시피 일부는 그것들을 공유하기도 한다.

파트너 관계 맺기를 위한 조언

모든 수업(또는 적어도 두 번의 수업 중 한 번의 수업)이 끝날 때에는 학생들에게 "오늘의 파트너 관계는 어떠했나요? 어떻게 하면 더 나은 파트너가 될 수 있을까요?"라고 물으면서 반복하라. 여러분은 이 질문에 대한 대답을 실시간이나 온라인으로, 또는 종이에 써 주길 요청할 수 있다.

학생들의 제안을 가능한 한 많이 얻고 조치를 취하도록 하라. (물론, 모든 학생들의 제안이 효과가 있거나 완벽하지는 않을 것이다. 그러나 적어도 그들의 제안을 시도한다면 학생들은 자신의 생각이 받아들여지며 즉각 거부되지 않는다는 사실을 알게 될 것이다.)

학생들에게도 자신의 파트너 관계 맺기나 학습을 일지에 기록하도록 하라. 그렇게 함으로써 그들은 자신들에게 무엇이 가장 적합한지 생각하고 알게 될 것이다.

반복하기와 다양성

학생들이 반복을 통해 얻을 수 있는 또 다른 이점이 있다. 바로 다양성이다. 오늘날의 학생들은 일반적으로 다양성과 변화를 추구하기 때문에 교사들이 무언가를 더욱 다양한 방식으로 시도한다면 학습에 더 많은 흥미를 가지게 될 것이다. (그리고 교사들은 특정 학생에게 가장 적합한 해결책을 찾게 될 것이다.) 반복하기를 상기해야 할 가장 중요한 시기는 매 학년 초나 개강할 때이다. 이전에 가르쳤던 학생들에게 가장 적합했던 것이 무엇이었든 지금의 학생들과 파트너 관계를 맺을 때에는 그것을 조정할 필요가 있을 것이다. 학생들이 사용했던 기술만이 변화했다고 하더라도, 대개 엄청난 조정이 필요해진다. 반복은 이러한 경우에 취할 수 있는 좋은 방법이다.

학생들의 과제에서 이루어지는 반복

반복은 매우 중요한 방식으로 학생들의 작업에 적용된다. 파트너 관계를 기반으로 가르치는 교사는 연구나 발표, 기타 유형의 프로젝트 등을 포함한 학생들의 모든 작업을 연결성이 없는 일련의 과제가 아니라, 다양한 동사를 수행하고 명사를 사용하는 기능의 지속적인 향상 과정이라고 보고 그들을 격려해야 한다. 그렇게 함으로써 언제나 학생들에게 새로운 수업이나 환경에서 수행한 것, 예를 들어 에세이, 비디오, 게시글, 팟캐스트 등을 반복하여 이전보다 더 나은 노력의 결실을 맺어야 한다고 말해야 한다. 그러기 위하여 이전에 했던 노력의 문제가 무엇이었는지, 향상을 위해 무엇이 필요한지, 그리고 어떻게 하면 향상할 수 있을지 학생들과 함께 구체적이고 솔직하게 고민해 보아야 한다. 학기 또는 학년 내내 수업 시간에 이러한 지침을 이행하는 학생들은 자신들의 기능이 놀라울 정도로 향상되었음을 확인하게 될 것이다.

2 연습을 통한 향상

일단 여러분이 기본적인 파트너 관계 맺기의 개념, 즉 여러분과 학생들이 학습 파트너로서 각각 구체적인 역할을 수행해야 한다는 사실을 인지하는 데서 출발했다면, 그리고 잘못되거나 역효과가 나지 않도록 하기 위해 상황에 가장 적합한 것이 무엇인지 파악하여 가능한 한 많은 반복을 거쳤다면, 더 많이—거의 자동적으로—연습할수록 더 나은 결과를 얻게 될 것이다. 이것은 교사와 학생 모두에게 해당되는 사실이다. 무언가를 보다 잘하기 위해서는 올바르게 반복적인 수행을 하면서 연습이 자동적으로 이루어질 수 있도록 하는 것 외엔 대안이 없다. 이것은 가장 단순한 작업(이를테면 여러분이 학생이라면, 자동으로 매일 과제를 확인하고 시작하는 것)에서부터 가장 복잡한 작업(이를테면 여러분이 교사라면, 학습을 안내할 수 있는 흥미롭고 재미있으며 의미 있는 질문을 만들어 내는 일)에 이르기까지 학습의 모든 과정에 해당된다.

연습과 관련된 이 항목의 나머지 다른 부분은 학생들과 교사들이 파트너 관계를 기반으로 한 학습 과정을 보다 잘 수행하기 위해 매일 연습해야 하는 것에 대해 설명하고 있다.

학생들이 수행해야 할 연습

무엇보다 학생들은 성공적인 파트너 관계 맺기를 위하여 스스로 동기를 부여하고 스스로 훈련하는 법을 연습할 필요가 있다. 분명 모든 학생들이 이것을 자동적이고 즉각적으로 수행하게 되지는 않는다. 그러나 각각의 학생들은 이 기능을 보다 잘 수행할 수 있으며, 그렇게 되기 위해 파트너 관계의 교사로부터 도움과 격려를 받아야 한다. 이를 위해 교사들은 코치로서의 역할을 수행하고 연습해야 한다.

두 번째로 학생들은 교사들이 매 경우마다 분명하게 밝힌 필수 '동사'(기능)

를 연습할 필요가 있다.

세 번째로 학생들은 자신의 열정과 관심을 학교에서 하고 있는 학습과 연결하는 연습을 할 필요가 있다. 언급했다시피, 학생들은 자신이 배우고 있는 것과 좋아하고 관심이 있는 것 사이에 연결성을 찾을 때 가장 큰 동기를 부여받는다. 파트너 관계는 학생들이 이러한 연결성을 보다 쉽게 찾고 활용할 수 있도록 함으로써 그들의 학습을 돕는다. 학생들은 자신의 열정을 찾아 다듬고 그것을 학습에 적용하는 것을 연습할 필요가 있다.

파트너 관계를 기반으로 배울 때, 학생들이 기능을 연습할 수 있도록 독려하기 위해 교사가 쓸 수 있는 주요 방법은 기능을 중심으로 학생들의 열정을 고무하는 것이다. 이 방법은 모든 학생들에게 그들이 선택하고 열정을 가지고 있는 것을 잘할 수 있도록, 나아가 그 분야에서 최고가 될 수 있도록 기회를 주는 데 그 목적이 있다.

어떻게 하면 그렇게 할 수 있을 것인가? 파트너 관계 기반 교수법의 큰 장점은 모든 학생들이 동일한 방식으로 작업을 수행할 필요가 없다는 것이다. 이 경우 분명 어떤 학생들은 특정 방식에서 다른 학생보다 더 뛰어날 것이다. 파트너 관계로 수업을 할 때에는 각각의 학생이 목표에 도달하기만 한다면, 학습을 안내하는 질문에 대답하고 자신이 알아낸 것을 발표하기 위해 각자가 원하는 방식을 선택할 수 있다. 그리고 학생들이 선택한 그들 자신만의 방식은 고유한 것이기 때문에 그들은 그 방식에서 최고가 될 수 있다.

그러나 이때에도 연습은 필요하다. 학생들은 더 많은 기회와 선택권을 가질수록 자신들에게 맞는 것을 더 많이 찾고 연습할 수 있다. 예를 들어, 파트너 관계를 기반으로 한 어느 수업에서는 "스페인어로 된 안내 책자는 무엇이 달라야 할까?"라는 질문을 중심으로 뉴욕시에 대한 스페인어 안내 책자를 만들었다. 학생들은 교사의 코치를 받아 그 프로젝트에서 자신에게 가장 적합한 역할을 찾고 연습했다.

학습을 안내하는 흥미로운 질문을 던진 후 학생들이 개별적으로 또는 또래와 함께 자신만의 방식으로 질문을 이해하고 답을 찾도록 하고, 교사의 안내를 받아 자신만의 방식으로 작업에 대해 토론하고 그것을 다듬도록 한다면, 그들은 해당 교육과정의 상당 부분을 자신의 흥미와 열정에 연결시킬 수 있게 된다. 바로 그것이 이 책, 그리고 파트너 관계 기반 교수법에서 주장하는 논지이다. 그렇게 하면 학생들은 강의와 연습 문제지 위주의 교육법으로 수업을 할 때보다 더욱 의욕적으로 학습을 하고 연습을 하게 될 것이다.

듣기만 하는 수업이 더 좋다고 하는 학생들에 대한 대처 방안은?

물론, 전통적인 일방적 말하기 수업을 선호하는 학생들이 언제나 있을 수 있다. 파트너 관계 기반 학습을 할 때 의욕적으로 임해야 하는 작업을 수행하기보다 강의를 들으며 졸고 싶어 하는 학생도 있다. 이러한 학생들과 수업을 할 때에는 그들의 열정을 찾아 자극하는 것이 가장 좋다.

그런데 이러한 전통적인 방식을 선호하는 학생들 중에 '모범적인' 학생들이 있을 때가 있다. 이러한 학생들은 전통적인 시스템에 통달하여 어떻게 하면 점수를 잘 받고 성취도를 높일 수 있는지 알고 있기 때문에 새로운 방식을 학습하느라 애쓰길 원치 않는다. 그들은 자신들이 이미 익혔고 잘 수행하고 있는 전통적인 기능을 이용하면 좋은 대학에 입학할 수 있다는 타당한 이유를 들며 파트너 관계 기반 수업에 반대하는 입장을 내세울지 모른다. 그렇다면 우리는 이러한 학생들을 위해 전통적인 방식을 유지하면서 파트너 관계 기반 수업을 병행해야 할까?

나는 두 가지 이유로 이 생각에 동의하지 않는다. 우선, 이처럼 전통 방식을 고수하려는 학생들이 오히려 파트너 관계 기반 교수법을 통해 훨씬 더 성공적으로 학습할 수 있기 때문이다. 일방적인 말하기 위주의 교육법(즉, 점수를 따거나 시험 성적을 높이기 위해서만 필요하기 때문에 시험이 끝나면 바로 잊어버리게 되는 방식)으로 학습한 것과 달리, 파트너 관계를 맺으며 익히게 되는 자기주도적 학습은 평생의 자산이 될 것이다. 그리고 이러한 학생들은 대부분 그 사실을 알 만큼 똑똑하다. 파트너 관계 맺기는 장기적인 전략이다.

두 번째 이유는 대학 역시 변하고 있기 때문이다. 나는 초·중·고등 교육기관에서 했던 강연을 대학교에서 해 달라는 요청을 받고 있다. 대학 역시 강의 위주의 수업을 좀 더 파트너 관계 기반의 수업으로 대체하고자 하고 있으며, 점점 더 많은 대학교들이 수업 방식을 성공적으로 변화시키고 있다. 나름의 속도로 앞으로 나아가고 있는 초·중·고등 교육계에서처럼 대학교 역시 지원자의 높은 SAT 또는 ACT 점수와 필기 능력보다는 지원자의 특성을 파악하려고 하고 있다. 점점 더 많은 고등 교육기관들이 지원자를 검토할 때 파트너 관계를 통해 습득할 수 있는 능력을 보기 시작했기 때문에, 모든 학생들은 이러한 기능을 연습하는 것이 중요하다.

교사들이 수행해야 할 연습

종종, 특히 학기나 학년 초반에 성공적인 파트너 관계 맺기를 위해 교사들이 가장 많이 연습해야 하는 것은 '학생들에게 맡기기'이다. 교사들은 언제나 자신이 무대에 서는 것이 아니라 학생들이 스스로 학습하는 것에 익숙해져야 한다. 교사는 다소 소란스럽고 덜 엄격한 분위기의 교실을 용인하고 그러한 학생들을 인정함으로써 자신에게 완전히 (또는 전혀) 익숙하지 않은 도구와 기술을 사용하게 될 것이다.

많은 교사들은 교실을 통제하고 전문가의 역할을 하는 능력으로 스스로를 평가하는 데 익숙하다. 강의식 수업만 하던 교사가 처음에 파트너 관계 맺기를 시도하면 굉장히 혼란스럽고 모든 것이 계획하거나 뜻한 대로 이루어지지 않는다는 생각이 들 것이다. 앞서 언급했다시피, 이것은 나쁜 현상이 아니라 정상적인 현상이며 이로 인해 파트너 관계 맺기를 포기해서는 안 된다. 파트너 관계 맺기는 학생과 교사가 익히고 반복해야 할 뿐 아니라 능숙해지고 통달하기 위해서는 매우 많은 연습이 요구되는 복잡한 기능(더 정확히 말하자면 복잡한 기능의 집합)이다. 그러나 성실한 교사라면 통제권을 포기하거나 잃게 될지도 모른다는 초반의 두려움을 극복하는 데 오래 걸리지 않는다. 최근 애플과 뉴미디어 컨소시엄이 후원한 파트너 관계 맺기 프로젝트에 대한 보고서는 다음과 같이 말한다.

처음에 교사들은 수업이 어떻게 진행될지 무척 걱정했다. 그들은 통제권을 포기하는 것에 대하여 우려했고, 학생들이 주도권을 쥐고 학습을 하지 않을 것이라며 걱정했다. 그러나 프로젝트가 종료될 즈음, 이러한 고민은 사실상 사라지게 되었다.[24]

역할 연습하기

학생들에게 맡기기 외에 교사들은 무엇을 연습해야 할까? 교사들은 파트너 관계 맺기에 필요한 모든 다양한 역할을 차례로, 그리고 동시에 연습해야 한다. 앞서 논한 바와 같이, 그들은 코칭하고 안내하고 목표를 설정하고 질문하고 설계하며 학습의 질을 보장할 수 있도록 연습해야 한다.

비디오 게임의 동기부여 전략 이용하기

파트너 관계를 기반으로 가르치는 교사가 이와 같은 역할(그리고 기타 유용한 것)과 관련하여 학생들이 즐겨 하는 비디오 게임이나 컴퓨터 게임을 통해 배울 수 있는 것이 많다는 사실은 흥미롭다. 교육자들은 이러한 게임을 가소롭게 여기는 경우가 많지만, 게임은 아이들에게 많은 연습과 노력을 요구하며 동기를 부여하는 훌륭한 도구이다. 학생들이 연습을 하고 노력을 기울일 수 있도록 동기를 부여하는 것이 파트너 관계를 기반으로 가르치는 교사의 큰 목표 중 하나라는 사실에 대부분 동의할 것이다.

그러나 게임의 동기부여 기능은 우연히 발생한 결과나 부차적 결과가 아니라 게임 설계자들이 체계적으로 활용한 몇 가지 전략의 결과이다. 최고의 게임을 만드는 설계자는 파트너 관계를 기반으로 가르치는 교사인 우리가 학생들에게 동기를 부여하기 위해 하고자 하는 많은 것들을 해내고 있다. 그렇기 때문에 우리는 게임 설계자가 사용하는 것과 같은 동기부여 기술을 상당 부분 활용할 수 있고 활용해야 한다.

예를 들어, 똑같은 게임(우리에게 적용한다면 동일한 수업이나 과제가 될 수 있다)이라도 게임을 하는 사람에 따라 다른 느낌이 들도록 하는 것이 정말로 잘 만들어진 게임이다. 즉, 게임을 하는 사람의 선호도와 실력에 따라 맞춤형으로 제공되어야 한다는 말이다. 이것은 게임을 하는 사람에게 필요할 때마다 추가적인 도움(또는 자원이나 친구)을 자동으로 배정하는 동시에, 게임을 잘하는 사람에게는 자원을 없애거나 시련을 더함으로써 추가적인 도전을 제시하는 인공지능 프로그래밍을 통해 가능하다. 교사의 '인간 지능'이 개별적이고 지속적으로 적용된다면, 교사는 게임의 '인공지능'보다 훨씬 더 적절하게 개별 학생에게 맞춰 상황을 조정할 수 있다. 그렇기 때문에 파트너 관계를 기반으로 가르치는 교사는 재미있는 게임을 위해 각 참여자의 조건에 치밀하게 맞추는 '조정력'을 학생들과 함께 노력하고 연습해야 한다.

파트너 관계를 기반으로 가르치는 교사로서 우리가 게임을 통해 알 수 있는 또 다른 것은 좋은 게임의 경우 게임 참여자에게 제시하는 모든 목표가─그것이 즉각적이든, 중기적이든, 장기적이든 간에─언제나 분명하다는 점이다. 이와 동시에 이러한 목표에 도달할 수 있는 길이 많이, 때로는 수백 가지가 있다. 그리고 이러한 목표에 도달하기 위한 길에 제대로 서 있는지에 대한 피드백이 언제나 즉각적이고 빈번하게 이루어진다. 파트너 관계를 기반으로 가르치는 교사는 교실에서 이와 똑같은 특징을 보이는 수업을 할 수 있도록 노력해야 한다.

내가 이 책과 다른 책(『엄마, 귀찮게 하지 마세요─공부하고 있는 중이에요』참조)에서 언급했듯이 컴퓨터 게임이 학습에 큰 도움이 되고 우리가 학생들과 함께 사용할 것을 고려해야 하는 명사가 될 수 있지만, 우리는 또한 게임이 없이도 동기를 유발하는 게임의 이점을 상당 부분 취할 수 있다. 왜냐하면 파트너 관계 기반 수업 자체가 이러한 이점을 포함할 수 있기 때문이다.

3 공유를 통한 향상

파트너 관계에서는 기능을 향상시키기 위해 동료와 적극적으로 공유하는 것의 중요성을 과소평가해서는 안 된다. 이러한 공유는 두 가지 방향으로 이루어질 때 더욱 효과적이다. 그것은 파트너 관계로 가르치는 교사는 언제나 다른 사람들로부터 적절한 예를 찾고 연습을 해야 한다는 것, 그리고 이와 동시에 관대하고 시의적절하게 자신의 것을 공유해야 한다는 것이다.

공유해야 할 것은 너무나 많다

내가 이곳저곳을 방문하며 깨닫게 된 한 가지는 현재 미국을 비롯한 전 세계의 학교에서 정말로 적절한 파트너 관계를 기반으로 가르치는 수업이 많이, 사실상 굉장히 많이 진행되고 있다는 점이다. 그러나 안타깝게도 이러한 수업은 대부분 여기에 직접 참여하고 있는 교사와 학생들을 제외하면 어떻게 진행되는지 아무도 알지 못하기 때문에, 파트너 관계 기반 수업을 이제 막 시작하려는 교사들은 어려움을 겪을 수밖에 없다. 구태여 말할 필요도 없겠지만 이러한 현실은 정말 실망스럽고 우리 교육에 도움이 되지 못한다. 즉, 파트너 관계 기반 수업을 배우는 교사로서 여러분은 수많은 동료들의 성공적인 아이디어와 실습을 활용하지도 그 이점을 얻지도 못하고 있으며, 그럼으로써 여러분이 발전하는 속도가 상당히 더뎌지고 있다.

디지털 시대의 가장 큰 아이러니 중 하나는 오늘날의 교사들 다수가 포함된 디지털 이전 시대의 기성세대는 공유하지 않는 것을 미덕으로 배우며 성장했지만(이들의 모토는 "아는 것이 힘이다. 그러므로 나만이 알아야 한다."이다), 우리가 가르치는 학생들 대부분이 포함된 소위 디지털 네이티브 세대는 게시글과 블로그, 문자, 트위터 등을 이용하여 정보를 공유하는 것이야말로 인정과 힘을 얻게 되는 방법이라고 생각하며 성장한다는 점이다. 젊은 세대가 모토를 내세운다면 그것은 "공유하는 것이 힘이다."가 될 것이다. 공유는 빠른 학습으로 이어지기 때문에, 이러한 상황은 기성세대들이 훨씬 더딘 속도로 배우게 된다는 불행한 결과를 낳는다. 교사들은 일반적으로 자신의 지식에 대해 자신감을 가지고 있지만 다른 사람들이 하고 있는 일에 대한 필수 지식은 부족한 경우가 많다. 결과적으로 세계 여기저기에서 교사들은 계속해서 시간을 허비하고 있으며, 특히 파트너 관계 기반의 수업에서 더욱 그러하다.

공유를 하는 것이 힘들었던 시기(공유를 하기 위해서는 논문이나 책을 쓰고 출판하거나 학회에서 발표할 수 있어야 했다)에는 이와 같은 상황이 받아들여졌을지도 모른다. 그렇지만 이제는 휴대폰이나 비디오 카메라를 이용하거나 블로그 게시판에 빠르게 글을 올리거나 다른 수많은 쉬운 조치들을 취하는 등의 방법만으로도 공유를 하는 것이 수월해졌기 때문에 더는 그러한 상황이 용인될 수 없다. 따라서 파트너 관계를 기반으로 수업하는 교사는 더 많은 공유를 할 수 있도록 공부할 필요가 있다.

공유를 위한 최고의 방법: 짧은 동영상

요즘에는 생각과 성과를 공유하기 위해 이용할 수 있는 도구들이 아주 많다. 많은 교사들이 블로그를 개설하여 공유하고 다른 사람의 블로그 게시글을 구독하거나 읽는다. 나는 교사들이 자신의 성과를 서로 주고받을 수 있는 가장 좋은 (그리고 가장 쉬운) 방법은 유튜브나 스쿨튜브, 티처튜브 또는 이에 상응하는 도구를 통해 온라인에 짧은 동영상을 올리는 것이라고 생각한다. (여러분이 이러한 도구를 아직 사용하지 않고 있다면) 해당 웹사이트를 방문하여 관심을 가지고 있는 주제에 대해 살펴보라. 그러면 이 도구들이 가지고 있는 힘을 알 수 있을 것이다. 이곳에서 전 세계 모든 교사들의 성과가 공유될 수 있고 공유되어야 하듯이 여러분과 동료들의 성과도 그러하다.

매사추세츠의 교사인 브라이언 스컬리Brian Scully는 9학년 학생들을 대상으로 한 영어 수업에서 『로미오와 줄리엣』을 가르치기 위하여 문자 메시지를 이용하고 있다. 정말 흥미로운 아이디어가 아닌가! 나는 내가 개최한 간담회에서 혁신적인 아이디어에 대해 질문하다가 이 이야기를 들었다. 그러나 스컬리 교사가 그때 온라인 동영상을 이용할 수 있었다면, 그래서 다른 교사들이 '로미오와 줄리엣, 9학년'을 검색해서 그가 시도한 특별한 예를 찾아내고 그 시도가 어땠으며 그 결과는 어땠는지에 대해 그의 생각을 듣고 몇 가지 다른 예들을 보고 이러한 방식에 대한 학생들의 의견을 들을 수 있었다면 더 좋지 않았을까? 그럼 그 간담회가 끝난 후에 사람들이 공유한 멋진 아이디어들의 상당수가 온라인에 쉽게 게재되고 어느 곳에 있는 교사든 이를 함께 공유할 수 있었을 것이다.

매우 쉽게 시도할 수 있다

교사가 이와 같은 공유 동영상을 제작하기 위해서는 대략 30초 동안 말을 하면서 비디오 카메라(또는 동영상 촬영이 가능한 휴대폰)를 가지고 있는 학생에게 그 장면을 촬영하도록 하기만 하면 된다. 또는 교사가 팔을 뻗어 휴대폰을 들거나 삼각대에 폰을 설치한 후 스스로의 모습을 촬영하면 된다. 그뿐이다. 그 다음 이 동영상을 유용한 검색 정보(예를 들어, 수업, 5학년 수학, 분수 곱하기)로 태그를 지정해 업로드하거나 온라인에 게재할 수 있다. 새로운 카메라와 폰에서도 버튼만 누르면 업로드할 수 있다.

다만 이러한 동영상들이 우리 중 다수가 질적으로 '비전문적'이라고 여겨오던 수준이더라도 상관없다고 생각하기란 쉽지 않은 일이다. (사실 이는 실제로 상관없다. 유튜브에는 전문적인 동영상이 게시되기도 하지만, 전문성이 유튜브 동영상의 속성은 아니기 때문이다.) 그러나 일단 이러한 생각에서 자유로워지면 공유 동영상을 제작하는 것은 쉬울뿐더러 심지어는 별 것 아닌 일처럼 여겨진다. 전체 제작 과정은 고작 5분에 불과하다.

간담회에서 좋은 의견을 제시하는(또는 자신들이 시도한 좋은 방법을 공유하는) 사람들에게 나는 휴대폰 카메라 앞에서 같은 생각을 말한 후 그것을 유튜브 동영상으로 제작하여 올린다면 전 세계 수십만 명이 그것을 찾아볼 수 있을 것이라 말한다.

보다 상세한 내용을 올리고 싶거나 그럴 필요가 있다면 한두 명의 학생들이 발언하는 모습이나 학습 중인 학급 전체의 모습을 촬영한 장면을 추가할 수 있다. (이러한 장면을 찍고 추가하는 것은 많은 학생들에게 굉장히 쉬운 일이다.) 이를 업로드하면 교사가 시도한 혁신에 대한 기록이 웹에 영구히 게재되어 다른 모든 교사들도 그것을 볼 수 있게 된다. 몇 개의 태그를 추가한다면 파트너 관계를 기반으로 가르치는 교사들이 그 기록을 더 쉽게 찾아볼 수 있다.

연습만 하면 총 5분이면 성공적인 아이디어에 대한 유튜브 동영상을 제작하고 게재할 수 있다는 사실을 재차 강조하고자 한다. 이제 "시간이 없어요."라는 말은 더 이상 하지 않길 바란다. 물론, 분량이 길고 더욱 '전문'적인 동영상도 만들 수 있겠지만, 모든 것이 '완벽'해질 때까지 기다리다가 결국 아무것도 하지 못해 귀중한 시간을 낭비하는 것보다는 즉시 공유하는 것이 더 바람직하다.

파트너 관계를 기반으로 가르치는 교사들 간의 게시와 공유 작업이 정기적이고 체계적으로 이루어지지 않고 있기 때문에, 안타깝게도 우리는 매번 이미 다른 사람이 한 것이 있음에도 불구하고 혼자 거의 모든 것을 하느라 애쓰고 있다. 이것은 시간과 노력을 엄청나게 낭비하는 굉장히 비효율적인 일이다. 그러니 여러분이 파트너 관계를 기반으로 가르치는 수업을 성공적으로 해냈다면 부디 그것을 공유하길 바란다!

동료로부터 배우기

여러분의 상상력이나 학생들의 생각 외에 상황에 맞는 효과적이고 좋은 아이디어를 얻는 최상의 원천은 동료이다. 여러분이 속해 있는 교과, 학교, 학군, 주, 국가, 심지어는 다른 국가에 사는 동료들도 도움이 될 수 있다. 파트너 관계를 기반으로 가르치는 동료의 성과는 모두 여러분의 성과로 이어질 수 있으며,

여러분의 성과 역시 동료 모두의 성과로 이어질 수 있다. 파트너 관계 기반 교육에 관하여 그들과 의견을 나누도록 하라.

공유는 작업의 일부이다

내가 여기에서 이야기하고 있는 공유는, 특히 사용하기 쉬운 기술 도구들이 많은 이 시대에는 모든 교육 전문가들이 지녀야 할 통상적인 필수 기능이 되어야 한다고 생각한다. 교사들은 옆 교실의 교사가 시행하는 혁신적인 수업을 알아내거나 자기가 속한 학교나 학군에서 좋은 아이디어를 찾아내려 하기보다 수백 또는 수천 마일 떨어진 곳에서 개최되는 전문 학회에 참석하고 있다. 이러한 방법은 즐겁고 새로운 아이디어를 얻을 수 있는 훌륭한 원천이 되지만, 학회 참석을 위한 지원금은 줄어들고 있으며 이러한 방식의 공유는 인터넷 시대에 여러 가지 면에서 더는 합리적이지 않다. 순전히 효과적인 새로운 방법을 알기 위한 것이 목적이라면 컴퓨터에서 동영상을 찾아보는 것만으로도 원하는 목적을 달성할 수 있는 경우가 많다. 특히, 동영상 게시자와 즉각적으로, 또는 개별적으로 이메일을 통해 질문과 대답을 나눌 수 있다면 더욱 좋을 것이다.

파트너 관계 맺기를 위한 조언

온라인 동영상을 통해 동료와 일주일(한 달)에 한 개 이상의 아이디어를 공유하는 것을 목표로 정하라. 만약 여러분이 직접 이러한 작업을 할 수 없다면 학생들 중에서 작업을 도와줄 자원자를 찾는 것이 좋다.

물론, 직접 대화와 개인적인 친분, 동료 간 관계 역시 중요하다. 그리고 가능하다면 파트너 관계 기반 수업을 시작한 교사는 파트너 관계 맺기 관련 학회에 참석하는 것이 좋다. 여러분이 이러한 학회에 참석했는데 처음 보는 사람이 여러분에게 다가가 "당신이 올린 문자를 이용한 셰익스피어 작품 수업을 유튜브로 봤는데 정말 좋았어요. 좀 더 얘기를 들어 보고 싶은데요."라고 말한다면 얼마나 멋진 일인가! 가장 많은 것을 공유하는 그룹이 가장 빨리 배운다는 사실을 기억하라.

파트너 관계 맺기를 위한 조언: 검토할 사항

1. 학생들이 배우고 있는 것에 대해, 그리고 파트너 관계 맺기에 대해 학생들과 최대한 많은 대화를 나누어라. 여러분이 무엇을 왜 시도하려고 하는지 설명하는 시간을 가져라. 학생들로부터 반응과 제안을 구하라. 파트너 관계를 맺는 과정에서 학생들에게 도움을 요청하고 그들과의 공동 작업을 통해 여러분의 역할뿐 아니라 그들의 역할을 분명하게 하도록 하라.

2. 여러분과 같은 과목과 학년을 담당하고 예전에 파트너 관계 맺기를 시도하여 성공한 경험이 있는 동료를 찾아 논의하라. 이러한 동료들을 교내에서 찾을 수 있는 경우도 많지만, 여러분이 속해 있는 전문가 집단이나 온라인을 통해 찾을 수도 있다.

3. 파트너 관계 맺기의 좋은 예를 웹에서 찾아라. 처음 시작할 때에는 유튜브와 스쿨튜브, 티처튜브가 가장 적합할 것이다. 그러나 구글이나 다른 검색 엔진도 좋은 정보의 산실이다. 여러분은 검색 용어로 '저명한' 용어, 이를테면 '질문 기반 학습', '문제 기반 학습', '탐구 기반 학습', '학생 중심의 학습', '도전 기반 학습', '구성주의'와 같은 용어를 사용할 필요가 있을 수 있다.

4. 여러분이 가르쳐야 하는 특정 주제나 교과를 선정하고 학습을 안내하는 적절한 질문들을 만들어라. 이러한 질문의 기준은 다음과 같다. 학생들이 모든 질문에 대답할 수 있다면 그들은 이 주제에 대해 충분히 이해하고 있는 것이며, 따라서 어떠한 시험에서든 성과가 있어야 한다. 여러분이 한 질문 중 몇 개는 사실에 관한 질문일 수 있는데, 그것들이 개방형이며 생각을 유도할 수 있어야 좋은 질문이라는 사실을 기억하라. 예를 들어, "콜럼버스가 미국 대륙을 처음 발견한 것은 몇 년도인가요?"라고 묻기보다 "콜럼버스가 15세기에 세계를 탐험한 유일한 인물인가요? 그 외에 또 누가 있을까요? 그들이 탐험을 한 이유는 무엇인가요? 그들은 무엇을 찾았나요?"라고 물어보도록 하라.

5. 학생들이 질문에 대한 대답을 찾을 때 사용했으면 좋겠다고 생각하는 동사(기능)에 대하여 학생들과 함께 생각해 보도록 하라. 여러분은 그들이 질문에 대한 답을 어떻게 찾도록 할 것인가?

6. 이와 같은 동사와 관련이 있는 도구(명사)에 관하여 생각해 보도록 하라. 학생들은 얼마나 많은 도구들을 사용할 수 있는가?
7. 어떻게 하면 학생들이 자신의 대답을 여러분과 학급 친구들과 공유할 수 있도록 할 것인가? 여러분은 어떠한 종류의 피드백, 비평, 토론을 할 것인가?

수업 전후에 위 사항에 대하여 반복적으로 생각하고 여러분의 상황에서 어떠한 것이 효과가 있었고 없었는지를 생각하면서 앞으로의 수업을 개선하는 과정은 결국 여러분이 파트너 관계 기반 교수법의 전문가가 되기 위해 필요한 모든 훈련이 되는 셈이다.

4 전문적인 '파트너'로서의 성장 5단계

여러분이 더 나아지고 있으며 전문 지식을 습득하고 있다는 사실을 어떻게 알 수 있을 것인가? 여러분과 학생들이 전통적인 일방적 말하기 교육에서 새로운 파트너 관계 기반 교육으로 이어지는 연속체를 따라 어떻게 옮겨 가고 있는지를 비교적 객관적으로 평가하기 위해, 아래에 제시된 평가 기준이나 루브릭을 유용하게 사용할 수 있다([그림 9-1] 참조).

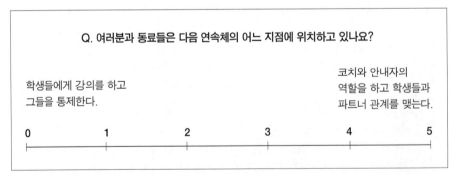

[그림 9-1] 전통적인 교수법과 파트너 관계 기반 교수법의 연속체

다음의 표는 각 교사와 학생들에게 맞도록 6단계로 분류한 파트너 관계에 대해 설명하고 있다. 여러분은 이 표를 보고 여러분이 어느 단계에 있는지, 시간이 지나면서 여러분과 학생들이 파트너 관계에 얼마나 가까이 다가가고 있는지 알 수 있다.

파트너 관계 맺기의 단계: 교사용

0단계	모든 수업이 강의로 진행되며 학생들의 실습에는 언제나 활동지가 이용된다.
1단계	강의 이외에 DVD와 동영상 같은 다른 발표 방법들이 주기적으로 사용된다. 여전히 활동지가 교실 안에서 이루어지는 학생들의 실습에 주로 사용된다.
2단계	교사가 전자 화이트보드를 사용하고 파워포인트 발표 자료와 동영상을 보여 주면서 강의를 한다. 활동지 외에 컴퓨터와 검색 엔진을 활용한 학습활동이 교실이나 컴퓨터실에서 진행된다.
3단계	교사가 해당 학년 수준에서 강의당 요구되는 시간보다 더 많은 시간을 쓰지 않도록 짧게 강의를 하려고 노력한다. 학생들은 다양한 교실 내 활동을 수행하며 대부분의 활동에 컴퓨터를 이용한다.
4단계	학습 주제와 관련하여 파트너 관계 맺기가 이루어지는 날들이 있다. 즉, 학생들은 학습을 안내하는 질문을 받고 발표와 토론을 하며 스스로 학습을 한다. 강의, 설명, 여전히 일부 학습 자료에 활동지가 사용된다.
5단계	모든 수업이 파트너 관계 맺기를 통해 진행된다. 교사는 지도를 할 때에도 설명을 하거나 강의를 하지 않는다. 학생들은 언제나 스스로 또는 그룹을 형성하여 학습을 하고 어디로 가야 할지 분명한 목표를 알고 그때마다 다양한 도구를 사용하여 목표를 달성한다. 학생들이 참여자가 되어 토론과 비평을 적극적으로 이끈다.

파트너 관계 맺기의 단계: 학생용

0단계	학생들은 듣기, 필기하기, 숙제와 과제를 제때 제출하기, 빈번하게 시행되는 시험에서 통과하기를 요구받는다.
1단계	학생들이 0단계에서 요구되는 일 외에도 '일방적으로 듣기만 하는 것이 아닌 학습활동'에 참여한다.
2단계	학생들은 학습을 안내하는 질문과 목표를 스스로 찾고 교사가 제공한 목록을 보고 학습활동을 선택하는 등 파트너 관계 기반의 활동을 하는 데 적어도 주어진 시간의 절반을 쓴다.
3단계	2단계의 활동 외에 학생들은 앞으로의 수업에 대해 교사와 토론하고 학습을 안내하는 질문을 만들 때 도움을 주며 학습활동과 도구를 제안하고 자신만의 연구를 수행한다. 여전히 일부 수업 시간에 듣기와 필기하기가 이루어진다.

4단계	학생들은 학습을 안내하는 질문을 찾고 만들고 연구하고 발표하며, 필요한 경우 스스로 그룹을 형성하고, 자기가 설계한 프로젝트를 완수하며, 비평과 토론에 참여하고 이를 이끌 것을 기대받으며, 이를 수행한다.
5단계	학생들은 4단계에 해당하는 모든 것을 수행하고 교사가 수업을 설계할 때 최대한 개입하며 돕고 필요한 경우 서로를 가르치는 동료 간 학습을 한다.

단계별 이동

여러분의 교육법에 변화를 주고자 할 때 여러분이 어떠한 과정에 있는지 주기적으로 (말하자면 한 달 또는 두 달에 한 번) 평가하는 것이 중요하다. 평가를 할 때 쓸 수 있는 좋은 방법은 여러분이 가르치는 학급의 학생들과 토론하는 것이다. 이때 핵심은 강의와 설명, 직접적인 지시에 들어가는 시간이 매 수업 시간에서 어느 정도의 분량을 차지하는지, 학생들이 독립적인 작업과 학습에 얼마나 편안함을 느끼며 임하고 있는지, 그리고 그러한 학습을 할 수 있는 기량이 어느 정도 되는지 알고 관찰(그리고 심지어 도표화)하는 것이다.

여러분과 학생들이 단계를 올라갈 때 여러분은 이 과정을 인지하고 있어야 한다. 특히 이 과정과 이때 사용된 특정 기능 또는 성취한 중요 사건을 설명하고 기록하는 짧은 동영상을 제작하고 웹에 올려 다른 사람들과 공유하는 것이 좋다. 여러분의 동료들이 볼 수 있도록 게시물을 올리도록 하라.

지속적인 향상의 필요성

앞에서 언급한 표로 보면 우리는 5단계(최고 단계)까지 도달하면 되지만, 대부분의 전문가들은 정말로 중요한 기능 ─ 그것이 우리가 이야기했던 동사 중 하나이든 심지어는 가르치는 기술 그 자체이든 ─ 을 숙달하기 위해서는 종종 교육에 종사하는 내내, 때로는 한평생 내내 노력해야 한다는 사실을 알고 있다. 예를 들어 위대한 음악가들은 더 나아지기 위한 노력을 멈추지 않는다. 그들은 연습을 하고, 혼자서 또는 다른 연주자들과 연주를 하고, 일류 연주자 및 스승들과 함께 배우면서 평생 동안 노력을 게을리하지 않는다. 위대한 운동선수도 마찬가지이다. 의심의 여지 없이 세계 최고의 골프 선수 중 한 명으로 꼽히는 타이거 우즈도 자신을 괴롭히는 문제점을 극복하기 위해 골프채를 수없이 반복하여 휘둘렀다. 사실상 어느 분야이건 그 분야에서 최고로 꼽히는 인물들은 자신이 모든 것에 통달했다고 생각하지 않으며 더 나아지기 위해 노력을 멈추지 않는다. 말년의 미켈란젤로는 그림에 "나는 지금도 배우고 있다."는 의미의 이태리어인 "Ancora imparo."라는 말을 썼다.

수업 역시 마찬가지이고, 아니라면 그렇게 되어야 한다. 수업은 1~2년이라는 시간을 투자하여 익히기만 하면 그 후에도 계속 그대로 써먹을 수 있는 것이 아니다. 특히, 파트너 관계 맺기는 교육에 종사하는 내내 익혀야 하는 기능이다. 파트너 관계를 기반으로 가르치는 교사는 향상을 위해 매년, 매분, 매 수업에 꾸준히 노력할 필요가 있다.

이를 위하여 가능하다면 다른 수업을 참관하거나 직무 연수를 받는 것이 가장 좋은 방법이라고 생각하는 사람들도 있을 것이다. 이러한 방법은 제공되는 것 간에 질적 차이가 클 수 있지만 확실히 도움이 될 수 있다. 그러나 다른 사람에게만 기대는 것은 옳지 않으며 파트너 관계를 기반으로 가르치는 교사가 향상을 위해 직접 취할 수 있는 조치들은 많다.

파트너 관계 맺기를 위한 조언

여러분이 (특히 기술과 관련이 있는) 발전을 위한 전문 학회에 참석할 때마다 학생들을 데려가도록 하라. 가급적이면 여러분이 알고 있는 가장 똑똑한 학생을 데려가라. (아마도 여러분의 자녀가 될 수도 있다.) 학생을 옆에 앉혀 그에게 질문을 하고 도움을 받고 그의 생각을 들음으로써, 여러분은 혼자 있거나 동료하고만 있다면 얻지 못했을 시각으로 그 사안을 바라볼 수 있는 엄청난 기회를 가지게 된다.

만약 실제 이러한 방법을 시도할 수 없다면 다양한 종류의 소통 소프트웨어를 통해 개인(또는 학급)과 가상 소통을 할 수도 있다. 어떻게 가상 소통을 하는지 모른다면 학생과 학교 기술 책임자에게 물어보라. 또는 이들의 도움을 받아 학회에서 배운 것을 동영상이나 블로그, 기타 다른 도구에 담고, 추후에 이를 학회에 참석하지 않은 동료들이나 반 학생들과 공유하며 그들의 의견을 들을 수도 있다.

5 스스로 향상하기 위한 더 많은 방법

파트너 관계를 맺는 교사로서 좀 더 향상되기 위해 할 수 있는 많은 것들이 있으며, 여러분은 언제나 이 모든 것들을 시도해 보면서 자신에게 가장 효과적인 방법을 찾아야 한다. 추가로 다음과 같은 제안을 하고자 한다.

예기치 않은 상황을 즐겨라

교사로서 우리는 종종 교실에서 "깜짝 놀랄 일은 없다!"라는 모토를 마음에 새기고 있다. 가능한 한 모든 것을 미리 준비하고 통제해야 일이 수월해지고 순조롭게 진행된다. 그러나 안타깝게도 이것이 항상 최선의 학습 전략이 되는 것은 아니다. 왜냐하면 우리는 통제를 할 때가 아니라 오히려 그렇지 못할 때, 그러니까 예기치 않은 일이 발생할 때 가장 많은 것을 학습하게 되기 때문이다.

학생들에게 "나를 놀라게 해 보세요!"라고 말하길 두려워하지 마라. 여러분은 학생들이 선택한 도구, 그들이 질문에 대답하기 위해 접근하는 방식, 그들의 피드백 등에 놀라게 될 수 있다. 질문에 대답할 때 학생들이 보여 주는 창의력과 독창성을 여러분이 진심으로 반기는 모습을 보이면 그들은 그러한 재능을 더 많이 보여 주려고 할 것이다.

스스로 목표를 정하라

사람들은 대개 성취하고자 하는 목표를 스스로 설정할 때 변화에서 가장 큰 진전을 보인다. 20년도 더 전에 스티븐 코비Stephen Covey는 어떠한 사람들이 성공을 거두는지 알아내는 일에 착수했다. 당시 그가 쓴 방법론, 즉 많은 조사 대상과 인터뷰를 하고 그들의 이야기에서 공통점을 찾는 방법은 내가 지금 학생들을 대상으로 하고 있는 것과 같다. 그의 유명한 (그리고 많은 추천을 받고 있는) 저서인 『성공하는 사람들의 7가지 습관The 7 Habits of Highly Effective People』에 따르면, 두 번째 성공하는 습관은 "결과를 확신하고 시작하라."이다. 이 말은 무언가를 시작할 때마다 목표를 분명히 확립하라는 뜻이다. 파트너 관계를 기반으로 가르치는 교사로서 성장하기 위해 목표를 설정할 때는 앞에서 언급한 0~5단계를 지속적으로 밟아 올라가면서 5단계의 파트너 교사가 되기 위해 노력해야 한다. 0단계 또는 여러분이 현재 위치한 단계에서 5단계까지의 이동은 단번에 이루어질 수 없기 때문에 한 학기나 학년마다 하나의 단계를 밟는 중간 목표를 설정하는 것이 적절할 것이다. 목표를 달성하기 위해서는 현실적이고 실현 가능한 목표를 세워야 한다.

학생들과 동료들에게 피드백을 받아라

향상을 위해서는 여러분이 실제로 어떻게 하고 있는지에 대해 솔직하고 건설적인 피드백을 받는 것보다 더 확실한 방법은 없다. 다음과 같은 많은 방법들을 통해 그러한 피드백을 얻을 수 있다.

1 학생들에게 질문하라. 여러분은 아래의 구체적인 질문을 학생들에게 함으로써 수업을 가장 잘 파악할 수 있다.
   • 수업을 하면서 제가 지나치게 많은 말을 하고 있다고 생각하나요?

- 제가 하는 것 중 가장 마음에 드는 것은 무엇인가요? 가장 마음에 들지 않는 것은?
- 제 수업에서 불만인 점은 무엇인가요?

2 여러분이 좋아하고 신뢰하는 동료들에게 여러분의 수업을 참관하도록 한 후 피드백을 구하라. 동료들에게 아래의 질문을 하라.
- 제가 인지하지 못한 것이 있다면 어떻게 하면 될까요?
- 향상을 위해 제가 구체적으로 무엇을 할 수 있을까요?

3 여러분이 진행하는 수업을 동영상으로 꼼꼼하게 촬영(예를 들어, 교실 천장이나 교실 뒤편에 세워진 삼각대에 무선 비디오 카메라를 설치)하라. 여러분이 카메라가 있다는 사실을 잊고 평소처럼 수업을 할 수 있을 정도로 자주 촬영이 이루어져야 한다. (가급적 동료와 함께) 촬영한 것을 보고 깨우침을 얻어라! 우리 모두는 특히 처음에 화면 속 우리 모습을 보고 당황하게 되지만 현명한 사람이라면 이러한 당혹스러움을 잘 극복한다.

4 학생들에게 여러분을 촬영하도록 하라. 어쨌든 그들은 여러분의 말을 따를 것이다. 그들에게 촬영한 것을 보여 달라고 하라.

지루함을 몰아내기 위해 노력하라

나와 이야기를 나눈 학생들은 모두 수업 시간에 가끔씩 지루함을 느낀다고 했고, 그중 대부분은 수업 시간의 절반 이상이 지루하다고 했다. 그러나 학생들이 모든 수업과 교사에 대해 그러한 반응을 보인 것은 아니다. 그렇기 때문에 나는 수업에 지루함이 끼어들 틈이 없도록 노력할 것을 권한다.

수업을 덜 지루하게 하기 위해서 여러분이 학생들 앞에서 뛰어난 '광대'가 되어야 한다고 말을 하는 것이 아니다. "학생들 앞에서 재주라도 넘고 싶은 심정이었지만 그것도 소용이 없었을 거예요."라고 한탄하는 교사가 있었다. 그러나 수업을 더욱 흥미롭게 진행하려면 제대로 된 파트너 관계 맺기와 더욱 많은 학생들의 참여, 차별화, 이용 가능한 기술의 최대 활용을 도모해야 한다.

언제나 그렇듯이 나는 지루하지 않은 수업을 하기 위해 우선 학생들과 대화를 나눌 것을 권한다. 학생들이 무엇을 지루하게 생각하는지 그리고 여러분이 원하는 목표를 성취하면서 학생들이 덜 지루해하기 위해서는 어떻게 해야 하는지 그들의 의견을 구하라. 모든 학생들의 의견을 듣도록 하라.

둘째, 온라인을 이용하여 직접 조사하라. '지루함'이나 '지루한 수업'으로 검색하여 찾아낸 동영상을 보도록 하라. 이는 분명 깨달음을 줄 것이다.

셋째, 앞으로 돌아가 학생들의 열정에 관해 다시 읽어라. 열정을 이용하여 학생 개개인과 그룹의 관심을 사로잡을 방법에 대해 계속해서 생각하라. 여러분이 시도한 것이 효과가 있는지 학생들에게 피드백을 구하라.

넷째, 어떻게 하면 학생들이 적절할 뿐 아니라 실제적인 학습을 할 수 있을지 다시 한 번 생각하라.

다섯째, 특히 수업 초반에는 자주 '교실의 온도를 파악'하라. 즉, 모든 수업이 진행되는 동안 학생들이 지루한 모습을 보이지는 않는지 확인하라. 앞서 언급했다시피 학생들에게 붉은색 카드나 녹색 카드를 들어 보이도록 함으로써 쉽게 교실 분위기를 알 수 있다.

마지막으로 반복하라. 여러분이 시도하는 모든 것이 효과가 있지는 않을 것이다. 그리고 여러분과 학생들은 끊임없이 새로운 아이디어를 생각해 낼 것이다.

교사와 학생들이 파트너 관계 기반 교육을 받아들이고 이러한 학습에 점점 적응할수록 더욱 개선된 결과가 나타날 것은 분명하다. 그러나 사실, 우리는 수치와 형식적인 평가에 사로잡힌 세상에 살고 있다. 학생들을 보다 잘 교육시킨다는 목표를 향해 전진하고 있다는 사실을 증명하는 것은, 합리적으로만 진행된다면 나쁜 게 아니다. 이 책의 마지막 장에서는 학생과 교사, 학교 당국, 심지어 부모에 대한 평가를 논하고, 파트너 관계 기반 수업과 관련하여 평가가 어떠한 의미를 갖는지 이야기하도록 하겠다.

10장

파트너 관계 기반 교육에서의 평가

파 트너 관계를 기반으로 배우는 학생들을 평가하기 전에, 잠시 한 걸음
물러서서 평가가 왜 이루어져야 하는지 생각해 보자. 오늘날 우리가 하
는 대부분의 평가는 분류하고 비교하기 위해 진행된다. 즉, 우리는 시험을 통해
누가 '앞서' 있고 누가 '뒤처져' 있는지를 알아내 개인과 학교, 심지어 국가의 순
위를 정한다. 거의 모든 평가가 학급, 사회집단, 지역 등의 단위로 진행된 시험의
평균 점수를 바탕으로 이루어진다.

이러한 비교는 학교 경영자와 정치인들이 좋아하는 평가 방식이다. 그들은
평균치를 높이길 원하며 낮은 순위에 있던 학교의 순위가 높아지길 원한다. 그
들은 매년 발전이 충분히 이루어지고 있다는 것을 눈으로 확인하기를 원한다.
이러한 방식은 또한 대학 입학이나 군 입대나 입사 등을 좌지우지하는 사정관들
이 선호한다. 사실 표준화 시험은 제1차 세계대전이 일어나던 시기에 군대에서
시작되었다.

그러나 이러한 평가가 학생 개개인에게 진정한 도움이 될까? 그렇지 않다

는 것이 나의 생각이다. 적어도 직접적으로는 말이다. 개별 학생이 관심을 가지고 있고 가져야 하는 것은 그의 학급이 향상되고 있는지 또는 나머지 다른 학생들과 비교하여 그의 성적이 올라갔거나 내려갔는지가 아니다. 학생 개개인은 다음 질문에 대한 답을 구하는 데 관심을 가져야 한다. 나는 향상되고 있는가? 나는 무언가를 배우고 있는가? 나의 기능이 더 나아지고 있는가? 나는 미래에 잘 대비하고 있는가? 나는 무엇에 애를 써야 하는가?

1 유용한 평가
—평가를 총괄 평가와 형성 평가에 국한하지 마라

흔히 얘기되는 유용한 평가 유형에는 총괄 평가와 형성 평가가 있다. 총괄 평가는 각 시험에 점수를 부과하고 피드백을 주지 않는다. 이러한 평가는 순위를 매기고 비교를 할 때 사용된다. 이 평가는 특정한 목적에는 유용할 수 있지만, 자부심을 증진시키는 것 외에는 학생들에게 거의 도움이 되지 않는다. 심지어 자부심에 상처를 입히는 경우가 많다.

이보다 유용한 평가는 형성 평가이다. 이 평가는 피드백을 주며 학생들을 향상시키기 위한 목적을 위해 시행된다. 형성 평가를 하는 평가자는 종이나 시험지에 자신의 의견을 적어서 준다. 학교에서 시행되는 대부분의 형성 평가의 문제는 피드백이 지나치게 늦으며 학생들이 내린 유용한 결정과 그들이 노력한 결과와는 매우 동떨어진다는 것이다. 그렇기 때문에 많은 교사들이 숙제나 시험지를 채점하여 돌려주려고 최선의 노력을 다하지만, 이러한 피드백이 실제로 학생들의 향상에 도움이 되는 일은 거의 없다. 실제로 학생들이 피드백을 읽고, 그것에 대해 고민하고, 피드백의 의견에 따라 학습하도록 하는 평가야말로 진정한 형성 평가이다.

자기비교 평가

그러나 다른 유용한 유형의 평가들이 있다. 그중 하나가 한 개인 내에서 여러 점수들의 순위를 서로 비교하는 자기비교로, 최선의 결과를 추구해 나가기 위한 평가를 말한다.[25] 예를 들어, 자기비교는 스포츠에 사용되는 평가이다. 이러한 평가에서는 (몇몇 유형의 경쟁을 할 때가 아니라면) 누구도 수치나 글자를 이용하여 여러분의 노력을 점수화하지 않는다. 여러분이 이루어 낸 결과가 중요할 뿐이다. 향상이란, 더 빨라지고 더 많은 득점을 하는 것, 즉 스포츠가 요구하는 모든 기량을 더욱 잘 해내는 것과 같다. 향상된 기량은 면밀하게 평가된다. 사람들은 자신이 세운 최고 기록을 10분의 1초, 심지어는 100분의 1초라도 줄이기 위해 열심히 노력한다. (야구 타율이나 투수의 방어율과 같은) 개인의 성과에 대한 꼼꼼한 통계와 기록이 지속적으로 작성된다.

우리는 이러한 자기비교 평가를 학교에서 실시하고 있으며, 이는 '점수 올리기'와 '다음 시험에서 나아지기'라는 말로 진행된다. 그러나 일부 학교의 교사들이 성적표를 작성할 때 학생들의 성과를 개별 기능으로 세분화하고 있긴 하지만, 안타깝게도 대부분은 거의 그렇게 하지 못하고 있는 실정이다. 복잡한 비디오 게임이 게임 참여자들에게 개선할 필요가 있는 각각의 기능들을 모두 보여 주고, 그들이 다음 레벨로 올라가려고 할 때 자신이 어느 위치에 있는지 정확히 알 수 있도록 하는 것과 마찬가지로 파트너 관계 속에서 가르치는 교사들도 기능별로 훨씬 세분화된 평가를 하는 것이 도움이 될 것이다.

또래 평가

또 다른 유용한 평가는 또래 평가인데, 이는 학생들의 작업을 학급 친구들이나 다른 지역의 또래에게 평가하도록 하는 것이다. 또래 평가는 두 가지 면에서 가치가 있다. 우선, 또래 평가가 제대로 이루어진다면 학생들은 자신이 하는 일을 지켜보는 관객이 있으며 이러한 관객(즉, 또래)이 자신의 작업에 관심을 가지고 있다는 생각을 하게 될 것이다. 또한 학생들은 자신의 작업에 대한 또래와 학급 친구들의 평가를 들을 수 있으며, 그러한 관계 속에서 자신이 어느 단계에 있는지 파악할 수 있다.

또래 평가는 디지털 기술을 이용하면 더욱 용이하게 실시할 수 있다. 오늘날의 학생들을 대상으로 하는 또래 평가의 경우, 온라인에 올린 작업과 온라인 포트폴리오를 적용하면 특히 효과적이다. 학생들은 자기 반 친구(또는 다른 지역에 사는 또래)들의 작업을 보고 피드백을 줄 수 있다. 그들은 자신이 작업한 것을 블로그나 유튜브, 기타 공유 사이트와 같은 온라인에 올림으로써 다른 학생들의 의견을 쉽게 들을 수 있다. 의견이 공개적으로 게시되기 때문에 전통적인 '옆 친구와의 과제물 교환'을 뛰어넘는 수준으로 또래 간 평가의 가치가 확장된다.

실제 세상의 평가

우리가 또래의 의미를 전 세계로 확장하고 다른 학교와 도시, 국가에 있는 학생들이 파트너 관계를 기반으로 배우는 우리 학생들의 온라인 작업에 대해 피드백을 줄 때, 피드백과 평가는 '실제 세상'의 것이 된다. 학생들은 종종 이러한 실제 세상으로부터의 피드백을 반기고 혼자 힘으로 그것을 구하고자 한다. 블로그 게시물에는 전 세계 어디에 있는 사람이든 의견을 달 수 있고 학생들은 각 게시물에 몇 개의 의견이 달렸는지 알 수 있다. 사용 안내 동영상을 제작하여 온라인에 올린 학생들이 받는 피드백은 학습한 것에 대한 훌륭한 평가이다. 그리고 이러한 동영상 제작은 다른 사람들이 이용할 수 있는 동영상의 자원이 많아지는 것을 의미하므로 가치 있는 일이다. 많은 학생들은 이제 막 향상되기 시작하는 자신의 외국어 기능을 유튜브를 통해 보여 주며 공개적으로 피드백을 받는다.

이러한 실제 세상으로부터의 평가 중 하나는 종종 기업에서 사용하는 '360도' 평가이다. 이러한 방식을 통해 개인이 한 일은 그의 상사와 동료뿐 아니라 그를 위해 일하는 사람들로부터 평가를 받는다. 여러분이 매년 학교 당국뿐 아니라 동료 교사와 학생들로부터 평가를 받는다면 여러분에 대한 360도 평가가 이루어지고 있는 것이다.

실제 세상으로부터의 또래 평가를 오랫동안 실시하여 큰 성과를 거둔 분야는 스튜디오 아트와 건축이다. 이 두 분야에서 실시되는 교육 프로그램들은 대개 주기적으로 비평('샤렛charettes'으로도 알려진 집중검토회의)의 시간을 갖는다. 그리고 비평을 하는 동안에는 학생과 교사를 포함한 모두가 건설적인 피드백에 주안점을 두면서 각 학생들의 작업에 의견을 제시한다. 학생들은 주기적으로 이러한 비평을 함으로써 (그리고 자신의 작업에 대한 비평을 용인함으로써) 비평의 실력을 더욱 닦을 수 있을 뿐 아니라 서로를 존중하고 보다 나은 작업을 하겠다는 마음을 가지고 자신의 노력에 대한 비평을 받아들이는 법을 배우게 된다. 이러한 평가가 모든 교실에서 더욱 자주 이용된다면 교사와 학생 모두에게 이로울 것이다.

학생들이 실제 관객을 대상으로 자신이 글을 쓰고 창작을 하고 있음을 (그리고 실질적인 피드백과 평가를 받게 될 것임을) 인지할 때 더욱 의욕적으로 높은 수준의 작업을 완수하려고 한다는 사실을 많은 교사들이 알게 되었다.

자기 평가

내가 제시할 유용한 평가 중 마지막 유형인 자기 평가는 내 생각에 단연코 제일 중요한 평가이다. 그럼에도 불구하고 이것이 교실에서 가장 적게 사용되는 평가라는 점은 안타까운 사실이다. 자기 평가는 오늘날의 학생들이 앞으로 살아갈 인생에서 행동을 통제하기 위해 필요하고, 또 사용할 것이기 때문에 특히 중요하다. 장차 학생들이 직장에서 매년 평가를 받을 때 (현재 우리가 그렇게 하고 있듯이 또는 그래야 하듯이) 스스로에게 다음과 같이 자문할 필요가 있다. "이건 내가 못하는 분야야. 어떻게 하면 더 나아질 수 있을까?" 학생들이 언제 어떻게 혼자 힘으로 자기 평가를 해야 하는지 알 수 있게 도와줄수록 그들은 더욱 향상된 모습을 보일 것이다. 학생들이 자신의 향상 과정에 대해 외부 결정권자인 교사, 즉 타인에게만 의지한다면 그들은 스스로를 어떻게 평가할지 모르며 앞으로 인생을 살아가면서도 더욱 나아질 수 있는 길을 모색하지 못할 것이다.

학생들이 사용하는 도구로 평가받을 수 있도록 허용하기

파트너 관계 기반 교육에서 평가에 대해 논의할 때 언급해야 할 것이 한 가지 더 있다. 그것은 파트너 관계를 기반으로 배우는 많은 학생들이 자신들이 사용하는 도구를 지참한 채 평가받아야 한다는 점이다. 즉, 학생들은 그들이 가지고 다니는 도구, 더 바람직한 경우로는 그들이 학습을 할 때 매일 사용하는 계산기나 컴퓨터, 휴대폰과 같은 도구를 사용하는 조건에서 평가받아야 한다는 것이다. 이와 같은 디지털 도구를 사용하는 학생들이 점점 더 많아지고 있고, 이러한 도구들이 학습을 할 때 활용되고 있는 21세기에 도구 사용을 배제한 채 학생들을 평가한다는 것은 말이 안 된다. 청진기 없이 귀만 이용하여 심장 박동을 확인하는 의사를 상상할 수 있겠는가?

대부분의 수학 교사들은 컴퓨터와 계산기—학생들이 일단 그것들을 적절하게 사용하는 법을 배우게 되면—가 실질적으로 학생들의 수학 실력을 향상시킨다는 사실을 결국 깨달았다. 평가에 이러한 도구를 허용했을 때 얻을 수 있는 장점은 학생과 교사가 단순히 암기와 기계적 연산보다는 계산을 하는 이유와 방법의 기본 원칙에 초점을 맞추게 된다는 점이다. 도구 사용을 용인하지 않는 시험도 여전히 실시되고 있지만, 변화의 방향이 어디를 향하고 있는지는 분명하다.

도구에 관한 이러한 사고방식의 변화가 수학 이외의 다른 모든 과목에서도 일어나고 있다. 점점 더 많은 교사들이 학생들이 시험을 볼 때 컴퓨터나 휴대폰을 사용하도록 하고 있다. 만약 시험이 학생들이 쉽게 찾을 수 있는 사실에 대해 평가한다면 이는 매우 이상하게 들리거나 이해되지 않을 수 있다. 하지만 시험이 사실과 증거를 웹에서 수집하여 결론을 도출하고 뒷받침하는 과정을 포함하여 평가한다면 디지털 도구는 학생들이 그들의 이해를 증명하는 능력(이것이 우리의 평가 대상이다)을 향상시킬 것이다.

이와 같은 변화에 따라 분명 '부정행위'에 대한 현재의 정의도 이러한 도구의 사용을 용인하고 수용 가능한 범위의 사용을 규정하는 방향으로 바뀔 필요가 있다. 이는 바람직하지 않은 것도, 심지어 새로운 현상도 아니다. 몇 년간 많은 대학교, 그리고 고등학교에서 특정 시험을 볼 때 도구 사용이 허용되어 왔다. 소위 오픈북 시험은 표준적인 시험 진행 방식 중 하나이다. 그렇다면 일부 학교에서 이미 이러한 시험을 실시하고 있는 지금, '오픈폰' 시험을 실시하는 것은 어떨까?

파트너 관계 맺기를 위한 조언

학생들의 도구 사용을 용인하는 평가가 좋은 아이디어가 될 수 있는 상황에 대해 생각해 보라. 이와 관련하여 학생들에게 질문하라. 그들은 그러한 평가를 지지하는가? 그들은 발생할 수 있는 여러 쟁점들을 어떻게 해결할 것인가?

여러분과 학생들은 오픈폰 시험에 대하여 어떻게 생각하는가? (202쪽에서 언급했던 학생을 기억하는가? 그 학생은 "우리 대부분은 시험을 볼 때 이미 휴대폰을 사용하고 있어요. 교사들이 모르고 있을 뿐이죠."라고 말했다.) 여러분과 파트너 관계를 맺은 학생들이 이와 관련하여 할 수 있는 실험에 대해 생각해 보라. 여러분이 진행하는 각 수업에서 오픈폰 시험을 실시하도록 하라. 그리고 학생들과 그 결과에 대해 토론하고 시험이 더 효과적이 될 수 있도록 이러한 과정을 반복하라.

2 학생들의 향상 정도를 평가하기

앞의 내용을 정리하자면 파트너 관계 기반 수업에서 학생들을 평가하는 가장 좋은 방법은 다음과 같다.

- 학생들에게 필요하고 도움이 되는 피드백 제공하기(형성 평가)
- 학생들이 더 잘할 수 있도록 격려하기(자기비교 평가)
- 학생들에게 동료 학생들의 피드백 제공하기(또래 평가)
- 전 세계의 관객들로부터 제공되는 평가 포함하기(실제 세상으로부터의 평가)
- 학생들이 자기의 발전 정도를 깨닫도록 하기(자기 평가)
- 학생들이 도구를 사용하도록 허용하기(21세기적 평가)
- 교사로서의 우리의 의무를 고려하여 표준화된 시험을 사용하여 외부 세계를 만족시키기(총괄 평가)

평가와 관련된 두려움 극복하기

교사와 학교 당국, 그리고 부모들이 종종 파트너 관계 기반 교육과 평가에 대해 보이는 제일 큰 두려움은 새로운 방식의 학습이 현재의 표준화된 시험에서는 효과가 없을지도 모른다는 사실이다. 두 번째로, 그들은 학생들이 하고 있는 다양하고 새로운 것과 파트너 관계를 통해 익히는 기능(동사)은 평가 대상이 아니기 때문에 다소 중요하지 않을 거라는 두려움을 가지고 있다.

전자의 두려움은 타당하지 않다. 후자는 적어도 부분적으로는 사실이며 우리가 조치를 취할 수 있고 그렇게 해야 하는 대상이다.

학생들의 학습이 잘 되지 않을 것이라는 두려움이 타당하지 않다고 하는 이유는 내가 인터뷰했던 이 문제에 정통한 모든 이들이 정반대되는 사실을 증언했기 때문이다. 나는 많은 교사와 교장(대부분은 파트너 관계 기반 수업이 훨씬 광범위하게 실시되고 있는 자율형 공립학교의 교장이다)들로부터 실제로 파트너 관계 기반 수업을 하는 학생들이 학습에 더 적극적으로 임하기 때문에 시험에서 더 나은 성취도를 보인다는 말을 들었다. 아직까지 이와 관련된 자료를 체계적·정량적 방법으로 수집해 온 사람을 알지 못하지만, (흔히 간과되지만 정량적 자료는 누군가의 주장을 지지하기 위해 쉽게 조작할 수 있다는 경계심을 가지고) 이러한 수집과 분석을 시도할 필요가 있다고 생각한다.

그러나 중요한 기능이 평가되지 않는 것은 사실이기 때문에 그에 대한 두려움은 타당하다고 볼 수 있다. 우리는 파트너 관계에서 요구되는 모든 동사들을 중심으로 한, 보다 기능 중심적인 학습을 평가에 포함할 수 있도록 우리가 실행하고 있는 대부분의 평가를 업그레이드하고 확장할 필요가 있다. '21세기 기술을 위한 파트너십 Partnership for 21st Century Skills'(www.21stcenturyskills.org)과 같은 단체는 이와 같은 다양한 기능을 측정하고 평가할 방법을 강구하고 있으며, 파트너 관계 기반 수업을 하는 교사는 그러한 단체와 기타 단체들의 노력을 알아야 한다.

3 교사의 진척 정도 평가하기

나는 이미 교사들이 파트너 관계 맺기 기능에 대해 자기 평가를 하는 것, 즉 교사들이 파트너 관계 맺기의 진행 정도를 기준으로 볼 때 자신이 어느 위치에 있는지 파악하고 앞으로의 목표를 설정하는 것에 대해 언급했었다. 나는 자기 평가가 가장 바람직하고 중요한 평가라고 확신하며, 파트너 관계를 기반으로 가르치는 모든 교사들이 적어도 매년 파트너 관계 맺기의 기준에 따라 자기 평가를 할 수 있고, 마땅히 그렇게 해야 한다고 본다. 교사가 자기 평가 결과를 학교 당국에게 알리고, 가능하면 다른 사람들, 즉 학생과 부모에게도 이에 대한 정보를 알려 주어 자신의 파트너인 학생들의 평가와 자신이 평가한 것이 일치하는지 확인해 보는 것도 중요하다고 본다.

이처럼 현재 자신이 어느 위치에 있는지 공유하고자 할 때 색깔(가급적 다른 의미를 담고 있지 않아 논란의 여지가 없는 색깔)이나 다른 기호를 이용한 체계를 이용할 수 있을 것이다. 예를 들어, 파트너 관계 맺기의 여섯 가지 단계를 각각 빨강, 주황, 노랑, 초록, 파랑, 남색으로 구분해 볼 수 있을 것이다. 교사와 학생들은 '무지개를 가로질러 가면서' '닿을 수 없는 보라색'이 있는 곳으로 가기 위해 애쓰고 있는 것이라고 말할 수 있다. 이런 식으로 교사와 학생들은 자신이 도달해 있는 단계의 색깔을 표시하면서 다음 단계로 나아갈 때를 인식할 수 있다.

또한 색깔을 통해 현재의 위치를 파악하고 공유하는 것은 파트너 관계 맺기를 향한 길을 따라 전진하는 사람들이 그렇지 못한 이들을 찾아 앞으로 나아갈 수 있도록 쉽게 도울 수 있게 한다. 이러한 버디시스템buddy system은 사람들이 자발적으로 참여할 때 가장 잘 작동하지만 진척 속도가 지나치게 느리다면 강제할 수도 있다.

물론, 파트너 관계 맺기 단계에 따른 향상이 '좋은' 교사가 되기 위한 전적인 조건은 아니라는 사실은 중요하다. 좋은 교사가 되기 위해서는 많은 자질이 필요하다. 파트너 관계를 맺는 능력은 좋은 교사가 되기 위해 갖추어야 할 많은 자질들 중 하나일 뿐이다. 학생들에 대한 공감, 아이들을 아끼는 마음, 교과 영역에 대한 지식과 열정, 최신 정보 습득, 동료와 학교 당국 그리고 부모를 포함한 이해 당사자들과 관계를 형성하고 관리하는 능력 등도 중요한 자질이다. 교사로서 이러한 자질을 많이 갖추고 있을지도 모르지만, 모든 자질을 갖춘 교사가 되기 위해서는 헌신과 노력이 필요하다. 좋은 교사가 되는 것은 골프를 하는 것과 상당히 유사하다. 프로 골프 선수들도 주요 토너먼트에서 두어 번이라도 우승하기 위해서는 세게 치기, 높이 치기, 밀어 넣기, 집중하기, 압박감 속에서 결정하기 등 많은 다양한 기능을 갖추어야 한다. 대부분의 프로 교사들은 대부분의 프로 골프 선수들과 마찬가지로, 더 잘할 수 있기 위해서 언제나 분투해야 한다.

파트너 관계 맺기 기능은 학생들에게 상당히 중요하기 때문에 모든 교사들은 의욕적으로 이러한 기능에 보다 능숙해져야 한다. 진행 과정에 대한 예상과 실제 진척 상황을 검토하면서 파트너 관계 기반 교수법의 연속체에 따라 진전하는 것을 교사의 연간 평가에 포함해야 한다고 주장해 온 사람들도 있다. 이러한 평가의 공식적인 시행 여부는 각 학교와 지역 교육청에 달려 있지만, 확실히 생각해 볼 만한 가치가 있는 사안이다.

4 학교 당국의 진척 정도 평가하기

미국 교육 시스템이 작동하는 방식을 고려했을 때 학교 당국의 관리자들은 이사회에서 교사-학생 간 파트너 관계 맺기를 교육적 목표로서 지원할 수 있는 사람들이다. 나는 아이들의 말에 귀를 기울이고 미래를 내다보며 기꺼이 앞으로 나아가기 위해 '전향'한 학교 당국의 관리자들과 종종 이야기를 나눈다. 그러나 나는 이 책에서 서술한 많은 것들을 이루고자 노력하는 교사들에게서, 자신들이 학생과의 파트너 관계 맺기를 향해 나아가려고 노력함에도 불구하고 학교 당국으로부터 아무런 지원을 받지 못하거나 방해받는 것 같은 느낌이 든다는 말을 들을 때도 많다.

그렇기 때문에 학교 당국이 파트너 관계 기반 교수법을 지원하는지를 평가할 수 있는 양식을 개발해 사용할 필요가 있다. 학교 당국에 대한 평가를 위해 다음 질문을 던질 수 있다.

- 학교나 지역 교육청 등 교육 당국은 교사-학생 간 파트너 관계 맺기를 추구해야 한다고 믿고 있는가?
- 사람들 사이에서 이에 대한 인식이 공유되고 있는가? 그렇지 않다면 어떤 부분에서 사람들 간의 의견이 불일치하는가?
- 학교 당국은 교사 개인들이 파트너 관계의 어느 단계에 위치하고 있는지 알고 있는가?
- 학교 당국은 어떠한 방식으로 파트너 관계 기반 교육을 지원하는가?
- 학교 당국은 어떠한 방식으로 파트너 관계 기반 교육을 더욱 열심히 추구하

고자 하는 교사를 지원하고 있는가?

- 학교 당국은 어떠한 방식으로 파트너 관계 맺기 기반 교육에 대해 반대하는 교사들을 바꿀 수 있도록 돕는가?
- 학교 당국은 어떠한 방식으로 파트너 관계를 기반으로 배우는 학생과 부모들을 지원하고 있는가?

위 질문에 대한 대답을 바탕으로 학교 당국이 파트너 관계 기반 교육을 바라보는 자세와 지원에 대해 평가할 수 있다. 누가 이러한 역할을 담당할 것인가? 학교 이사회나 운영위원회를 기점으로 하는 행정 체계를 이용할 필요가 있다.

5 부모의 진척 정도 평가하기

아이들의 교육에 부모가 중요한 역할을 한다는 사실을 모르는 사람은 없다. 우리 교육자들과 마찬가지로 오늘날 대부분의 부모들은 시대의 큰 변화에 갇혀 대부분 어떻게 해야 할지 갈피를 못 잡고 있다. 모든 부모는 자신의 아이들에게 최고를 제공하고자 하며, 여기에는 가능한 한 최고의 교육도 포함된다. 그러나 현재 최고의 교육이 무엇을 말하는지는 불분명하다. 부모들은 아이들의 교실에서 일어나는, 종종 논란을 일으키기도 하는 수많은 교육적 변화에 대하여 보고 듣는다. 이들 중 다수가 "왜 이러한 변화들이 있는 거지요? 파트너 관계 맺기가 정말로 우리 아이들이 성공하고 대학교에 들어가기 위해 필요한 것인가요? 우리 아이들이 내가 했던 방식으로 교육을 받을 수는 없나요?"라고 묻는 것은 놀랄 일이 아니다.

세상이 얼마나 바뀌었는지, 그리고 이로 인해 아이들이 얼마나 변화했는지 부모들이 인지할 수 있도록 돕는 것 역시 파트너 관계를 기반으로 가르치는 교사가 수행해야 할 역할이다. 파트너 관계를 기반으로 가르치는 교사는 21세기를 살아가는 학생들이 미래 사회와 그들 자신의 욕구를 충족하기 위해서는 설사 부모 세대가 좋게 기억하는 교육이 있다고 할지라도 그러한 교육과는 다른 교육을 받을 필요가 있다는 사실을 부모들이 이해할 수 있도록 도울 필요가 있다.

파트너 관계 기반 수업이 잘 이루어지기 위해서는 부모가 파트너 관계를 맺는 교사와 학생들을 강력하게 지지해야 한다. 그렇기 때문에 나는 부모의 지지를 얻기 위해 파트너 관계 기반 수업을 하는 교사가 다음과 같이 할 것을 권장한다.

- 학생들의 부모를 가능한 한 참여시켜라. 부모를 여러분의 학생, 즉 여러분이 교육해야 하는 대상으로 여겨라. 학교에서 공개적으로 파트너 관계 기반 학습에 대한 토론이 이루어질 수 있도록 하면 좋다. 여러분이 가르치는 학생들의 부모를 위해 이러한 토론을 개최할 수 있다. 토론을 할 때 다른 교사, 학생, 학교 관리자, 부모들이 참여하는 질의응답 시간을 갖도록 하라.

- 여러분이 하고 있는 교육에 대해 부모들이 사용하는 언어로 설명할 수 있도록 가능한 한 많은 기술을 사용하라. 파트너 관계를 기반으로 배우는 학생들이 여러분이 하고 있는 교육을 설명하는 짧은 동영상을 제작하는 것을 도와줄 수 있다. 그리고 부모가 인터넷을 사용할 수 있다면 여러분은 CD나 학생들이 가지고 있는 휴대폰을 이용하여 동영상을 온라인에 공유할 수 있다. 학생들은 자신들이 한 작업을 올릴 수 있는 멀티미디어 블로그나 뉴스레터를 만들고, 집(컴퓨터가 있는 경우) 또는 도서관에서 부모에게 그것을 보여줄 수 있다. 디지털 텔레비전도 많이 보급되었기 때문에 이를 사용할 수도 있다.

- 주저하지 말고 이 책, 그리고 파트너 관계 맺기를 지지하는 다른 책들을 학생들의 부모와 공유하고 학교와 지역 공공 도서관에 비치하도록 하라. 부모들이 21세기를 살아가는 학생들과 학습에서의 변화와 파트너 관계 맺기에 관한 글들을 읽도록 권장하라.

- 학생들이 교실에서 겪은 긍정적인 학습 경험과 발현된 자신의 열정을 자주

부모들과 공유할 수 있도록 독려하라. 여러분은 부모들의 반대가 있는 경우 그러한 반대에 어떻게 대응할 것인지에 대하여 연구과제로서 부모와 학생들과의 대화를 모의 실험할 수 있다. 궁극적으로 부모를 설득할 수 있는 가장 큰 요소는 학교에 대한 아이들의 열정이다.

- 가능하다면 직접적인 또는 가상의 도구를 이용하여 부모를 교실에 초대하고, 학생들과 함께 팀을 구성하여 수업에 참여할 수 있도록 하라.

부모들을 위한 체크리스트

마지막으로 아이들을 돕기 위해 할 수 있는 것들이 적힌 체크리스트를 부모들에게 나눠 주고, 그들이 아이들의 학습을 잘 돕고 있는지 스스로 평가할 수 있도록 하라. 이 체크리스트는 종합적인 자기 평가 점수와 다음 사항들에 대한 개별 점수로 이루어져 있다.

- 아이들에게 귀 기울이기
- 아이들을 돕기
- 아이들을 독려하기
- 교사-학부모 간 회의와 기타 학부모 행사에 참석하기
- 학교를 방문하여 학생들과 이야기하면서 자신이 가지고 있는 지식 공유하기

또한 학생들이 "이거야말로 제가 부모님에게 더 바라던 것/바라지 않았던 것이에요."라며 자신의 생각을 보여 주는 별도의 공간이나 활동을 마련할 수 있다.

6 학교의 진척 정도 평가하기

파트너 관계를 기반으로 교육하는 학교를 어떻게 평가해야 할까? 물론, 학교를 평가하는 표준화된 방식이 없어지지는 않을 것이며, 파트너 관계를 기반으로 교육하는 학교도 다른 모든 학교에 적용되는 동일한 기준을 이용하여 평가될 것이라는 사실을 인정해야 한다. 그러나 이것은 사실 다행스러운 일이다. 학교가 전반적인 교수법을 파트너 관계 기반으로 옮겨 갈수록 다음과 같은 많은 긍정적인 결과를 기대할 수 있기 때문이다.

1 시험 점수가 향상될 것이다. 파트너 관계 맺기가 올바로 이루어지면 학생들은 (1) 자신이 하고 있는 일에 더욱 큰 만족을 느낄 것이며, (2) 학습에 보다 적극적으로 임할 것이고, (3) 학습을 안내하는 질문을 통해 자신이 알아야 할 것들을 더욱 분명히 알게 될 것이고, (4) 스스로 그리고 또래와 더욱 많은 기능을 연습하며, 그로 인해 더욱 효과적인 학습을 하게 될 것이다.
2 온라인과 오프라인에 게시하고 선보이는 학생들의 작업 수준이 더욱 높아질 것이다.
3 전통적인 교육을 실시하는 학교보다 파트너 관계로 교육하는 학교의 교사들이 훨씬 더 많은 성공 사례를 공유하고 협력할 것이다.
4 교사와 학생들이 서로에게 파트너로서 더욱 좋은 관계를 형성할 것이다.

잘 실현되기만 한다면, 파트너 관계를 기반으로 가르치는 학교와 교실은 지속적으로 최고의 성취를 이루는 학교 중 하나가 될 것이다.

7 국가와 세계의 진척 정도 평가하기

최근 교육에 있어서 미국이 다른 국가들보다 '뒤처져' 있는 상황과 관련하여 말이 많다. 이러한 진단이나 여기에 대한 해결책으로 제시된 몇 가지 제안에 내가 전적으로 동의하는 것은 아니다. 이러한 학습 수준에 대한 비교는 미국 고등학교와 대학교의 권장 졸업률 미달 정도 및 상대평가에 따른 순위 매기기에 초점을 두고 있다.

이 두 가지 방법은 모두 유용한 자료이지만 이것을 통해 전체를 알 수는 없으며, 더 나쁘게는 어떻게 교육할지에 대해 잘못 처방하는 결과로 이어질 수도 있다. 그 이유를 이해하기 위해 스스로에게 다음 질문을 해 볼 필요가 있다.

- 2050년이 되었을 때 자국이 국제 비교 평가에서 경쟁력을 갖게 될 거라고 확신하는 사람들이 국가를 더 잘 살게 만들까, 아니면 문제 해결을 위한 21세기 도구를 능숙하게 다루는 사람들, 즉 어떠한 상황에서든 무엇을 하는 것이 옳은지 파악하여 이를 성취하고 다른 사람과 협력하고 창의적으로 해내고 지속적으로 향상시키는 사람들이 국가를 더 잘 살게 만들까?
- 가능성은 낮겠지만 2050년이 되었을 때 국민 모두가 9학년 수준에서 읽고 쓸 수 있게 된다면, 역시 가능성이 낮겠지만 그때에는 모두가 적어도 하나의 학위를 갖게 된다면, 그리고 모두가 점점 더 복잡해지는 디지털 기계를 통해 필요한 일들을 해낼 수 있다고 믿으면서(즉, 일정 수준의 프로그래밍을 할 수 있으면서) 고도의 기업가적인 기질을 갖게 된다면 국가가 더 잘 살게 될까?

'뒤처진다'는 것은 실제 여러분이 무엇을 평가하는지에 따라 좌우된다. 스티븐 존슨Steven Johnson이 최근 『타임』지에 기고한 글에서 지적했듯이 최근 몇 년간 이루어진 모든 인터넷 혁신의 이면에는 미국이 있었다.[26] 그러므로 우리는 일부 중요한 분야에서는 앞서 있거나 계속해서 앞서 나가고 있으며, 구식의 '학교' 자료를 학습하는 것과 같은 여타의 분야에서 뒤처지는 것은 중요하지 않다. 물론 학생들이 전통적인 학습 대신 무엇을 하는지에 따라 다르겠지만, 우리가 오늘날 가르쳐야 하는 것들이 미래에 꼭 필요하지 않을 수 있으며 그것들 중 대부분, 예를 들어 파레토의 법칙*에 따르면 80%는 필요하지 않게 될 거라는 사실을 이해하는 것이 매우 중요하다.

마지막으로 우리는 왜 세계 전체를 평가하지 않고 국가 간 비교를 하며 평가하기를 고집하는가? 이러한 접근법은 경쟁과 싸움만 조장할 뿐이며, 21세기의 기술로 인해 아주 빠른 속도로 가능해진 '세계' 차원의 학습을 등한시하여 이에 대한 의욕을 꺾는다. 우리 모두는 특정 국가의 국민뿐 아니라 전 세계 모든 아이들의 교육 수준이 올라갈 수 있도록 함께 노력해야 한다.

살펴봅시다

▶ 또래 평가에 대한 정보를 얻고 싶다면 다음 웹사이트를 방문하라.
www.tnellen.com/cybereng/38.html
www.tnellen.com/cybereng/peer.html

▶ 외국어를 배우는 학생 중에 피드백을 받기 위해 직접 온라인에 게시물을 올린 몇몇 학생들이 있다.
www.youtube.com/watch?v=G8RCVgE1CjQ

▶ 학생 평가에 대한 지침을 알고 싶다면 다음 웹사이트를 방문하라.
http://artsedge.kennedy-center.org

....

* 20 대 80의 법칙 또는 2 대 8의 법칙이라고도 하며, 전체 결과의 80%가 전체 원인의 20%에서 일어나는 현상을 가리킨다. 예를 들어, 20%의 고객이 백화점 전체 매출의 80%에 해당하는 만큼 쇼핑하는 현상을 설명할 때 이 용어를 사용할 수 있다.

머지않은 미래의 교육

교육이 어떤 식으로 이루어졌는지 역사를 거슬러 훑어보자. 르네상스 운동이 있었음에도 불구하고 그 시대까지 교육은 주로 가정교육과 도제, 운이 좋은 경우 개인 지도를 통해 이루어졌다. 계몽주의 시대에 (일부 지역에서) 공교육과 만인을 위한 교육이라는 개념이 생겼고, 산업 혁명이 교육의 표준화를 가져왔으며, 20세기에 들어서서 평가와 시험에도 표준화가 도입되었다. 그리고 이제 21세기에 파트너 관계 기반 교육이 떠오르고 있다. 미래에는 아마도 전적으로 자기주도적인, 그리고 직접 선택한 가상 그룹을 통한 학습을 포함한 새로운 방식의 학습이 진행될 것임이 분명하다.

이러한 흐름은 아이들의 점진적인 해방과 일치하는데, 이는 어떤 의미에서 여성, 특히 서구의 여성들의 해방에 비견될 만하다. 얼마 전까지만 해도 세계를 구성하는 절반(즉, 여성)의 의견은 많은 부분에서 가벼이 여겨졌거나 심지어 고려되지도 않았다. 적어도 서구에서는 현재 그러한 상황에 엄청난 변화가 왔다. (그러나 세계 전체를 놓고 봤을 때는 여전히 많은 과제가 남아 있다.)

오늘날 세계를 구성하는 또 다른 절반(즉, 25세 이하의 젊은 세대)의 의견은 종종 별로 관심을 받지 못한다. 그러나 이러한 상황 역시 빠르게 변화하고 있다. 디지털 기술이 도래하면서 현대 사회에서 젊은 세대는 연장자들에게 배우는 동시에, 그들과 동등하면서도 매우 실질적인 기여를 한다는 사실을 사람들이 깨달은 결과, 파트너 관계 기반 수업과 같은 새로운 형태의 사회구조가 생겨났다. 이처럼 연장자와 연소자 간 새로 형성된 상호 존중은 미래에 적합한 방식임이 분명하다.

그러나 우리가 일단 이 사실을 받아들이면 두 가지 큰 쟁점이 존재한다.

1 우리 학생들이 미래를 위해 학습할 필요가 있는 것은 현재 우리가 가르치고 있는 것과 엄청난 차이가 있다.
2 미래의 교육은 하나의 주 또는 국가의 쟁점이 아니라, 전 세계적 쟁점사안이다.

이러한 사실을 고려하여, 나는 미래 지향적인 관찰을 통해 결론을 내릴 것이다.

1 새로운 교육과정은 어떠해야 하는가
― 21세기의 핵심 역량

우리는 특히 산업화 시대에서 벗어나 훨씬 더 개별화된 시대로 옮겨 가면서, 개인의 열정이 얼마나 중요한지를 목격해 왔다. 물론, 학생들이 그저 자신의 열정을 찾거나 인지하고 교사가 그들의 열정을 인지하도록 하는 것만으로는 충분하지 않다. 학생들은 21세기의 성공을 쟁취하기 위해 그러한 열정을 사용하고 스스로에게 동기를 부여할 수 있어야 한다. 이를 위하여 그들은 21세기에 적합하고 유용한 기능을 갖출 필요가 있다.

이러한 기능에는 무엇이 있는가? 우리는 현재 그것들을 가르치고 있는가?

21세기 기능에 대한 나의 견해는 이전 장에서 언급했다시피 다음과 같은 방법을 통해 동사에 보다 많은 중점을 두는 것이다.

21세기의 다섯 가지 필수 메타 기능

목표: 능력이 닿는 한 열정을 좇도록 하라
이러한 목표를 성취하기 위하여 미래가 어떠한 사회가 되든 개인은 다음의 기능과 하위기능을 숙달해야 한다.

1. 무엇이 옳은지 파악하기
  가. 윤리적으로 행동하기
  나. 비판적으로 사고하기
  다. 목표 설정하기
  라. 바람직한 판단하기
  마. 바람직한 결정하기

2. 성취하기
  가. 계획하기
  나. 문제 해결하기
  다. 스스로 방향 설정하기
  라. 스스로 평가하기
  마. 반복하기

3. 협업하기
  가. 주도하기
  나. 개인 및 그룹과 (특히 기술을 사용하여) 소통/상호작용하기
  다. 기계와 소통/상호작용하기(즉, 프로그래밍하기)
  라. 전 세계의 관객과 소통/상호작용하기
  마. 문화를 초월하여 소통/상호작용하기

4. 창의성 발휘하기
  가. 조정하기
  나. 창의적으로 사고하기
  다. 조작하기와 설계하기
  라. 게임하기

마. 자기 목소리 내기

5. 지속적으로 향상하기
가. 고찰하기
나. 능동적으로 임하기
다. 신중하게 위험 감수하기
라. 장기적으로 사고하기
마. 학습을 통해 지속적으로 향상하기

초등학교 때부터 학습하는 모든 과목에 이러한 기능을 모두 포함하고 반복을 통해 학생들이 무엇이 옳은지 파악하고 성취하고 협력하고 창의성을 발휘하며 계속해서 더 향상될 수 있도록 해 보자. 아마도 그들이 학교를 떠날 쯤에는 수백 또는 수천 번의 연습을 통해 효과적인 방법으로 그 기능들을 체득하게 될 것이다.

학생들이 21세기에 마주하게 될 불확실성에 대비하여 이러한 기능들에 대한 습득보다 더 나은 대비책은 없다고 생각한다.

2 새로운 교육과정으로 파트너 관계 기반 교수법 활용하기

많은 사람들이 고민하고 애쓰고 있기 때문에 최종적으로 어떠한 형태를 띠든지 간에 결국 새로운 21세기 교육과정이 생겨날 것이다. 이 글에서 언급했다시피 우리가 현재 겪고 있는 단계이자 교육과정이 변화하는 첫 번째 단계는 새로운 기능, 특히 기술에 대한 능숙도와 멀티미디어 사용 능력(그리고 때로는 경제 분야에 대한 지식과 같은 기타 유용한 기능)을 우리가 가르치고 있는 교육과정에 접목시키는 것이다.

여기서 문제는 우리가 이미 지나치게 많은 것을 가르치고있다(또는 그렇게 하려고 노력하고 있다)는 점이다. 대부분의 교사들은 학기나 학년이 끝났는데도 교육과정과 교과서를 마무리하지 못한 경험이 있다. 우리는 실제로 생략하거나 '참고 자료'로 빼낼 수 있을 만한 것을 파악하기 위해 '삭제 위원회'를 구성해야 한다. 예를 들어, 라틴어는 대부분의 공립학교의 교육과정에서 결국 사라졌다. 라틴어가 특정한 누군가에게는 중요하겠지만, 모든 사람에게 좀 더 중요한 것은 따로 있다. (게다가 내가 알고 있는 바로는 라틴어 교사도 부족했다.) 논란의 여지가 있지만 그 외에도 우리가 교육과정에서 제외하거나 특별한 방식으로만 또는 특별한 경우에만 가르칠 수 있는 것들이 많이 있다. 이러한 제외 대상에 포함될 수 있는 것에는 우선적으로 필기체와 다항식의 나머지 정리, 그리고 가장 논란이 많은 구구단 암기가 있다. 이 세 가지를 교육과정에서 없앰으로써 그야말로 수학적 연산의 (방법이 아니라) 이유와 때, 프로그래밍, 앞 절에서 제시한 메타 기능 등과 같이 보다 미래 지향적인 것들을 아이들에게 가르칠 수 있는 많은 시간을 얻게 될 것이다.

나는 종종 아이들이 언제나 '머릿속에' 구구단을 담고 있을 필요가 있다고 생각하는 사람들에게 예전에는 시간을 식별하기 위해 하늘에 떠 있는 해의 위치를 외우도록 했다는 것을 상기시킨다. 그 후 누군가가 시계를 발명했고, 우리 모두는 손목에 그 물건을 감고 다니게 되었다. 오늘날 우리는 더 이상 아이들에게 '시간을 식별'하도록 가르치지 않으며 시계라는 '기계를 판독'하여 더욱 정확하게 시간을 알 수 있는 방법을 가르친다. 현재 아이들은 휴대폰이나 다른 기기의 '무료' 계산기를 언제나 사용할 수 있다. 이러한 도구는 어디에서나 자유롭게 쓸 수 있는 무상 장치가 되었다. 우리는 학생들이 이러한 기계를 적절하고 효과적으로 사용할 수 있도록 가르쳐야 한다. 파트너 관계 기반 수업을 하는 교사는 이와 같은 진보적 움직임을 지지하고, 오늘날 학생들이 살아갈 미래에 거의 쓸모 없는 기능이라고 할지라도 많은 시간을 들여 가르치는 예비적backup 교육과정 (www.marcprensky.com/writing/Prensky-Backup_Education-EdTech-1-08.pdf

참조)을 가르치는 데 얽매이지 않아야 한다.

새롭고 더욱 적절한 교육과정이 생겨남에 따라 (게이츠 재단the Gates Foundation과 같이 경제적, 정치적 영향력이 있는 조직이 앞장서기를 바란다) 교육은 분명히 방법(명사)보다는 기능(동사)을 지향하게 될 것이다. 우리가 이미 살펴보았듯이 명사보다는 동사에 중점을 두고 있으며, 가장 적절한 명사들이 끊임없이 변화하기를 기대하는 파트너 관계 기반 교수법을 생각했을 때 이 말은 상당히 반갑게 들린다.

나는 앞으로 프로그래밍이나 게임과 관련된 기능을 교육과정에 추가한 파트너 관계 기반 교수법 실험이 많이 이루어지길 바란다. 또한, 나는 파트너 관계 기반 교수법을 통해 교육자들이 시간 부족을 이유로 등한시하거나 제쳐 두었던 기본적인 기능(동사)을 다시 강조할 수 있기를 기대한다. 여러분은 [표 2-1]에 제시된 동사 목록으로 다시 돌아가 이 중 어떤 동사들이 그러한 것들인지 스스로 판단할 수 있을 것이다.

3 파트너 관계에 기반한 학교 세우기

아이들의 수가 증가하고, 오래된 학교 건물이 낡고, 교육에서 새로운 기술과 아이디어들이 대두함에 따라, 많은 이들이 새로운 학교를 세우거나 만들어야 한다고 생각하고 있다. 특히 파트너 관계 기반 교수법을 염두에 둔 건축업자라면 무엇을 고려해야 할까?

물론, 가장 급진적으로 생각한다면 미래에도 학교 건물이 필요할 것인가라는 질문을 던질 수 있다. 다가오는 기술 시대에 학교 건물은 분명 일부 학습 유형에는 맞지 않을 수 있다. 그러나 다른 유형의 학습을 위해 학교 건물은 여전히 필요할 것이다. 부모들이 직장에 가 있는 동안 아이들을 안전하게 보호할 수 있는 학교가 존재해야 하는 한 (때가 되면 가능하겠지만 이 문제에 대한 다른 기술적 해결책을 생각해 낼 때까지는) 아이들이 있을 건물이 필요하다.

또한, 우리는 아이들이 연극, 영화 제작, 예술, 스포츠같이 신체와 관련된 그룹 활동에 참여하기 원하기 때문에 이러한 활동을 가능하게 하는 장소가 필요할 것이다. 그러나 과거에는 직접 대면을 통해서만 가능했던 많은 '그룹' 활동을 이제는 서로 멀리 떨어져서도 이전보다 더욱 잘 수행할 수 있게 되었다. 이러한 활동의 예에는 소프트웨어 개발과 보고서 작성, 다양한 유형의 협동 활동 등이 포함된다.

가끔 사회화라는 측면에서 학교 교육에 반대하는 주장도 제기되는데, 이는 아직 논쟁적이다. 일부 학생들은 확실히 학교 수업을 즐기고 높은 성취도를 보이는 반면, 많은 학생들은 학교, 특히 고등학교에서의 사회 경험이 힘들었고 끔찍했으며 오히려 학교를 졸업한 후에 제대로 된 사회화 과정을 겪게 되었다고 말한다.

그래도 교실이 필요할까?

그러나 적어도 가까운 미래에는 학교 건물이 필요하다고 가정한다면 '어떠한 종류의 학교를 세워야 하는가? 학교에 교실을 만들어야 하는가?'라는 질문을 가장 즉각적으로 생각해 보아야 한다.

이 질문은 애당초 학교를 세우지 않는다는 생각보다는 훨씬 덜 급진적이다. 왜냐하면 내가 아는 한 특히 파트너 관계 맺기와 21세기의 새로운 기술들이 사용되면서 교실은 교육에 있어서 수년 동안 저물어 가는 조직적 형태가 되었기 때문이다. 대부분의 교육자들이 21세기의 교육은 판에 박힌 교실 구성 방식으로는 충족할 수 없는 훨씬 많은 유연성이 필요하다는 사실을 인지하고 있다. 게다가 교실을 교사와 학생(그리고 가끔씩 참관하는 방문자)을 제외하면 안에서 무슨 일이 진행되고 있는지 아무도 알 수 없는, 성벽으로 둘러싸인 도시로 간주하던 생각이 이제는 설 자리를 잃고 있다. 다수의 교실에 유리벽과 점점 더 많은 수의 비디오 카메라가 설치되면서 비밀스러운 수업을 밀어내고 있다. 이것은 분명 미래의 흐름이다. 그렇기 때문에 판에 박힌 교실을 고수하는 것은 옛날 시스템에 생명 연장 장치를 달아 고통만 가중시키는 꼴이 된다.

그렇다면 무엇이 교실의 대안이 될 수 있을 것인가? 실마리를 얻기 위해 우리는 호텔/컨벤션 센터/회의 산업을 살펴보아야 한다. 이 업계에 종사하는 사람들은 동일한 회의나 학회라도 사람들이 개별적으로 작업할 수 있는 공간뿐 아니라 수천, 수백, 수십, 때로는 2~4명으로 구성된 그룹을 위한 장소가 필요한 경우가 많다는 사실을 깨달았다. 그들은 또한 이러한 필요성이 매일 또는 심지어 매시간 바뀔 수 있다는 사실도 깨달았다. 그래서 그들은 위치를 바꾸기 쉬운 방음 칸막이를 만들어서 대부분의 공간 구조를 10분 이내로 빠르게 변경할 수 있도록 하였다. 학교에도 이와 유사한 방식을 도입하는 것은 어떨까?

만약 학교가 이처럼 유연한 방법을 취한다면 누가 일 단위와 분 단위의 구조 배열을 설계하고 결정할 것인가? 다시 파트너 관계 맺기로 돌아가서 생각해야 한다. 나는 신설되는 학교들이 건축가를 고용하여 특별하고 새로운 공간을 만들고 인체공학적이며 근사한 학생용 가구를 제작하는 것을 목격한 적이 있다. 다만 학생들과의 상의는 없었다. 한편, 학생들이 CAD와 다른 소프트웨어를 사용하여 자신이 쓸 공간을 직접 설계, 배치, 배열하고 심지어 가구까지 디자인하며 때로는 주간 경연대회를 통해 학교의 공동 로비의 구조를 변경하는 데 깊이 참여하는 경우를 본 적도 있다.

21세기에는 우리가 '학생들에게' 무언가를 해 주는 것으로는 더 이상 성공할 수 없다. 우리는 '학생들과' 모든 것을 함께해야 한다. 모두에게 최선이 되는 것을 일구어 내기 위해 양쪽이 모두 기여하고 협력할 때 파트너 관계는 최고의 효과를 낼 수 있다. 교사 휴게실을 학생들이 설계하는 데 찬성하는 이는 아무도 없을 것이라 생각한다. 그러나 학생과 교사가 매일 사용하는 공간을 설계할 때는 그들 모두가 의견을 제시할 수 있어야 하고, 매 순간의 학습 욕구를 충족시킬 수 있도록 언제든지 배치를 변경하는 유연성이 고려되어야 한다.

4 모두를 위한 21세기 교육을 향해

인구의 절반이 25세 이하인 세계에서 교육은 여전히 매우 불평등하고 비체계적으로 이루어지고 있다. 어떠한 형태의 교육적 혜택도 받지 못하고 있는 사람들이 여전히 많다. 상당수의 빈곤 국가에서는 아이들을 가르칠 교사를 확보하는 것만으로도 매우 긍정적인 진전을 한 것이며, 이를 위해 여전히 분투하는 사람들이 있다. 미국이나 다른 선진국에 살고 있는 우리가 현재의 교육 기회가 완벽하지는 않지만 이를 누릴 수 있는 것은 매우 행운이라고 할 수 있다.

기술이 우리에게 줄 수 있는 큰 기회 중 하나는 좀 더 많이 가지고 있고 많이 알고 있는 사람들이 그렇지 못한 사람들을 도울 수 있다는 점이다. 예를 들어, 과거에는 미국 캔자스 어느 교실의 한 학생이 아프리카 말리에 사는 누군가와 직접 접촉하여 그를 도와줄 것을 기대할 수 없었지만, 오늘날에는 그러한 일이 컴퓨터의 전원을 켜는 것만큼 쉬워졌다. 학생들은 이팔스와 같은 도구를 이용하여 거의 모든 나라의 또래들과 안전하게 접촉할 수 있다. 모바일과 휴대폰은 이제 전 세계 3분의 1가량 보급되었으며, 우리가 이러한 장치들을 신중하게 교육에 활용하는 법을 깨닫게 된다면 과거에는 완전히 닫혀 있었던 세계가 학생들에게 열릴 것이다.

현재 선진국에서 진행되는 교육에 대한 많은 토론(곳곳을 누빈 결과, 나는 이러한 토론이 국가를 막론하고 상당히 비슷한 양상을 보인다고 말할 수 있다)은 믿을 수 없을 정도로 그 초점이 편협하며 근시안적인 것처럼 보인다. 우리가 채점한 점수는 어떠한가? 우리는 어떻게 비교하고 있는가? 어떻게 하면 아이들이 우리가 원하는 것에 좀 더 흥미를 가질 수 있도록 할까? 어떻게 하면 아이들이 더 높은 등급을 얻도록 할까? 우리는 학생들의 열정과 그들이 자신의 잠재력을 발휘하기 위해 필요한 기능을 학습하고 있는지에 관해서는 거의 어떠한 말도 듣지 않는다.

나는 교사들이 새로운 교육법에 대한 것뿐 아니라 전반적인 교육에 대하여 보다 폭넓게 생각하길 바라는 마음에서 파트너 관계 맺기에 대한 책을 썼다. 여러분의 수업은 단지 내일을 위한 것인가, 아니면 학생들의 남은 일생을 위한 것인가? 시험 통과라는 목적이 없다면 학생들이 알 필요가 없다고 생각되는 것을 굳이 가르칠 필요가 있을까? 우리는 학생들의 지루한 표정을 보면 그저 외면하고 학생들을 탓하는가, 아니면 변화를 도모하는가?

나는 지난해 토론자로 나선 학생 중 한 명이 한 말을 언급하며 끝을 맺으려 한다. 무대 위 여덟 명의 학생과 객석에 있는 수백 명의 교사들 간에 한 시간 정도 진행된 토론이 끝나갈 때, 이 학생은 나를 보며 개인적인 질문을 해도 되는지 물어보았다.

"좋지요."라고 나는 답했다.

그러자 "몇 살이신가요?"라고 그가 물었다.

"63세입니다."라고 나는 다시 대답했다.

그러자 그 어린 학생은 객석으로 몸을 돌리더니 "63세인 이분이 할 수 있다면 여러분도 할 수 있습니다. 전심을 다하면 됩니다!"라고 말했다.

나는 여러분이 할 수 있을 뿐 아니라, 학생들과 여러분 자신의 이익을 위하여 결국 해낼 것이라는 확고한 믿음을 가지고 있다.

가라, 그리고 학생들과 파트너가 되어라.

1   존 듀이에서부터 오늘날의 웹 2.0 지지자(예를 들어, 이안 주크스 Ian Jukes, 앨런 노벰버 Alan November, 윌 리처드슨 Will Richardson, 데이비드 월릭 David Warlick)와 사례 기반, 문제 기반, 질문 기반 학습 지지 자에 이르기까지 교육 관련 글의 저자들은 교사의 강의는 줄이고 학생 주도의 학습을 늘리는 학생과 교사 간 새로운 형태의 파트너 관계 맺기의 필요성을 제안하고 있다.

2   나는 피아제 Piaget의 제자였던 에디스 아커만 Edith Ackermann, 마셜 매클루언 Marshall McLuhan의 제자였 던 데릭 드 케르코브 Derrick de Kerckhove를 포함한 많은 사람들로부터 이에 대해 들었다. 아동 채널의 한 간부는 '점점 어른스러워지는 아이들'이 MTV의 오래된 구호였다고 말했다.

3   위와 동일.

4   텔레비전 프로그램인 〈스타 트렉 Star Trek〉의 시작 장면에서 인용.

5   Dewey, J. (1963). *Experience and education*. New York, NY: Collier Books. (1938년 원서 출 판)

6   Johnson, L. F., Smith, R. S., Smythe, J. T., & Varon, R. K. (2009). *Challenge-based learning: An approach for our time*. Austin, TX: New Media Consortium.

7   Boss, S., & Krauss, J. (2007). *Reinventing project-based learning: Your field guide to real-world projects in the digital age*. Washington, DC: International Society for Technology in Education.

8   영국의 팀 라이랜드 Tim Rylands.

9   Hu, W. (2007년 5월 4일). Seeing no progress, some schools drop laptops. *New York Times*. http://www.nytimes.com/에서 발췌.

10   로체스터 공과대학 보고서에서 강사 니콜 콕스 Nicole Cox는 다음과 같이 말했다.

나는 학생들을 4~6명으로 구성된 토론 그룹으로 나누었다. 그룹 내에서 학생들은 글에 대한 자신 의 의견을 온라인에 게재한 후 같은 그룹 '친구'들의 의견을 읽는 시간을 가졌다. 그리고 학생들로 하여금 그룹 안에서 모든 의견을 읽어 본 후 또 다른 그룹의 의견에 대해 어떻게 생각하는지 쓰도록 했다. … 학생들의 글쓰기 실력이 뚜렷하게 향상되었다. 다시 말하자면 나는 학생들이 스스로를 가 르쳤다고 생각한다. 대부분의 그룹에서 적어도 한 명의 학생이 자신이 쓴 글을 (내용과 문체 면에 서) 실제로 다듬었고, 그러한 그룹들은 대개 솔선수범하는 모습을 보였다. 주장을 밝히기 위해 사 용한 적절한 문법과 좀 더 학술적인 어조를 사용한 글은 전부 소문자를 사용하여 구어적으로 쓴 글 보다 훨씬 설득력을 갖추었다. 나는 또한 일종의 '또래 압박'으로 인해 학생들이 보다 적극적으로 참여하는 모습을 보였다고 생각한다. 그룹 내 다른 친구들과 비슷한 수준으로 과제를 수행하지 않 은 학생들은 때로는 '기피,' 그러니까 토론에서 소외되기도 했다. 참여는 점수를 얻는 데 중요한 요 소이기 때문에 이러한 학생들은 곧 그룹 내 발전 가능성이 있는 구성원으로 여겨지기 위해 인정할 만한 수준의 결과물을 끌어내는 법을 익혔다. (https://www.rit.edu/ritonline/에서 발췌.)

11   조지아주의 마브리 중학교.

12   버지니아주 뉴포트뉴스의 뉴섬 파크 초등학교에 다니는 두 아이를 둔 잉고 실러 Ingo Schiller. Curtis, D. (2001년 11월 11일). Real-world issues motivate students. *Edutopia*. http://www.edutopia.

org/magazine에서 발췌.

13 Johnson, L. F., Smith, R. S., Smythe, J. T., & Varon, R. K. (2009). *Challenge-based learning: An approach for our time*. Austin, TX: New Media Consortium. 10쪽.

14 내가 아는 한 여러 사람들에 의해 사용되고 있는 열정 기반 학습이라는 용어는 제록스와 제록스의 자회사 팰로앨토 연구소의 연구원이었으며 현재는 서던 캘리포니아 대학교에서 일하고 있는 존 실리 브라운 John Seely Brown에 의해 처음 쓰이기 시작했다.

15 De Bono, E. (1985). *Six thinking hats*. Boston, MA: Little, Brown.

16 https://www.pacific.edu/academics/schools-and-colleges/college-of-the-pacific/students/internshipsresearch.html

17 http://www.northeastern.edu/admissions/reallife/index.html

18 http://www.coe.edu/academics/rhetoric/rhetoric_reallife

19 〈프랑켄진〉은 조지아주의 마브리 중학교에서 당시 교장이었던 팀 타이슨이 착수한 프로그램의 일환으로 제작되었다.

20 데이비드 A. 콜브 David A. Kolb는 미국의 교육 이론학자이자 오하이오주 클리블랜드의 케이스 웨스턴 리저브 대학교의 웨더헤드 경영대학원의 조직행동학 교수이다. 그는 행동과 관찰(피드백), 고찰, 추려내기의 학습 고리를 창안한 것으로 유명하다.

21 http://serc.carleton.edu/introgeo/socratic/second.html

22 Jude A. Rathburn, 위스콘신주 밀워키의 루버 경영대학원 박사. http://4edtechies.wordpress.com/2009/12/17/integrating-emerging-technologies-into-instruction

23 http://www.ldresources.org/2004

24 Johnson, L. F., Smith. R. S., Smythe, J. T., & Varon, R. K. (2009). *Challenge-based learning: An approach for our time*. Austin, TX: New Media Consortium. 33쪽.

25 http://www.encyclo.co.uk/meaning-of-Ipsative%20Assessment

26 Johnson, S. (2009년 6월 5일). How Twitter will change the way we live. *Time*. http://content.time.com/time/magazine/article/0,9171,1902818,00.html에서 발췌.

찾아보기

1:1 41 191 198 204

ㄱ

강의 22, 35, 42-44, 47, 48, 56, 58, 73, 77,
    100, 102, 169, 199, 222, 291, 301,
    305, 314-316
개별적 47, 77, 113, 119, 138, 173, 288, 307
개별화 22, 47-48, 110, 112, 154, 171
개별화 수업 171
개인 108-109, 113, 119, 138
검색 97, 197, 210, 313
게으름뱅이 135, 289-291
게임 204-206, 306-307
경쟁 294
계획 164-186, 294
고급 단계 83, 89-91, 217
공유 299, 308, 309-313, 316
공평성 203
과정 중심의 안내된 탐구 학습(POGIL) 45,
    91
과학 148-149, 176-177, 201, 285
관심 21, 23, 110, 112, 140, 155, 175, 289,
    303
교과 수업 143
교사의 역할 196, 197, 278
교수법 28-31, 42, 44-45, 65, 199

교수법 전문가 121-122
교실 구성 78, 348
교육과정 46, 99, 100, 343, 345-347
국어 149-150, 176, 202
기능 29, 93-96, 119, 132, 164, 179-180,
    185, 186, 188-191, 193, 205-209, 279,
    301-303, 316, 332, 344-345, 347, 350
기본 단계 83-88, 103
기술 29, 31, 41, 45-48, 51, 66, 93, 96, 188-
    198, 206-207, 292, 305
기술 도우미 136-137
기술 지원의 능동 학습(TEAL) 45
기준 39, 61-62, 285-287, 295

ㄴ

나쁜 질문 170

ㄷ

다양성 57, 86, 122, 301
다중지능 155, 177, 224
더 좋은 질문 170, 171
도구 29, 35, 42, 94-96, 180, 189-191, 193,
    196, 199, 202, 204, 207-209, 279-281,
    287, 292-293, 305, 309, 329
도전 74, 185, 286-287
도전 기반의 학습 91-92

동기부여 25-26, 41, 47, 119, 156, 294, 306-307

동사 29, 31, 73, 93, 95-97, 99, 132, 179-180, 185-186, 188, 207, 209, 213, 279, 287, 302, 332, 344

동영상 309-312

디지털 네이티브 31, 51, 127, 308

또래 63-64, 76, 99, 127, 133, 134, 155

또래 간 학습 63-64, 133

또래 평가 125, 326-328

ㄹ

로켓 37-40, 50

루브릭 104, 123, 314

ㅁ

맞춤형 수업 171, 177

맞춤형 지도 109, 112-113

맞춤화 47, 55

맥락 35, 42, 46, 60-61, 63, 100, 124, 292

맥락 설정자 124

맥락 제공자 60

메타 기능 344

명사 29, 31, 73, 93-97, 100, 104, 172, 181, 188-190, 208, 212, 279, 287, 292, 301, 307, 347

목표 48, 55-57, 125, 190, 285, 287, 288, 299, 303, 306-307, 319

무임승차 23, 135

문제 기반 학습 56, 85, 89-92, 103, 105

ㅂ

반복 62, 100, 114-115, 124, 166, 177, 299, 300-302, 321, 345

부정행위 330

ㅅ

사고방식 65, 202, 329

사실 확인 127, 134

사회 144, 146, 176-177, 202, 284

선택 22, 177-178, 287-288, 303

설계 38, 57, 92, 122, 131, 154, 180, 185, 294, 299, 306-307

설계자 122

소크라테스식으로 문답하기 184

소통 117, 194, 195

수학 146-147, 176, 201, 284, 329

스마트폰 193, 204

실제성 141-143

실제 세상의 평가 327

실제적 24-25, 31, 53, 73, 140, 142-154, 156-158, 175, 283, 321

ㅇ

안내 35, 41, 51, 56, 57, 128, 299, 302, 304, 306

안내 단계 83, 88-89

안내자 55, 75, 120-121, 193

엄격성 42, 61-62, 85, 100

엄격성 제공자 124

역사 144-146

역할 48, 50-57, 60-63, 306

역할극 131

연결성 132, 180, 301, 303

연결점 100, 112, 153-154, 174, 175, 291

연관성 61, 115, 141, 179

연구 44, 60, 145, 152, 197, 199, 301

연습 87, 93-94, 96, 101, 128, 131-132, 164,
    180, 185-186, 191, 209, 299, 300, 302-
    303, 345

열린 팀 작업 133

열정 26, 31, 36, 41, 57, 72, 108-115, 119,
    121, 122, 130, 138, 150, 153-155, 161,
    173-175, 177, 284, 289, 291, 303-304,
    321, 343

열정 기반 학습 110

온라인 36, 67, 76, 125, 127, 129, 135, 137,
    145, 150-151, 167, 195, 199, 283, 284,
    290-292, 300, 309-310, 321, 327

외국어 151-152, 176-177, 201, 285

용기 29, 68, 195

웹 2.0 193, 198, 209

위키피디아 29, 60, 94, 210

유용한 평가 325, 326, 328

유튜브 21, 29, 55, 67, 94, 126, 135, 151,
    178, 193, 198, 279, 283, 291, 292,
    309-311, 327

의사결정 181

인터넷 21, 25, 37, 53, 54, 67, 91, 94, 122,
    125, 126, 130, 133-134, 146, 151, 198,
    312

ㅈ

자기비교 평가 326

자기주도 학습 87

자기 평가 328-329, 332, 337

잠재력 38, 155, 350

적절성 141-143

전문가 21, 50, 51, 53, 131, 133, 157, 193,
    202, 291, 295

조력자 55, 121, 191, 291

존중 36, 48-50, 59, 63, 66, 74, 77, 136, 328

좋은 질문 170

지루함 320, 321

직접 교수법 35

진실 발견 127

질문 42-47, 55, 56, 72, 77, 99, 123, 165,
    166, 168, 299, 303, 319

질문자 123

ㅊ

차별화 48, 55, 72, 75, 109, 154, 177, 321

참여 25, 47, 50, 83, 204, 321

창조 23, 275, 278-279, 282, 285, 294-295

책임감 178

청중 131, 282-284

총괄 평가 325

측정 299, 332

ㅋ

컴퓨터 48, 50, 52, 58, 64, 79, 125, 127,
    132, 133, 137, 191, 193, 198, 199, 329

컴퓨팅 사고 교육 105

코치 55, 119-120, 122, 160, 172, 185-186,
    193, 299, 302

ㅌ

탐구 기반의 학습 92

태그 310-311

통제 23, 57-59, 65, 306, 318

ㅍ

파워포인트 29, 57, 94, 132, 193-195, 292

파트너 23, 29, 31, 74, 113, 118, 177, 192, 302, 351

파트너 관계 40-42, 48, 50, 57, 60, 62-65, 73, 77, 79, 88, 99-101, 105, 110, 117, 121, 122, 134, 143-144, 151, 168, 185, 190-192, 195-196, 199, 200, 204, 206-207, 212, 271-272, 278-280, 284, 288, 291, 293-294, 303, 305, 307, 332, 347

파트너 관계 기반 교수법 24, 29, 31, 42, 51-52, 54, 61, 164, 191

파트너 관계 기반 교육 314, 321

파트너 관계 기반 수업 62, 173, 290, 304

파트너 관계 맺기 24, 30-31, 35, 40, 42-46, 49, 57, 64, 67, 72, 74, 78, 83, 101, 103-105, 114, 161, 332, 333

파트너 관계의 수준 83, 85

평가 324-335, 337-340

품질 보증인 125

프로그래밍 147, 148

프로젝트 23, 44, 59, 83, 85, 88, 103, 132, 149, 172, 199, 278, 281, 291, 301

피드백 51, 53, 77, 100, 115-119, 147, 181-182, 193-194, 283, 295, 307, 318-319, 321, 325, 327-328, 331

ㅎ

학교 밖 학습 21

학생의 역할 50, 100

학습 설계자 57

학습을 안내하는 질문 31, 68, 84-85, 87-89, 92-93, 99, 103, 165, 167, 169-171, 173, 179-180, 185-186, 188, 190-191, 193, 199, 205, 207, 209, 281, 299, 303

향상 301-302, 308, 316-319, 325-326, 329-330

협동 294

협업 30, 124, 131, 135, 145, 151

형성 평가 325

혼란 58, 59, 178, 305

휴대폰 145, 200-203

흥미 289-290

저자 소개

마크 프렌스키는 교육과 학습의 핵심 분야에서 세계적으로 저명한 연사이자 작가, 자문가, 미래학자이며 선지자이고 혁신가이다. 그는 지금껏 교육과 학습에 관해 비평가들의 찬사를 받은 다수의 책과 60여 편의 글을 발표했다. 그중 일부는 교육 저널인『교육 리더십Educational Leadership』,『에듀코즈Educause』,『에듀토피아Edutopia』,『교육적 기술Educational Technology』에 실렸다. 그의 생각, 글, 책에 관한 정보는 www.marcprensky.com에서 찾아볼 수 있다.

마크는 전 세계에서 강연을 하며 청중들이 교육에 대한 새로운 개념과 접근법에 마음의 빗장을 열도록 영감을 주었다. 그가 가장 강조하는 점 중 하나는 학생의 눈으로 교육을 바라보는 것이다. 그는 강연 도중에 매년 수백 명의 학생들을 인터뷰하고 있다.

그의 교육적 초점은 딱딱한 정규교육의 내용에 학생의 열정을 끌어내는 동기, 기술, 게임 및 기타 학생들이 참여하고 싶어 하는 활동을 접목해 학습 과정을 재창조하는 것에 맞춰져 있다. 그는 '게임즈투트레인Games2train'및 '스프리 러닝Spree Learning'이라는 두 회사의 설립자이기도 하다. 게임즈투트레인은 IBM, 뱅크오브아메리카, 마이크로소프트, 화이자, 미국 국방부, 플로리다 및 로스앤젤레스의 가상 학교들이 고객으로 참여하는 이러닝 회사이며, 스프리 러닝은 온라인 교육 게임 회사이다.

마크 프렌스키는 게임과 학습을 연결하는 세계적인 선구자로, 잡지『스트래티지 플러스 비즈니스Strategy+Business』는 그를 '보기 드문, 실천하는 선지자'라고 묘사했다. 그는 50여 개의 소프트웨어 게임을 고안하고 만들어 냈다. 여기에는 인터넷과 휴대폰에 이르기까지 모든 플랫폼에서 가동되는 다자간 게임과 시뮬레이션 게임 등이 포함된다. 최신작인 '머니유MoneyU'(www.moneyu.com)는 고등학생과 대학생들에게 금융에 대한 이해를 돕는 혁신적이고 참여적이며 효과적인 게임이다. 마크 프렌스키는 웹페이지 www6.spreelearninggames.com과 www.socialimpactgames.com을 만들었다. 그의 상품과 아이디어는 혁신과 자극, 도전을 담고 있으며 미래로 나아가는 길을 분명하게 제시한다.

『뉴욕타임스』,『월스트리트저널』,『뉴스위크』,『타임』,『포춘』,『이코노미스트』 등 주요 언론에서는 마크 프렌스키의 업적을 인정했다. 그는 폭스뉴스, MS-NBC, CNBC, PBS의 〈컴퓨터 커런츠Computer Currents〉와 같은 미국 방송과 캐나다와 호주의 방송, 영국 BBC 등에도 출연했으며, 교육 저널『교육적 기술』에 칼럼을 기고하고 있다.『트레이닝Training』은 마크를 최고의 '신개념 선지자' 중 한 명으로 선정했고,『부모 지능 뉴스레터Parental Intelligence Newsletter』는 마크를 '새로운 육아 운동을 안내하는 스타'라고 표현했다.

그는 예일대학교 대학원, 미들베리 칼리지 대학원, 하버드 경영대학원을 (우수한 성적으로) 졸업했으며, 초등학생에서 대학생까지 모든 단계의 학생들을 가르친 경험이 있다. 콘서트 연주가이며 브로드웨이에서 공연을 한 적도 있다. 6년 동안 보스턴 컨설팅 그룹에서 기업 전략가와 제품 개발 관리자로 일했고 미국 금융가에서는 인사 및 기술 관련 업무를 담당하기도 했다.

뉴욕에서 태어난 그는 일본인 작가인 아내 리에, 아들 스카이와 지금도 뉴욕에서 살고 있다.